ISBN 978-0-259-83273-7
PIBN 10628090

1 MONTH OF FREE READING

at

www.ForgottenBooks.com

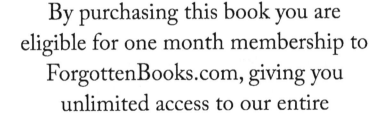

By purchasing this book you are eligible for one month membership to ForgottenBooks.com, giving you unlimited access to our entire collection of over 700,000 titles via our web site and mobile apps.

To claim your free month visit:

www.forgottenbooks.com/free628090

English
Français
Deutsche
Italiano
Español
Português

www.forgottenbooks.com

Mythology Photography **Fiction**
Fishing Christianity **Art** Cooking
Essays Buddhism Freemasonry
Medicine **Biology** Music **Ancient
Egypt** Evolution Carpentry Physics
Dance Geology **Mathematics** Fitness
Shakespeare **Folklore** Yoga Marketing
Confidence Immortality Biographies
Poetry **Psychology** Witchcraft
Electronics Chemistry History **Law**
Accounting **Philosophy** Anthropology
Alchemy Drama Quantum Mechanics
Atheism Sexual Health **Ancient History**
Entrepreneurship Languages Sport
Paleontology Needlework Islam
Metaphysics Investment Archaeology
Parenting Statistics Criminology
Motivational

Jacques Sadoul

Notes

sur

Révolution Bolchevique

Octobre 1917 Juillet 1918.

GRAND
JOUAN

Les Lettres de Jacques Sadoul

La publication intégrale de ces notes de bonne foi est destinée aux gens de bonne foi. Elle a été décidée en toute conscience par des hommes qui connaissent et estiment Jacques Sadoul, mais qui, s'élevant au-dessus des questions personnelles, sont surtout les amis de la vérité. Ils demandent à l'opinion publique d'en prendre connaissance sans parti pris.

L'avocat Jacques Sadoul, mobilisé au début de la guerre comme officier de réserve et affecté au 156ᵉ régiment d'infanterie, a été réformé pour infirmité du genou, et versé au conseil de guerre de Troyes, où il a rempli tout son devoir humain vis-à-vis des humbles soldats. Ses opinions socialistes, pour lesquelles il avait, avant la guerre, milité à Paris et dans la Vienne, ses relations amicales avec Albert Thomas, déterminèrent celui-ci à l'attacher à son cabinet lorsqu'il fut ministre de l'Armement.

En octobre 1917, Albert Thomas l'adjoignit à la mission militaire envoyée par le gouvernement français auprès de la République russe. A peine arrivé à Pétrograd, le capitaine Sadoul assiste à l'effondrement du gouvernement provisoire de Kerensky et à la deuxième révolution. Il consigne ses impressions et les envoie en France. Les pages qu'on va lire constituent la suite des lettres que Jacques Sadoul a adressées à Albert Thomas, sur la demande de celui-ci et de M. Loucheur (1). Ces

(1) Les éditeurs ont joint à ces lettres d'autres lettres adressées à Jean Longuet, Romain Rolland, etc...

rapports sur les événements n'étaient pas l'objet de sa mission : le capitaine Sadoul remplissait, dans le corps d'officiers envoyés en Russie, un rôle technique. Ce n'est qu'à titre privé, amical, comme il le spécifie, qu'il correspondait avec Albert Thomas lui-même.

Cette série de lettres est admirable. Ecrites après des journées lourdes de travail et encombrées de démarches, les lettres de Sadoul ont les grandes qualités (à peine, parfois, les petits défauts) de l'improvisation, et renferment des pages lumineuses. Une sincérité irrésistible les anime, et l'auteur y révèle une largeur, une acuité et une continuité de vues peu communes chez ses contemporains.

Une forte méthode critique préside à l'enquête que Sadoul entreprend à lui seul de mener à Pétrograd et à Moscou. Le nouveau spectateur débarqué d'Occident au centre de cette seconde révolution russe qui est, sans conteste, la conjoncture capitale des temps modernes, n'apporte aucun système d'optique préparé à l'avance, et ne subit aucune influence contingente. Il regarde, il étudie, il analyse, en toute liberté d'esprit.

Dès le premier jour, il sait démêler dans le spectacle du monde russe en chaos et en travail, ce qui est transitoire et ce qui est durable, ce qu'il faut dédaigner et ce qu'il faut craindre. Il sait, à travers les apparences et les travestissements, et les flots de paroles, discerner l'essentiel ; il indique, là où ils sont, les courants profonds. Les preuves de sa clairvoyance abondent : ses prévisions sont, à mesure, confirmées par les faits. Quand on se rapporte aux dates où ces lettres furent écrites, on est bien obligé de reconnaître que celui qui les a signées s'est bien rarement trompé.

Il juge comme il voit, en réaliste. Ses idées politiques de socialiste « conciliateur » le mettent en garde contre le bolchevisme : « Je ne suis pas bolchevik », dit-il, en novembre 1917, et répétera-t-il en juillet 1918. Mais il fait, avons-nous dit, abstraction de ses tendances personnelles : « Je mets mon socialisme de côté ». Il étend, autant qu'il le peut, son champ d'investigation, il se met en rapports non seulement avec les représentants du pouvoir soviétiste, surtout avec Trotzky, mais avec des personnalités, toutes qualifiées et importantes, appartenant aux divers partis de l'opposition : mencheviks, socialistes démocrates, socialistes révolutionnaires, anarchistes, socialistes de droite, cadets et même monarchistes.

Son enquête, imprégnée de positivisme et d'objectivité. étrangère à la théorie abstraite autant qu'au parti pris, dégage bientôt les grandes formes solides de la réalité. Tel qu'il est, dit-il, dès l'abord, le bolchevisme est une force établie. On le croit éphémère, c'est une erreur. L'idée en est enracinée dans la population russe. Bon gré mal gré, les intérêts du bolchevisme sont désormais liés à ceux de la Russie. Il faut donc tenir compte pour faire œuvre pratique, de cette vérité de fait.

C'est en vain qu'à ce moment, les fractions antibolche vistes multiplient les attaques et les invectives contre le gouvernement des Soviets. La plupart de ces accusations sont fallacieuses, mais quand bien même quelques-unes d'entre elles seraient fondées, Sadoul n'en juge pas moins absolument stérile cet effort de l'opposition. Son argumentation est nette et irréfutable: Aucun autre parti ne peut, avec quelque chance de durée, se substituer à ceux qui se sont substitués à Kerensky. Les socialistes démocrates et révolutionnaires ont montré leur incapacité en se dérobant à l'action, lorsque s'est déchaînée la seconde révolution. Ils ne sont bons que dans le rôle facile et fantômal de protestataires. Quant à la bourgeoisie, que la distante ignorance de certains Français de France s'obstine à dénommer « l'élément sain » de la Russie, et qui est, d'ailleurs, beaucoup plus « capitularde » et germanophile que le peuple, elle est moins capable que jamais de prendre efficacement le pouvoir dans la terrible crise de la fin de 1917. La cause du communisme et de la paix, que Lénine et Trotzky représentent, aux yeux d'un peuple qui ne lâchera plus jamais son idéal d'affranchissement, et d'une armée dont la décomposition et l'impuissance sont alors presque irrémédiables, survivrait aux hommes installés à l'Institut Smolny : les nouveaux maîtres devraient, pour réussir et se maintenir, s'appuyer sur le même programme, et « se déguiser en bolcheviks » (Le dernier discours officiel de Kerensky, le 24 octobre, en témoigne éloquemment).

Si, pourtant, il y a une puissance susceptible d'imposer une autre loi à l'ex-empire des Tzars : la puissance allemande.

Deux alternatives : la Russie sera bolcheviste et nationale, ou bien anti-bolcheviste et pro-allemande.

C'est cette double alternative que Jacques Sadoul, dès l'avènement de la république maximaliste, met en évidence avec une logique serrée, et, à notre sens, définitive.

Elle est angoissante et tragique, et domine le conflit des idées et des choses dans l'Europe orientale. Il s'y débat désespérément, car il ne se contente pas de voir et de juger, il agit, ou plutôt, il veut agir.

Dans l'action, il n'est plus impartial, un parti pris le pousse. Il se place exclusivement et obstinément à un seul point de vue : le point de vue français et allié. Le constant souci qu'il avoue et qui ressort de ses démarches est celui-ci : les Alliés doivent profiter, autant que possible, d'une situation de fait contre laquelle on ne peut rien, en tirer tout ce qu'on peut en tirer en faveur de la cause des démocraties d'Occident.

Il apporte à la réalisation de ce plan une volonté inlassable et combattive, une ténacité, une souplesse et une habileté, qui méritent à cet homme la reconnaissance de tous les Français. Il ne se décourage jamais, après chaque échec, il répète : « Il est encore temps ».

C'est qu'il est isolé. Il est seul à juger les choses de haut, à défendre une conception positive et pratique, à prévoir et à s'acharner. Certes, il n'agit pas en secret. C'est à la demande du chef de la Mission qu'il a pénétré pour la première fois à Smolny et vu Trotzky. On ne le désavoue nullement en principe, on suit même son effort. il en rend compte à ses chefs hiérarchiques. Ceux-ci, en plusieurs circonstances, réclament son intervention auprès des personnalités puissantes avec lesquelles il est en relations. A diverses reprises, les services rendus par Jacques Sadoul à la cause française et à la cause des Alliés, sont officiellement reconnus par les représentants des puissances, sans préjudice des petites persécutions et des procédés équivoques mis, dans la coulisse, en œuvre contre lui (1).

C'est avec des sourires de scepticisme qu'on accueille ses idées, sans les combattre nettement et tout en acceptant certaines conséquences. Les représentants de la France jugent le gouvernement des commissaires du peuple comme on le juge à Paris, à trois mille kilomètres. Ils sont même « à dix mille lieues de la réalité ». Ils se maintiennent étroitement l'un l'autre dans un hautain mépris du bolchevisme et se répètent entre eux : Ces « gens-là » disparaîtront « demain », ce n'est vraiment pas là la peine de se préoccuper d'eux.

Notre service de propagande, en Russie, accumule les fautes. Ces fautes sont signalées à Sadoul, dès son arrivée, par un homme peu suspect d'altérer la vérité : le socialiste anti-bolcheviste Plékhanov, qui souligne le souci que les gouvernements semblent prendre de ne laisser connaître, en Russie, que les manifestations impérialistes des Alliés. Aux documents inexacts que cette propagande fait circuler relativement à l'attitude des socialistes français, s'ajoutent de plus irréparables fausses manœuvres. Les stupides calomnies représentant Lénine et Trotzky comme des agents soudoyés de l'Allemagne, blessent le peuple russe, si susceptible et ombrageux, multiplient les séparations et les rancunes, favorisent puissamment la cause ennemie.

---

(1) On ne peut oublier notamment la responsabilité importante qu'a encourue M. Noulens en passant outre aux ordres de M. Pichon qui demandait à recevoir directement les notes de Sadoul.

Incompréhension, myopie, inertie et hypocrisie, telles sont les caractéristiques de la politique, ou plutôt de l'absence de politique des Noulens et de ceux qui les entourent. Les lettres de Sadoul élèvent un monumental réquisitoire contre cet esprit néfaste de réaction et d'incohérence. Car ce n'est pas une hostilité ouverte de la part des Alliés contre les commissaires du peuple, c'est pire. En proie à la phobie du mot de bolchevisme, nos diplomates attitrés et nos fonctionnaires s'obstinent à ignorer les dirigeants de la république communiste, dans un moment où les intérêts de ces dirigeants, qu'on le veuille ou non, sont liés aux nôtres. Bien plus, c'est l'appui accordé en sous-main à l'opposition politique, les subventions au réactionnaire « Comité de salut public », c'est la complaisance, pour ne pas dire la complicité, des représentants des puissances, en ce qui concerne le sabotage des admïnistrations — le sabotage de la Russie — entrepris par les éléments de droite. C'est le séparatisme de l'Ukraine, de la Finlande, de la Lithuanie, du Caucase, le morcellement sanglant de la Russie, fomenté au bénéfice direct des pan-germanistes. Et, en même temps, des commencements de collaboration utilitaire, dont l'initiative revient presque toujours à Sadoul (un moment secondé par les représentants américains et anglais), sont parcimonieusement consentis, puis retirés, puis donnés à nouveau, pour la réorganisation de cette armée nationale russe dont nous avons besoin autant que les nouveaux maîtres de la Russie.

Il faut dire, et il faudra répéter, que le début de la scission entre les Alliés et les bolcheviks est venu de plus haut que de nos piètres représentants officiels. Le livre que Sadoul a osé écrire, par fragments, par sursauts, après avoir eu le courage et la patience de le vivre, met crûment en lumière, par des détails précis, cette formelle accusation : Les Alliés sont responsables de la paix russo-allemande.

Ils en sont responsables, parce qu'ils n'ont jamais dé. claré leurs buts de guerre. L'histoire n'aura malheureu. sement aucune peine à établir que les Alliés ont, pendant toute la durée de la guerre, honteusement caché les fins qu'ils poursuivaient. C'est aux yeux des peuples, la tache dont ne se laveront jamais les gouvernements occiden. taux, et qui à jamais discréditera leurs manifestations verbales relatives au droit et à la justice. On cherchera en vain, entre leurs paroles et leurs actes, ce rapport absolu qui s'appelle la loyauté. Nous qui avons, ici, durant la sinistre période qui a précédé les accords de Brest. Litovsk, réclamé dans les journaux la divulgation intégrale des buts de guerre, nous savons trop aujourd'hui pourquoi les Alliés n'ont pas avoué leus ambitions : elles étaient inavouables. Elles comportaient l'annexion. Tandis que les Lloyd George et les Bonar Law — pour ne prendre qu'un exemple — affirmaient dans des discours qu'emporta le vent : « Nous n'agrandirons pas notre territoire d'un pouce », ils convoitaient les millions de kilomètres carrés qu'ils se sont adjugés. C'est sans doute en vertu du vieil adage d'après lequel les écrits demeurent et les paroles s'envolent, que nos potentats ont osé, avec tant de vertueuse colère, reprocher à des adversaires de mauvaise foi d'avoir traité les engagements pris, de chiffons de papier.

Les faits sont patents, et ce ne sont plus par des outrages qu'on peut les réfuter : lorsque les bolcheviks ont proposé l'armistice, il était possible d'empêcher la paix séparée. Comment ? Par un seul moyen, préconisé par Trotzky lui-même — et Sadoul, qui a joué à ce moment un rôle actif, a établi ces choses qui doivent rester gravées dans la mémoire des hommes — : provoquer un suprême sursaut de la malheureuse armée russe, lui faire faire l'impossible, en la persuadant, contre son opinion, que les aspirations des Alliés n'étaient pas impérialistes. La « guerre sacrée », c'est-à-dire la guerre pour la délivrance des peuples, pour l'idéal de justice, était l'unique recours qui restait, afin de sauver encore l'indépendance de la Russie et en même temps d'éviter le formidable contre-coup militaire que la paix russo-allemande ne pouvait manquer de porter aux armées française, anglaise et italienne.

Cette révolte idéaliste des restes de l'armée russe décimée après quarante mois de défaites (mais encadrée et soutenue par nous) n'aurait peut-être rien donné. Qui sait pourtant, et comment juger ce qui n'a pas été ? En tout cas, si les Alliés avaient fait leur devoir, en prouvant leurs intentions désintéressées, ce n'est pas seulement dans leurs pompeuses paroles officielles, c'est dans la réalité, que la force allemande fût apparue aux yeux de l'univers comme *la seule force* militariste et oppressive, et notre cause en était singulièrement rehaussée moralement, c'est-à-dire matériellement.

Mais même après notre refus de publier nos buts de guerre, même après les révélations des traités secrets ; même si pour des raisons indignes, les Alliés n'avaient pas cru devoir adhérer aux propositions de paix purement démocratiques présentées par la Russie, en novembre 1917, quittes à rompre de façon éclatante les pourparlers, si la morgue et l'impérialisme germaniques les avaient refusées à la face des peuples, tout n'était pas perdu. On pouvait encore se servir de la Russie, atténuer les conséquences de la paix qu'on avait laissée s'accomplir, qu'on avait aidé, indirectement, mais positivement, le Kaiser à imposer.

Le lecteur de ce livre se rendra compte que de multiples occasions se sont successivement présentées et ont été successivement perdues, de contre-balancer en Europe orientale les manœuvres des Empires Centraux. Il verra aussi que bien d'autres mesures, dont on s'est servi ensuite pour attiser la haine, creuser le fossé entre la Russie et les pays d'Occident (notamment l'annulation des emprunts étrangers), auraient pu être ou limitées ou évitées.

La politique ententiste, en Russie, a débuté en novembre 1917 par une faute (la postérité s'exprimera sans doute plus sévèrement) ; elle a continué par des sottises.

Le recueil des lettres de Jacques Sadoul ne constitue pas seulement un mémorable réquisitoire contre la politique des Alliés en général et contre celle des mandataires des Alliés en Russie, en particulier. Cette documentation éclaire le problème si grave et si haut de la réalisation socialiste entreprise par le régime des Soviets.

Jacques Sadoul est arrivé, à Pétrograd, anti-bolche viste. Bien que, dans les premiers mois de son séjour — j'ai insisté sur ce point — il se soit exclusivement attaché à établir, entre la Russie bolchevique et la France, des relations utiles aux intérêts communs, il ne se fait pas faute de porter des appréciations sur le bolchevisme lui-même, et il ne lui ménage pas les critiques. Ces critiques portent non sur les principes fondamentaux de la charte nouvelle, mais sur les exclusivismes excessifs, sur les procédés arbitraires et dictatoriaux employés par les commissaires du peuple pour donner instantanément une existence concrète à des principes purs.

Ses préventions se sont dissipées. Elles sont, pour mieux dire, descendues à leur rang d'arguments secondaires dans l'immense procès actuellement ouvert devant la conscience humaine. Les griefs qu'on pouvait (qu'on peut encore peut-être) invoquer touchant *l'application* — et que les formidables difficultés, les hostilités féroces auxquelles les réformateurs de l'Est se sont trouvés en butte de toutes parts, expliquent, en partie — se sont effacés aux yeux de ce témoin devant l'importance originale de l'œuvre morale et sociale qu'il s'agissait de faire vivre à jamais, ou de laisser mourir.

Au reste, le bolchevisme lui-même s'est modifié. Au contact de la réalité, le système entier a pris plus de souplesse. Il a atténué, pour l'adapter à la vie d'un peuple innombrable et très jeune, la rigidité implacable et parfois bornée de certaines de ses premières méthodes d'action.

On a remédié à ce que présentaient de trop rudimentaire et de nuisible à la production, des mesures telles que le contrôle exclusif des ouvriers sur le travail industriel, l'inutilisation des compétences et même la pratique stricte du communisme dans la rétribution du travail des usines. La deuxième révolution russe a, par la volonté de ses dirigeants, refait mieux ce qu'elle avait défait trop vite, et pris bientôt une forme évolutive. Elle a compris qu'on ne construisait pas aussi sommairement qu'on détruisait ; — on ne détruit que ce qu'on remplace, dit Auguste Comte —, qu'il y a lieu, tout au moins, de tenir compte d'une période de transition dans l'édification des choses et (c'est une des maîtresses préoccupations de Lénine) dans l'éducation morale et civique des intéressés eux-mêmes.

Cet assagissement dans l'audace et la création a été si marqué, que Sadoul a pu employer, quelque part, cette expression : « les ex-bolcheviks Trotzky et Lénine », et qu'elle a fourni des armes terribles à l'opposition russe de gauche. Elle a amené une recrudescence farouche de la campagne anarchiste. En même temps que les soldats désordonnés du drapeau noir, les socialistes révolutionnaires ont puisé, dans ce qu'ils appelaient les défaillances du pouvoir des Soviets, les éléments d'une violente offensive. L'acte le plus émouvant du drame, ce furent, en juillet 1918, ces extraordinaires scènes du 5e Congrès pan-russe de Moscou, à côté desquelles les séances les plus orageuses de notre Convention nationale paraissent anodines. Le tableau est peint ici de main de maître : La terroriste Spiridonova, Kamkoff, et tous les militants de l'émeute, prêts à reprendre en mains, comme ils le vociféraient, le revolver et la bombe, et qui, à ce moment même, faisaient assassiner l'ambassadeur allemand Mirbach, pour créer de l'irréparable, se sont frénétiquement déchaînés en imprécations et en menaces contre le gouvernement des Soviets, et ces clameurs de haine se sont brusquement tues, brisées par le rire terrible et glacial qui s'épanouissait sur la face mogole du grand Lénine...

C'est de ce Congrès qu'est sortie la « loi fondamentale de « la République Socialiste Fédérative des Soviets de Russie ». Pour tout homme de bonne foi, cette constitution apparaît parfaitement cohérente et basée sur de grandes lois morales et logiques. Elle institue l'expropriation des riches et des grands propriétaires, l'élimination *temporaire* (puisqu'elle supprime les classes) des ex-éléments bourgeois, susceptibles de contaminer l'ordre nouveau de germes contre-révolutionnaires, elle institue la loi de travail égale pour tous et pour toutes, l'égalité des droits à l'instruction, elle consacre à la face du monde le pouvoir direct du peuple, et la solidarité internationale absolue entre tous les prolétariats.

Quelles que soient nos idées personnelles sur les régimes politiques et sociaux, cessons, si nous voulons éviter d'encourir un jour un honteux ridicule, de juger le bolchevisme à travers ce qui nous a été exposé jusqu'ici par des informations officielles manifestement mensongères (les faits l'ont cent fois prouvé) ou par des informations officieuses manifestement intéressées. Ayons le bon sens de comprendre qu'il est puéril de recueillir le mot d'ordre sur cette question gigantesque, soit de M. Clemenceau ou de M. Pichon, qui ont si souvent démontré leur peu de clairvoyance et leur esprit anti-démocratique, soit de journaux domestiqués par la haute finance, soit de ces ex-fonctionnaires et dignitaires, débris des régimes déchus, réfugiés à Paris, et qui sont seuls à prétendre représenter le peuple de toutes les Russies. N'écoutons pas non plus les démocrates ou socialistes anti-bolchevistes, les Kerensky, les Tchernov, les Savinkof, etc..., adversaires *a priori* qui apportent dans les polémiques leurs rancunes de partis dépossédés, et je ne parle pas des agents rapporteurs qui remplissent une fonction rétribuée, et des renégats équivoques, dont la liste, hélas, serait longue.

Les désordres, les exactions, ou les violences qu'on reproche au gouvernement des Soviets sont, la plupart du temps, ou bien provoqués par les partis d'opposition : les anarchistes qui pillent, ou ceux de droite qui sabotent, ou bien inventés de toutes pièces, ou bien fallacieusement grossis et généralisés grossièrement par la grande voix menteuse de la presse française. Quelle accumulation de témoignages, n'a-t-il pas fallu, pour faire admettre par l'opinion occidentale les nobles et intelligents progrès tentés et accomplis dans tel ou tel domaine d'activité sociale, par exemple à l'Instruction publique et au « Bien-Etre public », sous l'impulsion de Lounatcharsky et d'Alexandra Kollontaï !

Quant aux mauvais résultats économiques du bolchevisme (admettons-les jusqu'à preuve du contraire), il n'est pas équitable de les compter au passif des bolcheviks. Que peut-on conclure qui soit convaincant, d'une expérience de cette envergure, tentée dans de pareilles conditions, par un pouvoir encerclé d'une conspiration constante, sapé, espionné et trahi de toutes parts, au milieu d'une population décimée par les épidémies, massacrée par la faim, assassinée en masse par le blocus de l'Entente, et finalement envahie par les canons, les mitrailleuses et les baïonnettes des puissances soi-disant démocratiques ? Reprocher au léninisme les maux dont souffre le peuple russe, c'est faire en vérité, montre ou d'un bien médiocre esprit critique, ou d'une bien téméraire hypocrisie.

Mais on dira : cette hostilité générale, cette malédiction, qu'a suscitée le bolchevisme, autour de lui, n'est-elle pas à elle seule caractéristique de quelque tare fondamentale ? C'est précisément là la question. Oui, en effet, la réprobation anti-bolcheviste est significative. Mais ne nous y trompons pas: c'est parce qu'elle est dans ses principes, organisée, c'est-à-dire solide et contagieuse, que la constitution soviétiste fait naître cette vaste colère dans nos vieux pays encore pétris de traditionnalisme.

Si on veut détruire le gouvernement actuel de la Russie, ce n'est pas parce qu'il est « bolchevik », c'est parce qu'il est effectivement socialiste, qu'il signifie la prise directe du pouvoir par le prolétariat et qu'il tend à la réalisation de la communauté universelle des travailleurs. Voilà le fond de la réalité ; le reste, ce sont des mots, dont on se sert autant qu'on peut, mais qui n'ont pas d'importance.

Soukhomline établissait dernièrement que le socialisme révolutionnaire finnois n'était pas le bolchevisme et semblait attacher quelque importance à cette distinction. Qu'a-t-elle pesé devant les monstrueuses représailles réactionnaires qu'il décrivait dans son étude ?

L'amiral Koltchak, sous la bannière sinistre de qui marche effectivement, bon gré mal gré, toute la coalition anti-bolcheviste (pour la honte de certaines personnalités honnêtes qui composent celle-ci), n'a pas caché sa conception sociale. Il a déclaré qu'il considérait « les menchéviks et tous les socialistes de gauche, comme des bolcheviks », et il a déjà donné des échantillons de sa manière de voir et d'agir en imposant les mesures politiques les plus réactionnaires — suffrage restreint, etc. — dans les régions conquises par lui grâce à l'appui de la France de la Révolution et de la libérale Angleterre.

Ayons l'honnêteté intellectuelle, ayons le courage de considérer l'énorme crise dans toute sa grandeur avant de nous mettre délibérément d'un côté ou de l'autre de la barrière universelle. Car il s'agit — il faut y habituer notre esprit — d'une lutte mondiale des idées, des hommes et des choses. Elle se dessine en lignes nettes et sanglantes, entre les réformateurs qui ont prétendu pour la première fois dans l'histoire abolir réellement l'esclavage des peuples, et, d'autre part, la bourgeoisie internationale — grossie des ignorants, des hésitants et des traîtres, — qui ne veut de cette réforme à aucun prix.

C'est le tzarisme capitaliste, avec ses tares, ses corruptions, ses injustices et ses catastrophes, contre le vœu des hommes. C'est l'avenir rationnel contre un passé social qu'on peut juger par cette seule imprécation : « Rien ne sera pire ! »

Aux intéressés, aux innombrables intéressés — à la chair à outil et à la chair à canon, aux travailleurs intellectuels et manuels — à comprendre quel souverain principe idéaliste et pratique il est question de sauver ou de perdre.

Jacques Sadoul a été victime de sa sincérité. L'attitude violemment hostile de la Mission française vis-à-vis de ses hôtes, les soupçons dont notre compatriote était, d'autre part, l'objet de la part de Lénine, avaient créé un état de choses qui ne pouvait durer. Enfin les mesures exercées contre la Mission ont précipité les événements. A la suite d'une perquisition opérée par l'armée rouge aux bureaux de la Mission, alors que le capitaine Sadoul s'en était absenté pour obtenir le retrait de cet envahissement armé, les bolcheviks ont fait paraître dans les *Isvestia,* journal officiel, quelques-unes de ses lettres non destinées à la publication immédiate (1).

Sadoul a fait délivrer les officiers français jetés en prison et menacés de graves condamnations. Ils sont rentrés en France. Lui est resté en Russie et s'est consacré à la défense de l'idéal de socialisme intégral.

Une instruction a été ouverte en France contre lui, à la suite de dénonciations. On a prétendu l'inculper de divulgation de secret professionnel. Ce chef d'accusation ne pouvait tenir. On a fait alors peser sur lui la grave accusation d'intelligences avec l'ennemi — qui n'est pas

---

(1) Ces lettres ou du moins une partie d'entre elles ne semblent pas avoir été ignorées de ses chefs, puisqu'il nous dit qu'il avait donné lecture au général LaVergne d'un de ces documents, non le moins militant, la lettre à Romain Rolland.

plus fondée. Que lui réserve la haine de nos dirigeants? Il n'apparaît que trop évident qu'on a tout fait pour supprimer ou pour maintenir en exil un homme qui s'est révélé trop perspicace et trop sincère et dont la rare intelligence s'est doublée, en de grandes circonstances, d'une rare énergie.

HENRI BARBUSSE.

Juillet 1919.

Lettres de Jacques Sadoul

à Romain Rolland

Citoyen Romain Rolland,

A l'heure où les républicains du monde entier, célébrant l'anniversaire de la prise de la Bastille, adressent un hommage reconnaissant à la Révolution française et proclament leur indestructible foi dans l'avènement prochain d'une vie fraternelle, le télégraphe nous apprend que les gouvernements de l'Entente ont résolu d'écraser la Révolution russe.

Epuisé par la lutte menée contre les classes dépossédées, contre une aristocratie abjecte, contre une bourgeoisie avide par-dessus tout de conquérir ses privilèges et ses capitaux, plus qu'à demi étranglé par l'impérialisme allemand, le pouvoir des Soviets est menacé de mort aujourd'hui par l'offensive engagée par l'Entente.

Insensés ceux qui ne voient pas que cette intervention armée — appelée à grands cris et depuis longtemps par certains cercles russes qui ont perdu toute influence politique — ne sera pas plutôt accomplie qu'elle sera rejetée avec indignation par la nation envahie. Quoi qu'on en dise, en effet, l'intervention, sans préalable accord avec les Soviets, est faite contre le peuple russe tout entier, contre sa volonté de paix, contre son idéal de justice sociale. Un jour viendra où un soulèvement national de ce peuple, encore capable de grandes choses, vomira tous les envahisseurs, tous ceux qui l'auront violenté. Ce jour-là, Français et Allemands, Autrichiens et Anglais, seront confondus dans une même haine, par la Russie.

Les hommes libres de l'Europe, ceux qui dans la tourmente ont conservé quelque lucidité, ceux qui connaissent ou devinent l'immense valeur humaine de l'expérience communiste tentée par le prolétariat russe, laisseront-ils s'accomplir le détestable forfait ?

Qu'est-ce que la Révolution bolchevique ? Qu'a-t-elle voulu hier ? Qu'a-t-elle fait jusqu'à ce jour ? Qu'est-elle capable de réaliser demain ? Est-elle digne d'être défendue ? Les docu-

ments que je vous envoie contribueront, j'en suis sûr, à
faire connaître la vérité. Le hasard m'ayant permis de suivre
de plus prés qu'aucun autre les événements qui se sont dérou-
lés en Russie depuis neuf mois, j'ai résumé mes impressions
en notes quotidiennes, écrites à la hâte, nécessairement
incomplètes, schématiques, parfois contradictoires. Je vous
adresse copie des notes que je retrouve, c'est-à-dire presque
toutes celles que j'ai expédiées en France.

Je ne suis pas bolchevik.

Je sais quelles lourdes fautes ont été commises par les
maximalistes.

Mais je sais aussi qu'avant la signature du traité de Brest,
les commissaires du peuple n'ont pas cessé de solliciter des
Alliés un appui militaire qui aurait permis et pouvait seul
permettre aux bolcheviks de résister aux exigences abominables des Empires centraux et de ne pas subir une paix
honteuse dont ils comprenaient les périls.

Je sais encore que, depuis Brest, Trotzky et Lénine ont
multiplié les efforts pour amener les puissances de l'Entente
à une collaboration étroite et loyale en vue de la réorganisation économique et militaire de la Russie.

Je sais enfin qu'à ces appels désespérés, les Alliés, contre
leur intérêt le plus évident, ont toujours opposé un *non pos-
sumus* dédaigneux.

Oubliant les enseignements de l'histoire, égarés au point
de croire que les parties démembrées de la Russie continueraient la guerre abandonnée par la Russie, ils ont créé de
toutes pièces l'Ukraine au seul bénéfice de l'Autriche et de
l'Allemagne; ils ont poussé de toutes les forces aux tendances
séparatistes de la Finlande, de la Pologne, de la Lithuanie et
du Caucase, ils ont avec la Roumanie combattu l'armée russe.
Et tous ces Etats aussitôt créés sont tombés — comme il
m'avait été facile de l'annoncer — dans les bras de nos ennemis, tandis que le gouvernement russe, affaibli d'autant, per-
dait dans les conférences de Brest une large part de son
autorité et de son prestige.

A l'intérieur, les Alliés ont fait le jeu de la contre-révolution, aggravé le désordre général, précipité la décomposition
de ce malheureux pays.

Avant Brest, leur indifférence a livré la Russie sans défense
aux appétits ignobles des pangermanistes. Après Brest, leur
hostilité accrue devait orienter inéluctablement une nation

qui ne veut pas mourir vers l'ennemi de la veille qui sait admirablement tirer parti de nos erreurs innombrables. Les conservateurs se sont rapprochés avec enthousiasme des gouvernements austro-allemand dont ils attendent avec raison la restauration de l'ancien régime. Les partis d'extrème-gauche subissent la mort dans l'âme cette réconciliation provisoire qui doit fatalement entrainer leur destruction mais qui, en prolongeant leur agonie, maintient leurs espérances de vie.

Malgré les atténuations de forme qui m'étaient imposées par le contrôle de la Censure, vous trouverez dans les pages que je vous envoie, les preuves surabondantes de ce que j'affirme ici.

Ces notes ont été expédiées de Pétrograd et de Moscou. Confiées aux courriers officiels et officieux qui partaient pour la France chaque semaine, elles ont été adressées régulièrement à Albert Thomas, à Jean Longuet, à Ernest Lafont. Beaucoup ont été envoyées également à quelques autres amis, au député Pressemane, à Pierre Hamp, à Henri Barbusse, etc. Certaines ont dû être interceptées ou égarées. La plupart sont parvenues aux destinataires. Leurs réponses en témoignent du moins jusqu'en mars. Depuis cette époque, les rapports postaux sont devenus extrêmement précaires avec l'Occident.

Vous ne trouverez pas une ligne dans ces pages décousues qui puisse être officiellement reprochée comme une indiscrétion à l'officier, au membre de la Mission militaire française en Russie. Elles ne contiennent en effet que les observations personnelles d'un citoyen français, témoin attentif des faits, impartial autant que peut l'être un témoin sincère. Elles résument mes conversations avec les leaders du bolchevisme et de l'opposition qui ne pouvaient songer à exiger mon silence.

J'ai la conviction profonde, en vous abandonnant ces documents, de remplir strictement mon devoir de socialiste et de Français. Je me livre d'ailleurs à vous en toute confiance.

Je vous supplie de parcourir mes notes, puis de les communiquer aux hommes politiques, aux penseurs de France, qui, à votre avis, peuvent trouver quelque intérêt à cette lecture.

Des hommes comme Aulard, Gabriel Séailles, Maeterlink, bien d'autres encore, dès qu'ils connaîtront la vérité, sauront éclairer notre chère patrie. Ils sauront empêcher les fils de la grande Révolution française de s'infliger une souillure impérissable en acceptant d'être les bourreaux de la grande Révolution russe qui, malgré bien des sottises, demeure une force admirable d'idéalisme et de progrès.

Ce n'est pas en tuant la Révolution russe que nous gagnerons la guerre. Ce n'est pas surtout en commettant un tel attentat que nous accomplirons la tâche civilisatrice que les Alliés se sont assignée, que nous réaliserons l'indispensable paix juste et démocratique dont les principes posés par notre parti socialiste ont été si éloquemment développés par Wilson.

Les ministres de l'Entente, trompés eux-mêmes par l'aveuglement de leurs informateurs, ont pu tromper aisément les masses travailleuses qu'ils dirigent contre le pouvoir des Soviets. Mais un jour viendra où les mensonges seront dissipés, où la vérité éclatera. Que de reproches amers seront adressés alors aux gouvernements coupables de n'avoir pas su ou de n'avoir pas voulu savoir ! Que de rancunes, que de haines s'accumuleront, que de luttes effroyables et inutiles en perspective ! Mais le mal fait sera irréparable. Des ruines nouvelles ne relèveront pas les vieilles ruines.

Des hommes tels que vous, qui ont aidé si puissamment à la formation intellectuelle et morale de ma génération, ont le pouvoir d'empêcher cela. Ils en ont aussi le devoir.

Veuillez agréer, citoyen Romain Rolland, l'expression de mes sentiments très fraternellement dévoués.

Capitaine Jacques Sadoul.

Mission militaire française, Moscou.

Citoyen Romain Rolland,

Au moment de confier ce lourd paquet de notes à un courrier ami qui regagne la France, je me demande s'il ne conviendrait pas de me présenter à vous. Je vous impose, en effet, une longue lecture, puis une action qui n'aura d'efficacité qu'à condition d'être immédiate.

Pour me faire connaître, je pourrais vous envoyer les réponses que j'ai reçues. Mais ce serait abuser de vous. Je me borne donc à vous faire parvenir copie d'une lettre que m'adressait, en janvier, Albert Thomas, le plus notoire, le plus modéré de mes correspondants, celui qui paraît être aux partis d'extrême gauche, russe et français, le social-patriote par définition.

Ajouterai-je que mes notes ont toujours été écrites au grand jour, qu'elles ont été communiquées aux ministres français intéressés, que ni mes chefs, ni Paris n'ont jamais songé à condamner la brutalité nécessaire, si excessive qu'elle parût à beaucoup, des appréciations que je porte sur les personnages mis en cause.

J'ai sauvegardé non sans péril une indépendance qui m'est chère par-dessus tout. Retrouverai-je à Paris la bienveillance paternelle qui soutenait ici l'action ardente que j'ai menée, et dont l'utilité est jusqu'à ce jour incontestée ? — J'en doute. Les politiques et les militaires sont les plus ingrats des hommes. Ils oublient vite les services rendus. Je suis prévenu déjà, par des amis bien informés, que, dès ma rentrée en France, on s'efforcera d'étouffer ma voix par tous les moyens. Je sais la signification d'une telle menace faite en temps de guerre. J'accepte à l'avance toutes les responsabilités. J'ai la sérénité d'un homme qui a rempli en conscience son devoir de socialiste et de Français en s'inspirant toujours de l'exacte formule de Jaurès : « Un peu d'internationalisme éloigne du patriotisme, beaucoup d'internationalisme y ramène ».

Veuillez agréer, citoyen Romain Rolland, l'expression de mes sentiments fraternellement dévoués.

JACQUES SADOUL.

Lettre d'Albert Thomas
à Jacques Sadoul

Monsieur Jacques SADOUL,

Ambassade de France, à Pétrograd.

Mon cher ami,

Je profite du départ en Russie d'un de nos courriers pour vous adresser ces quelques lignes.

Les dernières lettres que j'ai reçues sont les lettres du 4 décembre, 5 décembre, 18 et 19 décembre de notre style. La dernière remonte au lendemain de l'entrevue entre Noulens et Trotzky, c'est celle où vous me disiez les impressions et les sentiments de Trotzky et de Noulens.

C'est vous dire combien vos lettres me parviennent tardivement. C'est vous dire combien je regrette de ne pouvoir être en correspondance télégraphique avec vous. J'espère, quand vous aurez reçu cette lettre, que quelque chose aura changé.

En effet, il y a cinq ou six jours, j'ai rédigé un projet de dépêche de Pichon à Noulens, demandant à ce dernier de transmettre au ministère les renseignements que vous jugeriez importants et urgents. Dans mon esprit, il s'agit de vous mettre exactement dans la situation où est Petit, avec cette différence qu'au lieu de télégraphier par Noulens au ministère de l'Armement, vous télégraphierez par Noulens au ministère des Affaires étrangères. Mais dans mon esprit, et dans celui du ministre, qui a bien voulu signer et faire envoyer la dépêche, il est entendu que votre situation sera la même. J'espère que par cette méthode, le gouvernement français pourra connaître au jour le jour vos impressions, et aussi, même si Noulens croit devoir y apporter quelques correctives, votre pensée sur les relations nécessaires avec le gouvernement maximaliste.

Je n'ai pas besoin de vous redire, dans cette nouvelle lettre, avec quelle attention passionnée je lis tout ce que vous m'adressez. J'ai peur de vous découvrir, j'ai peur de vous gêner dans l'action ultérieure, et c'est pour cela que je me refuse à livrer à l'*Humanité* des extraits de vos correspondances, et que, dans mes relations avec les ministres, je vous découvre le moins possible. Je n'ai même prononcé votre nom au ministre des Affaires étrangères que le jour où Noulens a dit, dans son télégramme, que c'était par vous que l'entrevue avait été ménagée avec Trotzky. Mais je n'ai pas besoin de vous dire que je m'inspire de toutes vos lettres pour mener ici la campagne indispensable en faveur d'un rapprochement de fait et de relations avec le gouvernement maximaliste.

Je ne vais peut-être pas, je le dis tout de suite, aussi loin que vous. Je crois qu'il faut garder quelque réserve, d'autant plus que nos gouvernements se sont très engagés ; mais quelques nuances que j'apporte à notre pensée, notre pensée est commune ; il faut entrer en relations constantes, il faut officieusement et indirectement exercer sur le gouvernement russe actuel toute l'influence possible.

C'est dans cet esprit, et pour multiplier les points de contact, que nous ne cessons de demander au gouvernement de laisser partir là-bas des camarades socialistes, députés ou non. C'est vous dire enfin que je suis à fond d'accord avec vous pour continuer l'effort.

Je ne puis vous cacher que je suis arrivé à cette conception, en partie à cause de vos lettres, mais surtout par raison.

Les camarades maximalistes, j'ose le dire, ne m'avaient pas gâté. Je vous rappelle les articles violents que, sans m'attendre, ils ont publié dès mon arrivée à Pétrograd. La *Pravda* me traitait de représentant des capitalistes français et anglais, d'autres de Goutchkoff ou d'habitué des salons raspoutiniens. Je ne vous dissimule pas non plus que toute l'affaire Furstenberg, l'affaire des fonds passant du Danemark ou d'Allemagne en Suède, en Finlande et à Pétrograd, par sommes de 500.000 roubles pour soutenir la propagande bolchevique, m'avaient paru singulièrement suspectes. J'ai toujours, en France, déclaré que Lénine, dont je connaissais le caractère, était au-dessus de tout soupçon. J'ai toujours déclaré qu'en ce qui concerne Trotzky, je ne le connais pas et je n'en saurais rien dire, et que rien, en tout cas, ne me permettrait de le soupçonner ; mais en ce qui concerne les autres, j'ai trop le soupçon qu'il y a eu de l'argent allemand dans leur propagande.

Cela dit, toutes mes réserves faites, je crois qu'il faut parler, je crois qu'il faut entretenir des relations. Et si je pouvais, pour ma part, être utile en ce sens, je me déclare prêt à oublier les injures passées.

Encore faudra-t-il que nous arrivions à une sorte de paix commune. A moi comme à vous, la paix séparée m'apparaît comme la pire des trahisons, non pas seulement envers l'Entente, mais envers la Russie elle-même, envers la démocratie internationale.

Les conditions mêmes dans lesquelles ils ont engagé les pourparlers de paix imposent aux Russes de se montrer plus exigeants encore que nous-mêmes sur la réalisation des buts démocratiques de guerre.

J'ai été, pour ma part, bien impressionné de la résistance qu'ils ont opposée aux Allemands sur la question du droit des peuples à disposer d'eux-mêmes. Quel dommage que nous ne puissions les soutenir directement dans cet effort !

Mais il faudra leur faire remarquer qu'il y a peut-être aussi de leur faute. Je sais bien qu'au début, on a refusé la reconnaissance et les relations officielles, mais je suis frappé de ce fait que les communications faites aux Alliés l'ont toujours été par la voie des journaux. A Paris et à Londres, j'ai posé la question: « A-t-on reçu officiellement une communication du gouvernement maximaliste ? » On m'a répondu non des deux côtés.

Je me souviens bien que, pour la Conférence de Stockholm, on nous communiquait ainsi des invitations sans que nous reçussions même une dépêche ou une lettre : en matière diplomatique, il ne peut pas en être ainsi. Et si la conversation, même officieuse, s'engageait, il faudra prendre garde à cette question élémentaire de forme.

Continuez, je vous prie, de me tenir au courant. Sachez bien que vous trouvez ici un écho, que si les gouvernements renâclent encore un peu à la conversation avec les bolcheviks, ils sentent néanmoins la nécessité d'une pareille conversation. Surtout à l'heure où je vous écris, je crois que la vanité d'une politique de séparatisme et de divisions russes a été reconnue, et en particulier, ce qui se passe du côté de l'Ukraine doit ouvrir les yeux à tous ceux qui espéraient organiser un effort militaire important, à la fois contre l'Allemand et le bolchevik.

Je voudrais vous donner une dernière recommandation avant de clore cette lettre. Ne vous lassez pas de répéter à Pétrograd que si, à un moment, nos buts de guerre ont pu paraître impérialistes, si, sous l'influence du tzarisme, les nations occidentales se sont laissées entraîner à des idées de conquêtes, s'il y a eu, en un mot, la convention Doumergue, aujourd'hui, nos buts de guerre sont véritablement purifiés.

Des conventions sur l'Asie Mineure, ce qui subsistera, c'est surtout la protection et l'aide accordées aux Arméniens et aux Syriens, et la répartition des zones d'influence qui ne peuvent pas être condamnées si on s'en tient à la politique purement démocratique. Je préférerais, pour ma part, malgré les charges que cela représente pour notre pays, la protection de la France sur le peuple arménien, que le vague contrôle d'une Société des Nations qui, pendant de longues années encore, laisserait sans doute les Kurdes exterminer les Arméniens. Mais quelque réserve que l'on puisse encore faire sur ce point, quelque modification qui paraisse encore nécessaire, il n'y a pas de doute que dans l'ensemble les buts de guerre de la France sont irréprochables.

En ce qui concerne l'Amérique, en ce qui concerne l'Angleterre, je pense que, malgré quelques réserves, les déclarations de Wilson et celles de Lloyd George doivent avoir trouvé en Russie un écho sympathique.

Resterait donc l'Italie. Les déclarations de Wilson et de Lloyd George y ont produit une assez vive émotion. C'est une émotion utile. Il semble bien, en effet, que l'on s'oriente dans ce pays vers la révision si souvent demandée des buts de guerre.

Ne vous lassez donc pas dans l'effort de rapprochement que vous voulez poursuivre entre la démocratie russe et les nôtres. Soyez très catégorique dans les garanties que vous donnez. Si je n'ai pas encore obtenu, si je ne puis obtenir tout de suite la déclaration commune des Alliés, du moins dès aujourd'hui, la garantie morale qu'ils offrent est une garantie sérieuse.

Laissez-moi enfin, en toute amitié, vous féliciter du bel et courageux effort que vous avez fait là-bas. Vous aurez très efficacement continué l'œuvre d'entente que nous avons commencée et que l'insuffisance de certains hommes n'a pas permis de poursuivre à bien. Mais, si vous devez un jour, vous aussi, être lâché par les hommes, du moins vous aurez conscience d'avoir fait tout ce qu'il était humainement possible de faire et vous pourrez être fier d'avoir, pendant ces derniers mois, bien servi le pays.

A vous très amicalement.

Signé ALBERT THOMAS.

P. S. — Je ne reçois plus de lettres de Petit. Dites-lui donc que je serais tout à fait heureux d'avoir personnellement de ses nouvelles.

Est-ce que vous voyez aussi quelquefois Kritchewsky ? Avez-vous vu aussi Charles Dumas ?

NOTES

La Révolution Bolchevique

PAR

Jacques Sadoul

M. ALBERT THOMAS, député (*Champigny-sur-Marne*).

Mon cher ami,

Arrivé à Pétrograd le 1er octobre, envoyé 5 jours après en mission à Arkhangelsk, je suis rentré avant-hier ici. C'est après un séjour d'une courte quinzaine que j'ose vous écrire hâtivement ces lignes, purement amicales, et qui n'auront pas même l'intérêt de vous présenter quelque sensationnelle interview. Je n'ai vu jusqu'ici aucune des personnalités politiques avec qui je dois prendre contact.

J'ai pu parler pourtant, directement ou par interprète, en route, à Arkhangelsk, à Pétrograd, à une cinquantaine de soldats, officiers, ouvriers, commerçants, etc. Et surtout, depuis 15 jours, je bois de l'air russe. La rue, le tram, la famille russe chez qui je vis, sont d'excellents observatoires qui imposent bien des révélations à un esprit non encore déformé par une trop longue accoutumance du milieu.

La conclusion essentielle de ces premières observations, dont je souhaite qu'une expérience prolongée ne démontre l'inexactitude, est celle-ci

Le désir d'une paix immédiate, à tout prix, est général.

Sur ce point, tous les Russes que j'ai vus, sans exception, sont d'accord avec les bolcheviks et séparés seulement les uns des autres par une différence de netteté, disons le mot, d'honnêteté dans l'expression de ce vœu : la fin de la guerre, coûte que coûte.

Que le peuple russe ait dans son ensemble le dégoût et la haine de la guerre, qu'il aspire ardemment à la paix, quelle qu'elle soit, qu'il ait pu apercevoir dans la Révolution un plus sûr moyen d'arriver à cette paix, tout cela me paraît aujourd'hui d'une évidence éclatante. Je sais que telle n'est point l'opinion des représentants alliés. S'ils ne comprennent pas, c'est qu'ils ne veulent pas comprendre. Ils préfèrent à la sombre tristesse de cette réalité les douces illusions dont les bercent aimablement et peut-être sincèrement des politiques sentimentaux, qui sont peut-être encore le Gouvernement, mais qui, déjà, ne sont plus la Révolution.

Or, c'est à la Révolution russe, et à elle seule, que nous avons affaire. C'est sur elle seule que nous pouvons compter pour réaliser un nouvel effort militaire.

Mettant de côté les rapports de leurs agents, d'un optimisme mensonger, il faut enfin que les gouvernements de l'Entente se décident à s'approcher de la nation russe, à la sonder, à la comprendre, s'ils veulent éviter une catastrophe.

Peut-être me taxerez-vous de pessimisme ou me reprocherez-vous de découvrir un peu tard l'Amérique ? Je rapporte simplement et sincèrement.

Le fait étant constaté, je vais essayer de résumer en termes clairs, les arguments principaux, au moins ceux qui ne sont pas de pur sentiment, sur lesquels s'appuyèrent la plupart de mes interlocuteurs pour aboutir à cette conclusion : la paix immédiate.

1° La victoire de l'Entente est impossible.

Le temps n'améliorera pas la situation militaire de l'Entente. La prolongation de la guerre déterminerait donc un gaspillage inutile d'hommes et d'argent.

Sur le front occidental, les alliés piétinent. Depuis plus de deux ans, leurs communiqués annoncent pompeusement des succès grandioses aux portes de Lens et sur le Chemin des Dames. Leur impuissance à enfoncer le front ennemi est manifeste. Quant à l'armée américaine — en admettant qu'elle soit créée — à quelle époque sera-t-elle prête et où trouvera-t-on le fret nécessaire à son transport et à son ravitaillement?

Sur le front oriental, les Russes ne tiendront pas. L'armée est désorganisée irrémédiablement. Par la faute du Commandement, disent les bolcheviks. Par la faute des bolcheviks, répond le Commandement. Par la faute des uns et des autres, affirme-t-on généralement. En fait, elle est dans un état inouï de détresse morale. Brutalité, incompréhension, insuffisance des officiers, techniciens incapables, chefs méprisés, citoyens déloyaux. Indiscipline grandissante. Juste méfiance des soldats à l'égard des officiers.

Assassinats quotidiens d'officiers. 43.000 d'entre eux ont été chassés par leurs hommes et errent lamentablement à l'intérieur. Déjà les soldats, suspectant les Comités élus par eux, ne consentent plus à les écouter. Désertions en masse. Refus d'aller aux tranchées et de combattre. Comment régénérer ce corps sans âme, dont tous les membres sont contaminés, en quelques mois, en pleine guerre, sous le canon allemand ?

Au demeurant, que pourrait une armée nombreuse sans appui matériel ?

Si l'indiscipline s'aggrave au front, l'anarchie règne à l'arrière.

Depuis 6 mois, le Gouvernement ne gouverne plus. Les Milioukof, les Kerensky, sont des idéologues bavards, sans énergie, sans méthode, incapables de réaliser. Les rouages administratifs et économiques sont détraqués. On pille, on vole, on tue dans le calme et l'indifférence générales, il faut le reconnaître. La Russie nouvelle, enfantée par la Révolution est fragile comme un nouveau-né.

Pour vaincre l'Allemagne ou lui résister, il faudrait constituer une puissance industrielle équivalente à la sienne. Miracle impossible. Les conseils, les capitaux, les cadres prêtés par les Alliés ne remplacent pas les canons, les munitions, les wagons, les rails, etc..., qui manquent. Ni les Anglais, ni les Américains ne sauront faire en temps utile cet effort gigantesque.

La République ne renouvellera pas les abominables sacrifices humains qui ont assuré, seuls, le succès relatif des offensives Broussilof. On n'avancera plus à coups d'hommes. Pour éviter ces hécatombes, lorsque les Allemands auront concentré, sur un point quelconque du front, les masses formidables d'artillerie dont ils disposent, il faudra reculer, faute de matériel.

Les soldats tiendront-ils même jusqu'aux attaques? Les plus mauvais sont partis déjà. Pour les autres, les vivres et les effets chauds manquent. Parce qu'elles n'ont pas touché de bottes convenables, deux armées menacent de quitter les tranchées aux premiers froids.

Ainsi, sur le front occidental, aucune décision à espérer. Sur le front oriental, les Allemands, si fatigués qu'ils soient — et ils le sont visiblement —, conservent une telle supériorité de commandement, d'organisation et de matériel, qu'ils perceront quand et où ils voudront.

2° La Russie nouvelle ne s'organisera que dans la paix.

Je connaissais l'orgueil national américain, anglais, allemand, français, j'ignorais, je l'avoue, que l'orgueil national russe fût aussi développé.

S'ils ont du patriotisme une conception sensiblement différente de la nôtre (leur patriotisme est moins territorial et plus idéologue que le nôtre), presque tous les Russes avec lesquels je me suis entretenu m'ont parlé avec un tel enthousiasme de l'avenir magnifique réservé à la Grande Russie, qu'il est impossible de nier qu'un sentiment national très vif les anime.

Ils sont convaincus que leur pays, le plus riche en réserves naturelles et humaines, le plus vaste, le plus jeune, le plus progressif, doit prendre bientôt la première place parmi les nations civilisées. Mais ils ajoutent que, pour le mettre en valeur intellectuellement et économiquement, pour l'organiser politiquement, la paix est indispensable (peut-être aussi l'emploi des méthodes allemandes et des maîtres allemands).

La paix quelle qu'elle soit, précisait un commerçant d'opinion modérée, qui craignait que les Allemands ne fussent pas entrés à Pétrograd avant le printemps et qui exposait, avec cette surabondance d'arguments particulière aux Russes, comment son défaitisme était à base d'impérialisme et pourquoi une paix immédiate, même malheureuse serait moins préjudiciable aux intérêts de sa patrie, qu'une guerre, même heureuse, prolongée pendant de longs mois.

Qu'importe à l'immense Russie la perte de quelques provinces. La Paix, clament les révolutionnaires, et nous installerons la République. La Paix, murmurent les bourgeois, et nous démolirons la Révolution. Aucun de nos arguments ne parvient à convaincre profondément les uns ou les autres des avantages que présenterait, pour le monde et pour la Russie, une guerre poursuivie énergiquement.

3° Le soldat veut la paix pour jouir des conquêtes de la Révolution.

Le Russe, ouvrier et paysan, était malheureux avant la guerre. Depuis qu'il est soldat, il est plus misérable encore. Aucune armée, dit-on ici, n'aurait résisté aux fatigues, aux souffrances et aux sacrifices imposés depuis trois ans à l'armée russe. A ces serfs résignés au malheur, à ces soldats meurtris, la Révolution promet brusquement la liberté, la paix, la terre, c'est-à-dire les raisons les plus belles de vivre et d'être heureux. Présents mirifiques, mais dont jouiront seuls les citoyens vivants et libérés du joug militaire. L'intérêt, l'égoïsme poussent le soldat vers la paix, génitrice de biens ardemment convoités. Et rien ne le retient plus aux armées. Il ne croit plus au « Petit Père ». Il ne croit plus au commandement, il ne croit plus guère à la patrie dont la propagande maximaliste et les mouvements séparatistes obscurcissent de plus en plus la notion. Toutes les idoles sont abattues. Toutes les étoiles sont éteintes. Et les allumeurs de réverbères manquent en Orient comme en Occident.

N'oublions pas, enfin, que cette race robuste et molle, grossière et douce, a la haine instinctive de la guerre.

Ainsi le désir de paix immédiate, à tout prix, semble à peu prés unanime. Il est exprimé sous les formes les plus enveloppées ou les plus violentes.

Mais vous savez mieux que moi quelle éternité peut séparer, en Russie, l'expression d'un désir de sa réalisation, combien le Russe hésite, tergiverse, recule devant une décision, c'est-à-dire devant une responsabilité à prendre. Et cette aboulie ethnique paraît d'autant plus développée que l'individu est plus cultivé, plus évolué, qu'il a usé davantage sa capacité volontaire au frottement d'un sens critique plus aiguisé.

Aussi les Russes, qui se connaissent assez bien, ne croient-ils guère que leur Gouvernement, quel qu'il soit ·

Exerce une pression suffisante sur les Alliés, pour les contraindre à la paix immédiate ;

Ose signer une paix séparée.

Il est vraisemblable que les hommes du pouvoir, malgré leurs protestations chaleureuses d'union sacrée avec nous, sont infiniment près du pacifisme de la masse russe, qu'ils ne songent pas sérieusement à heurter ses aspirations générales. Ils ne comprennent pas que l'anarchie sociale est l'effet de leur propre anarchie et ils en font remonter la cause à l'état de guerre. Ils sont donc disposés à croire que la paix seule permettrait l'organisation du nouveau régime. Cependant, outre un sentiment de décence qui retiendrait la main des ministres, au moment de signer — sans nous — un accord avec l'ennemi, ils sont Russes et nous devons souhaiter, à ce point de vue, qu'ils le soient énormément. Ainsi ils voudront la paix mais ne pourront pas la faire. N'est-ce point quelque chose qui doit nous interdire le désespoir ? Opposons à la force d'inertie russe notre propre force d'inertie. Sans brutalité et sans excès, sans tenter de les contraindre à une guerre très active, faisons durer de mois en mois, de semaine en semaine, l'état de choses actuel, si peu satisfaisant qu'il soit, en nous efforçant de l'améliorer.

L'œuvre est importante. Elle paraît réalisable.

Pendant l'hiver, un front russe subsistera, qui accrochera, malgré sa faiblesse, un certain nombre de divisions ennemies. A l'arrière, l'Etat-Major russe doit tenter l'organisation rapide d'une armée de manœuvre, constituée des éléments les plus jeunes et les plus sains. L'effort de la Mission française, à côté du Commandement russe, peut être considérable et efficace. Le Gouvernement serait disposé à le favoriser.

Mais il faut que la Mission, dirigée par un chef que ses collaborateurs habituels considèrent comme un homme d'action, d'intelligence extrêmement ouverte et souple, dispose de moyens étendus et ait toute initiative dans l'application des directives données par le Gouvernement. Elle ne pourra travailler efficacement qu'à ce prix.

On admire ici la France et on l'aime, vous le savez, mais surtout pour des raisons que la Raison connaît peu, d'ordre presque exclusivement sentimental. Par contre, on est fortement impressionné, dans les milieux intellectuels, surtout, par la force allemande, on n'apprécie pas à sa valeur l'appui donné par nous à la Russie. (J'ai prié déjà Roger Picard de m'envoyer, chiffres et faits, un résumé de l'effort que nous avons fourni pour nos alliés : artillerie, munitions, aviation, ravitaillement, instruction, cadres, etc... Ces tableaux pourront être utilement publiés ici).

Il est déplorable qu'on puisse essuyer, en Russie, des réflexions comme celle-ci qui est courante : « Les Français veulent nous aider. Merci. Mais quels résultats ont-ils atteints depuis trois ans? Qu'ont-ils fait de nous? Songez à ce que les Allemands auraient réalisé s'ils avaient eu à leur disposition, comme vous l'avez eu à la vôtre, cet admirable réservoir

d'hommes, de richesses, d'intelligences. Eux, ils nous au-
raîent déjà organisés. Et peut-être nous organiseront-ils demain ».

Cette lettre arrivera sans doute après la Conférence internationale de Paris, où les éléments avancés russes doivent
être représentés par M. Skobelef. Il aura mission, m'a-t-on
dit, d'exposer à l'Entente la situation exacte, matérielle et
morale de la Russie et de faire savoir

1° Que la Russie, maintenant la formule : « Sans annexions
et sans indemnités », exige la publication, sous une forme
concrète, des buts de guerre des Alliés ;

2° Que la Russie ne peut prolonger son effort que si les
Alliés lui fournissent, avant une date déterminée, un nombre X de canons, munitions, wagons, locomotives, milliards, etc... ;

3° Que si ce concours n'est pas donné en temps utile, la
Russie sera contrainte à la paix ;

4° Que la Russie, dans cette éventualité, serait disposée
à consentir un certain nombre de sacrifices pour permettre
aux Alliés d'obtenir une paix satisfaisante ;

5° Que la Russie désire la réunion rapide de la Conférence de Stockholm.

En passant à Stockholm (29 septembre), j'ai vu Branting
qui m'a entretenu de la situation générale européenne et plus
spécialement de son pays. Il croit à la formation d'un ministère libéral où il entrerait, sans portefeuille, ne voulant pas
prendre la tête d'un Gouvernement qui peut faire d'excellente
politique libérale, mais ne savait faire aucune politique socialiste.

D'après lui, aucun danger de guerre entre Suède et Russie,
85 % de la population suédoise étant ententophile. Nos
seuls adversaires habitent le palais royal.

Il m'a dit sa très vive admiration pour vous. Il compte
que vous saurez demeurer un internationaliste, combattre
pour la délivrance des passeports, et venir à Stockholm assurer la victoire des sections socialistes alliées, dès maintenant
assurée, affirme-t-il.

J'ai vu également Huysmans. A Stockholm il est considéré
par les Alliés, comme suspect, et proteste avec indignation
contre les accusations dont il est l'objet.

Comme Branting, il compte sur vous pour Stockholm, mais

je dois vous le dire, avec moins de foi que Branting. Lui aussi, il considère que si vous consentez à vous internationaliser un peu... plus, vous serez, avec Wilson, le constructeur glorieux d'une grande paix.

« Il faut qu'Albert Thomas soit un peu moins le maire de Champigny-la-Bataille et un peu plus le chef de la section française de l'Internationale ouvrière. » Cette formule résume assez exactement notre conversation à votre sujet.

Huysmans m'a récité un projet de proposition aux socialistes belligérants et neutres, actuellement en préparation, et que la Commission hollando-scandinave publiera vers la fin du mois. En voici la substance, sujette à révision

Idée générale : les deux groupes belligérants sont arrivés à l'équilibre. Ils peuvent s'épuiser davantage, mais non se vaincre. Inutile, par conséquent, de se livrer aux hypothèses vaines et de bâtir, sur le sable, de chimériques projets de paix. Le fait de l'équilibre des forces étant constaté, il s'agit uniquement de savoir quelle paix peut être considérée comme acceptable par tous et durable pour tous.

Conditions générales : établissement de la Société des Nations. Traités d'arbitrage. Désarmement progressif. Libre échange progressif également, afin que la guerre ne soit pas remplacée par la bataille économique qui ferait, à son tour, renaître la guerre. Ni annexions, ni indemnités, mais remboursement des réquisitions injustement prélevées et réparation des dégâts commis en violation des conventions de La Haye. Reconstitution des territoires dévastés (sauf Belgique), opérés au moyen d'un fonds commun international auquel chaque nation participera au prorata de sa richesse.

Droits des peuples à disposer librement d'eux-mêmes. Donc plébiscite.

Pour l'Alsace-Lorraine, plébiscite en trois arrondissements : Metz, Strasbourg, Mulhouse. N'y prendront part ni les indigènes qui ont émigré en France après 1871, ni les Allemands émigrés en Alsace-Lorraine depuis 19.. (date à fixer).

Pologne russe indépendante. Pologne prussienne et autrichienne plébiscitée. Terres irrédentées italiennes plébiscitées.

Reconstitution intégrale de la Belgique et indemnisation par l'Allemagne seule.

Rétablissement de la Serbie, avec porte sur la mer.

Bulgarie augmentée de la Macédoine.

Fédération des nationalités russes dans le cadre de la République.

Groupement des nationalités yougo-slaves d'Autriche-Hongrie en un état autonome dans le cadre de l'Empire.

Internationalisation de Constantinople et des détroits.

Huysmans fonde un Bulletin Russe. Pour la chronique française, il veut faire appel à Longuet et Lafont. Il viendra prochainement à Pétrograd.

Il m'avait prie de vous télégraphier, avant le Congrès de Bordeaux, le résumé de la proposition ci-dessus analysée. Dès mon arrivée ici, j'en ai parlé à Petit, qui me paraît malheureusement très occupé et peu visible.

Il m'a appris que, depuis la veille, les communications directes entre l'Armement et Pétrograd étaient coupées et qu'il n'y avait plus, pour correspondre avec vous, que la voie officielle (Ambassade et Affaires Etrangères) ou ordinaire (courrier et contrôle postal).

Je n'ai pas insisté, Huysmans m'ayant annoncé, d'autre part, qu'il s'efforcerait de vous faire parvenir directement cette motion, dont le texte était encore en discussion.

La suppression du fil direct avec la Section des Affaires Russes de l'Armement, m'obligera à une certaine réserve, spécialement dans l'appréciation que je pourrais faire de l'activité des personnalités françaises employées ici.

Le général Niessel est très bienveillant pour moi. Il est entendu qu'il me laissera une liberté suffisante pour que je puisse suivre d'assez près les événements et le renseigner. Je suis chargé d'un certain nombre de questions. Avec le Commandant Guibert, je m'occupe des passeports, de l'alcool et du platine. Je suis trop occupé actuellement par ces fonctions pour avoir pu travailler utilement à l'extérieur.

Je vois ce soir Georges Weill. Au moment, où l'Allemagne et ses agents tentent de faire croire que la question d'Alsace-Lorraine demeure le gros obstacle à la paix immédiate, le point de vue spécial de notre camarade risque d'être mal compris et interprété ici. Il convient d'agir avec une grande prudence. Je crois même qu'il serait sage, provisoirement au moins, et à Pétrograd, de glisser et de noyer le problème dans l'ensemble de ceux posés par les nationalités opprimées. Il y a ici pour nous, heureusement, des terrains plus favorables de propagande.

Votre affectueusement dévoué.

M. ALBERT THOMAS, député (*Champigny-sur-Marne*).

Mon cher ami,

J'ai vu hier Plékhanov à Tzarskoyé Sélo. Vous savez qu'il est très souffrant. Il m'a reçu au lit. Nous avons causé longuement. Je vais essayer de résumer fidèlement ses déclarations.

Politique intérieure

« En quittant Pétrograd, Albert Thomas me disait : « Je « laisse la Russie en état de douce anarchie ». Ecrivez à Albert Thomas que l'anarchie s'est aggravée, qu'elle n'est déjà plus douce, qu'elle sera demain violente, puis sanglante .»

Plékhanov croit que le « vystouplénié », la sortie, annoncée par les bolcheviks aura lieu à brève échéance. Non pas sans doute du 20/2 au 25/7 novembre ainsi qu'on l'annonce, mais à une date indéterminée qui peut être placée avant fin novembre (Réunion de l'Assemblée Constituante).

Cette démonstration armée aura pour but le renversement du Gouvernement provisoire, la prise du pouvoir par les maximalistes, dont le premier acte serait la conclusion de la paix. Les chefs du mouvement bolchevik sont divisés sur l'opportunité de cette action. Lénine et Trotzky l'exigent. Kaménef, Zinovief, Riasanov et la plupart des leaders voudraient l'éviter craignant l'insuccès et plus encore peut-être le succès. Ils savent qu'ils ont trop promis pour pouvoir tenir. Leur arrivée au pouvoir manifestera leur impuissance et déterminera brusquement leur effondrement. Mais la masse des troupes maximalistes marche derrière Lénine et Trotzky vers une seconde révolution. Il ne semble plus possible de retarder le conflit. Plékhanov est convaincu de son imminence et le souhaite passionnément au point de laisser entendre, lui, dont vous connaissez les scrupules démocratiques, que si le mouvement ne se déclanchait pas spontanément, il faudrait le provoquer. Il pense en effet que la situation générale s'aggravera tant que la propagande des bandes bolcheviques — horrible mélange d'idéalistes utopiques, d'imbéciles, de malfaiteurs, de traîtres et de provocateurs anarchistes — continuera d'empoisonner le front et l'arrière.

« Il faut non seulement mâter, mais écraser cette vermine, la noyer dans le sang. Le salut de la Russie est à ce prix. »

Or, le Gouvernement provisoire ne prendra jamais l'initiative de cette indispensable saignée. Kerensky est plus disposé aux concessions qu'à la lutte. Ainsi qu'à Barthou, il lui manque ce qu'avait Danton, et quand on lui propose l'exemple de Robespierre, il ne sait que sourire tant il trouve l'évocation surannée. A aucun prix il n'assumera la responsabilité d'une répression brutale s'il n'y est pas entraîné pour se protéger lui-même. A l'exception du Ministre du Ravitaillement Prokopovitch, ses collègues paraissent avoir la même phobie de l'action virile : « Fils spirituels de vos républicains de 48, ce sont des rêveurs, des agitateurs éloquents, sous-Lamartine, tombés dans l'opportunisme »

Autour d'eux, dans les fractions socialistes, socialistes révolutionnaires ou socialistes démocrates, chez les cadets, parmi les politiciens du premier plan, aucun homme de volonté forte. Des habiles comme Tseretelli, sur qui on comptait beaucoup, se sont mis prudemment à l'abri dès qu'ils ont senti venir l'orage.

Un seul espoir, Savinkov, compromis dans l'affaire Kornilov, brouillé, politiquement avec Kerensky, mais pour qui le Ministre-Président conserve beaucoup d'affection. Lui seul est capable d'accomplir par les beaux moyens jacobins. l'œuvre d'épuration (Plékhanov n'oublie-t-il pas que Savinkov est commandité par Poutilov ?).

Sans parler des hommes nouveaux qu'un coup de force fera surgir demain de part et d'autre, Savinkov apparaît à beaucoup — socialistes, cadets, octobristes — comme le sauveur, soit qu'il vienne appuyer Kerensky, sur la demande de celui-ci, soit qu'il se substitue à lui, si Kerensky est incapable d'organiser la résistance contre les bolcheviks, soit qu'à la suite d'une victoire bolchevique il prenne la direction d'un mouvement général contre ce parti. Voilà les trois hypothèses auxquelles Plékhanov arrive par l'examen des faits et que, bien entendu, les événements peuvent ruine

Quelles sont les forces matérielles sur lesquelles les groupes opposés peuvent compter ?

Le bolchevisme n'est tout puissant — les élections municipales l'ont prouvé — qu'à Pétrograd, Moscou et dans les milieux industriels. Ici, où le mouvement s'amorcera, la classe ouvrière et la plus grande partie de la garnison lui sont acquises. Mais combien ne voient dans le maximalisme que prétexte à paresse, indiscipline, éloignement du front, désordre, pillage, sabotage de « bourgeois » ou d'officiers, combien accepteront de descendre dans la rue, de risquer leur peau ? Bien peu, affirme Plékhanov.

Kerensky, ou en cas de défaillance de Kerensky, son substitut, groupera autour de lui un ou deux régiments de garnison, les élèves des écoles d'infanterie et d'artillerie, et enfin quelques régiments cosaques menés tout exprès à Pétrograd, c'est-à-dire beaucoup plus que la force nécessaire pour disperser les troupes maximalistes et écraser leurs chefs.

D'ailleurs, si par impossible les bolcheviks remportaient la victoire, ce triomphe serait sans lendemain. Déjà de toutes parts se manifeste l'amertume des masses. Epuisées, désabusées, elles demandent la paix, mais seulement parce que les maximalistes leur ont fait croire que la paix assurerait magiquement l'ordre intérieur, le retour aux conditions normales d'existence, le ravitaillement d'une population qui crève de faim. Or, les maximalistes ne feront pas la paix parce que l'Allemagne ne peut pas faire la paix avec eux, que Guillaume II ne peut pas placer sa signature à côté de celle de Lénine, ou ils ne feront qu'une caricature de paix. Ils n'assureront pas le ravitaillement sans ordre et ils ne créeront pas l'ordre parce que leur action énergique mais anarchique est créatrice de désordre.

La nation s'apercevra vite de son erreur et se tournera vers l'homme qui ramènera l'ordre avec l'autorité. Ce sera la réaction, indispensable et inévitable. Jusqu'où ira-t-elle ?

Autour d'un chef comme Savinkof sont prêts à se grouper déjà les socialistes patriotes, les cadets, les octobristes, tous les éléments allant de la gauche de Plékhanov à la droite de Goutchkov. Tous escomptent l'appui des troupes cosaques, las de l'anarchie, loyalistes, non socialistes, mais républicains et démocrates.

Ce serait en somme une répétition de l'aventure Kornilov, sans Kornilov — peut-être, et surtout sans les éléments

équivoques qui enveloppaient Kornilov, Plékhanov l'espère
du moins. Mais il prévoit, à la faveur d'une telle secousse,
le retour offensif des partis réactionnaires qui ont repris
leurs efforts et sont arrivés en province à de tels résultats
que dans certains villages, les paysans prient pour la restauration de Nicolas, qu'en ville, on regrette publiquement la
discipline bienfaisante de l'ancien régime, sa police brutale,
mais efficace, etc... Le péril monarchique n'est pas très menaçant encore, mais l'anarchie persistante le ferait croître
rapidement. C'est pourquoi il faut en finir au plus tôt avec le
bolchevisme, à l'abri duquel complotent les partisans du
Tzar.

Politique extérieure — Guerre

Plékhanov me parle d'abord des instructions du Soviet
de C. O. S. à Skobelev, où il reconnaît « le programme minimum » de l'impérialisme germanique. Mais il faut que les
alliés, tous les alliés publient rapidement leurs buts de
guerre, préalablement revisés. Leur silence fait le jeu des
maximalistes qui laissent croire au peuple russe que l'impérialisme allié n'est pas moins redoutable que l'impérialisme
austro-allemand. Les Alliés seront ensuite plus à l'aise pour
agir avec une énergie et une habileté accrues à l'effet d'obtenir du gouvernement russe plus que des paroles et des promesses. Sans brutalité, en ménageant la susceptibilité si chatouilleuse des Russes, ils doivent exposer fermement les
dangers et la honte d'une inertie militaire prolongée et s'engager à appuyer activement le mouvement de rénovation de
la Russie.

Quel que soit le gouvernement au pouvoir, la paix séparée
ne sera pas signée : « S'il nous est difficile de faire la guerre,
il nous est impossible de faire la paix ! »

Au cas de succès maximaliste, la paix bolchevik serait sans
portée.

Mais l'avènement d'un pouvoir fort, après l'écrasement des
bolcheviks, assurerait très rapidement le rétablissement d'un
ordre relatif à l'intérieur, écarterait la famine, rétablirait
tant bien que mal la tranquillité indispensable à la reprise
d'une guerre active.

Malgré la volonté de paix immédiate, à tout prix, si généralement exprimée par l'énorme majorité des Russes, dans

toutes les classes, Plékhanov affirme qu'un gouvernement vigoureux, celui qui sera installé demain sur les cadavres bolcheviks, doit imposer à la nation tout entière, armée comprise, la continuation de la guerre, la défense nationale demeurant le but principal.

L'armée est affamée, privée de chefs, troublée profondément par la propagande maximaliste. Plékhanov estime qu'il n'est pas impossible de la reconstituer. Sur les dix millions d'hommes mobilisés, 28 $^0/_0$ à peu près seront aisément remis en main pendant l'hiver. Le reste peut être éliminé avec profit. C'est l'instruction militaire qui manque le plus à l'armée, cadres et troupes. Les seules classes vraiment préparées ont été sacrifiées, les meilleurs officiers ont été chassés ou assassinés. Quelques centaines d'officiers français feraient une excellente besogne comparable, toutes proportions gardées, à celle accomplie par la mission Berthelot en Roumanie. Mais il faudrait ici beaucoup de tact, de discrétion.

Parallèlement, cette tâche incombe spécialement au Parti socialiste. La France devrait mener une active propagande pour établir dans quelle large mesure les buts de guerre de notre démocratie s'accordent avec les aspirations générales du prolétariat russe.

De la politique française il semble qu'on ne laisse parvenir ici que les manifestations impérialistes. A qui la faute?

J'ai découvert à Plékhanov, comme à tous les camarades russes rencontrés jusqu'ici, notre réponse au questionnaire de Stockholm dont il n'avait lu que le résumé, que je qualifierai seulement d'inexact, mis à la disposition de nos alliés russes.

Le service de propagande fait circuler, de bonne foi, j'en suis sûr, la brochure intitulée: *Le Parti socialiste et les buts de guerre*, publiée par le Comité socialiste pour la paix de droit, comme étant la réponse officielle du Parti. Vous connaissez ce texte et ses tendances ultra-droitières. C'est incroyable, mais exact.

Voyez si Dubreuilh ne pourrait pas m'envoyer quelques centaines d'exemplaires de la *Vraie réponse*.

Il n'est pas possible que nos amis russes ne soient pas émus et conquis par la lecture de ce document animé d'une si pure sérénité, où se manifeste de façon éclatante l'effort généreux et héroïque accompli par la Section française pour s'élever au-dessus des revendications égoïstes, pour arracher de son âme tant d'amertumes légitimes, pour atteindre la justice et construire au-dessus de la mêlée où coule tant de sang français un édifice de paix durable sur des bases solides et acceptables pour tous les belligérants. Je ne voudrais rien faire sans avoir votre avis, mais je suis sûr qu'une propagande appuyée sur notre réponse dissiperait bien des malentendus. J'ai senti tant d'enthousiasme, tant de reconnaissance, tant d'amour pour la France, monter au cœur de Plékhanov, alors que je lui résumais les lignes générales de la brochure. Il était surpris et confus de nous avoir ignorés à ce point, lui qui a voué à notre pays une si vive admiration. J'ai éprouvé, d'autre part, près de nombreux députés paysans et ouvriers, S.-D. ou S.-R., l'heureux effet de notre brochure dont les idées essentielles pourraient faire l'accord entre toutes les sections socialistes.

Nous devrions avoir en Russie quelques commentateurs socialistes français. Quel bon travail ils feraient. Mais je n'ai vu que Georges Weill. Malgré sa parfaite probité intellectuelle, il n'est parvenu, à mon avis, qu'à accentuer l'équivoque en gravant dans l'esprit de ses auditeurs l'impression que sa position non orthodoxe sur la question d'Alsace-Lorraine est celle de la grande majorité des socialistes français. Or, vous savez qu'il est absolument impossible de faire admettre, par la plupart des Russes socialistes ou non-socialistes, le point de vue traditionnel français. C'est l'abîme qui nous sépare. Le trou est comblé par notre réponse, pleinement acceptable pour tous. Je vais travailler à la faire connaître.

A côté de Weill, qui va regagner la France, personne. La plupart des Français qui sont à Pétrograd m'ont paru, il faut bien que je vous le dise, définitivement inaptes soit à représenter la démocratie française dont ils ignorent tout, soit à comprendre la Révolution russe, pour laquelle ils n'ont que railleries, indignation et mépris, soit, *a fortiori*, à resserrer les liens qui devraient unir l'une à l'autre. Les Russes sentent bien cela, ils en sont profondément blessés et se détournent de plus en plus de nos représentants.

Et pourtant comme ils entrent vite en confiance lorsqu'ils se sentent près d'un camarade qui sert un idéal semblable au leur, qui accorde sincèrement à leurs efforts révolutionnaires la sympathie, l'estime qu'ils méritent et dont ils ont tant besoin ! Ils sont alors disposés à entendre tous les reproches amicaux, à suivre tous les conseils.

L'influence de Plékhanov qui avait subi une éclipse presque totale, grandit de nouveau. Son journal, *Edinstvo*, est lu de plus en plus, dans les milieux intellectuels particulièrement. J'ai vu quelques-uns de ses collaborateurs. Ils partagent à peu près les idées de leur maître sur les événements. La plupart cependant, plus près de la rue que Plékhanov, moins mystiques et plus réalistes peut-être, ne croient pas autant que lui à l'imminence du choc avec les bolcheviks. D'après eux, Kerensky fera tout pour reculer l'échéance fatale ; pour gagner du temps il ira de concession en concession. En cas de conflit, ils redoutent en premier lieu une victoire, même passagère, des bolcheviks, parce qu'elle aggraverait l'anarchie et, à peu près également, un mouvement Savinkov, qui risque de glisser trop nettement à droite et qui prolongerait la guerre civile.

Personnellement, je persiste à être moins optimiste que Plékhanov et ses amis. La volonté de paix à tout prix exprimée par tant de Russes me semble irréductible. Ils peuvent ne pas réaliser la paix, mais comment, par quel retour sur eux-mêmes reprendraient-ils une guerre active ? En admettant même la défaite bolchevique et l'arrivée au pouvoir d'un gouvernement énergique, sur quelles forces s'appuyerait-il pour accomplir à l'intérieur l'œuvre formidable de réorganisation qui doit précéder la résurrection de l'armée et combien de mois lui faudrait-il pour réaliser ce programme ? Je ne crois guère au miracle. Le marasme est profond. Il est aggravé par le mouvement maximaliste, mais ne serait pas diminué par les secousses violentes qui détermineraient une réaction. Les éléments disparates qui se grouperaient provisoirement contre les bolcheviks se heurteraient évidemment les uns contre les autres au lendemain d'une victoire. Certes, nous devons travailler comme si les espérances de Plékhanov devaient se réaliser. Elles se réaliseront d'ailleurs peut-être et d'autant plus que nous nous appliquerons davantage à agir vigoureusement.

Comme je vous l'écrivais l'autre jour, qu'un front russe soit maintenu jusqu'à la paix signée par les alliés, c'est quelque chose. Qu'il soit, et il peut l'être, amélioré, ce sera beaucoup. Tant mieux si nos efforts obtiennent davantage.   ˋ

Mais allons d'abord à Stockholm.

Je vous écris ces lignes très rapidement, étant très absorbé par les études économiques et le service alcool et platine dont je suis chargé à la Mission. Vous excuserez le décousu et la longueur de tout ceci.

Je compte vous écrire à peu près deux fois par mois. Dites-moi si ces lettres vous parviennent et faites-moi savoir quels renseignements vous désirez recevoir plus spécialement.

J'écris à Mme Ménard-Dorian pour la prier de chercher avec vous un chaperon pour Mlle Lydic Plékhanov, actuellement à Paris, et que son papa voudrait voir prochainement à Pétrograd. .

Le ministère Painlevé-Barthou-Doumer n'a aucun succès ici.

Votre affectueusement dévoué.

M. Albert THOMAS, député (*Champigny-sur-Marne*).

Mon cher ami,

Le mouvement bolchevique s'est déclenché cette nuit. De ma chambre, j'ai entendu le bruit lointain de quelques fusillades. Ce matin, la rue est calme, mais à l'hôtel Astoria, où logent quelques centaines d'officiers russes et la plupart des officiers des missions alliées, la Garde Junker, fidèle au gouvernement provisoire, vient d'être remplacée sans conflit par un détachement bolchevik.

Heure par heure, nous apprenons que les gares, la banque d'État, le télégraphe, le téléphone, la plupart des ministères sont tombés successivement entre les mains des insurgés. Que font donc les troupes gouvernementales ?

Rentrant à la Mission après déjeuner, je me heurte à quatre barricades défendues par de forts détachements bolcheviks... gouvernementaux ? Impossible de le savoir. Les soldats le savent-ils eux-mêmes ? Interrogé par un camarade, l'un d'eux répond qu'il a été placé là par le Comité de son régiment, mais il ne peut pas préciser s'il attaque ou s'il défend le gouvernement provisoire. J'essaie de rentrer au Palais Marie pour voir Avksentief qui, avant-hier encore, me disait naïvement son entière confiance dans les précautions prises par le gouvernement. Le Palais est gardé par les Junkers. Avksentief n'est plus là, ni personne.

Au moment où je traverse la place Marie, quelques coups de fusil partent des fenêtres de l'Astoria, vers la Garde du Palais. Je presse le pas. La fusillade continue de façon intermittente et sans grand effet. J'avais rendez-vous à 4 heures avec Halpern, le secrétaire du Conseil des ministres, qui devait se présenter à Kerensky, à qui je n'ai pas encore remis votre lettre. Mais le Palais d'Hiver est entouré par les bolcheviks, et j'imagine que le ministre-président a mieux à faire aujourd'hui qu'à me recevoir. Moi aussi d'ailleurs.

La Mission est fiévreuse. Le bruit court que les officiers alliés sont exposés à des attentats bolcheviks. Je me propose pour aller voir, à titre personnel, les chefs de l'insurrection installés, avec le Congrès des Soviets, à Smolny Institut, siège habituel du Soviet de Pétrograd. Je ne les connais pas encore, mais je suppose que je pénétrerai assez aisément près d'eux. Je commence à savoir fort bien me présenter aux Russes. On se scandalise d'abord de ma proposition, puis on y souscrit et je pars.

Tous les carrefours sont surveillés par les gardes rouges. Des patrouilles circulent de tous côtés, quelques autos blindées passent rapidement. De ci, de là, des coups de feu. Au premier bruit, la foule nombreuse des badauds détale, se couche, s'efface le long des murs, se tasse sous les portes, mais la curiosité est la plus forte et bientôt on va voir en riant. Devant Smolny, de nombreux détachements, garde rouge et armée régulière, protègent le Comité révolutionnaire. Des autos-mitrailleuses dans les jardins. Entre les colonnes de la façade, quelques canons. La porte est sévèrement barrée. Grâce à ma carte d'entrée au Soviet des Paysans, à un mot de Longuet pour Steklov et surtout à mon ignorance de la langue russe, je fais plier la résistance des tovarischs et je pénètre. L'Institut Smolny, long bâtiment banal fin XVIIIe siècle, était sous l'ancien régime, un lycée de jeunes filles de l'aristocratie. Les vastes couloirs blancs et crème, sont encombrés d'une foule militante et triomphante, camarades et soldats. Je n'arrive pas à voir Dan ni Tchernof, qui a quitté Petrograd. Comme Tseretelli, il a fui devant l'orage. Mais immédiatement j'entre en contact avec Steklov, Kaménef, Lapinsky, etc., etc., heureux, affairés et parlant français. Ils me reçoivent fraternellement et répondent abondamment aux questions les plus indiscrètes. D'abord ils s'indignent des bruits calomnieux que je leur rapporte. Dès demain, une note à la presse assurera à tout le personnel des ambassades et des missions du respect que désire témoigner aux alliés la seconde Révolution. Puis ils me content leurs succès. Toute la garnison de Pétrograd est avec eux, à l'exception de quelques centaines de cosaques, de Junkers et de femmes. Toutes les administrations sont entre leurs mains. Le gouvernement provisoire est assiégé dans le Palais d'Hiver. Il aurait été fait prisonnier déjà si le Comité révolutionnaire avait voulu user de violence, mais il faut que la seconde Révolution ne fasse pas couler une seule goutte de sang. Beaux espoirs, mais bien difficiles à réaliser.

Demain, devant le Congrès des Soviets, on développera le programme du gouvernement bolchevik, qui sera immédiatement constitué.

Voici les articles essentiels du programme immédiat

Proposition aux peuples belligérants d'un armistice permettant l'ouverture des pourparlers en vue d'une paix démocratique et juste ;

Suppression de la grosse propriété foncière et remise de la terre aux paysans suivant une procédure réglée par les comités agraires locaux et l'Assemblée constituante qui sera réunie le 12 novembre (?) ;

Contrôle ouvrier sur la production et la répartition des produits ;

Monopole de banque ;

Suppression de la peine de mort au front.

Que sera le nouveau ministère ? Sans doute exclusivement bolchevik. Les cadets, les mencheviks ont fait faillite au pouvoir. Les travailleurs vont maintenant assurer eux-mêmes la victoire totale de la démocratie.

Je vais rendre compte à la Mission, puis je retourne à Smolny. Il est 22 heures. Sur la place du Palais d'Hiver une fusillade violente. Le comité s'est-il déjà résigné à la bataille ?

Les bolcheviks sont de plus en plus enthousiastes. Les mencheviks, quelques-uns au moins, font triste figure. Ils sont sans confiance. Ils ne savent à quoi se résoudre. Il n'y a vraiment, dans tout ce personnel révolutionnaire, que les bolcheviks qui semblent être des hommes d'action, pleins d'initiative et d'audace.

J'assiste à une partie de la séance de nuit du Comité exécutif des Soviets ouvriers et soldats. Vacarme épouvantable. Grosse majorité bolchevique. Je rentre chez moi à 4 heures du matin et je vous écris ces lignes. Je tiendrai ce petit journal au jour le jour. On ne sait ce qui peut arriver. Je me demande d'ailleurs si vous trouverez quelque intérêt à ces notes rapides, toutes pleines d'impressions personnelles, qui vous parviendront longtemps après les dépêches.

Que ne puis-je vous télégraphier !

M. ALBERT THOMAS, député (*Champigny-sur-Marne*).

Mon cher ami,

Journée de l'insurrection. Ce matin, en allant à la Mission, j'ai vu repêcher, dans la Moïka, le cadavre du général Tou_manof, adjoint au ministre de la Guerre, que des soldats ont arrêté et tué cette nuit, à coups de baïonnettes. On le place en riant, sur une charrette basse, dans une pose ridicule, et on l'emmène vers une morgue quelconque.

Les nouvelles sont bonnes pour les bolcheviks. Le Palais d'Hiver a été canonné, pris, puis pillé. Tous les objets d'art, meubles, tapisseries, tableaux ont été détruits sauvagement. Le bataillon de femmes qui le défendait a été fait prisonnier, emmené dans une caserne, où les malheureuses auraient été violées autant qu'on peut l'être. Beaucoup sont des jeunes femmes de la bourgeoisie. La plupart des membres du G. P. sont arrêtés. Kerensky s'est enfui. L'armée est aux mains des révolutionnaires. Les régiments appelés par le G. P. passent l'un après l'autre à la cause bolchevik. !

Mais déjà un mouvement antibolchevik s'annonce à Pétrograd. Appuyés sur la Douma municipale, le Conseil provisoire, les Comités exécutifs des Soviets ouvriers et soldats et paysans, des fractions social-révolutionnaires, social-démocrates et socialistes populistes condamnent l'attentat criminel et forment un Comité de Salut public pour la défense de la patrie et de la révolution.

Mais sur quelles forces populaires s'appuiera ce comité, dont les membres ont presque tous manifesté précédemment leur aboulie, pour vaincre l'organisation très forte des insurgés détestés des bourgeois mais cordialement supportés par la population ouvrière ? J'ai vu Noulens et Petit, ce matin. Nos milieux officiels ne semblent décidément pas mesurer à sa valeur l'action puissante et ordonnée des bolcheviks. On ne comprend pas surtout, à mon sens, à quel point cette action correspond à la lassitude générale. Je vous l'ai écrit dès mon arrivée. Sur 100 Russes, 80 sont des bolcheviks avoués, les 20 autres des bolcheviks honteux. On compte beaucoup sur les troupes cosaques. Mais sont-elles assez nombreuses et ne tomberont-elles pas à l'insurrection ? Il est entendu avec l'ambassade et la Mission que je vais suivre attentivement les événements à Smolny, puisque j'ai la chance exceptionnelle — je n'ose encore écrire l'honneur — d'être agréé comme un camarade par les bolcheviks. Pas plus qu'hier, je n'aperçois à Smolny un seul Français, pas même un représentant de notre presse, alors que j'ai vu dans la salle du Congrès une dizaine de journalistes anglais et américains. Les chants de triomphe continuent.

Je vois de nouveau les grands chefs. Je fais connaissance de Lénine et de Trotzky.

La séance du Congrès qui devait s'ouvrir à 2 heures commence à 9 heures seulement. Jusque là, les différentes fractions, celles qui n'ont pas renoncé à assister aux travaux du Congrès pour protester contre les coups d'Etat, se sont réunies pour discuter sur la participation au gouvernement nouveau. On me dit que les bolcheviks n'ayant pas consenti les concessions exigées par les mencheviks, seront obligés de constituer seuls le ministère. Trotzky accepte d'un cœur léger cette responsabilité, mais Lénine s'écrie : « En nous isolant, vous nous suicidez ! » Cette nouvelle scission des forces révolutionnaires va troubler certainement l'opinion publique déjà inquiète et accentuer le mouvement protestataire qui est soutenu vigoureusement par des journaux comme le *Dielo Naroda* et la *Novaya Jizn*. Ce dernier persiste pourtant à prêcher l'accord pour éviter le krach de la révolution.

C'est devant une salle archicomble que Lénine, qui est l'objet d'ovations formidables, lit, puis commente la proclamation aux peuples et aux gouvernements de tous les pays belligérants et le projet de loi sur la réforme agraire. Ses paroles sont hachées par des applaudissements frénétiques. Est-il possible que des hommes à ce point capables d'enthousiasme soient considérés comme mis définitivement hors de combat ? Après l'appel à la paix, l'assemblée tout entière, recueillie et transportée, entonne l'*Internationale,* puis une marche funèbre, hommage aux morts de la Révolution.

Entr'acte d'une heure... du matin. J'interviewe longuement Trotzky qui, dans quelques minutes, va être élu ministre ou plutôt Commissaire du Peuple aux Affaires étrangères.

Primo : Son avis sur l'insurrection ?

Toute révolution comporte des aléas, mais les chances de succès sont énormes. La préparation a été minutieuse. L'organisation s'étend sur tout le territoire russe, où un millier de Comités ont été constitués. La presque totalité de l'armée est désormais acquise. Les masses paysannes vont être séduites par la remise de terre des gros propriétaires. Appuyé sur ces deux éléments le mouvement doit réussir. Il a suffi d'un coup de balai pour chasser les gens au pouvoir, médiocres et mous. Ils ont perdu définitivement la confiance de la démocratie. Certes l'abstention des mencheviks est regrettable. Mais ils ont été trop gourmands. D'ailleurs on s'efforcera de les regagner peu à peu. Le programme proposé par les bolcheviks est, au fond, celui auquel ont dû se rallier successivement tous les partis de gauche, et dans son dernier discours (24 octobre), Kerensky lui-même en adoptait les lignes essentielles.

Il est fâcheux qu'on n'ait pas arrêté Kerensky avant-hier, alors qu'on le pouvait aisément. Ce demi-fou, appuyé peut-être sur Savinkof et Kalédine, créera une agitation facile à vaincre, mais qui prolongera la crise.

Secundo : Quelles espérances fonde-t-il sur l'appel aux peuples pour la paix ?

Malgré les efforts que vont faire les gouvernements pour cacher cet appel ou en fausser l'esprit, il ne tardera pas à être connu de tous. Dès maintenant, on prépare plusieurs millions de tracts qui reproduisent cet appel, appellent les travailleurs allemands à l'insurrection, et seront lancés par avions sur les lignes et arrières de l'ennemi. La proclamation doit produire un grand effet chez les démocrates, spécialement en France, en Italie et en Allemagne. Une pression très forte sur les gouvernements pour obtenir la révision des buts de guerre et l'ouverture des pourparlers de paix sera certainement exercée par les prolétariats intéressés. Trotzky ne compte guère sur les Etats-Unis, moins encore sur l'Angleterre dont il redoute beaucoup l'opposition. Il n'espère pas une révolution immédiate soit en Allemagne, soit ailleurs. Pourtant la révolution sociale, l'assujettissement du capitalisme au contrôle des travailleurs, voilà le seul but de guerre sérieux qu'on puisse proposer ‚à tous les peuples. Lui seul, préparera la suppression définitive de lutte d'impérialisme économique et l'avènement du socialisme. Or, le moment est unique pour réaliser le grand chambardement. Après le cataclysme il sera trop tard. Si elles ne saisissent pas cette occasion de délivrance, les nations seront condamnées aux mêmes souffrances, aux mêmes misères qu'avant la guerre. Il doit donc être bien entendu que la seconde révolution russe est une révolution sociale et, que par tous les moyens, elle s'efforcera de placer en situation révolutionnaire tous les pays européens. Trotzky n'a aucune confiance dans les divers gouvernements. Il n'a pour eux que des mépris et dégoûts. Autant que les hobereaux prussiens, il hait la grasse bourgeoisie de France et d'Angleterre. Il s'incline devant le pur génie français, mais déteste nos politiciens ignares. Il a conservé le plus mauvais souvenir de Malvy, qui l'a expulsé de France l'année dernière. C'est évidemment un aigri et un amer.

Il ne croit donc pas à une révolution immédiate en Allemagne, mais à des mouvements, à des émeutes chez ce peuple qui est le plus éprouvé par la guerre et qui crève de faim. Les camarades occidentaux ne comprennent pas suffisamment que le devoir de la Russie Révolutionnaire est de soutenir, d'aviver, les efforts prolétariens vers la paix.

Trotzky est certain que le gouvernement allemand, malgré la pression de la Social-démocratie, n'acceptera pas la proposition d'un armistice conditionné sur les principes de paix de la révolution russe : pas d'annexions, pas d'indemnités, droit des peuples à disposer librement d'eux-mêmes. Les Hohenzollern ne se résigneront pas, en effet, à signer eux-mômes leur condamnation à mort.

Alors, si l'Allemagne refuse ?

Alors nous décréterons la guerre révolutionnaire, la guerre sacrée, non pas sur les bases de la défense nationale, mais sur celles de la défense internationale et de la révolution sociale. L'effort militaire que les gouvernements russes, tsarisme compris, n'ont pas pu exiger de l'armée, nous l'obtiendrons de nos soldats, lorsque nous leur aurons prouvé, après avoir obtenu des Alliés la révision des buts de guerre, après avoir essayé honnêtement et énergiquement d'ouvrir les pourparlers de paix sur des bases acceptables par tous les socialistes, qu'ils ne combattront plus pour l'impérialisme anglais ou français, mais contre l'impérialisme allemand et pour la paix du monde.

Trotzky n'a pas d'illusions. L'armée russe est épuisée, écœurée, avide de paix, mais ce que les bolcheviks affirment c'est que, pour ces buts limités, ils obtiendront des troupes plus que la nonchalance de Kerensky ou que la nagaïka de Savinkov et de Kalédine.

Tertio : Mais vous avez promis du pain ?

Nous n'avons pas promis de pain, mais seulement un ravitaillement ordonné et des transports organisés. Nous réaliserons cela, d'une part, par le contrôle de la production et de la circulation des produits, d'autre part, avec l'appui de la puissante union des cheminots, dont nous adopterons le projet extrêmement sérieux d'utilisation intensive du matériel roulant.

Les paysans, à qui nous remettrons la terre, nous donneront le blé qu'ils ont caché jusqu'ici dans leurs greniers. Surtout nous préparerons la prochaine récolte. Cette année, faute d'instruments aratoires, qu'on n'importe plus et qu'on ne fabrique plus en Russie, la récolte a été déficitaire. En obligeant les industriels à s'organiser en trusts, on pourrait intensifier la production et rendre à la construction des machines agricoles une partie des usines affectées au travail de guerre. Par ce moyen, le pays recevrait les charrues ; le matériel de culture aujourd'hui fait absolument défaut.

Je résume à la hâte, à mesure que me reviennent à la mémoire les propos de Trotzky, semblables, d'ailleurs, à ceux que m'avaient fait entendre d'autres bolcheviks.

Au cours des séances du Congrès, j'ai été frappé par le sang-froid, l'éloquence directe, dépouillée de rhétorique de Lénine, de Trotzky, de Kamenef, qui savent entraîner leur auditoire jusqu'à l'enthousiasme le plus vif, sans jamais se laisser gagner par l'émotion.

J'avoue que, malgré les accusations formulées contre eux, malgré les présomptions graves, malgré les preuves qui seraient accumulées contre eux, mais qu'on ne m'a pas fait encore connaître, j'admets difficilement que de tels hommes, qui ont sacrifié beaucoup aux convictions révolutionnaires, qui peuvent être sur le point de réaliser leur idéal et d'entrer dans l'histoire par la grande porte, consentent à être tout bassement les agents de l'Allemagne. Qu'il y ait, parmi les bolcheviks, des traîtres, des provocateurs, c'est certain.

Quel est donc le parti d'opposition, quel est le groupement pacifiste qui n'en contient pas ? Que ses chefs aient reçu de l'argent suspect, c'est possible. Mais qu'ils aient servi sciemment les intérêts de l'Allemagne contre ceux de la révolution russe, je ne le crois pas. Mais ceci m'entraînerait à de trop longs développements et je ne dois pas oublier que mes fonctions politiques sont une besogne supplémentaire. Il faut que je m'occupe de platine et d'alcool.

M. Albert THOMAS, député (*Champigny-sur-Marne*).

Mon cher ami,

Dans les milieux alliés et bourgeois de Pétrograd, l'espoir renaît d'un écrasement rapide des insurgés.

L'ordre le plus parfait règne sous la tutelle des bolcheviks. Mais les nouvelles circulent, nombreuses et contradictoires.

A la tête de forces considérables, Kerensky marcherait sur Pétrograd. Les insurgés, envoyés à sa rencontre, seraient pulvérisés et tourneraient casaque. On compte que le Ministre-Président sera ici ce soir. Les bolcheviks tremblent. Lénine et Trotzky auraient disparu. Pourtant je les rencontre à Smolny dans la soirée. Une foule toujours dense encombre l'institut, mais elle est moins enthousiaste et plus fiévreuse. L'heure est difficile.

Que faut-il souhaiter que soit demain ?

Dans le milieu que vous connaissez, les avis ne sont guère partagés. Tous espèrent ardemment le triomphe de Kerensky et de Savinkof. On attend de ce dernier une répression impitoyable.

Permettez-moi de crier « casse-cou ». Imaginons que les bolcheviks soient vaincus et massacrés. Hypothèse encore fragile à mon avis. Qu'adviendrait-il ensuite ?

La suppression de Lénine, Trotzky et des autres chefs bolcheviks supprimerait-elle le bolchevisme, c'est-à-dire dans son expression la plus simple, le désir de paix ?

Sur quelles forces matérielles s'appuieraient Kerensky, Savinkof, Kalédine, etc..., pour déterminer l'armee a poursuivre contre son gré ce que Ludovic Naudeau appelle pittoresquement la cul-de-jattisation de l'Europe. Il ne s'agit plus de manifestations hostiles localisées, d'insubordination comme celles qui ont pu être enrayées au printemps dernier dans certaines unités françaises. Tout le monde est d'accord pour constater que l'obsession de la paix prochaine a détruit toute force combattive dans la presque totalité des régiments

russes. Ni Savinkof, ni Kalédine ne donneraient, à l'armée,
ce qui lui manque, des raisons nouvelles d'accepter la prolongation de la guerre. Ils prendraient l'armée dans l'état
pitoyable où elle se trouvait à la veille de l'insurrection, que
dis-je, dans un état pire. Car l'insurrection est venue. Elle
a promis la terre, la révision des buts de guerre, l'ouverture
probable des pourparlers de paix.

Que d'espérances éveillées! Ou bien le gouvernement ·de
demain réalisera ces promesses et ainsi se bolcheviquera, ou
bien il les effacera, et vous vous imaginez dans quelle déses-
pérance nouvelle il plongera les soldats, et que pourra-t-il
faire pour réagir ? Réprimer ? Mais combien faudrait-il en
fusiller ? Et qui consentira à fusiller ?

Je me suis promis de vous livrer mes impressions toutes
nues. Et je vous donne mon avis, d'autant plus volontiers,
que je ne suis pas ici votre correspondant officiel, mais un
simple spectateur. qui, malheureusement, a autre chose à
faire qu'à contempler la révolution. Paris et vous, recevrez
bien d'autres rapports signés par des hommes plus autorisés
que moi et plus adaptés aux choses russes. Mon avis est d'ailleurs tellement « subversif et enfantin, qu'il indigne ou fait
sourire tous les Français qui connaissent un peu la Russie ».

Quant à moi, je ne souris guère quand je vois les Alliés
placer ridiculement toutes leurs cartes sur ces atouts pé-
rimés, Kerensky, Savinkof, Kalédine, etc..., sans popularité
et sans force réelle. Il me semble qu'il faut manquer de tout
sens politique ou plus simplement de bon sens pour se compromettre en appuyant ces hommes et ne pas s'apercevoir
qu'ils ne représentent plus rien et qu'ils n'ont plus avec eux
que quelques douairières, des bourgeois et des fonctionnaires.
Les meilleurs intellectuels, les ouvriers, les soldats, leur ont
tourné le dos. Pour en être convaincu, il suffit d'enregistrer
l'étendue du mouvement à gauche que viennent d'exécuter les
différentes fractions socialistes et qui les mettent en contact
direct avec les bolcheviks.

Que de Français se sont compromis ici par leur attitude
favorable à Kornilof ! La leçon ne leur a pas suffi. Les mêmes
vont creuser entre eux et la vraie démocratie russe un abîme
parce qu'ils n'aperçoivent pas que leurs champions sont
fourbus et que quoi qu'ils tentent pour les doper, ils n'arra-
cheront pas une victoire qui, tôt ou tard, doit revenir aux
bolcheviks.

Je ne suis pas bolchevik. J'aperçois l'étendue du mal accompli, en Russie, par la propagande démagogique des maximalistes. J'aperçois même ce qui aurait pu être fait et qui ne l'a pas été pour retarder le mouvement, le diviser, le canaliser.

Aujourd'hui, le bolchevisme est un fait. Je le constate. Il est une force, qu'à mon avis, aucune autre force russe ne peut briser. Il s'agit de savoir si cette force ne peut pas être utilisée pour les fins communes poursuivies par l'Entente et la révolution. Le mal est fait. Il est profond et sans doute incurable. Mais, comme Verchowsky, le Ministre de la guerre d'hier et peut-être de demain, je crois que le virus bolchevik peut être atténué par les bolcheviks et par eux seuls.

« L'armée, disait Verchowsky, réclame à grands cris la paix. Sa valeur combattive sera accrue seulement par un gouvernement qui aura manifesté activement sa volonté de paix et établi que, s'il continue la guerre, c'est parce que l'ennemi a refusé la paix démocratique proposée à haute voix. »

Je vous l'ai écrit et répété déjà, ce serait risquer de trop grandes désillusions que de compter sur une reprise très active de la guerre sur ce front. Mais dans la mesure où cette armée décomposée peut être contrainte à combattre encore, le parti bolchevik est, à mon sens, mieux placé que tout autre pour faire faire aux soldats l'effort maximum qui peut être fort petit.

On m'a montré, à Smolny (ne redoutez pas que j'y sois endoctriné), des dépêches du front, où les comités militaires affirment que si la paix proposée par les bolcheviks est rejetée par l'Allemagne, la guerre devra être poursuivie jusqu'à la victoire.

Belles phrases, me direz-vous. C'est pourtant le seul parti qui, actuellement, puisse en recueillir d'aussi vigoureuses.

Pour résumer ce long discours décousu, je conclus que, du point de vue militaire, le seul auquel je puisse me placer ici, l'écrasement des chefs bolcheviks laisserait intact le bolchevisme et qu'un pouvoir fort, fort de quelques faibles individualités, ne pourrait pas logiquement améliorer la situation morale d'une armée dont il aurait éteint le flambeau.

La Russie est en démocratie révolutionnaire. L'immense majorité de l'armée et peut-être des masses ouvrières et paysannes suit les chefs bolcheviks. Cette majorité doit normalement tenter la réalisation de ses aspirations. Il y aurait péril à la retarder trop et les démocraties occidentales se couvriraient de honte en tentant d'écraser ce grand mouvement idéaliste.

Plutôt que de faire effort pour empêcher la coalition menchevo-bolchevique qui s'amorce péniblement aujourd'hui, les représentants alliés, renonçant à leurs vieilles chimères, devraient donc permettre au bloc socialiste de constituer un gouvernement populaire. Vous n'ignorez pas sans doute quelles modifications profondes la prise du pouvoir, le contact des réalités, la conscience des responsabilités immédiates déterminent très rapidement chez les plus fougueux idéologues. La proclamation aux peuples, lue à tête reposée, apporte, de l'avis de tous ceux qui suivent, sur place, la politique bolchevique, des atténuations considérables aux déclarations démagogiques justement reprochées jusqu'ici à ce groupe. Tous les mencheviks sont, au fond, prêts à le contresigner, et le nouveau programme du gouvernement devra, même si les bolcheviks sont exclus du ministère, contenir la substance de cet appel.

J'imagine, d'autre part, que Trotzky et Lénine parvenus au pouvoir, enveloppés par Tchernof, Dan et quelques défensistes accompliraient très vite les quelques pas qui les séparent encore du possible, de la réalité. Eux seuls, en tout cas, et c'est l'essentiel, pourront accomplir cette évolution, sans être accusés par les masses qu'ils ont entraînées vers la paix et, qu'eux seuls, demeurent capables de retenir sur le front.

Mais tous ces raisonnements tomberaient si, comme le proclament des gens avertis, Trotzky et Lénine étaient des traîtres et avaient, dans leur poche, un traité de paix élaboré de complicité avec l'ennemi.

Que durerait ce gouvernement bolchevik ? Nous sommes en période révolutionnaire et, quoiqu'on puisse l'oublier souvent aussi, dans la quatrième année de la guerre. La famine menace. L'hiver arrive. Voilà bien des circonstances qui peuvent user très vite les hommes les plus habiles et plus vite encore des idéologues intelligents mais passionnés et violents comme ceux dont je viens de parler. Mais je suppose que quelques mois ou même quelques semaines d'ordre relatif avant l'anarchie et la réaction inévitables, feraient bien l'affaire des Alliés et de la Russie.

M. ALBERT THOMAS, député (*Champigny-sur-Marne*).

Mon cher ami,

Les nouvelles abondent toujours. Kerensky aurait remporté une victoire écrasante à Tzarskoyé Sélo. Ses troupes seraient aux portes de la ville. La plupart des mencheviks refusent de participer au gouvernement avec les bolcheviks. Leur opposition devient active et il semble qu'elle ait l'agrément des milieux officiels qui continuent, à mon humble avis, à ne rien comprendre à la situation et qui vont créer, contre les pays alliés, un sentiment aggravé de méfiance et d'hostilité.

Les fusillades ont recommencé dans la rue. De nouveau on affirme, parce qu'on veut le croire, que Lénine et Trotzky se seraient enfuis. Smolny, à peu près évacué déjà par les bolcheviks, serait assiégé par les troupes du Comité de Salut public. J'y cours dans la nuit. Les forces du Comité de Salut public sont invisibles. Les soldats bolcheviks et les gardes-rouges sont à leurs postes de combat. Je traverse cinq à six barrages péniblement et je dois parlementer pendant deux heures, malgré ma carte d'entrée permanente à Smolny. Sont seuls admis, en effet, les membres du Comité de Guerre révolutionnaire. Ma patience est récompensée. Je pénètre dans l'Institut. Ce n'est plus le triomphe, ni la fièvre, c'est évidemment l'attente, l'angoisse et, je dois le dire, la résolution. Derrière le va-et-vient des soldats, des camarades aux yeux durs, en armes, qui encombrent le vestibule, les longs couloirs sombres et vides. Quel dommage que je n'aie ni le temps ni le talent de m'attarder à la description de ce spectacle ! Quatre gardes-rouges, baïonnette au canon, m'encadrent et me conduisent au deuxième étage dans une salle obscure où, à travers un nuage opaque de fumée, j'entrevois une trentaine de soldats en armes, veillant en silence. Ils me regardent sans aménité. Je suis un peu gêné d'être là.

L'idée saugrenue me vient que je devais être retenu comme
otage. A travers une cloison de bois, un bruit de voix. Une
porte s'ouvre. Un officier s'avance, se présente : Krylenko, le
ministre, ou plutôt le Commissaire du Peuple à la Guerre.
Petit, vif, grisonnant, des yeux d'acier. Il s'étonne visiblement de ma présence, mais va chercher Trotzky. La porte
de la salle voisine, d'où partent les voix, est demeurée ouverte. Au fond, autour d'une table de bois blanc, sous une
petite lampe, quelques conspirateurs chuchotent. Cheveux
longs, visages passionnés et las. Je pense, un peu trop peut-
être au « Grand Soir », celui du Théâtre des Arts, et je
cherche Vera Sergine, je veux dire la citovenne Kollontaï,
la vierge rouge. Evidemment, je suis en présence du Comité
de Guerre. Trotzky s'avance vers moi, rassurant, très camarade, aimable autant que peut l'être cet homme froid, purement cérébral et visiblement hostile aux antibolcheviks.
qu'il me soupçonne de représenter ici. Je sais qu'il a fait
prendre des renseignements sur moi. Mais comme je suis
très sage depuis mon arrivée ici, je ne crains rien et je ne
songe pas à lui en vouloir. Nous causons cinq minutes, devant
Krylenko. Toujours très calme, très lucide, Trotzky m'expose
la situation, du moins ce qu'il veut m'en laisser connaître.
Je lui conte quels bruits courent sur l'avortement certain
et l'écrasement prochain de l'insurrection. Il me rassure gentiment. Il reconnaît l'échec de Tzarskoyé Sélo. Kerensky est
à la tête de 4.000 cosaques. Quelques unités d'artillerie ont
assuré sa victoire : « Le vingt-cinq, nos troupes ont triomphé sans combat. Elles ont été grisées. Elles ont cru qu'elles
pouvaient déposer les armes. La leçon d'hier leur fait comprendre qu'elles doivent les ressaisir. De tous les points du
front, des régiments, des divisions entières offrent de combattre à nos côtés. Cette nuit, le mouvement de Kerensky sur
Pétrograd sera ralenti par les gardes qui sont partis ce soir.
Demain, il sera arrêté par l'artillerie que nous venons de
recevoir. Dans quelques jours il sera enveloppé par les for
ces bolcheviques qui arrivent du front Nord et, contraint de
se rendre, de s'enfuir ou de mourir. »

Trotzky ne redoute pas davantage l'agitation que Kalédine
et ses cosaques commencent dans le sud de la Russie. Après
l'écrasement de Kerensky, on écrasera Kalédine. D'ailleurs,
la propagande bolchevique dispersera probablement les cosaques, sans que le canon ait à se faire entendre.

Ce qui l'inquiète, par-dessus tout, c'est la situation politique. Les mencheviks méditent un mauvais coup. Ils échoueront. Mais, pour éviter de nouvelles tentatives antibolcheviques, il faudra exercer une répression impitoyable et l'abîme se creusera davantage entre les forces révolutionnaires. Je vous ai dit déjà que Trotzky veut réaliser pleinement la révolution sociale, que repoussait, au fond, Kerensky et ses collègues, et que voudraient ajourner des hommes « comme Dan et Gotz, qui mènent actuellement une campagne si venimeuse contre le bolchevisme et si stupidement contraire à la révolution ». Mais, Trotzky comprend, aujourd'hui, que si les bras suffisent pour combattre, les cerveaux sont nécessaires pour conserver le pouvoir. Les bolcheviks doivent donc s'assurer le concours, outre les forces populaires, des forces intellectuelles des différentes fractions socialistes. Il accepte donc la coalition.

Mais n'est-il pas déjà trop tard ? Cette nuit, la ville a repris son aspect de guerre : patrouilles, gardes aux carrefours, barricades, autos blindées.

M. Albert THOMAS, député (*Champigny-sur-Marne*).

Mon cher ami,

Et les nouvelles fausses où vraies circulent toujours. On voudrait savoir pourquoi Kerensky, dont les troupes sont aux portes de la ville depuis hier, ajourne son entrée. Il déséspère et indigne ses derniers admirateurs. Sa popularité est en baisse effroyablement. On soupçonne ce sentimental bavard, cet éternel hésitant, de parler encore, d'hésiter toujours et de se compromettre avec l'ennemi, je veux dire les bolcheviks. Cependant, la chute des insurgés paraît proche à tous. Les fusillades ont recommencé. Les détachements bolcheviks se laisseraient désarmer et s'enfuiraient piteusement devant les jeunes Junkers réunis par le Comité de Salut public. Les Junkers ont reconquis, dans la matinée, quelques administrations, notamment le poste central des téléphones, sur Morskaïa, à deux pas de l'Institut Français, à cent mètres de la Mission.

Ludovic Naudeau déjeune chez moi. Habituellement triste, il est aujourd'hui lugubre. A son avis, « c'est foutu pour nous ! » Il ne croit ni en Kerensky, ni au remède Savinkof-Kalédine. Il prévoit la décomposition, l'anarchie grandissante, la famine, les pogromes. C'est un bien désagréable convive. Il croit, dans la mesure légère où il se permet de croire à quelque chose, que la triste expérience de la liberté que vient de faire la Russie la rejettera bientôt dans les bras d'un dictateur. Mais, comme moi, il pense qu'il serait insensé de créer artificiellement un mouvement en arrière.

Il redoute plus que tout la bêtise que feraient les Alliés en lâchant la Russie, soit qu'ils la laissent traiter avec l'Allemagne, qui ne manquerait pas de s'y ravitailler en denrées et en hommes (je suis sûr qu'en quelques mois les Allemands organiseraient contre nous les quelques centaines de mille hommes que nous n'avons pas su dresser contre eux), soit qu'ils concluent eux-mêmes, aux dépens de la Russie, une paix qui la séparerait de nous et la jetterait tout entière dans les bras de l'Allemagne, à qui les classes dirigeantes russes ne sont que trop disposées à s'abandonner.

Ma thèse homéopathique sur la guérison ou plus exactement sur l'atténuation possible du mal bolchevik par le remède bolchevik l'intéresse vivement. J'hésite d'autant moins à le constater que Naudeau est considéré comme jugeant de façon saine les questions russes. Il va examiner mon point de vue. D'ailleurs, depuis hier, les sourires et les indignations qui accueillaient mes arguments s'atténuent et déjà j'ai recueilli quelques complices précieux qui comprennent que, si désagréable que soit le remède et si insuffisant qu'il paraisse être, nous devrons nous résigner à l'absorber parce qu'il n'y en a pas d'autres. J'arrive à la Mission en pleine bataille. Peu dangereuse d'ailleurs. On tiraille un peu partout. Des autos blindées parcourent les rues, tirant on ne sait pourquoi, sur n'importe qui. De la Garokhovava à la Mission, je parcours une centaine de mètres derrière une de ces autos, armée d'une mitrailleuse et de deux fusils, derrière lesquels brillent des yeux farouches et dont les canons qui dépassent sinistrement se braquent une seconde ou deux, deux ou trois fois, sur ma poitrine. Je n'ai pas eu le courage de me coller sous une porte comme faisaient les passants, plus habitués que moi à cet exercice, et j'ai passé une minute extrêmement désagréable.

Sous nos fenêtres, quatre petits Junkers, jolis gosses de seize ans, sont tués. Les bolcheviks laissent là les cadavres, mais veulent emporter les bottes. Nous sommes obligés d'intervenir. Rue Gogol, au coin de la Gorokhovaya, un fort détachement bolchevik est aux prises avec les Junkers qui défendent les téléphones. Dans la soirée, les bolcheviks emportent d'assaut l'immeuble. J'apprends de source officieuse que, depuis le matin, on a tué quatre ou cinq cents Junkers. J'ai passé chez Destrée, ministre de Belgique, une partie de l'après-midi. Lui aussi est frappé de l'opportunité et de la nécessité que je lui démontre d'une expérience menchevo-bolchevik. Comme moi-même et moins respectueusement, il s'étonne de ce que, avant ou pendant l'insurrection, les Alliés aient ignoré le bolchevisme ou plutôt n'en aient connu les manœuvres qu'à l'aide de renseignements de police. Il regrette que quelques socialistes occidentaux ne maintiennent pas un contact permanent avec ce milieu où ne peuvent évidemment pas fréquenter encore les personnages officiels et où ne seraient admis ni des réactionnaires ni même des modérés. Je le répète. Depuis le 25 octobre, je n'ai aperçu aucun Français, journaliste ou non, à Smolny, et depuis avant-hier, je crois être le seul étranger qui ait été admis au quartier général des insurgés.

Et pourtant comme il eût été utile d'être exactement renseigné et depuis longtemps de suivre, au jour le jour, dans la place même, l'action de ces hommes, de rechercher parmi eux les traîtres à acheter ou à supprimer, les fous à isoler et les rêveurs à ramener sur terre.

Mais on n'a rien voulu ou on n'a rien su faire. Pour paraître plus équitable, je dirai, si vous voulez, que notre action est invisible dans ses moyens et dans ses résultats.

Quand je suis arrivé ici, il y a un mois, on m'avait conseillé énergiquement d'éviter Dan, Tchernof, pour qui j'avais des lettres, parce que trop rouges et suspects. Et quelques jours après, avant même que j'eusse eu le temps de les rencontrer, ils étaient presque disqualifiés parce que trop roses et trop tièdes.

·Nous ne savons pas prévoir.

Que de critiques déplacées allez-vous penser, dans la bouche d'un nouveau venu à Pétrograd et qui devrait tout au plus regarder et se taire ! J'ai vainement essayé de demeurer silencieux. Si je ne vous en dis pas davantage, c'est que je sais que mes lettres ne vous parviendront pas directement.

Pétrograd, 30/12 novembre 1917.

M. ALBERT THOMAS, député (*Champigny-sur-Marne*).

Mon cher ami, ·

Un choc violent s'est produit aujourd'hui entre les troupes de Kerensky et les bolcheviks. Aucune décision encore, mais Trotzky m'affirmait ce soir sa confiance de plus en plus forte dans la victoire. Kerensky ne résiste pas aux régiments let. tons, les meilleures troupes bolcheviques qui viennent de rejoindre l'armée insurgée. Bientôt il sera enveloppé et réduit à capituler.

Après la lutte sanglante d'hier, Pétrograd a retrouvé un calme absolu que protègent les nombreux détachements bolcheviques qui circulent de nouveau. Reconnaissons qu'à l'exception de quelques faits individuels, l'ordre public est mieux assuré qu'avant l'insurrection. Le nombre de cambriolages à baissé sensiblement. Le Comité de Salut public est désemparé par son échec. Il s'était évidemment trompé en comptant sur la lassitude des gardes rouges et sur les sentiments antibolcheviks de la population.

La citoyenne Kollontaï, ministre de la Santé publique, m'exposait tout à l'heure la gravité de la crise politique.

, La puissante union des cheminots, maîtresse des voies de communication, dont la possession permettra seule la victoire au gouvernement nouveau, quel qu'il soit, s'efforce d'amener les bolcheviks et les mencheviks aux concessions réciproques qui permettront la création d'un ministère de concentration socialiste. Kamenef croit à la possibilité d'un ministère Tchernof où entreraient quatre bolcheviks, quatre défensistes et deux internationalistes.. J'ai l'impression, à la suite de conversations, que Lénine et Trotzky seraient assez disposés à refuser tout portefeuille afin de conserver leur pleine liberté d'action et de critique et de pouvoir éviter des responsabilités dont ils redoutent déjà le poids. Je sais que dans les milieux alliés on s'efforce de les exclure du ministère en formation. Je manque de renseignements pour évaluer les arguments d'ordre moral qui peuvent faire souhaiter l'exclusion du ministère des deux grands chefs bolcheviks. Mais il parait évident, en bonne politique, que ce serait faire œuvre sage que de les incorporer dans le gouvernement. Ils seront, en effet, infiniment moins dangereux dedans que dehors. Si le ministère ne comporte que des bolcheviks de second plan et si l'expérience échoue, ce qui est d'autant plus possible qu'une crise de ravitaillement (pain, charbon, etc...) est à craindre à brève échéance, Trotzky et Lénine hors du gouvernement auront conservé toute leur autorité morale sur les masses et pourront se mettre à la tête d'un nouveau mouvement.

Le journal de Gorki annonce qu'à Moscou les troupes gouvernementales qui ont combattu les bolcheviks (plus de mille morts) étaient appuyées par des soldats francais. D'autre part, le bruit court qu'un officier français aurait été fait prisonnier, dimanche, à Pétrograd, dans une auto blindée qui tirait sur les bolcheviks. Je n'ai pas besoin de vous dire quel effet déplorable produirait ici cette intervention française dans une lutte politique intérieure, si elle s'était réellement produite. On m'a prié, de l'ambassade, d'aller à Smolny. Trotzky ne sait rien de précis. Il m'a promis d'envoyer, dès ce soir, un émissaire à Moscou. Il me communiquera d'urgence les résultats de l'enquête. Il m'a dit être convaincu de la parfaite bonne foi du commandement français dans ces affaires. Il n'en est pas moins certain que de semblables plaisanteries peuvent coûter très cher aux missions alliées, à la colonie française et à la France.

Pétrograd, le 31/13 novembre 1917.

M. Albert THOMAS, député (*Champigny-sur-Marne*).

Mon cher ami,

La rue est parfaitement calme. Fait incroyable, pendant la semaine sanglante, grâce à la poigne de fer et à l'organisation puissante des bolcheviks, les services publics (trams, téléphone, télégraphe, poste, transports, etc...), n'ont jamais cessé de fonctionner normalement. L'ordre n'a jamais été mieux assuré.

Seuls à peu près, les fonctionnaires et la bourgeoisie boudent. Les ministères chôment. Mais Trotzky les contraindra rudement à l'accomplissement du devoir, dès que Kerensky aura capitulé, c'est-à-dire dans quelques heures sans doute et que les mesures prises en province ayant produit leur effet, auront appris à tous que l'insurrection bolchevik est capable de briser toutes les résistances.

La journée de dimanche a coûté cher aux deux partis. Plus de 2.000 morts à Pétrograd, dit-on. Un nombre plus élevé encore à Moscou où la bataille se poursuit avec une sauvagerie effroyable. Des dépôts d'alcool auraient été mis à sac. Des bandes d'ivrognes, de malfaiteurs, la lie des faubourgs, pille, brûle, assassine pendant que les troupes ci-devant gouvernementales et bolcheviks s'égorgent.

En ville on continue à espérer contre tout espoir la défaite des insurgés. La lutte fratricide a exaspéré les plus indifférents. Les mencheviks, soutenus par les partis modérés et droitiers, clament leur indignation... de n'avoir pas réussi. Ils ne mettront pas la main dans la main sanglante des assassins. A quoi les insurgés répondent que les mencheviks ont fomenté le coup de dimanche, qu'ils portent seuls la responsabilité du sang versé, que les partis modérés ayant prêché ouvertement le massacre des maximalistes, n'auraient aucune honte à baiser les mains de Kerensky, de Savinkof et Kalédine, rouges du sang bolchevik et, qu'au demeurant, les bolcheviks sont assez forts pour se passer aujourd'hui de l'appui qu'ils sollicitaient hier et qu'on paraît leur chicaner misérablement.

Je prévoyais tout cela et c'est pourquoi, depuis cinq jours, je réclame l'entente menchevo-bolchevik. Nous n'y allons pas actuellement. Les symptômes de conflit s'aggravent entre les deux partis. La coalition sera désormais difficile et longue à cimenter.

Chaque jour de crise fait glisser un peu la Russie vers l'abîme et permet à l'ennemi de masser des forces toujours plus considérables sur le front occidental. Ce point de vue ne paraît intéresser d'ailleurs aucun Russe : bolchevik, menchevik ou réactionnaire.

J'ai mené, hier, Lounatcharsky, bolchevik de droite, ministre, ou plutôt Commissaire du Peuple à l'Instruction publique, chez Destrée. Très vivement intéressé, le ministre de Belgique m'a prié de lui ménager une entrevue avec Trotzky, qui domine l'insurrection dont il est l'âme d'acier, Lénine en demeurant plutôt le théoricien.

Comme le temps passe, j'ai fixé rendez-vous pour ce soir. Me voici devenu l'introducteur des Ambassadeurs à Smolny. Plût aux cieux que ces Messieurs se fussent résolus plus tôt, par personnes interposées au moins, à regarder de ce côté.

Ils auraient compris sans doute qu'au lieu d'imposer à Kerensky une résistance maladroite, il eût été préférable de laisser le malheureux glisser, comme son opportunisme naturel l'y poussait, vers ce parti nouveau dont il apercevait la popularité sans cesse accrue.

Il est facile de prophétiser après l'événement qu'on eût ainsi évité l'inévitable. Je crois sincèrement qu'il était possible de faire l'économie de cette insurrection et d'enlever aux bolcheviks le plus grand nombre de leurs soldats en manœuvrant habilement. Je suis sûr, bien plus encore, qu'on pouvait épargner, en évitant de prendre sottement parti contre eux, la rancune légitime des insurgés.

Destrée paraît l'avoir compris très vite.

Smolny a retrouvé sensiblement sa physionomie des premiers jours. Entrée plus facile, couloirs animés, lumière de fête. Séances du Soviet de Pétrograd. Trotzky nous reçoit en triomphateur. Les mencheviks sont atterrés par l'échec d'avant-hier. Kerensky est perdu. Le Kremlin assiégé capitulera bientôt. La province s'abandonne, morceau par morceau. Une seule tache sombre au Midi. Mais Kalédine est loin, et son tour viendra. Que de victoires... à l'intérieur! Trotzky nous laissera entendre que les autres, les vraies, sur l'ennémi commun, viendront peut-être si nous renonçons, en temps utile, à une opposition sournoise, et si nous acceptons la politique de collaboration conditionnée, que nos démocraties ont le devoir de proposer à la Russie révolutionnaire.

Je ne retrouve plus le camarade cordial, presque confiant, que j'ai vu cet après-midi encore. Le ministre des Affaires Etrangères de Russie donne audience à M. l'Ambassadeur de Belgique qui, pourtant, vient là simplement en socialiste, sous prétexte de réclamer son automobile réquisitionnée à tort et de demander quelques explications sur les événements de Moscou auxquels des Belges auraient été mêlés.

Vraiment, dès ce premier contact avec la diplomatie étrangère, Trotzky trouve la manière. Une manière un peu forte toutefois, un peu hautaine. Nerveux, courtois, habile à esquiver les réponses directes quand une question précise l'embarrasse, Trotzky est visiblement résolu à ne faire aucune concession de fond ou de forme et, en deux heures, il n'en fera aucune.

Les victoires intérieures si faciles pourtant qu'il vient de remporter, ne le prédisposent guère à la conciliation. Le bolchevisme est très fort. Dès que par l'action de sa force, il aura convaincu de sa solidité les plus incrédules, le ministère se constituera de lui-même, et les mencheviks ou bien se soumettront ou bien resteront à la porte, penauds et impuissants.

Trotzky veut que la vie normale reprenne à Pétrograd. Il va prendre les mesures les plus tyranniques pour contraindre les fonctionnaires, commerçants, etc..., qui opposent encore la force d'inertie, à faire leur devoir.

Il est également convaincu qu'il pourra sinon empêcher, au moins atténuer, les conséquences tragiques d'une crise de ravitaillement dont les gouvernements précédents doivent porter toute la responsabilité.

Puis Trotzky aborde les questions de politique générale. Il ne méconnaît pas le danger mortel pour la démocratie d'un triomphe de l'impérialisme allemand. Sur un éloge généreux, que Destrée fait de la France, il fond sur nous, puis sur tous les gouvernements alliés et ennemis.

Je résume seulement ce qu'il inscrit à notre passif. Il ne

fut pas plus tendre, mais seulement plus bref contre nos adversaires. Certes, il aime le peuple français, plus que tout
autre peuple. Mais quels sarcasmes à l'adresse des chefs socialistes ! Quel mépris pour notre bourgeoisie égoïste, casa-
nière, et comme il flétrit notre Parlement. Majorité d'épi-
ciers de village et de notaires de sous-préfectures. Républicains et démocrates jusqu'à leur entrée au Palais Bour-
bon, exclusivement. Jobards, ignares, vaniteux, tremblants
devant un Poincaré, un Ribot, un Barthou, et prêts aux pires
sottises dès qu'on brandit devant leurs yeux quelque papier
diplomatique.

Ce sont ces démocrates qui, en 1905, ont donné au Tzar
les milliards qui lui manquaient pour étrangler la première
révolution.

Ce sont eux encore ou leurs délégués qui, depuis huit
mois, usant tour à tour de persuasion et de menace, se sont
servis du faible Kerensky pour empêcher le peuple russe de
cueillir les fruits qu'avait fait mûrir la seconde révolution.

Ce sont les mêmes hommes, enfin, qui flattaient hier Kornilof, qui soutiendront demain Savinkov ou Kalédine, et qui
mènent une campagne non point de discussion d'idées, mais
de calomnies abjectes contre les bolcheviks les plus purs.

Ils ont été à plat-ventre, eux, eux les fils dégénérés de la
grande Révolution, devant le knout. Durant deux années de
guerre, ils ont supporté tous les soufflets, ils ont subi toutes
les hontes du Tzarisme, toutes les trahisons des ministères
germanophiles. La Révolution russe éclate, et tout change.
Ces laquais ne veulent pas tenir compte de la lourde succession que recueille le Peuple Russe : les classes dirigeantes
incapables, vénales, regardent de plus en plus vers l'Allemagne. La machine sociale, l'Armée, tout est en décomposition. Le travail à accomplir est formidable.

Les moyens matériels, intellectuels, moraux font défaut.
Pourtant les valets alliés se redressent. Ils se changent en
maîtres hautains, en contempteurs de la liberté. Les démocrates d'Occident font tous leurs efforts pour arrêter la
marche vertigineuse de la jeune démocratie socialiste trop
menaçante pour les privilèges capitalistes, dont ils sont les
défenseurs conscients ou inconscients.

Aucun révolutionnaire russe ne peut oublier cela, et les
expériences amères permettent aux bolcheviks d'affirmer la
mauvaise foi incurable des classes dirigeantes de tous les

pays et de dire que la Société des Nations, l'arbitrage, la réduction des armements, etc..., ne sont qu'expédients imaginés par les capitalistes pour maintenir sur le prolétariat, leur domination mauvaise.

Contre la guerre de l'avenir et contre la guerre présente, un seul remède : la Révolution sociale, qui mettra le pouvoir aux mains des travailleurs. Trotzky est sûr que la Révolution sociale est en train de s'accomplir en Russie, et dans la mesure de ses efforts, il la poussera très avant, par étapes rapides. Il sait qu'il ne pourra pas aller jusqu'au bout, mais il laissera une trace et un exemple contagieux qui seront suivis bientôt par le prolétariat de l'Europe entière.

« A condition — observe Destrée — que vous ayez la force militaire qui permettra, seule, d'éviter une victoire allemande qui serait la justification de l'impérialisme et la faillite de la démocratie. »

Trotzky reconnaît qu'une paix de soumission mettrait en échec la révolution, au moins pour quelque temps. La victoire de l'Entente est impossible, mais il croit à une résistance suffisante contre les Empires Centraux, à une neutralisation des forces, à un épuisement général des deux coalitions. Malgré les objections de Destrée, il maintient que des renseignements sérieux lui permettent de compter, qu'au cours de la guerre, une révolution allemande se déclanchera.

En tout cas, dès que les buts de guerre des Alliés auront été révisés, dès qu'il sera établi que l'Allemagne refuse de discuter sur ces bases, nouvelles et purifiées, la guerre sacrée sera décrétée.

« Mais l'Allemagne n'essayera-t-elle pas de vous jouer, de diviser les Alliés, en faisant semblant d'admettre vos propositions pour gagner du temps et porter à l'Occident le coup décisif ? »

Trotzky affirme ne pas le croire. Il s'anime et parle avec un accent de conviction profonde. Il développe éloquemment les raisons que j'ai déjà résumées, pour lesquelles il croit à une poussée nouvelle d'enthousiasme chez les masses russes, si épuisées qu'elles soient.

La flamme qui anime le peuple russe n'est pas morte. Elle peut être ranimée, et Trotzky nous conte les exploits héroïques accomplis par la Garde Rouge, dans les combats livrés à Kerensky. Il estime pouvoir résoudre, de façon satisfaisante, les problèmes si complexes de la réorganisation technique des services de défense nationale. Il conclut modestement en faisant remarquer qu'indiscutablement l'effort que le bolchevisme fera rendre à l'armée ne reconstituera pas une puissance militaire de premier ordre, mais il est sûr que ce que les bolcheviks obtiendront dans ce sens, par leur prestige, par leur honnêteté éclatante, par la vertu des idées qui leur assure la pleine confiance des masses populaires, ne pourrait être obtenu par aucun autre parti.

Destrée est impressionné par cet entretien. Plus même qu'il ne veut l'avouer. Il reconnaît en Trotzky un homme de beaucoup d'allure, dont la conviction paraît extrêmement profonde et sincère. Mais il ne veut voir en lui qu'un idéologue.

Cet idéologue durera-t-il ou ne durera-t-il pas ? Telle est la question, et s'il dure au moins quelques semaines, quelques mois, comme je le crois, ne faut-il pas, de toute urgence, entrer en contact avec lui et essayer de tirer de son effort le rendement pro-allié maximum ?

Pétrograd, le 1/14 novembre 1917.

M. ALBERT THOMAS, député (*Champigny-sur-Marne*).

Mon cher ami,

Une crise s'amorce. Kamenef le plus parlementaire des leaders maximalistes, est effrayé du splendide isolement des bolcheviks. Comme Zinovief, Rikof, Chliapnikof, Riazanof et la plupart de ses camarades, il considère qu'un ministère de concentration socialiste serait seul capable de sauver les conquêtes, de la troisième Révolution.

Il renoncera donc à ses fonctions de Commissaire du Peuple si le régime de terreur que la dictature du prolétariat fait peser sur la Russie n'est pas remplacé très rapidement par une entente menchevo-bolchevique. Il paraît évident, en effet, quelle que soit la poigne de Trotzky et l'ingéniosité de Lénine, qu'ils ne vivront pas longtemps s'ils ont à lutter, à la fois, contre les partis réactionnaires modérés et les fractions socialistes non bolcheviques.

Au premier jour de l'insurrection, tous semblaient le comprendre. Combien m'ont dit : « Nous avons avec nous les masses prolétariennes. Elles nous assurent la victoire. Elles garantissent le glissement vers la gauche, vers nous, des autres fractions socialistes. Nous n'avons qu'à attendre celles-ci. Elles viendront un jour faire leur soumission. Il faudra alors les accueillir. Pour établir les bases d'une société nouvelle, pour créer et surtout pour maintenir fermement la République sociale, il faut que les cerveaux dirigent les efforts des bras. Or, les cerveaux des industries, des professions libérales, des administrations, des intellectuels purs, sont avec les modérés ou les socialistes non bolcheviks ».

Il ne pouvait être, bien entendu, question d'un ministère comprenant tous les partis de gauche et du centre, cadets compris, mais il était facile de constituer un ministère socialiste homogène qui, tenu en mains et contrôlé par les bolcheviks, saurait réaliser une démocratie profonde de la Russie et faire accepter par les partis modérés cette transformation profonde de la révolution politique de février en révolution sociale véritable, que Kerensky n'a jamais su ou n'a jamais voulu opérer et que les bolcheviks seuls ne pourraient pas imposer à la Russie. Dès le 25 octobre, c'était l'avis de la majorité bolchevique, je parle des chefs: Lénine et surtout Trotzky, ont fait prévaloir l'opinion contraire, singulièrement aidés, d'ailleurs, par les exigences excessives et ridicules des mencheviks déjà vaincus et qui seraient prêts à faire des concessions beaucoup plus humiliantes et importantes que celles qu'on leur imposait mercredi ou jeudi dernier.

Le raisonnement de Trotzky était simple.

« Nous avons mené, contre les fractions socialistes adversaires, avant le 25 octobre une guerre acharnée. Nous avons prouvé leur incapacité et stigmatisé leur mauvaise volonté. Nous les avons discréditées, puis combattues par les armes. Elles sont vaincues. Si nous leur tendions la main aujourd'hui, nos troupes ne comprendraient pas ce geste. Elles crieraient à la trahison et nous abandonneraient. Supposons que, malgré elles, la combinaison se fasse. Si les mencheviks pénétraient dans notre Gouvernement, ils s'efforceraient de nous obliger à revenir en arrière. Ils ajourneraient les réformes profondes que nous avons promises et celles que nous avons la volonté de réaliser immédiatement, et nous ferions faillite.

« Actuellement, les bolcheviks ne peuvent avoir qu'une politique : continuer, seuls, celle qu'ils ont commencée seuls, la mener à bien, profiter de leur arrivée au pouvoir pour imposer gouvernementalement et amorcer l'exécution des questions essentielles : terre, paix, contrôle ouvrier, etc..., qu'ils avaient promis de réaliser. Lorsque notre supériorité militaire sera manifeste et que, d'autre part, notre programme politique sera en voie d'exécution, les mencheviks pourront être admis sans danger.

« Ou bien, en effet, ils suivront nos traces en faisant de la politique bolchevique — ils ne pourront pas alors se passer des bolcheviks — ou bien, ils tenteront de revenir en arrière, mais il sera trop tard, en raison de l'œuvre déjà accomplie. Le peuple en exigera la réalisation...... »

· M. Albert THOMAS, député (*Champigny-sur-Marne*).

Mon cher ami,

Ce que je pense, dans l'intérêt des Alliés, de la Russie et de la Révolution, de la nécessité urgente d'une concentration menchevo-bolchevique au pouvoir, je le répète chaque jour à Trotzky, à tous les bolcheviks avec lesquels je suis en contact.

Malheureusement, le 25 octobre, les mencheviks ont posé à leur participation, des conditions difficilement acceptables par des insurgés triomphants et, depuis, à mesure que les triomphateurs prenaient davantage conscience de leur force, ils devenaient également intraitables.

C'est pitié de voir les chefs des partis démocrates et social-révolutionnaires ou bien se figer, sans tenir compte des événements présents, dans une attitude irréductiblement hostile aux bolcheviks, ou bien flotter, d'heure en heure, de la position ententiste à la position contraire.

Quand on parle à tous ces hommes du centre actuel, et plus encore aux hommes de droite, on est désespéré par l'inconstance, par le flottement perpétuel de leur pensée affolée. Sans idéal précis, sans boussole, sans étoiles, ils voguent au hasard sur l'océan déchaîné et sombre de la révolution. Ils ne veulent pas toucher au port bolchevik. Et comme ils n'ont pas trouvé leur port jusqu'ici, ils vont et viennent sans arriver jamais.

On comprend aisément, en observant aujourd'hui leur désarroi, leur impuissance à réaliser, manifestée par huit mois de stérilité,

Quand on vient d'entendre leurs palabres inutiles et qu'on écoute ensuite une voix bolchevique, on se sent rassuré. On se trouve sur un sol accidenté, rude, mais ferme et qui ne cédera pas.

Cet après-midi, par exemple, sans parler des hommes de

second plan qui ne savent de quel côté se tourner, j'ai vu, au Soviet Paysan, Roussanof, l'un des chefs les plus écoutés du parti social-révolutionnaire. Il avait écrit, le matin, un article prêchant l'entente. Il a voté pourtant cet après-midi contre l'entente. Ses raisons sont des raisons russes, qui agitent des idées pures sans tenir aucun compte des faits.

De même, Tchaikowsky, le père respecté de la coopération russe, m'expliquait qu'il voulait refuser de collaborer avec les bolcheviks : 1° afin de ne pas donner force légale à l'insurrection du 25 octobre ; 2° afin de ne pas livrer aux bolcheviks le mécanisme d'Etat (Administrations publiques, banques, etc...), dont la grève et le sabotage peuvent abattre les bolcheviks en quelques semaines ; 3° afin d'empêcher les négociations de paix que Guillaume II n'ouvrira pas avec le gouvernement bolchevik ; 4° parce que les Alliés ne consentiront jamais à causer avec les bolcheviks.

Je ne développerai pas ici les raisons par lesquelles je me suis efforcé de montrer à Tchaikowsky la faiblesse de ces arguments que Trotzky qualifie, sans respect, de divagations puériles d'un vieillard gâteux.

Tous ces gens ne paraissent pas s'apercevoir qu'en prolongeant la crise, ils augmentent la décomposition de la Russie, et qu'une défaite bolchevique équivaudra à une défaite russe. Je continue à penser, et l'on commence à comprendre à l'Ambassade et à la Mission, que cette opinion subversive n'est pas totalement paradoxale, que tout problème socialiste écarté, les Alliés, dans l'état actuel des forces russes, doivent souhaiter le maintien des bolcheviks au pouvoir, parce que, provisoirement du moins, les bolcheviks seuls paraissent capables d'améliorer la situation générale de la Russie.

Certes, je n'ai pas l'optimisme de Trotzky, je ne crois pas que la foi révolutionnaire soulèvera contre l'ennemi de la révolution, la totalité des soldats qui refusent de combattre l'ennemi de la Patrie.

Je sais l'état effrayant d'indiscipline, de décomposition, d'anarchie, où sont tombées les armées russes, vivant mal, mais vivant aux dépens de l'Etat et ne demandant qu'à continuer cette existence de fainéantise si séduisante, paraît-il, pour une grande partie du peuple russe.

A l'avant, 80 °/₀ des hommes ont déposé les armes et s'établissent dans les villes qui sont à l'arrière du front. Et

sur la quantité des baïonnettes qui occupent encore les tran_
chées, combien seraient disposées au combat véritable ?

Les officiers qui n'ont pas perdu tout espoir — ils sont
russes — estiment que si, après un effort d'organisation prolongé durant quelques mois, on pouvait compter sur un bataillon par division, le résultat serait remarquable. Je suis
beaucoup plus près de cet avis que de celui de Trotzky,
auquel je crois pouvoir reprocher de ne pas connaître suffisamment le peuple russe, la matière qu'il travaille, et de ne
pas comprendre que ce peuple n'a pas, comme lui, une âme
de flamme et d'action, mais plutôt d'inertie et de paresse.

Je ne reviendrai pas sur les arguments développés déjà à
plusieurs reprises, et je conclus que les bolcheviks, parce
qu'ils semblent être de véritables chefs, parce que leur programme coïncide, dans une large mesure, avec les aspirations générales du peuple, ne sauraient être remplacés avan-
tageusement avant l'heure normale et inévitable de leur
chûte ou de leur adaptation à une politique réaliste par
aucun autre parti.

Pour mettre mon raisonnement en chiffres, je dirai que
le rendement maximum de l'armée russe étant évalué à 100,
le rendement actuel étant de 10, un gouvernement quelconque
abaisserait ce rendement à 5, et que les bolcheviks, s'ils ne
trahissent pas, bien entendu, pourraient élever ce rendement
à 15 ou 20.

Pétrograd, le 3/16 novembre 1917.

M. Albert THOMAS, député (*Champigny-sur-Marne*).

Mon cher ami,

Cet après-midi, je vais à la rédaction de la *Novaya Jizn*. Installation confortable. Il y a certainement de l'argent dans la maison. Il est entendu, dans les milieux alliés, que cet argent est de l'argent boche.

Il est certain que cet organe, qui attaque férocement chaque jour l'impérialisme anglais ou français, n'entretient guère ses lecteurs, fort nombreux, des inconvénients au moins égaux que présentent l'impérialisme et le militarisme allemand. Ce silence est au moins suspect. Le même journal plaide fréquemment des causes nettement hostiles aux Alliés.

Je demande des explications sur la politique générale du journal. Je proteste officiellement contre deux filets, l'un qui signalait la présence, à Moscou, parmi les combattants anti-bolcheviks, d'un certain nombre de soldats français, l'autre qui annonçait l'arrestation, dimanche dernier, dans une auto blindée d'Younker, d'un officier francais.

Les deux nouvelles sont absolument fausses. Elles sont susceptibles de créer, en Russie, un état d'esprit dangereusement hostile aux Français, et qu'aucun démenti ne pourra atténuer.

Maxime Gorki est absent de Moscou. Je suis reçu par les secrétaires de la rédaction. Ils reconnaissent leur légèreté et promettent qu'à l'avenir... Pourtant, ils font certaines réserves. Les agences télégraphiques russes transmettent beaucoup de fausses nouvelles, et tous les journaux de très bonne foi, en insèrent quotidiennement.

Je remarque combien il est regrettable que les fausses nouvelles soient toujours ou presque toujours dirigées contre les Alliés et jamais ou presque contre l'Allemagne. Ils protestent, mais mollement.

J'ai, pour la première fois depuis mon entrée dans les milieux de l'extrême-gauche, l'impression très vive d'être en face de gens un peu visqueux et qui ne sont pas nets. L'impression se confirme lorsque je cherche à savoir les raisons qui ont déterminé brusquement la volte-face de la *Novaya Jizn* qui, après avoir joué le rôle de provocateur du mouvement bolchevik, le condamne aujourd'hui et mène sournoisement une campagne qui tend à diviser les forces socialistes et par conséquent à prolonger l'anarchie. J'ai en face de moi des gens qui s'embarrassent dans des explications maladroites.

Le soir, à Smolny, je rencontre Lounatcharsky. J'ai lu, le matin, la lettre vibrante d'indignation par laquelle il donne sa démission de Commissaire du Peuple à l'Instruction publique. Je m'écrie : « Ainsi vous n'êtes plus ministre ! » Je le sens embarrassé. Pressé de répondre, il avoue : « J'ai retiré ma démission. Hier, les dépêches m'avaient appris en quelques heures la destruction totale, par les canons bolcheviks, des deux plus belles églises de Moscou et des chefs-d'œuvre d'art enfermés dans le Kremlin. Ministre de l'Instruction publique et des Beaux-Arts, j'ai été frappé d'horreur. Je suis devenu littéralement fou et j'ai donné ma démission. Mais je sors de chez Gorki. Il revient à l'instant de Moscou. Les deux églises sont intactes. Les trésors du Kremlin sont à l'abri. J'ai repris ma démission, heureux de pouvoir rester au poste de combat où m'ont placé mes camarades. »

La démission de Lounatcharsky avait satisfait bien des gens, au moins dans les milieux bien pensants. Son second geste aura certainement moins de succès.

Pétrograd, le 4/17 novembre 1917.

M. ALBERT THOMAS, député (*Champigny-sur-Marne*).

Mon cher ami,

  Trotzky et Lénine pensent recevoir bientôt des nouvelles précises sur le retentissement à l'étranger de la troisième Révolution. Les renseignements parvenus déjà leur font croire que l'impression sur les travailleurs est formidable, malgré les précautions prises par les gouvernements alliés ou ennemis qui se sont attachés à ne laisser publier que des textes tronqués et falsifiés. Mais l'arrivée du prolétariat russe au pouvoir ne peut pas être cachée longtemps. Ce fait, à lui seul, constitue pour l'impérialisme mondial une menace formidable et pour les travailleurs désemparés une raison nouvelle d'espérer. Le gouvernement révolutionnaire fera tout pour ne pas décevoir cette espérance, pour allumer la flamme révolutionnaire dans les pays intéressés, pour mener à bien la guerre à la guerre et obliger tous les peuples à une paix rapide.

  Pour la première fois, le gouvernement d'un grand peuple va adopter honnêtement, publiquement, une politique exclusivement basée sur l'intérêt des masses ouvrières et paysannes en Russie et dans tous les pays, sans aucune préoccupation d'ambitions nationales ou personnelles, sans s'embarrasser des vieux préjugés stupides de la diplomatie sur les conditions surannées d'une paix classique. Les gouvernements bourgeois peuvent sourire ou s'indigner. Les décisions prises par le gouvernement révolutionnaire, à l'intérieur pour assurer le règne de la justice et la chute du capitalisme, à l'extérieur pour terminer la guerre, trouveront un écho dans toutes les consciences européennes. Il n'est pas possible que dans tous les pays on ne suive pas l'exemple donné par le prolétariat russe. Déjà parviennent d'Allemagne et d'Autriche les approbations enthousiastes des socialistes. Après

quelques jours de stupeur, ils se sont ressaisis. Ils comprennent à quelle grande tâche la Russie les convie.

Une conférence a lieu à Stockholm, entre représentants du
gouvernement révolutionnaire et délégués des majoritaires
allemands. Ceux-ci s'engagent à faire une propagande active
pour obtenir l'armistice et l'ouverture des pourparlers sur
les bases proposées par la Révolution russe : paix sans annexion, ni indemnité, reconnaissance du droit des peuples à
disposer d'eux-mêmes.

Les journaux minoritaires allemands appellent le prolétariat à la révolution.

En Autriche, des manifestations imposantes se produisent
en faveur d'un paix immédiate sur les bases russes.

Dans les pays alliés, il semble que l'impression ait été jusqu'ici moins forte. Depuis trois ans, les bolcheviks ont été
salis par tant de calomnies abominables, qu'en France et en
Angleterre les internationalistes les plus convaincus hésitent
à leur tendre la main et doivent actuellement se demander si,
comme l'insinuent si vilainement les Alliés, les bolcheviks ne
sont pas des agents payés par l'Allemagne. Il y aura donc
sans doute branlement plus lent dans les pays de l'Entente,
sauf en Italie, où l'opinion publique est fortement secouée —
ceci vaut mieux peut-être parce qu'ainsi sera établi nettement
que les pays ennemis ont été touchés par la même propagande et en ressentent les premiers effets.

Les semaines qui vont s'écouler seront décisives. Même si
la pression exercée par les peuples sur leurs gouvernements
respectifs n'est pas assez forte pour imposer à tous l'armistice
immédiat qui signifie la paix à brève échéance, un coup
mortel est porté à la guerre et à ses auteurs responsables.
Ceux-ci n'auront plus la confiance des nations. L'idée de
paix va pénétrer dans les cervelles, arracher les hommes à
l'hypnose sanglante où ils ont sombré en août 1914. La Révolution russe déchire tous les voiles, montre la guerre dans
son horrible réalité, propose une paix satisfaisante pour tous.
Le bon sens des peuples les entraînera irrésistiblement dans
la voie ouverte par le bolchevisme.

Les Alliés ne peuvent plus ignorer le bolchevisme. Il manifeste son existence avec trop d'éclat. Mais on reconnaîtra
cette force mauvaise. Je crains bien que, très prochainement,
on ne soit obligé de compter avec elle. A quoi donc auront

servi tant d'indignations et de récriminations maladroites, sinon à créer un état d'esprit hostile aux Alliés et qui subsistera longtemps ?

Je le répète chaque jour. Si au lieu de méconnaître ce fait évident et de tenter de briser une force supérieure à toutes autres ici, on avait cherché à l'utiliser, on aurait rendu service à la Russie et plus encore à l'Entente tout entière.

Finira-t-on par le comprendre ? Je commence à en douter. En tout cas, que de temps perdu déjà et que d'erreurs commises qui développeront leurs conséquences dans un avenir prochain!

M. ALBERT THOMAS, député (*Champigny-sur-Marne*).

Mon cher ami,

Toujours ordre parfait à Pétrograd. Pourtant, je viens d'entendre une fusillade au loin, dans la direction des usines Poutilof.

Long entretien avec Trotzky, qui insiste de plus en plus pour que je vienne chaque soir causer avec lui. Il me reçoit, toutes affaires cessantes. Je continue à être le seul trait d'union entre le gouvernement révolutionnaire et les Alliés.

Trotzky parait fatigué, nerveux, et le reconnaît. Depuis le 20 octobre, il n'est pas rentré chez lui. Sa femme, gentille petite militante, fraîche, vive, gracieuse, me disait que les locataires de leur maison menacent de tuer son mari. Nul n'est prophète en son quartier, mais n'est-ce pas amusant de penser que ce dictateur impitoyable, ce maître de toutes les Russies n'ose pas coucher chez lui par peur du balai de son concierge ?

Trotzky a deux charmants enfants, deux garçons de 10 à 12 ans, qui vont déranger leur papa de temps en temps et lui manifestent une admiration visiblement partagée par le redoutable leader.

Ce « monstre » aurait-il des sentiments humains ! !

Il quitte rarement Smolny, passe des nuits sans sommeil et fournit un travail formidable. Il assume à peu près seul la direction et la gestion du gouvernement révolutionnaire avec la collaboration de Lénine. Celui-ci assiste souvent à nos conversations. Comprenant bien le français mais le parlant moins bien que Trotzky, il n'intervient guère.

Le bruit court dans les milieux bien informés qu'un télégramme chiffré apportant la réponse de l'Allemagne aux propositions de paix des bolcheviks serait parvenu hier à Trotzky. D'autre part, les journaux ont publié ce matin une note d'allure officielle annonçant que le gouvernement révolutionnaire, au cas où la réponse des Alliés à la proclamation pour la paix ne parviendrait pas avant le 10 novembre, se réservait le droit soit de conclure un armistice, soit même de signer la paix séparée.

« Il est entendu, me dit Trotzky, que je ne puis pas tout vous dire, mais je ne vous ai jamais trompé et ne vous tromperai pas. Je vous avais annoncé notre intention d'envoyer une note diplomatique aux différents gouvernements. Nous ne l'avons pas envoyée encore. Aucun ultimatum ne viendra donc à l'expiration le 10 novembre. Je vous répète également que nous n'avons reçu jusqu'ici aucune réponse directe ou indirecte de l'Allemagne. »

Mais le gouvernement bolchevik a reçu par Stockholm des télégrammes de sympathie et de promesse d'action des minoritaires et des majoritaires allemands et de tous les partis socialistes autrichiens.

Aucun allié n'a donné signe de vie jusqu'ici, sauf les Américains et sous une forme très officieuse. Trotzky me demande si l'on n'a pas voulu lui tendre un piège. Voici dans quels termes il m'a conté cette proposition étrange :

« Si la Russie est vraiment hors de combat, — lui a dit l'envoyé américain, — s'il lui est impossible de reprendre une lutte effective sans risquer d'aggraver mortellement l'état d'anarchie intérieure, les Etats-Unis ne considéreront pas comme un acte inamical la signature d'un armistice russo-allemand, à la condition que la Russie s'engage, envers les Etats-Unis, à ne donner aucune aide d'aucune sorte et à ne pas reprendre les relations commerciales avec les Empires Centraux avant la conclusion d'une paix générale. »

Si la proposition a été faite, et je le crois, si elle est sérieuse, et Trotzky en doute, elle prouve que les Américains réalistes se résignent à cette pitoyable mais immédiate résolution pour parer le danger d'une paix brusquement signée avec l'Allemagne.

L'état de choses est tel ici, en effet, que beaucoup supposent que, sans le vouloir, le Gouvernement russe, quel qu'il soit, peut être acculé très rapidement, sur la pression populaire, à une conclusion de cet ordre. Trotzky m'affirme n'avoir jamais songé à un armistice hors l'acceptation préalable par l'ennemi des bases d'une paix démocratique et juste.

Mais combien de temps le Gouvernement révolutionnaire

attendra-t-il la réponse de l'Allemagne qui, sans doute, ne viendra jamais ? Jusqu'au jour où l'Allemagne reprendra une attitude active sur le front oriental, c'est-à-dire, fais-je obser- ver à Trotzky, lorsqu'elle aura terminé, en toute quiétude, grâce à l'inaction russe, les opérations entreprises à l'Occi- dent.

Trotzky m'objecte, qu'actuellement, les troupes sont dé- nuées de toute valeur combattive. Une attaque allemande pourra seule faire comprendre à l'armée que la discussion des buts de guerre, nettement proposée par la Russie, ayant été repoussée, les conquêtes de la révolution sont en péril, et qu'il faut les défendre. Jusqu'à ce moment, peut-être éloigné, il y aura donc un armistice de fait, mais cette période sera mise à profit pour réorganiser l'armée avec les missions alliées, si elles le veulent bien.

J'ai travaillé Trotzky depuis quelques jours à cet effet. Le résultat est acquis. Trotzky paraît sûr de retenir les troupes au front autant qu'il le voudra. Une fois de plus, il me parle des nombreuses délégations et des dépêches innombrables qui proclament la foi bolchevique des soldats et leur résolu- tion de mener, s'il le faut, la guerre révolutionnaire contre le bourreau Guillaume II.

Je me demande si Trotzky ne commence pas à s'aperce- voir que la paix immédiate entraînant la démobilisation non préparée de 10 millions d'hommes, troublerait profondé- ment le pays et aussi priverait le Gouvernement révolution- naire des éléments qui font sa force essentielle, les éléments militaires.

Sur certains points du front, les Allemands demandent aux Russes de ne pas oublier qu'ils leur ont permis de faire la révolution de février en toute tranquillité. Par mesure de réciprocité, les Russes ne doivent pas attaquer les Allemands pendant l'hiver pour que les travailleurs allemands puissent préparer, eux aussi, un mouvement révolutionnaire.

Trotzky reconnaît volontiers qu'il ne faut voir dans ces déclarations qu'une campagne menée sur les instructions du commandement allemand dans un but facile à deviner.

Lénine et Trotzky se déclarent de plus en plus assurés du caractère définitif de leur victoire militaire et politique. Aussi, ne se préoccupent-ils que très médiocrement de la constitution du ministère. Les mencheviks viendront ou ne viendront pas à composition. Tant pis pour eux.

Je n'arrive pas à leur faire avouer l'inquiétude qu'a dû faire naître en eux la démission de quelques-uns des Commissaires du Peuple parmi lesquels Kamenef. Les démissionnaires ne quittent pas le parti, mais leur geste va créer de grandes difficultés au Gouvernement.

Trotzky m'annonce que, peu à peu, les fonctionnaires reprennent le travail. Il ira demain au Ministère des Affaires Étrangères. Il a obtenu la remise des clés des coffres où sont enfermés les dossiers diplomatiques. Il enverra bientôt une note aux Ambassadeurs alliés et neutres, pour les prier de commencer les relations avec le Gouvernement de fait qu'ils s'obstinent à ne pas reconnaître.

Dans les milieux hostiles, d'ailleurs, malgré la recrudescence d'espoir antibolchevik, on commence à se rendre compte qu'il faudra bientôt causer. Trotzky triomphe sarcastiquement en me contant l'attitude penaude des contempteurs de la veille. Des industriels offrent leur appui, des banques offrent leur argent. Tous se déclarent disposés à faire confiance à un gouvernement énergique. Le ravitaillement demeure la tache sombre, mais des efforts considérables sont faits pour convaincre les paysans, leur enlever le pain, ou assurer le transport.

L'Assemblée Constituante se réunira avec un retard d'une ou de deux semaines seulement ! Une campagne électorale bien menée doit déterminer l'élection d'une majorité bolchevik. Des propagandistes dévoués, parmi lesquels plusieurs milliers de marins parcourent les villes et les campagnes.

Trotzky et Lénine, qui ne lisent pas les journaux, apprennent par moi, avec stupeur, la naissance d'un cabinet Clemenceau. Ils lui souhaitent cordialement une mort rapide et violente. Du point de vue français, ils prévoient une politique de brutalité qui secouera l'inertie de la classe ouvrière et précipitera chez nous le mouvement révolutionnaire.

Du point de vue international, ils redoutent le chauvinisme irréductible du vieux Vendéen. Du point de vue russe, ils pensent que l'opinion publique française et anglaise, informée comme elle doit l'être, c'est-à-dire très mal, sur le sens et la puissance de l'insurrection maximaliste, doit être déchaînée contre la Russie et que le patriotisme de Clemenceau exaspéré par cette atmosphère de bataille, risque d'entraîner le nouveau gouvernement français à des décisions violentes et regrettables.

M. ALBERT THOMAS, député (*Champigny-sur-Marne*).

Mon cher ami,

Je passe deux heures avec Alexandra Kollontaï, chez elle. Le ministre de la Santé Publique est vêtue d'une élégante gaine de velours sombre, drapée à l'antique, qui moule agréablement les formes harmonieuses d'un corps long et souple visiblement libre de toutes entraves. Visage régulier, traits fins, cheveux légers et flous, yeux bleus, profonds et doux, Kollontaï est une fort jolie femme de 40 ans à peine. Penser d'un ministre qu'elle est jolie, c'est étrange et je note cette sensation que jamais encore aucune audience ministérielle ne m'avait fait éprouver. Nos ministres ont évidemment d'autres charmes. Il y aurait un essai à composer sur les conséquences politiques de l'accès de jolies femmes au pouvoir.

Intelligente, cultivée, très éloquente, accoutumée aux succès grisants de la tribune populaire, la Vierge rouge, d'ailleurs mère de famille, reste très simple, très femme du monde, peut-être. Elle est pour moi déjà une bonne camarade. Mais installée chez elle, dans un cabinet de travail modeste, et décoré avec goût, cette bolchevik qui milite à l'extrême gauche du bolchevisme, me semble disposée à toutes les concessions. Je la retrouverai tout à l'heure à Smolny, au quartier général de l'insurrection, dans son costume fatigué, classique de militante, plus virile et moins séduisante.

De minute en minute pourtant elle s'anime. La visite est terminée, la discussion commence. Kollontaï déplore le geste inconsidéré de Rikof et d'un autre commissaire du peuple qui viennent de donner leur démission. Ils désertent en pleine bataille. Ils vont aggraver le trouble des masses bolcheviques. Ils ont travaillé contre la révolution. Quant à elle, elle demeurera à son poste bien qu'elle redoute l'esprit fantasque, l'impulsivité, la nervosité de Trotzky et les tendances trop théoriciennes de Lénine, deux hommes exceptionnellement remarquables, mais sans contact suffisant avec le peuple. Elle voudrait amener ses camarades à l'entente avec les mencheviks, nécessaire pour sauver la Révolution.

Elle ne voit pas tout en rose comme Trotzky. Après de longs séjours à l'étranger, comme la plupart des militants socialistes russes, traqués, condamnés, contraints à l'exil, elle découvre une Russie qu'elle connaissait mal, celle des ouvriers et paysans, masse mystique, douce, fraternelle mais inerte et qui se traîne derrière les prolétariats occidentaux, incapable encore de comprendre le sens profond du socialisme.

Il y a, il est vrai, dans ce prolétariat, une élite admirable, formée par l'étude et par les souffrances, des hommes comme Chliapnikof, ministre ouvrier du Travail. Mais, actuellement, Kollontaï ne croit ni à une victoire définitive des bolcheviks, ni même à l'établissement immédiat d'un régime pré-collectiviste. Mencheviks et bolcheviks doivent être bientôt dominés par les partis modérés. Peut-être sera-t-il possible de créer une république véritablement démocratique ? Pourtant, quel que soit le sort que l'avenir réserve à la troisième révolution, si court qu'ait été le passage du peuple russe au pouvoir, le premier gouvernement représentant directement les paysans et les ouvriers, laissera dans le monde entier des germes qui monteront.

« Nos adversaires ont tort de croire que la faillite de la révolution russe consacrera la faillite du socialisme international. Il sera facile de montrer dans quel état de pourriture, le Tzarisme avait plongé la Russie que le jeune socialisme vient de saisir dans ses bras frêles et maladroits. La tâche dépasse ses forces. Elle dépasse les forces de tous les partis. Aussi, les bolcheviks succomberont sans doute, mais avant de disparaître, ils auront fait retentir des mots inconnus, des formules nouvelles qui ne seront plus jamais oubliés. Les décrets du Gouvernement révolutionnaire russe seront pour le prolétariat de demain ce que furent, pour le Tiers Etat, les décrets de la grande révolution française, un phare éclairant un monde meilleur. De nouveaux espoirs seront éveillés, de nouvelles luttes seront suscitées. »

Kollontaï redoute la paix de soumission avec les Hohenzollern. Elle n'est pas aussi confiante que Trotzky quant au succès possible d'une guerre révolutionnaire. L'indiscipline est effrayante — elle se vante d'avoir contribué à la développer, car elle reste antimilitariste. Trotzky et Lénine veulent, en matière militaire comme en toute autre, centraliser tyranniquement le commandement.

Ils ont raison. Ils veulent réduire le rôle des Comités des soldats. Mais Kollontaï pense avec bon sens, que ses camarades se heurteront à des résistances à peu près invincibles. La masse des soldats est venue aux bolcheviks, parce qu'ils étaient les annonciateurs d'une paix immédiate, elle les renversera sans doute, elle refusera en tout cas de les suivre le jour où ils voudront les entraîner à une guerre, fût-elle révolutionnaire.

Kollontaï va faire un court voyage en Finlande. Elle vante, justement à mon avis, la politique habile des nationalités inaugurée par les bolcheviks. Déjà les effets s'en feraient sentir, notamment en Finlande, où les habitants étaient sur le point de tendre les bras à l'Allemagne et où, depuis quelques jours, le mouvement paraît se dessiner en faveur d'une réunion à la République Fédérale Russe.

Je présente actuellement à Destrée les phénomènes bolcheviks et demande un rendez-vous, pour lui, à Kollontai. La sachant très occupée, je lui propose de déjeuner chez moi avec lui.

Elle s'écrie : « Avec vous, oui. Avec lui, jamais ». Elle finit par reconnaître que l'Ambassadeur de Belgique est infiniment plus libéral que le Ministre bolchevik, qu'elle est au fond plus bourgeoise et plus empêtrée de préjugés qu'un socialiste bourgeois comme Destrée, mais elle ne cède pas.

Aurai-je l'indépendance de dire que Kollontai, comme Trotzky et Lénine, est accusée formellement d'être au service de l'Allemagne, et que je n'arrive pas à le croire ? Elle donne, en effet, l'impression très forte d'une femme convaincue, honnête, vibrante.

Je continue à être le seul allié, et je le déplore vivement, en contact avec Smolny. Cependant, à force de frapper le clou, il paraît enfoncer un peu et je crois que du côté anglais d'abord, du côté francais ensuite (c'est la succession normale des initiatives ici), on pense à établir, dans un avenir indéterminé, des relations qui s'imposeront d'ailleurs à tous dans quelques jours vraisemblablement. Que de temps et d'occasions perdus !

Certains alliés se sont trompés grossièrement sur la portée exacte du mouvement maximaliste. Vivant dans leur rêve — rêve sans grandeur — ils n'ont pas voulu voir la réalité. Aujourd'hui, ils aggravent leur faute. Au lieu de faire contre mauvaise fortune bonne mine, ils s'accrochent aux erreurs passées et continuent à afficher imprudemment leur mepris pour une force réelle, la plus réelle des forces russes. Même si elle sombre demain, la Russie populaire ne leur pardonnera jamais d'avoir combattu d'abord et ignoré ensuite aussi systématiquement cette force.

M. Albert THOMAS, député (*Champigny-sur-Marne*).

Mon cher ami,

Trotzky dépouille, ce soir, les dossiers diplomatiques, trou-vés dans les coffres secrets du Ministère des Affaires Etran-gères. Ils semblent être complets. M. Niratof a donné, d'ail-leurs, sa parole qu'il n'en manquait aucun.

En tout cas, d'après ce que m'a dit Trotzky, ils porteraient contre les divers gouvernements alliés ou ennemis, la preuve manifeste de visées nationalistes et d'appétits désordonnés. Le dictateur triomphe. Il affirme que, malgré tout le mal qu'il pensait de la diplomatie bourgeoise, il ne la croyait pas aussi cyniquement criminelle. « Quels chenapans, quels misérables, et c'est pour cela que les peuples vont à la bou-cherie ! S'ils savaient ! »

Mais les peuples sauront bientôt, paraît-il, car Trotzkv compte publier les plus importants de ces documents dans quelques jours. Il me demande ce que penseront les Ambas-sadeurs des pays alliés de cette publication. Il paraît désirer vivement que je les mette au courant. Les découvertes faites par lui ne sont-elles pas aussi sensationnelles qu'il le dit ? Trouverait-il quelque gêne à publier ces documents contre le désir évident des Gouvernements qui demeurent, malgré tout, les alliés de la Russie ?

Comprend-il qu'aussi longtemps que l'Alliance ne sera pas rompue, il lui est loisible d'imposer, pour l'avenir, une di-plomatie publique, mais qu'il ne lui est pas permis de dénon-cer les propositions ou les engagements des Gouvernements intéressés sans leur approbation ?

Veut-il exercer une pression et, par le moyen de cette menace, obtenir, par exemple, la révision de nos buts de guerre ? Toutes ces hypothèses sont plausibles, laquelle est satisfaisante ? Peut-être aucune.

Je communiquerai, bien entendu, cela à l'ambassade. S'il y a un inconvénient grave de défense nationale à la publication de telle ou telle pièce, j'obtiendrai aisément, je crois, que l'apparition en soit ajournée, si cette concession est consentie gratuitement ou à un prix (moral) modéré.

Lounatcharsky et d'autres m'annoncent l'entrée prochaine dans le gouvernement de trois ou quatre socialistes révolutionnaires, parmi lesquels un représentant de l'Union des Cheminots.

Je sors à peu près chaque soir et rentre fort tard, à travers les rues désertes. Pas une rencontre suspecte, pas une rixe, pas un cri. Les périodes insurrectionnelles ont véritablement des avantages.

M. ALBERT THOMAS, député (*Champigny-sur-Marne*).

Mon cher ami,

Le général m'envoie cueillir, ce matin, en auto. On m'a cherché toute la nuit. La foudre est tombée sur les ambassades, sous la forme d'une note du gouvernement bolchevik annonçant officiellement la Constitution et confirmant la proposition d'armistice immédiat sur tous les fronts faite par le Congrès des Soviets.

Je suis étonné de l'étonnement douloureux que provoque cette note : 1° que j'avais annoncée dès le 25 octobre et depuis, à plusieurs reprises ; 2° que j'avais proposé de faire retarder ou modifier. Mais on a repoussé la proposition abominable d'une discussion, d'un marchandage avec le parti traître.

On paraît croire que l'armistice va être signé ce soir. Je rappelle les conditions posées par le Congrès des Soviets et recueillies nettement par la note : paix sans indemnité, ni annexion, droit de libre disposition des peuples.

Il s'agit donc d'une simple proposition sous condition. Rien de changé en somme à la situation de droit. Et j'oblige mes interlocuteurs à reconnaître que l'armée russe, de l'avis général, est, depuis août 1917, incapable d'aucun effort, et qu'une suspension régulière des opérations militaires russo-allemandes n'apporterait sur le front oriental aucune modification profonde à un état de fait déplorable mais certain et provisoirement inaméliorable.

Trotzky me confirme tout ceci. Il me dit, ce que je savais, que la situation du ravitaillement des armées est effroyable. Beaucoup d'armées n'ont plus de pain et l'armistice seul peut soutenir les hommes et permettre le ravitaillement par le retour de masses nombreuses à l'arrière. Il croit aujourd'hui qu'une pression du prolétariat et de la bourgeoisie allemande obligera le kaiser à répondre à la proposition d'armistice.

Il s'attend à ce que l'Allemagne s'efforce de « rouler » le gouvernement, mais celui-ci n'acceptera d'armistice qu'après reconnaissance par l'Allemagne des bases de discussion posées par la Révolution russe.

La procédure sera celle-ci. Trotzky et Lénine attendront les réponses des gouvernements alliés et ennemis.

Dès qu'ils auront reçu les réponses des Empires centraux, s'ils en reçoivent une, ils la publieront (diplomatie ouverte); ils la communiqueront aux Alliés, et prépareront de concert avec eux, si les Alliés persistent à bouder, une nouvelle note à l'Allemagne.

S'il y a seconde réponse, il y aura seconde publication, seconde communication aux Alliés, etc... jusqu'au jour où le gouvernement révolutionnaire estimera suffisantes les garanties données par le gouvernement allemand. Alors l'armistice, qui sera strictement limité aux opérations militaires, sera signé, les pourparlers de paix commenceront et, d'après Trotzky, les opérations de guerre seront virtuellement terminées, tant l'effet produit sera décisif sur toutes les armées belligérantes.

Trotzky souhaite que les Alliés consentent à l'armistice général. Au point de vue du ravitaillement et du blocus, la situation ne sera pas modifiée. Par conséquent, l'armistice, exclusivement militaire, sera plus favorable aux Alliés, puisqu'il permettra à l'Italie de se ressaisir, à l'Amérique de pousser son organisation armée, à la Russie d'atténuer son anarchie.

En tout cas, en admettant la sincérité de ces déclarations, que les milieux officiels considèrent comme mensongères, la procédure précédant l'armistice peut traîner.

Je n'ai pas besoin de dire que cette proposition d'armistice consolidera sans doute le gouvernement bolchevik et devrait être reprise par ses successeurs, quels qu'ils soient, le cas échéant, les masses populaires, la bourgeoisie, toute la Russie continuant à être d'accord sur la nécessité d'une paix immédiate. La bourgeoisie réactionnaire et modérée se montre infiniment plus capitularde et plus pro-allemande, plus perfide et plus hostile aux Alliés que le peuple.

J'ai vu un certain nombre d'échantillons bourgeois depuis quinze jours et je suis fixé.

Trotzky pense commencer demain la publication des papiers diplomatiques. Les archives antérieures à 1914 ayant disparu complètement, les bolcheviks n'ont pas trouvé trace encore des négociations qui ont dû se produire entre Russie et Allemagne, à Potsdam et ailleurs. Je lui dis combien des révélations exclusivement antialliées augmenteront l'impression qu'il est au service de l'Allemagne.

Il me promet d'ajouter à la préface qu'il fera pour cette publication quelques mots expliquant les raisons qui l'ont empêché de découvrir des traces de la duplicité allemande et pour conseiller aux ouvriers allemands de s'emparer, comme l'ont fait les Russes, par la force, des coffrets où la diplomatie impériale enferme ses ordures.

Ludovic Naudeau et Claude Anet m'avaient prié de solliciter pour eux une interview. A force d'insistance, j'ai fait promettre à Trotzky de les recevoir dans quelques jours. Il répondra seulement aux questions écrites transmises par mon intermédiaire.

Le courrier part demain. Ma dernière note aura pour but de supplier qui de droit de ne pas croire trop aveuglément des rapports officiels qui continuent à présenter la situation sous un aspect absolument faux.

Une hostilité continuée stupidement contre les partis au pouvoir et surtout une rupture ouverte avec ce gouvernement aurait sur les destinées de la Russie et sur les nôtres les répercussions les plus désastreuses. Si pénible que soit notre situation actuelle, il me semble que nous devons nous accrocher à la Russie et ne la lâcher à aucun prix.

Pétrograd, le 10/23 novembre 1917.

M. ALBERT-THOMAS, député (*Champigny-sur-Marne*).

Mon cher ami,

Jour après jour, les conséquences nécessaires et désastreuses de l'action — si j'ose ainsi parler — accomplie ici par les alliés se développent.

Cette action infiniment simple et imaginée sans efforts consiste essentiellement :

1° à maintenir inébranlablement l'attitude adoptée à l'égard des leaders bolcheviks et spécialement de Lénine et Trotzky. Ces hommes sont des agents de l'étranger. La dignité des Alliés leur interdit d'engager avec ces individus une conversation qui serait d'ailleurs inopérante puisque Lénine et Trotzky étant des traîtres, exécutant un plan conçu par l'Allemagne, s'y tiendront ;

2° à persister à soutenir, contre l'évidence, que l'aventure bolchevik va sombrer d'une heure à l'autre, qu'elle est supportée impatiemment par les masses russes qui la vomiront prochainement ; qu'en conséquence, il suffit d'attendre patiemment quelques jours encore le gouvernement nouveau qui reprendra la politique de Kerensky et de Teretchenko. Ai-je besoin de souligner la naïveté puérile et le danger de ces calculs ?

Le mépris absolu manifesté par les pays étrangers à l'égard de Lénine, Trotzky et consorts, paraît créer chez les ouvriers et les paysans russes — et ceci est psychologiquement normal — un effet contraire à celui qu'on attendait. Chaque démocrate russe, je l'ai constaté chez les plus modérés, est blessé dans sa susceptibilité russe, par les accusations salissantes prodiguées aux bolcheviks par la presse et les autorités alliées, qui ne font en somme qu'accroître l'antipathie dont tous nous nous sentons de plus en plus enveloppés. Quant à Trotzky et à Lénine, si stoïques qu'ils soient, qu'elle amertume, quelle rancœur s'amassent dans leur cœur !

« Comment, — me disent-ils souvent —, ne comprenez-vous pas que vous ne parviendrez jamais à nous séparer de la démocratie russe et qu'un jour prochain, quand vous serez contraints de reconnaître notre gouvernement, les relations personnelles avec des hommes qui nous ont calomniés de la façon la plus infâme seront impossibles, au moins difficiles, et qu'elles n'auront plus le caractère de confiance indispensable entre Alliés ? »

Et leur joie à publier précipitamment les traités diplomatiques et, plus spécialement, les documents qui établissent la mauvaise foi ou les mauvais sentiments des gouvernements alliés les uns à l'égard des autres, n'est-elle pas faite, en partie, d'une satisfaction de vengeance personnelle, d'un désir d'embarrasser et de salir ceux qui les salissent ?

A côté du mépris des hommes, l'ignorance totale des faits.

Quoi qu'en pensent nos diplomates, en effet, le bolchevisme est plus fort que jamais. Lénine et Trotzky peuvent disparaitre. Avec eux disparaîtrait un élément puissant d'action, c'est-à-dire, malgré tout, d'organisation et d'ordre, c'est-à-dire encore un élément qui pourrait être utilisé par les Alliés. Mais après eux, leurs successeurs, quels qu'ils soient, cadets ou socialistes, et pendant une période encore indéterminée, devraient reprendre leur plate-forme. Sur la question de l'armistice et de la paix, de la terre et du contrôle ouvrier. il n'est provisoirement permis à personne de faire machine en arrière.

Tseretelli, Tchernof, Gotz et Nicolas II lui-même seraient réduits à être bolchevisants, sinon bolcheviks. Ils ne sauraient différer de Trotzky et de Lénine que sur des questions de forme.

Il faut en prendre son parti. Il faut surtout prendre un parti.

Les Alliés rompront-ils ou ne rompront-ils pas ?

Toute la question est là et elle doit être résolue d'urgence.

La rupture jettera la Russie, qui n'échappera pas à une crise anarchique et qui ne se réorganisera pas seule, de gré ou de force, dans les bras de l'Allemagne. Une paix séparée russo-allemande serait rapidement transformée sans doute en alliance économique et militaire. Présent et avenir, graves inconvénients pour la Russie, graves inconvénients — plus graves sans doute — pour les Alliés.

La rupture peut déterminer aussi la paix séparée entre Alliés et Empires centraux aux dépens de la Russie. Peut-être serait-ce la meilleure solution, et pourtant que de périls graves à redouter pour l'avenir ! Mais je ne me permettrai pas de juger de si grandes choses, ni de dire ce que peut penser un socialiste comme moi d'une besogne aussi pénible que l'écrasement d'une révolution démocratique par des nations démocratiques.

Si nous ne rompons pas (et je crois avoir suffisamment crié ici pour démontrer la folie d'une rupture et la retarder), il faut à tout prix causer avec les bolcheviks, ne serait-ce que pour éviter une rupture de leur fait.

Lénine et Trotzky ne tiennent pas à être reconnus officiellement comme gouvernement régulier. Mais ils n'admettent pas l'ingérance des Alliés dans la politique intérieure de la Russie et s'indignent de l'appui ouvertement donné à ceux qu'ils appellent les contre-révolutionnaires. Déjà ils m'ont annoncé qu'au cas où les ambassadeurs, comme le bruit en court, quitteraient Pétrograd pour Moghilef — où, à l'abri de la Stavka, se formerait un gouvernement Tseretelli-Tchernof, — ils seraient probablement contraints de les arrêter. Et ils sont malheureusement, en ce cas, hommes à faire immédiatement ce qu'ils disent. Je pourrais citer, mais je n'en ai pas le temps, dix autres propos qui montrent dans quel état d'exaspération nous avons maladroitement mis ces deux hommes qui, il ne faut pas l'oublier, se considèrent comme les maîtres provisoires (eux-mêmes ne croient pas durer plus que quelques mois au maximum) de la Russie et qui le sont, en fait, au point que pour leur ravitaillement, leurs déplacements, leurs télégrammes, leurs moindres gestes en un mot, les représentants alliés sont obligés de solliciter officiellement les autorisations de Smolny.

Les bolcheviks prendront bientôt, à l'égard des « contre-révolutionnaires alliés », les mesures rigoureuses que les Alliés prennent contre les révolutionnaires en Occident.

Premier résultat du manque de contact.

Deuxième résultat : anarchie générale aggravée. Les Alliés boycottent les bolcheviks mais ils sabotent en même temps la Russie et se sabotent eux-mêmes. Lénine et Trotzky demandent qu'on s'entende officieusement avec eux pour toutes les questions techniques relatives à la guerre ou au ravitaillement qui sont étudiées à la fois par les Alliés et par la

Russie. L'absentéisme actuel des Alliés a les pires conséquences, et ces conséquences seront bientôt irréparables.

Ils demandent également qu'on s'entende officieusement
avec eux sur la question de l'armistice. Si les gouvernements
ne répondent pas officiellement et si l'Allemagne envoie une
note, il faut que les Alliés produisent, au moins officieusement, leurs observations, qui serviront à rédiger la nouvelle
note de la Russie.

Jusqu'ici, à l'exception du général Niessel, qui me parait
comprendre la situation comme elle doit l'être, j'ai l'impression que les représentants alliés se confinent dans l'expectative.

Certes, ils ne conseilleront plus la rupture, et ils commencent à comprendre qu'il aurait fallu causer plus tôt (je le
demande depuis quinze jours), mais j'ai l'impression qu'ils
ne savent plus sur quelle base appuyer un rapprochement.

Et pendant qu'ils hésitent, les événements se précipitent
sans eux, par conséquent contre eux.

J'ai dit et je répète qu'on aurait pu :

1° faire ajourner la publication des papiers diplomatiques
et en faire sauter quelques-uns ;

2° faire ajourner ou modifier, dans ses termes et dans le
procédé d'envoi aux différents ambassadeurs, la note relative à l'armistice.

Mais pour arriver à ces résultats, il fallait causer. Et j'affirme, depuis quinze jours, à tous ceux qui veulent entendre,
qu'en causant à Trotzky et à Lénine, qu'en les conseillant,
on les amènerait au contact des réalités, on les déterminerait
assez aisément aux concessions strictement nécessaires. On
sait ici ce que j'ai déjà pu obtenir d'eux, bien que je n'aie
dans aucune mesure l'autorisation d'engager avec eux une
conversation officieuse et que je ne puisse rien leur promettre en échange de ces concessions.

J'espère encore, malgré les protestations indignées que je
provoque lorsque j'émets cette hypothèse, qu'au cas où les
propositions d'armistice seraient acceptées par l'Allemagne,
nous saurons être représentés officieusement, près de Lénine
et Trotzky, afin d'empêcher de trop lourdes erreurs et de
leur permettre d'éviter les pièges allemands.

Hélas ! ce sera peut-être demain.

Les responsabilités engagées ne sont pas toutes bolcheviques. Les Alliés ont leur lourde part.

Il m'apparaît que nous avons fait ici la pire politique. Salissant les hommes, niant les faits, nous assistons impassiblement, et comme s'il ne s'agissait pas de la vie de la France, au drame qui entraîne lentement mais sûrement la Russie vers la paix, c'est-à-dire vers l'Allemagne.

Sans doute, il est temps encore de réagir. Mais nous n'avons pas une heure a perdre. Or, notre diplomatie sous-préfectorale s'effraie de toutes les responsabilités, de toutes les initiatives, refuse d'agir et attend les directives d'un gouvernement qu'elle s'est elle-même attaché à affoler, à mettre en état d'hostilité, et qui, à 3.000 kilomètres des événements, aux antipodes de l'âme russe, ne peut pas comprendre qu'en l'état des choses, une déclaration de guerre aux bolcheviks, c'est une déclaration de guerre à la Russie.

J'attends avec angoisse les ordres de Clemenceau. Je les prévois si bien et je sais si bien l'effet déplorable qu'ils produiront !

Et pourtant, comme il aurait été simple, non pas certes de refaire une Russie nouvelle, forte et guerrière, mais au moins d'éviter la suprême catastrophe, de canaliser le mouvement bolchevik, de faire descendre sur terre des idéologues passionnés qui vivent dans un brouillard de rêve. On croit plus habile de les ignorer. On s'imagine qu'on les perdra ainsi. On ne se demande même pas si on ne perdra pas, en même temps, la Russie et l'Entente.

Une œuvre, un homme. J'aperçois bien l'œuvre à accomplir. Je cherche l'homme.

Je suis sûr que les bolcheviks n'abandonneront la Russie que dans la mesure où nous l'abandonnerons nous-mêmes, où nous les laisserons seuls aux prises avec l'ennemi, dans les négociations de paix. Trotzky et Lénine n'ignorent pas que la paix séparée les livrerait plus ou moins à l'Allemagne, dont le souffle révolutionnaire est encore bien court et qui, sans doute, sera demain capitaliste comme hier, sinon militariste.

Ils ne veulent pas de paix séparée. Mais ils veulent, par-dessus tout, la paix et la signeront seuls si, comme ils s'y attendent eux-mêmes, les Alliés ne les suivent pas.

Dans ce cas, si les Alliés se figent dans l'immobilité, si, comme ils l'ont fait jusqu'à présent, attachés au rivage par leur grandeur, ils n'opposent aucune action aux manœuvres allemandes, l'abime se creusera davantage. Et quoi qu'on dise, si une paix séparée est signée, même par les bolche-viks, elle sera accueillie par la Russie tout entière avec une telle satisfaction qu'elle constituera une paix véritable. Il s'agit actuellement d'atténuer les conséquences des erreurs passées. Mais il faut faire vite ce qu'on aura décidé. Les journées qui viennent seront décisives. Je le crie à tue-tête et désespère d'être entendu par qui de droit. Si Thomas était ministre et que je puisse lui télégraphier directement !

Conclusion :

Si la rupture n'est pas totale, il me parait que le devoir de la France :

1° au cas probable de refus des Alliés de participer à l'armistice et, par conséquent, aux pourparlers ouverts seulement entre Russie et Allemagne, sera d'être auprès des Russes qui négocieront, quels qu'ils soient et quel que puisse être le sort de leur traité, pour les conseiller du point de vue russe et du point de vue allié, pour mettre à leur disposition, le moment venu, des forces militaires, qui leur permettront de résister à des prétentions excessives de l'ennemi. C'est ainsi seulement qu'on pourra tenter de rompre les pourparlers en plaçant les Allemands devant des exigences légitimes mais inacceptables par Guillaume, ou bien de faire aboutir ces pourparlers à un résultat aussi satisfaisant que possible pour nos intérêts ;

2° au cas de paix séparée, notre devoir sera de demeurer auprès des Russes, si nous ne sommes pas contraints absolument au départ, afin de faire pression sur eux, de les contraindre du moins à l'observation d'une neutralité non hostile et de poursuivre des relations économiques amicales.

M. ALBERT THOMAS, député (*Champigny-sur-Marne*).

Mon cher ami,

Chaque jour, dans ces notes hâtives, je ressasse les mêmes arguments. Je cherche, en effet, à les introduire dans les têtes parisiennes en même temps que je les enfonce dans les cerveaux pétrogradois. Malheureusement, le télégraphe et même la correspondance directe m'étant interdits, mes moyens d'action sur Paris sont réduits au minimum et trop lents. Mes coups de marteau, retentissants et vigoureux, font scandale. A deux ou trois reprises déjà, on m'a fait savoir que ma politique (?), opposée à celle (?) de l'Ambassade, était inacceptable. On m'a menacé de renvoi en France. J'ai répondu que je serais satisfait par une décision qui me permettrait de préeiser de vive voix les observations écrites nécessairement schématiques et atténuées que j'ai fait partir déjà et qui peut-être ont été interceptées.

Depuis deux ou trois jours pourtant, l'opposition contre « ma politique » est moins vive. Les faits justifient si complètement mes prévisions qu'on ne pourrait plus que me reprocher d'avoir vu clair et il est difficile de m'en tenir officiellement rigueur.

Dès le 26 octobre, j'ai dit et je n'ai pas cessé depuis de répéter à MM. Noulens, Petit, etc., en plaçant chacun en face de ses responsabilités :

1° que le bolchevisme, dans sa forme actuelle, n'est pas sorti tout entier du cerveau de Lénine et de Trotzky, mais qu'il est une conséquence, un produit de la guerre, qu'on l'apercevait depuis de longs mois en puissance dans l'âme russe, que Lénine et Trotzky n'ont fait que concrétiser en formules simples ce qui se trouvait dans la conscience lasse ou lâche de chacun ;

2° que sur la question de la paix immédiate il y a, en

effet, accord certain entre les bolcheviks et la nation russe, qu'ainsi une défaite de Lénine et Trotzky ne modifierait pas sensiblement la situation puisque leurs successeurs, quels qu'ils soient, devraient continuer leur politique de paix et la continueraient sans doute avec moins d'ordre, de sens de l'organisation et de volonté que les dictateurs actuels ;

3° que toutes les classes russes et tous les partis politiques sont d'accord sur la nécessité de la paix immédiate, l'aristocratie et la bourgeoisie paraissent même infiniment plus capitulardes, plus disposées aux concessions honteuses, territoriales et économiques, et à l'aplatissement sous la botte allemande que les internationalistes bolcheviks ;

4° que le mouvement maximaliste vaincrait et durerait au moins quelques mois, qu'il avait pour lui l'armée et qu'on ne pouvait lui opposer aucune force organisée ;

5° qu'au lieu de placer tous nos espoirs sur des mouvements antibolcheviks morts-nés, de nous compromettre sottement en soutenant Kerensky, Kalédine, Savinkof, Gotz, Dan et autres étoiles éteintes qui ne brilleront plus avant une longue éclipse, de couvrir d'injures les chefs bolcheviks, c'est-à-dire de tout faire pour développer contre nous la haine de la démocratie russe, il conviendrait plutôt de composer, officieusement au moins, avec Lénine et Trotzky ;

6° qu'une rupture de l'Entente avec la Russie, non corrigée par une paix séparée anglo-franco-allemande, aurait pour conséquence à peu près inévitable de précipiter notre alliée dans les bras de l'Allemagne et devait être évitée à tout prix ;

7° qu'à partir du moment où nous causerions avec eux, ces hommes nous donneraient des garanties, feraient des concessions à la réalité, se rapprocheraient par conséquent d'une action favorable aux intérêts alliés et russes ;

8° qu'au cas souhaitable de conversations avec Lénine et Trotzky, nous ne parviendrons à les séduire qu'en consentant ou en promettant ferme certaines concessions telles que la révision immédiate de nos buts de guerre, concession d'autant plus facile à accorder que nous devrons très prochainement, de gré ou de force, procéder à cette révision ;

9° qu'en cas où par nos hésitations, par notre maladresse, nous ne saurions pas empêcher les bolcheviks d'entamer des pourparlers de paix avec l'Allemagne, notre devoir strict serait de nous rapprocher d'eux d'urgence, de les fournir d'arguments afin de les mettre en mesure de défendre sérieusement les intérêts de la Russie et ceux de l'Entente ;

10° En résumé, rien n'étant plus inintelligent et plus néfaste pour les intérêts alliés qu'une politique niant systématiquement les faits les plus évidents, développant la juste haine des bolcheviks contre les gouvernants de l'Entente, et persistant dans les erreurs les plus graves plutôt que les reconnaître, il fallait avouer ses torts, se résigner à l'inévitable et collaborer sans retard avec les bolcheviks, violents et idéologues, mais présentant, sur leurs prédécesseurs et sans doute sur leurs successeurs éventuels, l'avantage rare en Russie d'être des hommes de volonté farouche, sachant bien ce qu'ils veulent, capables de réaliser.

Je m'empresse de constater que mes paradoxales et subversives affirmations ont été toujours accueillies par mes chefs de la Mission militaire avec une curiosité indulgente qui s'est manifestée de plus en plus intéressée. Et je suis reconnaissant au Général de la bienveillante confiance qu'il m'a constamment témoignée.

Dans d'autres milieux on m'en veut beaucoup d'avoir eu raison. J'ai le grand tort aussi d'être ami d'Albert Thomas, d'avoir fait partie du Cabinet d'Albert Thomas, de Thomas qui a fait ceci et encore cela, qui a déclenché la malheureuse offensive de juin, qui a fait accorder par la France un crédit excessif à Kerensky, qui n'a pas su voir, ni faire voir aux Alliés la situation lamentable de la Russie, etc., etc.

Heureusement que cette mauvaise opinion que certains personnages prétendent avoir sur l'action d'Albert Thomas ne trouve pas grand écho ici. Dans les milieux industriels et militaires alliés comme dans la plupart des milieux politiques russes, on aime Thomas et on regrette son absence actuelle. Il est certain que Thomas aurait compris, et que bien des erreurs eussent été évitées. Si, connue je le suppose, la politique bolchevique, c'est-à-dire la politique de paix sous l'étiquette Trotzky, Lénine ou sous toute autre, demeure toute puissante en Russie, un renouvellement du personnel diplomatique allié s'imposera à brève échéance. Il faudra remplacer des hommes qui se sont trompés ; qui sont détestés par les maîtres de l'heure, qui n'en obtiendront jamais rien et qui, d'ailleurs, paraissent, à beaucoup de bons esprits, incapables de comprendre la situation nouvelle. Si, pour des raisons inexcusables, de camaraderie, de timidité, on laisse en place les ministres en exercice, il faudrait au moins envoyer ici quelques personnalités capables de les dominer, de les diriger, de représenter vraiment l'Entente.

Pour la France, si Thomas est retenu à Paris, je pense à des hommes comme Sembat, Paul Boncour, Briand lui-même, ou des jeunes comme Lafont et Laval, d'intelligence ouverte, démocratique, souple, qui sauraient habilement consentir les concessions indispensables et qui seraient capables d'exercer une action bienfaisante.

Je pense à des représentants jeunes, auxquels on laisserait une grande initiative, audacieux et résignés à se laisser sacrifier sans protestation, impitoyablement, si les événements tournaient mal et si la France se trouvait dans la nécessité de les désavouer.

Va-t-on se décider à reconnaître, officieusement, le gouvernement bolchevik ? Si la comédie ne se jouait pas à nos dépens, il serait risible de penser qu'on ne veut pas reconnaître, ce qui est à la rigueur admissible, mais qu'on persiste à ignorer jusqu'à l'existence d'un gouvernement qui, depuis 15 jours, a gouverné beaucoup plus que tous les précédents ministres en 8 mois, et dont l'action aura sur la politique mondiale pour la guerre et l'après-guerre, une répercussion formidable.

Poussés par les masses qu'ils ont entraînées dans la lutte, les bolcheviks vont être contraints de réaliser, sur le papier au moins, les articles essentiels de leur programme. Que les Alliés ne commettent pas de fautes inutiles! Portés par l'opinion russe, Lénine et Trotzky ne se laisseront arrêter par aucune protestation alliée. Toutes nos menaces ne feront que les exaspérer. Nous n'avons qu'un seul moyen d'agir sur eux, de faire dévier leur action, d'en atténuer les conséquences dangereuses pour l'Entente, et ce moyen n'est ni la protestation, ni la bouderie, ni l'expectative : c'est la conversation pour ne pas dire la collaboration.

M. Albert THOMAS, député (*Champigny-sur-Marne*).

Mon cher ami,

Je ne résume guère dans ces notes que quelques éléments de mes conversations avec Lénine et Trotzky. Ce n'est pas que j'aie cessé mes relations soit avec les autres militants bolcheviks, soit avec les leaders des autres fractions socialistes. J'ai passé hier l'après-midi chez Goldenberg, menchevik internationaliste, ami de Gorki, rédacteur à la *Novaya Jizn:* Goldenberg était considéré dans les milieux alliés (on le lui a fait voir lors de son récent voyage en Occident) comme un homme dangereux, « complice » des bolcheviks. Or, depuis le 25 octobre, il mène dans son journal et partout une campagne violente contre Lénine et Trotzky, ses ex-amis intimes, qu'il accuse de mener à la ruine la révolution et la Russie. Il arrive de Stockholm où il travaille avec Huysmans et la commission zimmervaldienne. Il y repartira demain si Smolny lui délivre le passe-port qu'il sollicite vainement depuis 10 jours. Il m'a demandé d'intervenir en sa faveur et, bien entendu, j'ai obtenu satisfaction. Il m'a donné des renseignements très intéressants sur l'activité déployée dans les pays scandinaves par Ganetsky, Radek et Parvus. Hier et aujourd'hui, j'ai vu de nouveau Tseretelli et Tchernof qui se remuent beaucoup pour enlever aux bolcheviks une partie de leur clientèle militaire et paysanne. Le Soviet des paysans, leur dernier carré, paraît sur le point de passer à l'ennemi. Malgré les efforts désespérés de leurs leaders, les paysans rallient le drapeau bolchevik. D'ailleurs, mes conversations avec Tseretelli, Tchernof et les autres socialistes antibolcheviks que je vois actuellement, me font aller de déception en déception. Beaucoup sont des parlementaires habiles, des manœuvriers adroits de tribune et de couloirs, mais ce n'est plus avec des mots qu'on arrêtera la marche puissante et opiniâtre des hommes qui règnent à Smolny. Or, Tchernof, Tseretelli, etc., semblent incapables d'un geste d'énergie, d'une action révolutionnaire. D'ailleurs ils ont laissé passer sans les saisir, les meilleures occasions en fuyant Pétrograd au moment du danger. Aujourd'hui, il est trop tard et trop tôt. Leurs efforts verbaux ne leur rendent pas une autorité qu'on leur refuse justement puisqu'ils n'ont pas su accomplir leur devoir de chef. Ils n'ont plus qu'à attendre le retour inévitable des choses. Mais attendront-ils quelques semaines ou quelques mois ? Et quelle sera leur attitude pendant cette période ? Ils ne peuvent pas faire beaucoup de mal actuelle. ment aux bolcheviks. Ils peuvent en faire énormément à l'Entente et à la Russie par le sabotage qu'ils préconisent de tous les services publics.

Ils affichent la plus superbe confiance dans le résultat des élections à la Constituante. Ils prédisent un vif élan paysan antibolchevik, en quoi j'imagine qu'ils se trompent. Que dans les villes, les Cadets groupent autour d'eux les éléments petits bourgeois, employés, conservateurs, réactionnaires, etc., c'est vraisemblable. Mais les voix du prolétariat rural doivent se partager entre les socialistes-révolutionnaires et les bol_ cheviks. Or, de plus en plus, les socialistes-révolutionnaires sont entraînés dans le sillage du bolchevisme. Sur les questions essentielles, terre, contrôle ouvrier, armistice, paix, l'accord est complet. Au reste, quand on précise, à l'aide de questions nettes, la position des social-démocrates et des social-révolutionnaires sur ces points principaux, des hommes comme Tchernof et Tseretelli finissent par avouer qu'eux-mêmes, arrivés au pouvoir, seraient contraints de suivre la voie largement ouverte par les bolcheviks, sous peine d'être rejetés définitivement. Il y a donc une certaine hypocrisie de leur part à prétendre que les élections seront un échec bolchevik, puisque eux-mêmes reconnaissent qu'ils ne seront élus que dans la mesure où ils se déguiseront en bolcheviks. Et ce sont des constatations de ce genre qui me permettent de dire aux Alliés : « Au point de vue des intérêts de l'Entente, tous les partis russes capables de prendre le pouvoir adopteront la politique bolchevique. Pourquoi donc les soutenir contre les bolcheviks ? Au point de vue des intérêts russes, Tchernof et Tseretelli ont une tactique différente de celle adoptée par les bolcheviks. Mais ce sont là questions de politique intérieure qui n'ont pour nous qu'un bien médiocre intérêt, insuffisant à nous déterminer pour un parti ou pour un autre ».

Pourquoi Tseretelli et Tchernof ne se résignent-ils donc

pas à collaborer avec Lénine et Trotzky ? Les raisons qu'ils donnent sont mauvaises. En réalité, tous ces hommes se savent inférieurs dans l'action à Lénine et Trotzky. Ils savent, qu'entrés dans les Ministères, ils seront dominés par eux. C'est pourquoi ils acceptent de former un ministère avec les bolcheviks, mais sans Lénine et Trotzky. D'autre part, ils préfèrent laisser aux bolcheviks, qui d'ailleurs ne font rien pour les attirer, la responsabilité totale des événements graves actuels. Tseretelli et Tchernof veulent la paix immédiate et ne sont pas très difficiles sur la qualité de cette paix. Mais ils aiment mieux la laisser signer par les bolcheviks seuls et réserver tous leurs droits de protestation. Ils ont une peur effroyable de l'opinion alliée. A chaque instant, revient sur leurs lèvres le même refrain : « Qu'en pensent les Alliés ? » Ils ont la haine des bolcheviks comme certains radicaux français ont la haine des socialistes. Ils sont prêts à crier : « Périssent la Russie et l'Entente, plutôt que de permettre une victoire bolchevique ! » Ils prêchent donc la grève de toutes les administrations. Ils étrangleraient de leurs propres mains la Russie, s'ils pensaient étouffer les bolcheviks du même coup. Je disais qu'ils regardent avec effroi le moindre geste des Alliés. Ce n'est pas qu'ils les aiment sans restriction. Ils répètent hautement et peut-être n'ont-ils pas tout à fait tort, que la France et l'Angleterre ont une part de responsabilité considérable dans le gâchis actuel. A les entendre, ce sont les représentants alliés qui, en exerçant sur la politique intérieure russe une pression aggravée de menaces, d'autant plus dangereuse qu'elle était incompréhensible, des aspirations de l'opinion publique, ont empêché Kerensky de se séparer en temps utile des Cadets et ont retardé plus tard la formation nécessaire d'un ministère purement socialiste. Ils ont ainsi accru l'irritation des masses populaires et compromis successivement la popularité de tous les chefs socialistes, Tchernof et Tseretelli compris. Ils ont par conséquent préparé la voie au bolchevisme. Tchernof et Tseretelli attendent impatiemment la fin de la guerre qui enlèvera aux bolcheviks leur plus solide plate-forme et permettra à leurs adversaires de commencer une lutte plus heureuse sur les questions économiques où les classes sociales se dresseront de nouveau les unes contre les autres, bourgeois contre prolétaires, ouvriers et paysans.

Pétrograd, le 13/26 novembre 1917.

M. ALBERT THOMAS, député (*Champigny-sur-Marne*).

Mon cher ami,

· Les ambassadeurs alliés ne répondront évidemment pas à la note de Lénine et Trotzky relative aux pourparlers d'armistice et de paix.

Je souhaite ardemment que les gouvernements alliés se bornent à contester le droit d'un gouvernement insurrectionnel, non encore reconnu par la Constituante, à prendre d'aussi graves initiatives et ne formulent pas d'accusations irréparables. J'imagine sans peine l'état de l'opinion française. Notre cher grand pays qui a consenti de si lourds sacrifices, qui a offert son sang avec une générosité effroyable, qui a payé, au cours de cette guerre, beaucoup plus qu'il ne devait et ne pouvait raisonnablement, qui a hypothéqué si imprudemment l'avenir, non pas seulement pour lui mais aussi en faveur d'alliés plus habiles, ou qui croyaient l'être, et plus avares de leur chair et de leur or, la pauvre France doit être exaspérée par une politique qui lui paraît être une véritable trahison. Nos gouvernants doivent conserver plus de sang-froid dans l'examen des faits.

J'ai dit déjà, après bien d'autres, quel est, depuis plusieurs mois, l'état de l'armée russe. Au-dessous de toute critique. L'offensive de juillet a été le dernier spasme d'une agonie qui se prolongeait depuis deux ans. L'anarchie, l'indiscipline sont partout. Les troupes n'ont plus aucune valeur combattive, demandent la paix à tout prix, quittent le front en masse, pillent, détruisent tout à l'arrière, etc., etc...

Où une telle armée puiserait-elle des forces nouvelles ? Certainement pas à l'intérieur. La chute de production du charbon et du fer détermine la fermeture progressive des établissements industriels et, par conséquent, une crise générale du chômage. Les mauvaises récoltes qui rendent angoissante la question du ravitaillement, la débâcle lamentable des moyens de transports qui accuse toutes ces difficultés et rend à peu près impossible une démobilisation partielle cependant indispensable, voilà quelques-unes des raisons qui ont créé, dans tous les milieux russes sans exception, un état de lassitude générale qui, quoi qu'on fasse, ne peut que croître jusqu'à la paix.

Cette paix, l'armée et la nation la veulent immédiatement. Les Alliés doivent comprendre que lorsqu'ils attaquent les bolcheviks sur ce problème de la paix, lorsqu'ils disent que les bolcheviks, parce qu'ils veulent la paix immédiate, sont des traîtres et des agents de l'étranger, ils attaquent directe-. ment, en même temps que les bolcheviks, le peuple russe tout entier.

Quelle doit donc être la politique de l'Entente ?

Essayer encore de contraindre les Russes à reprendre immédiatement la guerre active, à abandonner toute idée de paix rapide, c'est tenter l'impossible et détacher un peu plus de nous la Russie.

J'ai bien des raisons de croire que l'Allemagne acceptera les pourparlers qui lui sont proposés. Elle peut compter, en effet, réaliser la coupure entre les Alliés et la Russie et ce serait pour elle un triomphe d'autant plus complet que les Russes abandonnés par nous deviendraient très vite une force non négligeable sous la direction d'ennemis doués du génie de l'organisation. L'Allemagne espère, d'autre part, qu'un armistice libérera les forces encore considérables immobilisées malgré tout sur le front oriental. Elle rêve sans doute enfin une paix séparée avantageuse.

Je pense, car j'ai de plus en plus confiance, je l'avoue hautement, dans la loyauté de Lénine et de Trotzky, que les Allemands ont des raisons sérieuses de savoir que ces deux hommes ne leur vendront pas la Russie, mais ils peuvent espérer qu'ils « rouleront » aisément des adversaires qui aiment la paix pour elle-même et ne se préoccuperont peut-être pas suffisamment des conditions de cette paix.

Les espoirs des ennemis se réaliseront d'autant mieux que nous maintiendrons l'attitude activement hostile d'aujourd'hui contre les bolcheviks ou l'attitude expectante, la pire de toutes, qu'on paraît disposé à adopter prochainement. Dans une période d'action, il faut agir. Opposons à l'action exercée par les Allemands sur les bolcheviks le contre-poids d'une action exercée par nous. Il faut causer. On aurait dû le faire depuis quinze jours et je suis indigné de tous ces retards dont les conséquences représentent des pertes nouvelles du sang français.

Pour le moment, je suis seul, je continue à être seul à causer avec Smolny, sans mandat même officieux, seulement à titre personnel. Depuis plusieurs jours déjà, mes conversations avec les « dictateurs du prolétariat » et leurs lieutenants portent sur l'examen des conditions préalables à la signature d'un armistice ou sur l'étude des conditions d'une paix séparée.

Appuyé sur les principes posés par la Révolution russe : paix sans annexions, sans indemnités, avec droit des peuples de disposer d'eux-mêmes, j'aboutis à cette conclusion que les bolcheviks, conseillés par nous, appuyés militairement sur nous, doivent imposer des conditions d'armistice, puis de paix telles que les Allemands, ou bien considèrent que ces exigences, conformes à une volonté de paix démocratique et honnête, sont inacceptables pour eux et qu'ils rompront les pourparlers, ou bien, et ceci établirait matériellement à quel degré d'épuisement ils en sont arrivés, accepteront ces conditions et concluront avec la Russie une paix satisfaisante pour la Révolution russe, c'est-à-dire favorable aux Alliés et conforme à leurs aspirations générales.

On répondra que mon raisonnement ne tiendrait que si Lénine et Trotzky étaient sincères. Depuis 15 jours, je vis une partie de mes journées avec ces deux hommes. Je connais toutes leurs inquiétudes, tous leurs espoirs, tous leurs projets. Il y a des émotions qu'on ne feint pas et je crois pouvoir affirmer plus que jamais la profondeur des convictions des chefs bolcheviks. Plus que jamais ils m'apparaissent comme des illuminés; si ce qualificatif convient à des cérébraux comme ceux-là qui marchent inexorablement dans la voie qu'ils s'étaient tracée à l'avance, soutenus et enveloppés par l'enthousiasme de leurs troupes. Ce sont des hommes remarquables par l'intelligence et par la volonté. Quel que soit l'abîme qui sépare leur idéologie de l'idéologie bourgeoise, quel que soit le mépris qu'ils ressentent pour les calculs mesquins des gouvernements alliés ou ennemis et pour les bas intérêts poursuivis par les classes dirigeantes, je suis convaincu que si nous leur donnons des arguments étayés sur les principes de droit et de justice qu'ils ont proclamés, ils sauront les défendre avec énergie et se montrer plus exigeants à l'égard de l'Allemagne qu'aucun de leurs prédécesseurs.

Déjà, je leur ai proposé toute une série de conditions préalables à la conclusion d'un armistice qui feront frémir d'horreur les négociateurs allemands : continuation de la fraternisation et de l'agitation révolutionnaire, interdiction des transports des troupes d'un front à l'autre, négociations en territoire neutre ou russe, conditions militaires très désavantageuses pour les Allemands, etc., etc.

L'opiniâtreté avec laquelle Lénine et Trotzky soutiendront ces conditions sera la pierre de touche de leur loyauté.

Il est entendu que Trotzky me fera connaître heure par heure l'état des négociations et qu'aucune des questions posées par l'ennemi ne recevra de réponse définitive avant que nous en ayons parlé (bien entendu, j'en référerais à qui de droit).

Mais je n'ai pas besoin de vous dire à quel point je me rends compte de l'insuffisance de l'appui personnel que je leur apporte.

Il faudrait construire une œuvre méthodique, ordonnée, de défense diplomatique avec lignes successives de repli.

Mais pour cela il faudrait causer. Quand s'y décidera-t-on ? Quand il sera trop tard sans doute. Une fois de plus les Alliés auront failli à leur programme d'action rapide et concentrée.

Je vois dans ces pourparlers un admirable moyen d'agitation révolutionnaire ou plus modestement de pression morale sur les masses allemandes. Il est entendu, en effet, que chaque fois que les délégués ennemis se déroberont à l'examen ou à la solution satisfaisante d'une condition fondamentale de la paix démocratique et honnête, Trotzky et Lénine stigmatiseront publiquement l'attitude inadmissible des gouvernements ennemis et marqueront, par des appels adressés aux peuples allemand et autrichien, la duplicité et la responsabilité de leurs dirigeants. Ils me l'ont promis. Ils n'avaient pas besoin de promettre. Je suis sûr qu'ils tiendront parole quelles que puissent être les protestations de Guillaume II, que cette procédure brutale ne manquera pas d'indigner.

Qui sait si l'Allemagne officielle qui va à cette entrevue le sourire aux lèvres, pleine de mépris pour des contradicteurs utopiques et ignares, ne sera pas entraînée plus loin qu'elle ne veut, qui sait si les Alliés ne vont pas trouver dans cette ébauche de négociations le prétexte souhaité par tous, je le suppose, pour examiner de plus près les buts de guerre de chacun, qui sait si peu à peu, au fur et à mesure que se dérouleront les pourparlers (les bolcheviks sont résolus à les faire traîner) nous ne nous rapprocherons pas d'une paix générale ?

J'aurais bien des choses à dire que je ne puis écrire faute de temps d'abord, (je ne me couche guère avant 3 ou 4 heures du matin, et lorsque je griffonne ces lignes je suis harassé par les fatigues de la journée passée et préoccupé de la solution des questions qui seront soulevées le lendemain), et aussi parce que je me rends compte qu'en dehors d'une longue discussion verbale, mes arguments heurteraient trop violemment les cerveaux français, trop éloignés des réalités russes actuelles pour en apprécier justement la valeur. Je me suis condamné à n'inscrire dans ces notes quotidiennes aucune polémique politique personnelle. Socialiste, je veux oublier ici mon socialisme, le laisser hors texte et n'utiliser que les arguments qui doivent s'imposer à tous les esprits impartiaux.

Dans quelle mesure Trotzky a-t-il raison de penser que les pourparlers de paix sonneront le glas de la guerre sur tous les fronts et que, bon gré mal gré, les Alliés seront contraints de suivre le mouvement déclanché par lui ? L'avenir répondra.

Trois années de guerre semblent avoir démontré l'impuissance de la force à résoudre seule les questions posées par le conflit. Est-il chimérique d'espérer davantage en la force de l'idéal ? La propagande de la paix faite par les bolcheviks ne donnera-t-elle pas plus de résultats que la guerre de propagande reprise par les Alliés, à les en croire, malgré l'échec retentissant infligé sur ce terrain, aux armées de la Première République ?

Je me place, bien entendu, au 13/26 novembre 1917, dans l'état militaire présent de la Russie, de ses Alliés et de ses ennemis, et non pas à une époque indéterminée de la guerre, passée ou future, devant la carte de guerre telle qu'elle est et non pas telle qu'elle devrait être selon nos vœux.

J'ai écrit déjà qu'en cas d'échec des pourparlers, les bolcheviks décréteraient la guerre révolutionnaire pour la défense des conquêtes réalisées par les travailleurs. J'ai dit que j'avais peu d'illusions sur l'efficacité des efforts qui seront tentés dans ce sens. Pourtant, si l'événement se produit, nous devrons soutenir très fermement les bolcheviks et les aider à insuffler un peu de force physique et morale à une armée désemparée. Les Missions alliées sont ici pour faire cette besogne — je souhaite qu'elles ne l'oublient pas —.

Mais de quoi demain sera-t-il fait ?

La Constituante sera-t-elle antibolchevique et, dans ce cas, ne sera-t-elle pas dissoute par un gouvernement qui a manifesté de façon éclatante déjà son jacobinisme. Enfin, si les éléments bourgeois et antibolcheviks arrivent au pouvoir, cette victoire intérieure n'entraînera-t-elle pas nécessairement une recrudescence de guerre civile, ne mettra-t-elle pas l'anarchie à son comble et n'achèvera-t-elle pas la déliquescence de l'armée ? Les pourparlers ont cet avantage de fixer provisoirement la situation sur le front oriental. A ce point de vue, nous pouvons les souhaiter. La rupture des pourparlers et la guerre civile permettraient sans doute aux Allemands de pousser leur avance jusqu'à Pétrograd, de contraindre les Russes à une paix de soumission ou, au moins leur livreraient des gages nouveaux qui pèseraient lourdement dans la balance au jour du règlement définitif des comptes de la guerre.

Pétrograd, le 15/28 novembre 1917.

M. ALBERT THOMAS, député (*Champigny-sur-Marne*).

Mon cher ami,

· J'attends avec angoisse la décision que prendront les gou_
vernements alliés à la nouvelle de la signature d'un armis_
tice provisoire russo-allemand. Si, comme je le souhaite, la
rupture ou le rappel, même déguisé, des ambassadeurs ne se
produisent pas, j'espère qu'on se décidera enfin à abandonner
l'attitude expectative pour causer, officieusement du moins,
avec Smolny. A mon avis, le devoir des représentants alliés
qui n'ont pas su ou qui n'ont pas pu prévenir et prévoir la
catastrophe est de lutter désespérément jusqu'au bout pour
que les intérêts de l'Entente soient sauvegardés dans la me_
sure où ils peuvent encore l'être. Mes dernières conversa_
tions avec Lénine et Trotzky ne permettent plus beaucoup
d'espoir. Quoi qu'en pensent ceux qui, après de telles leçons,
si sévères pour eux et si dangereuses pour les Alliés, se refu_
sent encore à voir la réalité, les pourparlers préalables à
l'armistice semblent bien être déjà engagés. Le haut Com_
mandement allemand est donc disposé à causer, ce qui ne
signifie pas d'ailleurs qu'il soit résolu à aboutir.

Il serait insensé, à mon avis, tant que nous demeurerons
ici et que nous n'avons pas été rappelés par nos gouverne_
ments ni chassés par les bolcheviks qui sont de plus en plus
montés contre nous, d'assister en spectateurs inertes et muets
au drame qui commence.

Je répète que les bolcheviks sont exaspérés par ce qu'ils
considèrent comme une ingérence insupportable dans leurs
affaires intérieures. La dépêche de Clemenceau est consi_
dérée comme un appel adressé par une puissance étrangère
au Commandement et aux troupes russes pour les provoquer
à la désobéissance aux ordres du Conseil des Commissaires
du Peuple. Je ne citerai qu'un exemple manifestant cet état

d'esprit. Hier, Trotzky m'annonçait son intention d'arrêter Sir Buchanan qui, il en aurait la preuve, ne cesserait pas d'encourager directement les contre-révolutionnaires Kalédine, Savinkof, etc., et qui, spécialement, aurait aidé par des versements de fonds la constitution du Comité de Salut Public, arme de combat contre le bolchevisme. Je crois lui avoir montré les inconvénients d'un tel geste au moment où les Ambassades paraissent plus disposées à entamer des négociations.

Il faut, en effet, si nous restons ici, que nous nous arrangions pour être dans la coulisse des conseillers de Smolny. C'est le seul moyen qui nous reste, soit de faire hâter les pourparlers russo-allemands, soit de les faire aboutir aux solutions les moins désavantageuses. Mais il faut que notre diplomatie comprenne, et ceci est difficile, qu'il n'y a plus de temps à perdre et qu'il ne peut pas suffire d'attendre dans le calme et l'inertie des instructions qui seront nécessairement le reflet des informations affolantes vraisemblablement envoyées d'ici depuis trois semaines. Pour ma part, je n'hésite pas à crier à qui de droit ce que je pense. J'imagine que tout le monde n'apprécie pas mon attitude, mais j'ai fait le sacrifice de ma tranquillité personnelle. Les intérêts de la France sont en jeu et il ne s'agit plus d'atermoiement.

Le Général, peu suspect de tendresse envers des maximalistes, pencherait, il me semble, vers les négociations officieuses. Il ne paraît pas être partisan de cette politique du pire, chère à quelques-unes des Ambassades, dont la Russie mais aussi l'Entente, sont en train de faire les frais. En ce qui concerne plus spécialement les pourparlers préalables à la conclusion d'un armistice aujourd'hui probable, je joins un schéma rapide et incomplet des points que j'ai pu, à titre personnel exclusivement, développer avec Trotzky. Je n'ai aucune illusion sur le résultat de ces conversations qui manquent d'autorité puisqu'elles ne peuvent même pas être officieuses. Je persiste cependant parce que j'estime qu'il faut lutter sans désespérer jamais, afin d'obtenir quelques améliorations à la situation qui se prépare pour nous. Je mène une vie effroyable. Je suis trop mêlé à l'action du matin au soir pour avoir seulement le temps de résumer mes journées.

M. ALBERT THOMAS, député (*Champigny-sur-Marne*).

Mon cher ami,

Craignant d'apprendre la nouvelle d'une rupture contre laquelle je lutte de toutes mes forces, j'ai voulu, hier, faire partir la dépêche suivante, adressée à la fois à Albert Thomas et à Loucheur :

« Loucheur, Ministre Armement, Paris.

« Avis personnel. Le résultat des élections à Pétrograd, la décision du Congrès Paysan de suivre la politique bolchevique, la réponse favorable faite par le Commandement allemand à la proposition d'armistice consolident provisoirement la position bolchevique. La rupture des Alliés avec les bolcheviks signifierait actuellement la rupture avec la Russie. Pesez toutes conséquences. J'ai confiance dans la sincérité de Lénine et de Trotzky, que je vois chaque jour, m'affirmant qu'au cours des pourparlers, les bolcheviks sauront être exigeants à l'égard de l'Allemagne : « Les gouvernements « alliés, disent-ils, ne défendent que des intérêts ; la révolu- « tion russe défendra des principes. »

« Trotzky a tenu compte déjà et tiendra compte sans doute encore des observations présentées par moi. Il s'engage à me tenir personnellement au courant des négociations russo-allemandes au jour le jour. Même en cas de rupture avec la Russie, il serait maladroit de laisser les bolcheviks en tête-à-tête avec l'ennemi. *A fortiori*, si les relations avec la Russie continuent, il est absolument indispensable d'avoir près des négociateurs bolcheviks des défenseurs officieux des intérêts russes et alliés. Je ne cesse de répéter cela depuis trois semaines.

« SADOUL. »

L'Ambassadeur à qui cette dépêche a été présentée par le Général a refusé de l'expédier, bien qu'elle soit écrite à titre strictement personnel et sous ma seule responsabilité. N'est-il pas excessif d'interdire à un citoyen français, fût-il officier, de correspondre télégraphiquement, après en avoir référé aux représentants de la France, avec un Ministre qui l'en avait prié et un ami parlementaire qui a des raisons sérieuses d'être convenablement renseigné sur la situation exacte en Russie ? N'ai-je point le droit d'écrire mes impressions à des personnages aussi qualifiés pour les lire que Loucheur et Albert Thomas ?

Je ne livre aucun secret. Je n'en connais aucun. Partant de faits que tous devraient constater, j'aboutis à des conclusions qui ne plaisent pas à tous.

J'attends avec curiosité la suite naturelle de cette interdiction de télégraphier. Demain, sans doute, on m'interdira d'écrire, de parler, et peut-être de penser. Après demain, on me priera de cesser tous rapports avec Smolny, où ma présence doit évidemment compromettre les intérêts de la France. Pourtant si je n'avais pas renseigné au jour le jour les milieux alliés sur les actes ou les intentions bolcheviks, si je n'avais pas, d'autre part, exercé une pression salutaire sur Lénine et Trotzky, des erreurs plus nombreuses auraient été commises et la rupture, à cause des violences préparées contre nous, serait déjà un fait accompli. Je ne réclame pas un témoignage de gratitude, mais je supplie qu'on comprenne un peu plus largement les intérêts de la France. Décidément, on ne me pardonne pas d'avoir eu raison au point que, depuis quelques jours, la politique que je conseille depuis trois semaines semble adoptée par ceux qui me raillaient le plus. Mais cette politique exige malheureusement de l'énergie. Et l'énergie, que je ne confonds pas avec l'entêtement, est une denrée qu'on ne vend pas au Quai Français.

Pétrograd, le 20/3 décembre 1917

M. Albert THOMAS, député (*Champigny-sur-Marne*).

Mon cher ami,

Nous persistons à nier que la terre tourne, c'est-à-dire à affirmer que le gouvernement bolchevik n'existe pas. Pourtant, depuis quatre semaines ce mythe a fait, en toutes directions, une besogne trop réelle et dont nous pouvons, hélas ! mesurer déjà les conséquences immédiates ou prochaines. Elles sont désastreuses pour nous. A la collaboration même officieuse et discrète, on préfère la politique du pire. Certains officiels alliés non seulement refusent de causer avec les maximalistes, mais encouragent à la résistance active ou passive les fractions politiques adverses, les fonctionnaires civils et militaires, les employés, les industriels, les banquiers, etc. Comme il était facile de le prévoir, cette admirable tactique donne des résultats effroyables. Bien entendu on n'a pas atteint le but visé qui était de faire tomber en quelques jours les maximalistes, mais on est en train de plonger la Russie dans un chaos politique et économique dont elle ne sortira plus avant longtemps. Les hauts fonctionnaires russes comme les petits s'adaptent admirablement à ce genre d'action qui est inaction, grève ouverte ou perlée. Ils sabotent avec une paresse satisfaite les administrations publiques qui se détraquent les unes après les autres. Rien ne va plus ou plutôt tout va de mal en pis. L'armée qui paraissait avoir atteint sous Kerensky un degré maximum de décomposition se liquéfie chaque jour un peu plus. Trotzky et Lénine sont résolus, ils me l'affirment du moins, à recoudre ce qu'ils ont contribué si puissamment à découdre. Mais, spécialistes incomparables de la destruction en général et de l'antimilitarisme en particulier, ils semblent avoir moins d'aptitudes naturelles, ils ont en tout cas moins d'expérience, en matière de reconstruction. Ces démolisseurs nés s'en rendent parfaitement compte et crient « à l'aide » de tous côtés. Ils ont toujours dit, je l'ai écrit souvent, qu'en cas de, non acceptation par l'ennemi des conditions révolutionnaires de paix, ils rompraient les pourparlers. Ils savent qu'en cas de rupture, ils devront recommencer la guerre et par conséquent se servir d'une armée. Ils n'ignorent pas que Krylenko, dont ils aiment la volonté, mais dont ils apprécient justement les insuffisances techniques, ne suffira pas à la tâche formidable de réorganisation. Or, les rares officiers russes qui ont une valeur professionnelle ou bien ont été tués ou chassés, ou bien ont quitté un organisme militaire dont l'anarchie les écœure légitimement, ou bien sont restés dans les états-majors uniquement pour saboter. Notre attitude pourrait faire croire (ce serait évidemment inexact) que nous sommes avec les saboteurs contre la réorganisation. En tout cas, que nous le voulions ou non, notre refus de causer, par conséquent, de collaborer, nous fait assister impassiblement, la mort dans l'âme, à l'agonie russe à qui nous semblons dire : « Tu peux te noyer. Nous ne remuerons pas un doigt pour te sauver ».

Il faut bien reconnaître, en effet, que les tentatives accessoires, appui aux diverses nationalités, paraissent viciées à la base, vouées à l'échec, s'il n'y a pas préalablement entente entre nous et l'organisme central, avec le haut commandement russe nécessairement bolchevik. Je crois que la Mission militaire comprend, mais, subordonnée à l'Ambassade, elle subit des directives.

Au point de vue industriel, mêmes tristes constatations.

Chliapnikof et tous les bolcheviks qui s'occupent de la tâche ingrate d'une réorganisation économique de la Russie se plaignent amèrement du sabotage des industriels, financiers ou techniciens. En refusant systématiquement tout concours, on livre Chliapnikof, évidemment plein de bonne volonté conciliatrice, les principes bolcheviks une fois admis, aux excès démagogiques d'une classe ouvrière brutale, sans culture et qui, dans sa masse, n'a que des appétits. Remarquons qu'en Russie spécialement, la plupart des ouvriers de cette période de guerre, sont des ouvriers non qualifiés, de fortune, des paysans qui retournent à la terre immédiatement après la signature de la paix, qui ne sont donc pas intéressés personnellement et immédiatement à la prospérité de leur industrie, qui recherchent uniquement des hauts salaires et les moyens d'amasser, sur le dos de l'industriel et de l'usine, le petit pécule qu'ils espèrent rapporter au village.

Je m'efforce de faire arriver les industriels ou banquiers, que je vois, à une plus saine compréhension des intérêts généraux et de les empêcher, comme beaucoup veulent le faire, en raison des difficultés épouvantables et des dangers réels qui les menacent physiquement, de mettre la clef sous la porte. Ce procédé n'aboutirait, en effet, dans le présent, qu'à aggraver l'anarchie et, dans l'avenir, qu'à les empêcher de reprendre leur place et leur influence, l'influence française, en Russie. En effet, s'ils mettaient leurs intentions en actes, ils seraient financièrement abattus et moralement disqualifiés, et leur place ne manquerait pas d'être prise soit par un personnel ouvrier, incompétent, qui conduirait très vite l'industrie à la ruine, soit par des Allemands dont les agents ne cessent pas de travailler à cette besogne de remplacement.

Il est incontestable que notre action antibolchevique est appuyée chaleureusement par les partis qui guignent la succession des maximalistes. Est-il prudent de faire le jeu de ces partis, aveuglés par la passion, soucieux avant tout de triompher politiquement et qui sont prêts au sacrifice des intérêts généraux de la Russie et de l'Entente, si ce sacrifice peut les amener au pouvoir ?

Entendez bien que je continue à croire que le renversement des bolcheviks est toujours possible. J'ai toujours écrit qu'ils constitueraient un pouvoir de transition qu'une catastrophe intérieure, économique ou politique, peut balayer en quelques jours. L'éternelle question est de savoir si nous devons attendre ce renversement qui peut n'être pas accompli avant de longs mois, avant de recommencer le travail de collaboration avec la Russie, étant entendu, une fois de plus, que les successeurs de Trotzky quels qu'ils soient, ne pourront pas adopter, sur le grand problème qui intéresse les Alliés, la guerre, un programme sensiblement différent de celui que poursuivent les bolcheviks.

Trotzky me disait ce soir que son grand espoir dans une heureuse issue des pourparlers de paix russo-allemands était basé sur sa connaissance de la psychologie allemande qui le conduit à un raisonnement que je tenais déjà. en 1915, à des amis de la Vienne.

Les Allemands, prétend-il, sont des réalistes, des hommes

d'affaires, incapables de céder à des préoccupations sentimentales. Ils ont compris depuis longtemps que la guerre ne
peut plus être gagnée par eux. Dans l'état actuel des échanges
économiques internationaux, l'Allemagne, nation exportatrice
par excellence, a intérêt à conserver des fournisseurs et des
clients à grande puissance d'achat et de vente. L'équilibre
militaire ne pouvant plus être rompu, au profit d'un des groupes belligérants, les Allemands se résigneront à une paix qui
pourra être signée avant leur épuisement et avant l'épuisement des ennemis. Ils éviteront ainsi le péril redoutable pour
l'avenir d'une ruine totale de l'Europe et de la mainmise sur
nos marchés par l'industrie et par le commerce, non enta-
mées, mais fortifiées au contraire par la guerre des peuples
d'Asie et surtout d'Amérique plus jeunes industriellement.

Suivant la formule de Norman Angell, la guerre s'est manifestée comme la grande illusion. Les Allemands l'ont compris. Ils sont prêts à y renoncer aujourd'hui. C'est aux démocraties alliées, au cours des pourparlers de paix, de prendre
toutes les précautions utiles pour que le désarmement s'en-
suive et que la lutte entre nations soit désormais limitée aux
problèmes industriels, aux batailles pacifiques de l'expansion
économique.

Pétrograd, le 21/4 décembre 1917.

M. ALBERT THOMAS, député (*Champigny-sur-Marne*).

Mon cher ami,

J'ai trouvé cet après-midi Trotzky en état de colère froide. Je n'ai pas besoin de l'interroger longuement pour connaître les causes de cette exaspération continue qui le conduira, je le sais par expérience, à quelque nouvelle manifestation anti-alliée. L'injure, la diffamation, la calomnie sont seules capables de jeter hors de lui cet homme passionné mais volontaire. Il me tend, en effet, quelques extraits de la presse, radiotélégraphiés par Paris, c'est-à-dire, observe-t-il, authentifiés par le Gouvernement Français. Lénine et Trotzky y sont qualifiés de traîtres, de bandits, d'agents de l'Allemagne et d'imbéciles. A la rigueur, Trotzky accepterait la dernière épithète. Mais il ne se résigne pas à recevoir les torrents de boue qui sont versés sur lui quotidiennement : « Quelle abjection, me dit-il, c'est Clemenceau, le Clemenceau de Panama et de tant d'autres sales histoires, c'est Poincaré qui accepta si souvent, sous forme d'honoraires, le prix de l'appui donné aux grandes sociétés capitalistes, non pas par l'Avocat, mais par le Parlementaire influent, ce sont tous ces hommes qui font de la politique un métier dont ils vivent bassement et grassement, ce sont eux qui ont l'inconscience ou le cynisme d'insulter ou, parce qu'ils manquent de courage, de faire insulter par leur presse reptilienne, nos camarades bolcheviks. Ils savent cependant que Lénine, moi-même, tous les nôtres, n'ont pas vécu mais ont souffert de leurs convictions, que pour elles, ils ont subi la prison, la Sibérie, l'exil, qu'ils ont risqué la mort, qu'ils ont accepté les humiliations et les privations les plus cruelles ».

Une fois de plus, Trotzky compare à cette attitude des journaux et du Gouvernement Français, celle des Anglais et des Américains. Ceux-ci, dans la polémique politique, se montrent aussi violents que quiconque, ils ne commettent pas la maladresse de se laisser aller à des attaques personnelles.

Se décidera-t-on à comprendre, dans les milieux officiels français, à Pétrograd et à Paris, à quel point ces vils procédés sont dangereux ?

Ainsi on pousse un peu plus les bolcheviks dans la voie anti-alliée et, par conséquent, on les rapproche de l'Allemagne. Est-ce donc le but que l'on veut atteindre ? Ne sent-on pas, après quatre semaines de leçons humiliantes infligées par les faits, qu'on devra bientôt causer bon gré mal gré, et n'aperçoit-on pas. les inconvénients d'une attitude qui nous achemine rapidement et sûrement vers les pires catastrophes ? ·

Armistice, puis paix separee, conclue sans nous, c'est-à-dire contre nous.

Sans nous. Je ne veux pas dire — qu'on le comprenne bien — sans l'intervention des Alliés à des pourparlers généraux d'armistice ou de paix. J'admets, sans le croire, que les Alliés ont intérêt à ne pas participer à ces pourparlers. Et d'ailleurs, je ne me permettrai pas d'aborder au fond cette question complexe des pourparlers en vue d'une paix générale. Seuls les cabinets de Londres, de Paris et de Washington doivent être en mesure d'évaluer respectivement les forces allemandes et les forces alliées, d'apprécier exactement le passif et l'actif de chaque groupe ennemi, de savoir si l'apport américain peut compenser la défaillance russe, ce que serait à l'occasion le secours du Japon, etc., etc... Mais au moins qu'on me permette de répéter ce que j'ai écrit si souvent déjà, ce que je ne cesse pas de crier ici, qu'on ne conserve plus d'illusions sur une reprise de la guerre active sur le front oriental ? Qu'on comprenne bien surtout que si une action militaire est possible sur le front russe, elle ne peut être menée que par le parti actuellement au pouvoir. Or, nos représentants diplomatiques officiels, au lieu de reconnaître cette vérité élémentaire, continuent à bâtir sur le sable. Plutôt que de négocier avec Smolny, on s'efforce d'organiser le sabotage du bolchevisme. On proclame, deux fois par jour, la mort de celui-ci. On affirme que la Constituante le balaiera. On travaille les mouvements nationaux (Ukraine, Caucase, Pologne, etc.), moins. dans le sens d'une organisation nationale que dans celui d'une organisation antibolchevique. En un mot, on ne fait qu'une action de politique intérieure, la seule que nous devrions nous interdire, on augmente le marasme russe, et on ne prépare rien contre l'ennemi extérieur.

Aucune attitude ne saurait être plus favorable aux Allemands.

Nous entraînons rapidement la Russie vers la paix, séparée ou générale, qu'elle attend avec une impatience de plus en plus avouée par tous les partis.

ᵕ J'imagine l'indignation que peut provoquer la simple hypothèse de pourparlers immédiats de paix générale. Pour ma part, je considère, depuis près de trois ans déjà, que les pourparlers de paix n'étant pas la paix, il est insensé de refuser ou même de ne pas rechercher une conversation qui offre quelques chances de sortir de la guerre. Et je n'ai jamais compris le raisonnement tenu par les hommes politiques qui dirigent les peuples belligérants et consistant à dire : « Je ne parlerai pas avec mon adversaire tant qu'il sera vivant ». Mais je n'ai pas la prétention de rallier la généralité de mes compatriotes à une thèse qui n'a *pour elle que le bon sens.* Je demande seulement qu'on examine attentivement la situation avant de répondre par de nouvelles injures et de nouvelles manifestations de mépris ou de pitié aux nouvelles propositions qui vont être, dans quelques jours, adressées par les bolcheviks aux Puissances belligérantes.

On ne peut pas admettre la possibilité immédiate de pourparlers généraux. Mais, il paraît impossible d'excuser les Alliés de n'avoir pas encore de compromis avec Smolny. Par quelle aberration se résignent-ils à laisser les négociateurs russes seuls aux prises avec les Allemands, à Brest-Litovsk, sans avoir placé à Pétrograd, auprès de Lénine et Trotzky, des représentants officiels chargés de la défense des intérêts russes et alliés ? Je continue à accomplir seul cette besogne. Je le fais avec l'assurance que mes chefs directs en aperçoivent tout l'intérêt, mais aussi avec la certitude que l'Ambassade considère de la façon la plus hostile une action qui est évidemment en contradiction absolue avec son inaction ou ses tendances à une autre action.

Du jour où MM. Noulens et Buchanan parleront avec Lénine et Trotzky, l'armistice et la paix séparée seront prodigieusement retardés parce que nos diplomates pourront contraindre par la seule force de la raison les bolcheviks à mainte‑ ‑nir, contre l'Allemagne, les buts de guerre de la Révolution. Or, ces buts révolutionnaires sont inacceptables par l'Allemagne impérialiste. C'est dans ce sens que j'agis personnelle‑

ment, et je suis obligé de reconnaître la netteté des engagéments très précis déjà pris par Lénine et Trotzky à cet égard. J'ai l'assurance que sur les principes fondamentaux, ils ne transigeront pas et qu'ils iront, s'il le faut, jusqu'à la rupture des pourparlers avec l'ennemi. Si j'ai obtenu cela d'eux sur les principes, malgré le caractère purement personnel et amical de mon action, il est facile d'imaginer ce que j'obtiendrais sur l'explication des principes, aux cas concrets, à partir du moment où je serais le représentant officiel des Alliés à Smolny et où j'aurais, sous la direction et le contrôle de l'Ambassade, toute liberté d'agir et de promettre la contre-partie aux concessions accordées, c'est-à-dire l'appui économique et militaire des Alliés. Je parle de moi, parce que je suis là et que j'ai la confiance totale des hommes à manœuvrer, mais j'ai déjà écrit quels hommes politiques français pourraient, à mon avis, jouer utilement ce rôle à Pétrograd.

Dois-je insister et montrer ce qu'on fait à côté de ce qu'on devrait faire ?

On continue à limiter notre action à l'affirmation fortuite que Trotzky et Lénine sont des pantins, dont toutes les ficelles sont à Berlin. On ne fait rien pour manier quelques-unes de ces ficelles. Et pourtant, comme il serait facile de les prendre toutes en mains.

Au risque de paraître m'enfermer trop exclusivement dans le culte du moi, je dois constater qu'en ce qui concerne le plus spécialement les conditions d'armistice, j'ai soulevé toutes les questions qui devraient l'être, et je suis sûr, à l'avance, que les clauses acceptées par les bolcheviks pourront l'être par n'importe quel gouvernement, le principe de l'action séparée étant admis, bien entendu.

Pour les pourparlers de paix qui suivront l'armistice une fois signé, et j'imagine qu'il le sera, j'agirai de même, mais qu'on se dise bien que notre appui, tout notre appui, sera nécessaire aux Russes pour résister alors aux efforts de persuasion ou aux menaces de l'Allemagne. Persisterons-nous dans notre sottise ?

M. ALBERT THOMAS, député (*Champigny-sur-Marne*)

Mon cher ami,

Je viens de relire avec horreur mes notes d'hier. Je plains le malheureux ami lecteur de ces pages informes, décousues, confuses, incomplètes. Qu'il m'excuse et se souvienne que je trace ces lignes à la hâte, entre deux et quatre heures du matin, après une journée toujours exténuante et que je ne puis que jeter très vite, sur le papier, quelques-unes des idées agi_ tées dans la journée. Je ne songe pas à faire ici le récit des faits. La lecture des journaux, les dépêches officielles, cons_ tituent une source de renseignements extrêmement abondants et précis.

Je parlais, hier, des pourparlers de paix. Il semble, en effet, qu'on doive s'attendre à une assez prochaine conclusion de l'armistice.

Je suis intervenu à diverses reprises près de Trotzky, pour lui représenter qu'il était indispensable que les pourparlers de paix aient lieu soit en territoire russe, soit en territoire neutre.

Trotzky songe surtout au territoire neutre. Il m'a déjà par- lé de Stockholm qui lui paraît, géographiquement et morale- ment, mieux placé que toute autre ville. Il ne faut pas que nous ayions pourtant trop d'illusions. Les bolcheviks ont le plus complet mépris pour tout ce qui est question de forme, le fond seul leur importe, et je crois bien que si les Allemands insistent pour que les pourparlers aient lieu à Brest, les bol- cheviks, en l'absence des Alliés, ne feront pas de ce dissen- timent une cause de rupture.

Et je reviens encore une fois sur le même triste sujet : l'incompréhension absolue de la situation politique intérieure.

Le 25/7 novembre, la vérité révélée dans les milieux alliés était que le mouvement bolchevik durerait l'espace d'un ma- tin et, qu'en conséquence, il convenait d'attendre patiemment

son successeur, qu'on prévoyait aussi guerrier, aussi nationa-
liste, aussi pro-allié, aussi organisateur surtout, que le bolchevisme se montrait pacifiste, internationaliste, anti-allié, destructeur.

Depuis quelques semaines, on a misé avec une persévérance
touchante sur les poulains les plus fatigués. Après Kerensky,
Savinkof, Kornilof, les Alliés ont mis tous leurs espoirs, parallèlement ou successivement, sur l'Assemblée Constituante, sur
les nationalités séparatistes dans leurs manifestations bourgeoises: Rada ukranienne, gouvernement sibérien, finlandais,
caucasien, cosaque de Kalédine, etc. Et le temps passe
dans l'attente du Sauveur qui ne se décide pas à venir et
pour cause. Les Alliés, en somme, se condamnent par leur attitude inactive, tandis que l'action tourbillonne, enveloppe
les Russes et les entraîne rapidement vers l'armistice, puis
vers la paix separee.

Depuis quelques jours, la grande espérance des Alliés, c'est
la Constituante. Il est entendu qu'on ne fera rien tant qu'elle
ne sera pas réunie. Il est curieux de constater avec quelle
légèreté nos prudents ambassadeurs acceptent, eux, qui ont
la phobie de la responsabilité active, de prendre des responsabilités passives. Ils ne se rendent évidemment pas compte
qu'il est souvent plus grave de ne pas agir que d'agir.

Donc, on attend la réunion de l'Assemblée Constituante.
Et pourtant si elle n'est pas réunie ? Ou si elle n'est réunie
que dans quelques semaines ? Uniquement pour constater le
fait accompli sans pouvoir le modifier ? C'est une hypothèse
qu'il ne faut pas émettre dans les milieux officiels. Elle trouble, en effet, bien des quiétudes. Il est de bon goût de croire
à la réunion très prochaine de la Constituante, et de croire
encore qu'elle accomplira très vite et très bien la besogne
antibolchevique que nous attendons d'elle.

En admettant que cette Constituante se réunisse, que sera-
t-elle ? Que sera la majorité ?

Cadeto-Kalédinienne où Bolchevico-social-révolutionnaire
de gauche ?

Dans la dernière hypothèse, qui est très vraisemblable,
étant donné le mouvement qui entraîne de plus en plus les
paysans vers les socialistes-révolutionnaires, les socialistes-
révolutionnaires vers leur gauche, et leur gauche vers le

bolchevisme, le temps perdu par nous aura été seulement du temps perdu.

Au cas où une majorité de représentants des partis bourgeois et socialistes modérés se constituerait, j'imagine que les bolcheviks trouveraient mille moyens pour entraver la réunion de l'Assemblée, pour la retarder au moins jusqu'après la signature de la paix. D'ailleurs, si une telle Assemblée était réunie en cours de pourparlers de paix, pouvons-nous espérer qu'elle songerait sérieusement à annuler ces pourparlers ? Pour admettre cela, il faudrait penser que les partis bourgeois ont la volonté de reprendre la guerre active. Or, je l'ai écrit souvent déjà, de la droite à l'extrême gauche, l'opinion profonde est unanime : la Russie a besoin d'une paix immédiate. Par conséquent, ces partis sur lesquels les Alliés fondent tant d'espoirs seront certainement très heureux d'être placés dans l'impossibilité de faire machine en arrière et ils seront, au fond d'eux-mêmes, très reconnaissants aux bolcheviks d'avoir pris la lourde responsabilité d'une paix séparée que tous les Russes désirent, mais que beaucoup auraient eu la pudeur de ne pas signer, et contre laquelle ils protesteront, après coup.

En admettant même que certains de ces hommes de droite ou de gauche aient voulu ruiner la besogne pacifiste entamée par le bolchevisme, sur quelles forces s'appuieraient-ils pour matérialiser et faire triompher leur volonté ? On peut escompter l'appui des éléments Cosaques ou des troupes ukraniennes pour la guerre civile, pour la lutte intérieure contre les bolcheviks. A l'exception de quelques troupes bolcheviques, ou animées par la flamme bolchevique, on ne découvrira rien qui accepte de recommencer la guerre contre l'ennemi extérieur.

En ce qui concerne d'ailleurs la Constituante, la volonté de Lénine et de Trotzky est certaine. Comme elle s'imposera, au besoin par la force, il est intéressant de la connaître.

La thèse est simple. Les Cadets et les Défensistes ont lié parti avec les forces contre-révolutionnaires de Russie (Cosaques, Rada, etc.). Il est facile d'établir leur complicité matérielle et morale (propagande, discours, brochures, entrevues et correspondance avec les chefs contre-révolutionnaires, envois d'argent, d'armes, etc.). On refera donc contre eux, s'il est nécessaire, le procès instruit par les montagnards contre les girondins.

Cadets et Défensistes s'efforcent d'utiliser pour des fins contre-révolutionnaires les mouvements nationaux russes jusqu'ici soutenus par les bolcheviks, comme autrefois les girondins avaient fait naître et utilisaient le fédéralisme en Normandie, en Vendée, etc.

Le progrès aura un gros succès politique pour les bolcheviks. Ils démontreront ainsi qu'ils ont eu raison de refuser l'accès de la Constituante à des adversaires qui ont des armes à la main et avec lesquels, par conséquent, on n'a pas à discuter parlementairement, mais qu'on doit juger et condamner ou combattre militairement.

Trotzky voit un inconvénient à ce procès qu'il ne fera, m'a-t-il dit, que si il y est absolument contraint. Il redoute d'être suivi avec trop d'enthousiasme par les masses et d'inaugurer ainsi un régime de terreur.

En tout cas, il semble bien qu'on ait tort de compter sur l'appui que pourrait prêter aux aspirations alliées l'Assemblée Constituante qu'on est en train d'élire. Ou bien elle ne sera pas réunie, ou bien elle sera bolchevique. Quand nous déciderons-nous à causer avec Trotzky et avec Lénine ?

Je disais, hier, à Petit, aussi véhémentement que je le pouvais, quels inconvénients irréparables présentait cette attitude d'expectative. Depuis un mois, nos possibilités d'action sur les bolcheviks diminuent dé jour en jour. Il est facile de le comprendre. Ils agissent sans cesse, sans nous, contre nous. Nous n'avons pas su empêcher les pourparlers d'armistice. Nous ne saurons pas empêcher sa conclusion. Si nous ne décidons pas d'urgence d'intervenir, il sera bientôt trop tard pour empêcher les pourparlers de paix et la paix elle-même.

Petit commence à comprendre. Quand commencera-t-il à agir ?

M. Albert THOMAS, député (*Champigny-sur-Marne*)

Mon cher ami,

J'ai remis au courrier, partant pour la France ce matin, des enveloppes si lourdes que j'ai un peu honte de reprendre la plume dès ce soir, dès ce matin plutôt. Je rentre de Smolny, il est trois heures du matin et je devrais dater ces lignes du 26/9 décembre.

L'heure à laquelle j'écris doit faire excuser la longueur de mes notes (je n'ai pas le temps de faire court), les répétitions navrantes qui doivent les rendre pénibles à lire (je n'ai pas le courage de les revoir). Je compte d'ailleurs renoncer très prochainement à ce pensum quotidien et reprendre l'habitude du rapport hebdomadaire ou bi-mensuel. J'avais pensé qu'en période d'agitation révolutionnaire, d'une part, le risque d'un accident possible dans les milieux où je fréquente, rendait préférable le rapport quotidien et que, d'autre part, l'impression fixée au jour le jour avait l'avantage de présenter au lecteur une sensation plus vraie du caractère nécessairement chaotique des événements qu'un rapport écrit froidement, alors qu'un recul de quelques jours ou de quelques semaines permet déjà de mesurer plus aisément la valeur relative des faits, et d'éviter les jugements passionnés, plus tendancieux mais plus vivants.

J'ai vu, ce soir, Kamenef et Sokolnikof retour de Brest-Litovsk. Je ne reviendrai pas sur ce qui, dans leur conversation, était relatif à la substance même des séances russo-allemandes. Un procès-verbal très fidèle doit être publié.

Les à-côtés de ces pourparlers valent, au contraire, d'être connus:

D'abord le caractère cordial de la réception faite aux délégués bolcheviks. Les officiers prussiens, naturellement pleins de morgue, ont reçu avec une amabilité qui frisait l'obséquiosité les représentants de la démocratie russe, pour lesquels, cependant, ils devraient éprouver une aversion profonde, et parmi lesquels se trouvaient un soldat, un ouvrier, un paysan et une femme. Il était visible que le Général Hoffmann et ses compagnons austro-allemands avaient reçu des instructions très complètes sur l'attitude à observer, sur le sang-froid à conserver. On les avait préparés évidemment à la réception de phénomènes, de fous grossiers, violents et désordonnés. Mais ils ont été déconcertés au contact des bolcheviks, à la manière de Kamenef et de Sokolnikof, c'est-à-dire d'hommes extrêmement cultivés, parfaitement bien élevés, modérés et capables de défendre sérieusement les intérêts russes et alliés.

Sur ce point, tous les délégués russes sont d'accord. Les Allemands comme d'ailleurs les officiers russes attachés à la délégation Joffe-Kamenef, étaient convaincus que la paix allait être bâclée coûte que coûte et rapidement. « Nos officiers, me disait Sokolnikof, faisaient peine à voir. Ils venaient à Brest comme des moutons vont à l'abattoir. Ils étaient persuadés que les bolcheviks, partisans de la paix à tout prix, allaient accepter les sacrifices les plus humiliants pour obtenir la paix. Et ils venaient assister, la mort dans l'âme, à la trahison de leur Patrie ».

Chez les Allemands, on comptait manœuvrer en deux temps et tambour battant. Deux équipes se trouvaient préparées à Brest. Une équipe militaire était chargée de faire signer en quelques heures un armistice sur des bases purement militaires. D'autre part, une équipe diplomatique, maintenue discrètement dans la coulisse, devait se joindre ensuite à l'équipe militaire pour discuter, l'armistice ayant été conclu, les pourparlers de paix et préparer le traité.

Cette seconde équipe qui, bien entendu, n'a pas participé aux séances, errait lamentablement dans les ruines de Brest-Litovsk, en attendant l'heure d'entrer en scène. Elle comprenait un certain nombre de diplomates austro-allemands parmi lesquels le comte von Mirbach, l'ancien ambassadeur d'Allemagne à Rome. Elle n'a pas eu à se montrer en raison de l'attitude adoptée par les bolcheviks qui, ainsi que je l'avais prédit, il y a plusieurs semaines déjà, se sont maintenus vigoureusement sur le terrain des principes, n'ont consenti aucune concession dangereuse, ont stupéfait les Allemands qui n'étaient pas préparés à cette manifestation de patriotisme internationaliste, et rempli d'admiration les officiers russes, notamment l'Amiral Altvater qui, me disait Trotzky, « a été touché par la grâce et est revenu de Brest-Litovsk plus bolchevik que les bolcheviks, sur cette question de la paix ».

Les conditions qui portèrent au comble l'indignation des Allemands furent celles relatives :

1° A l'évacuation des Iles de Moon ;

2° A la continuation de la fraternisation en cas d'armistice. Les Allemands ont décidément une peur effroyable de la contagion démocratique ;

3° A la propagation de la littérature bolchevique sur les fronts franco-anglo-allemand ·

4° A l'interdiction du transport des troupes du front oriental au front occidental. Sur ce dernier point, les Allemands avaient posé la question de façon fort habile. Ils s'engageaient à ne pas augmenter la quantité de troupes engagées sur le front russe. Ainsi, ce sont les Russes eux-mêmes, situation vraiment paradoxale, qui furent obligés d'imposer aux Allemands de maintenir contre eux plus de troupes que les Allemands ne le proposaient. Les Allemands n'ont pas manqué de leur faire ironiquement remarquer qu'ils étaient tout disposés (et comment t) à dégarnir le front oriental et que c'étaient eux, Russes, qui prenaient en mains les intérêts d'alliés cependant bien hostiles à la démocratie révolutionnaire.

Ces différentes conditions et beaucoup d'autres qui apparaîtront par la suite, avaient été posées par moi, je tiens à le rappeler et j'insisterai de nouveau, ai-je besoin de l'ajouter, pour que les plus essentielles soient défendues par les Russes, lors des prochaines rencontres, avec la plus grande énergie.
L'impression des délégués russes est que ces premiers pourparlers, ont causé aux Allemands une surprise désagréable. Trotzky pense que les Allemands, en raison des exigences bolcheviques, et si ces exigences sont maintenues, vont renoncer à une paix séparée qui serait plus onéreuse qu'ils n'avaient pensé et chercher seulement à obtenir un armistice qui leur permettra de gagner du temps et de se livrer, sur le front occidental, aux manœuvres qu'ils préparent. Mais, pour déjouer ces calculs, la nouvelle délégation russe va recevoir l'ordre de poser très nettement toutes les questions de principe, de mettre, sur chacune d'entre elles, les Allemands au pied du mur. Chaque fois que la réponse allemande sera équivoque ou négative, la publication des procès-verbaux, d'une part, les appels adressés, d'autre part, par Trotzky et Lénine, aux peuples ennemis, marqueront la mauvaise foi et les visées impérialistes des gouvernements austro-allemands.

M. ALBERT THOMAS, député (*Champigny-sur-Marne*)

Mon cher ami,

Je rapporte à Trotzky le bruit qui court d'une préparation d'attaque allemande contre Pétrograd. On fixe même à cette tentative un date précise, du 6/19 au 12/25 décembre. Trotzky n'v croit pas. Cependant il va soumettre la question à l'Etat-Major. Nous avons déjà causé ensemble des problèmes techniques soulevés par cette éventualité.

Sa confiance, dans une heureuse issue des pourparlers, est de plus en plus grande. La position prise par les bolchéviks, à Brest-Litovsk, va consolider sérieusement leur situation politique. A mon avis, les Allemands ne pourront plus, psychologiquement, lancer une offensive contre une Russie qui aura établi publiquement, à la face du monde, sa volonté de paix démocratique et honnête. Il paraît évident que, malgré la discipline des troupes allemandes, la haine ou plus simplement l'instinct de la conservation nationale n'animera plus le soldat allemand et qu'une certaine amertume pourra naître au cœur de ceux qui auront été lancés dans une agression purement impérialiste. Un deuxième résultat était que les Alliés vont peut-être se décider à comprendre que les bolcheviks, n'étant pas des agents de l'étranger et les pourparlers étant engagés, il conviendrait, sinon d'y participer officiellement, au moins de les suivre de très près, de conseiller officiellement les bolcheviks et de préparer un concours éventuel. Paris et Londres sont mieux placés que nous pour savoir si l'occasion qui se présente, et qui ne se représentera peut-être plus avant longtemps, de mettre fin à l'horrible tuerie, ne doit pas être saisie avec empressement, dans l'intérêt, bien entendu, de tous.

Sokolnikof m'a dit : Trotzky me répète quels efforts multiples ont été accomplis par les délégués allemands pour détacher les Russes des Alliés. Ils n'ont pas cessé d'opposer la bonne volonté manifestée par l'Allemagne vis-à-vis des propositions bolcheviques, à l'insolence injurieuse et méprisante prodiguée par les Alliés aux Commissaires du Peuple. A plusieurs reprises, le Général Hoffmann s'est étonné de l'insistance apportée par la délégation russe à défendre ce qu'il considérait être exclusivement les intérêts de l'Angleterre et de la France. Vraiment, que faisons-nous ? Quand nous déciderons-nous à comprendre que nous perdons un temps précieux ? J'ai fait, personnellement, tout ce que j'ai pu pour empêcher que le lien fragile qui unit encore la démocratie russe aux Alliés soit tout à fait rompu. J'y ai réussi jusqu'ici. Mais la besogne que je puis accomplir dans ce sens est tout à fait insuffisante. Quand les milieux officiels se décideront-ils à adopter une attitude plus nette et à agir dans la seule direction compatible avec les intérêts alliés, c'est-à-dire dans le sens de la collaboration avec les bolcheviks ?

On compte encore follement sur je ne sais quelle reprise de guerre civile. On s'appuie sur les forces cadettes et défensistes et, à l'occasion de la réunion prochaine de l'Assemblée Constituante on voudrait soutenir un mouvement antibolcheviste sans apercevoir que ce mouvement, en cas d'échec, n'aura fait qu'aggraver un état d'anarchie dont souffrent à la fois les Alliés et la Russie et qu'en cas de victoire il portera au pouvoir un gouvernement d'hommes de volonté très inférieure qui, sur la question essentielle pour nous, devront adopter exactement l'attitude bolchevique et qui enfin auront à lutter contre des violences intérieures dont on ne peut pas prévoir la gravité.

On compte encore sur le réveil des nationalités (ukranienne, caucasienne, sibérienne, finlandaise, etc...) Je l'ai écrit souvent déjà, Trotzky et Lénine ont fait, depuis le 25 octobre, une politique des nationalités extrêmement habile. En laissant à chacune des nationalités russes la liberté la plus absolue de déterminer son statut politique, économique et militaire, ils ont rapproché de la Russie, je veux dire de la République fédérale russe, des peuples que la politique maladroite et insuffisamment libérale des gouvernements précédents avait fait glisser vers l'Autriche, vers l'Allemagne ou vers la Suède. Au lieu de soutenir les bolcheviks dans cette direction, on intrigue dans les milieux socialistes, bourgeois ou même purement réactionnaires, ukranien, caucasien, etc..., pour faire de ce mouvement de nationalités un mouvement antibolchevik. On arrivera certainement ainsi à précipiter des luttes intérieures, à jeter quelques douches sur l'enthousiasme que manifestent encore les bolcheviks envers les nationalités russes auxquelles ils veulent accorder l'indépendance. On aboutira en résumé à diminuer très sensiblement la force d'une action que nous avions tout intérêt à voir se développer.

Quand on regardera d'un peu plus loin les bêtises que tant d'hommes intelligents ont pu se laisser aller à commettre par peur et par haine du bolchevisme, on en sera stupéfait. Malheureusement il sera trop tard pour réparer les erreurs commises et ce ne sont pas les hommes responsables, mais la Russie, l'Entente et la France qui paieront les conséquences de toutes ces fautes.

Trotzky me disait tout à l'heure que le seul délégué militaire qui ait manifesté à Brest sa valeur technique, sa force de caractère est l'amiral Altvater. Il m'a demandé si je ne pourrais pas lui désigner d'autres officiers russes qui pourraient remplacer utilement, dans la délégation qui part après-demain, les non-valeurs qui l'alourdissent actuellement. Je vais parler de cela au général. Je m'efforcerai aussi de le décider à recevoir l'amiral Altvater. Une conversation avec cet homme très sûr, d'esprit net et volontaire, permettrait au général de juger plus exactement la valeur du programme soutenu par les bolcheviks et lui donnerait l'occasion de faire entendre par une bouche plus autorisée que la mienne les théories que doivent faire défendre les Alliés à Brest-Litovsk, sous peine d'être sacrifiés.

Pétrograd, le 27/10 décembre 1917.

M. ALBERT THOMAS, député (*Champigny-sur-Marne*)

Mon cher ami,

Le sabotage des administrations continue. C'est un des plus sérieux obstacles opposé au gouvernement bolchevik. L'œuvre a été admirablement organisée. Dès qu'ils ont prévu l'arrivée au pouvoir des maximalistes, les hauts fonctionnaires ont versé à leurs subordonnés et se sont attribués eux-mêmes une première avance d'un mois d'appointements.

Immédiatement après l'insurrection, une seconde avance et les primes de fin d'année furent payées aux employés qui s'engageaient à refuser leurs services au nouveau gouvernement. Ainsi le personnel des administrations publiques était déjà assuré de vivre sans travailler jusqu'en janvier. Ce n'est pas tout et d'autres précautions ont été prises pour prolonger la résistance. Avant l'occupation effective des administrations centrales par les bolcheviks, on a mis à l'abri les fonds de réserve et on les à destinés au même emploi. Enfin on a fait appel à la bonne volonté antibolchevique des banques privées, spécialement, affirment les maximalistes, aux banques placées sous le contrôle des capitalistes alliés. On estime que les sommes déjà distribuées ou sur le point de l'être permettront une résistance de quatre ou cinq mois, c'est-à-dire beaucoup plus que la durée normalement escomptée du pouvoir bolchevik.

Il faudrait ignorer tout des Russes et particulièrement des fonctionnaires russes pour ne pas comprendre le succès éclatant d'une telle manœuvre. C'est avec un stoïcisme admirable que les braves fonctionnaires ont adhéré au mouvement qui leur accorde un long congé à solde entière.

Les bolcheviks sont très embarrassés.

Ils ont déjà mis à la retraite, sans pension, un certain nombre de fonctionnaires récalcitrants. Mais ces exécutions n'ont pas suffi à faire rentrer au bureau la grande majorité des grévistes. On envisage, à Smolny, des mesures plus sévères.

D'abord la nationalisation des banques qui permettra de surveiller l'usage des fonds déposés et d'empêcher de nouveaux versements aux grévistes.

Ensuite, on publiera quelques nouveaux décrets qui autoriseront la mobilisation civile des fonctionnaires âgés et la mobilisation militaire des jeunes. Mais bien qu'il s'agisse non pas d'une grève économique à revendications corporatives mais d'une grève politique soutenue par un usage frauduleux des deniers de l'Etat, on hésite encore en haut lieu à porter atteinte au droit sacré reconnu à tous les travailleurs de cesser le travail. Et tandis que les uns résistent et que les autres hésitent à briser la résistance par des moyens dictatoriaux, l'énorme machine administrative se détraque de plus en plus.

Les bolcheviks ont tenté le remplacement en bloc du personnel défaillant. Mais s'ils ont à leur disposition une quantité infinie de bras, ils manquent de cerveaux. Ils trouvent sans peine le personnel subalterne. Ils embauchent aisément des garçons de bureaux et même des expéditionnaires, mais les chefs et les sous-chefs de service font toujours défaut.

L'appui qui aurait été donné par les Alliés, officiels ou financiers, aux saboteurs de la Révolution, exaspère les maximalistes.

Sur ce terrain encore, je dirai tant pis pour les Alliés si l'aide qu'ils prêtent à cette œuvre déplorable de désorganisation est aussi forte que le croient Lénine et Trotzky. Je continue, en effet, à ne pas apercevoir les avantages que nous espérons obtenir en achevant la décomposition de l'administration russe. En admettant même, le calcul est hasardeux, un renversement prochain des bolcheviks et, ceci me paraît tout à fait impossible, leur remplacement par un gouvernement énergique résolu à reprendre la lutte contre les Empires Centraux, l'anarchie provoquée ne cessera pas en un jour, et le mal fait développera toutes ses conséquences.

Quand les bolcheviks constatent la persistance de notre action contre-révolutionnaire, sabotage de l'industrie, de l'armée maximaliste dont nous ne voulons pas accepter les formules et dont nous renonçons à tenter même la réorganisation, quand ils nous voient toujours contre eux et toujours avec leurs adversaires en Ukraine, sur le Don, à Pétrograd, à Moscou, quand ils recueillent les injures prodiguées par la presse française et joyeusement radiotélégraphiées chaque jour, leur cœur déborde d'amertume.

Comment nous étonner ensuite des cris de haine de plus en plus violents lancés contre les Alliés.

Certes, les maximalistes ont des torts immenses envers nous. D'abord ils ont le tort inexcusable, aux yeux des bourgeoisies occidentales, d'être des révolutionnaires. Sommes-nous plus raisonnables qu'eux ? Ne faisons-nous pas tout pour justifier leur hostilité et la perpétuer ? Et sommes-nous sûrs qu'un jour, si pour éprouver leur force que nous persistons à nier, les maximalistes rompent toutes relations, créent entre nous l'irréparable, l'opinion publique russe ne sera pas au fond avec eux contre nous ?

Comparons l'attitude maladroitement hostile des amis et alliés avec celle des ennemis qui flattent l'orgueil russe, traitent avec des ménagements infinis les représentants de tous les partis moscovites, s'abaissent et font les plus séduisantes avances aux gens de Smolny.

Je ne peux pas croire que nos gouvernements, s'ils imposent à leurs représentants et s'ils adoptent eux-mêmes ces directives, n'en aient pas pesé toutes les conséquences. Si l'on ne veut pas causer, si l'on ne fait rien même pour ménager les bolcheviks, et tout au contraire si l'on paraît s'évertuer à les dresser contre nous, c'est sans doute qu'on croit nécessaire, inévitable, bienfaisante, une rupture. Telle est du moins la pensée de Trotzky. J'imagine, quant à moi, que si nous avions décidé de rompre, nous le ferions de façon plus nette, plus digne et plus adroite, sans hypothéquer l'avenir.

S'il le faut, sachons rompre avec les bolcheviks, n'attendons pas qu'ils rompent avec nous.

Plus que jamais, cependant, il me semble que la rupture avec les bolcheviks signifie la rupture avec la Russie, la ruine de notre influence, la poussée irrésistible et irrémédiable de la Russie vers l'Allemagne. Au cas où la guerre ne se terminerait pas par la victoire écrasante de l'Entente, la rupture permettrait aux Allemands la réalisation de leur rêve oriental.

La Russie agricole, au sous-sol vierge, économiquement livrée à l'Allemagne industrielle, voisine et dominatrice, serait pour nos ennemis une magnifique, une inépuisable colonie d'exploitation. Et derrière la Russie, à travers la Russie, ce serait toute l'Asie ouverte largement aux voyageurs germaniques.

M. Albert THOMAS, député (*Champigny-sur-Marne*)

Mon cher ami,

J'ai revu ces jours-ci quelques-uns des socialistes-révolutionnaires et des socialistes-démocrates du centre et de droite
par qui je m'étais jusqu'ici vainement efforcé de faire admettre la nécessité d'une collaboration conditionnée avec les
bolcheviks. Comme il était trop facile de le prévoir, les
événements justifient dans une large mesure les espoirs de
Lénine et de Trotzky.

Dès le second jour de leur révolution, quand je voulais les
rapprocher des mencheviks, Lénine et Trotzky me répon-
daient : « Patientez, les mencheviks, dans quelques semaines,
se rapprocheront d'eux-mêmes. S'ils participaient dès maintenant au gouvernement, ils saboteraient notre programme, re-
tarderaient et même empêcheraient la réalisation des articles
essentiels. Demeurés seuls, nous allons pouvoir réaliser ou
tout au moins amorcer la réalisation des problèmes fondamen
taux. Alors les mencheviks pourront venir. Poussés vers nous
par l'opinion publique, ils seront enfermés dans nos cadres et
n'en pourront plus sortir »

Les S.-R. et les S.-D. doués de quelque esprit politique reconnaissent aujourd'hui l'importance et le caractère momentanément irrémédiables de l'action bolchevique. Les résultats
des négociations d'armistice qui vont sans doute se préciser,
l'ouverture probablement prochaine des pourparlers de paix,
consolident la situation de Trotzky. Et quoi qu'ils en disent
en publie, ou en écrivent dans la presse, leurs adversaires
constatent au fond que les conditions d'armistice et de paix
proposées par la délégation bolchevique sont des conditions
normales.

En raison du très ardent désir de paix dont sont animés
tous les partis de toutes les nationalités russes, la volonté
inattendue pour beaucoup et déjà apparente qu'ont les bol-

cheviks de n'accepter qu'une paix démocratique et juste, doit gonfler très considérablement leurs effectifs.

Sur cette question essentielle pour nous de la guerre ou plus exactement de la paix, les S.-R. et les S.-D. non purement défensistes vont certainement se rallier sous peine de perdre leur clientèle.

De même vraisemblablement sur la question de la terre.

Ainsi, lors de l'ouverture — encore aléatoire, quant à 'la date — de l'Assemblée Constituante, une majorité de députés s'inclinera sans doute devant les faits accomplis et avouera ainsi l'efficacité de la politique bolchevique.

Pour le contrôle ouvrier, la nationalisation des banques, etc..., les différentes fractions socialistes ne pourront pas davantage engager le combat sur le fond, mais seulement sur les modalités de ces transformations.

La lutte ne pourra donc être sérieusement menée par les partis d'opposition que sur les questions accessoires de liberté de presse, régime terroriste, injure aux Alliés, et sur ce terrain les bolcheviks préparent des moyens de défense impressionnants.

On doit donc prévoir dès à présent, sauf catastrophe, qu'au lendemain de la réunion de la Constituante, il n'y aura pas sans doute changement du personnel directeur du gouvernement, et que même si Lénine et Trotzky doivent céder la place, un nouveau ministère se reformera sur les bases établies par les bolcheviks et avec la collaboration des bolcheviks.

Alors pourquoi persister à refuser notre collaboration aux dictateurs du prolétariat sur lesquels, depuis le 25 octobre, nous aurions pu agir heureusement pour les intérêts russo-alliés.

Pétrograd, le 30/13 décembre 1917

. M ALBERT THOMAS, député (*Champigny-sur-Marne*)

Mon cher ami,

Trotzky annonce la mise hors la loi et l'arrestation des chefs du parti cadet, complices avérés des contre-révolutionnaires. Et voilà, pour les Alliés, un nouveau *casus belli* contre les bolcheviks.

Je comprends, sans l'excuser, l'agitation des représentants alliés. Comme le dit Trotzky (je n'ose prendre cette affirmation à mon compte), la plupart de ces Messieurs étaient, dans leur pays respectif, de bons bourgeois criant à la trahison dès le temps de paix, chaque fois que leurs pâles socialistes faisaient entendre la plus timide protestation et proposaient la réforme la plus anodine.

Les menaces les plus platoniques de transformation sociale les plongeaient dans une fureur noire. Et les voici brusquement jetés en pleine révolution prolétarienne. Ils assistent, désemparés, aux expériences les plus brutales et les plus audacieuses, les plus précipitées et les plus profondes dans tous les domaines. L'atmosphère russe est pour eux irrespirable. Ils ne comprennent pas. Ils ne peuvent pas comprendre. Ils ne pardonnent pas à ce malheureux peuple, abêti par une servitude millénaire, les gestes désespérés, maladroits et enthousiastes qu'il fait pour conquérir la liberté et porter ses droits au maximum. Ils pourraient être des guides discrets, des conseillers précieux, ils préfèrent s'abstenir. Encore s'ils s'abstenaient vraiment ! Mais en braves gens qu'ils sont, ils veulent faire cesser le scandale, car la révolution russe, dernière manière, est pour eux un scandale perpétuel. Ils oublient que le propre de toute révolution profonde est précisément de mettre provisoirement en haut ce qui est en bas, en bas ce qui est en haut. Ils s'imaginent être dans la maison à l'envers. Ils ont l'impression effroyable de visiter un asile d'aliénés, section des fous dangereux, et ne se demandent pas si ces fous sont des incurables, s'ils ne pourraient pas être soignés, guéris ou tout au moins améliorés par les médecins alliés. Et comme il convient, ils estiment que les seuls Russes raisonnables sont les Russes qui leur ressemblent, les bourgeois russes, c'est-à-dire les cadets et les défensistes piteusement accrochés aux cadets et compromis avec eux. On ne cherche pas à savoir ce que l'intéressé principal, le peuple russe, pense de ces partis. Et la question aurait pourtant son intérêt.

Qu'a donc fait ce grand parti cadet pour mériter notre confiance ? Qu'a-t-il empêché ? Que fera-t-il demain ? Et que sera-t-il ?

Quelle sera son importance dans la prochaine Assemblée ? Il faut nier l'évidence, n'avoir rien vu du mouvement qui précipite la population russe vers les partis d'extrême gauche, pour ne pas prévoir que le parti cadet va faire fiasco.

Quand Paris, Londres, Washington, etc..., comprendront-ils que nous ne ferons que sottises sur sottises tant qu'un certain nombre de démocrates ne viendront pas ici prendre contact avec les partis au pouvoir, leur apporter la vérité démocratique d'Occident et subir leur influence dont, nous ne pouvons pas l'ignorer, il est absolument nécessaire de tenir compte ?

Aux démocrates, qui reprochaient jadis au gouvernement français l'attitude anti-républicaine des brillants aristocrates qui étaient censés représenter la République à l'étranger, on répondait avec une apparence de raison qu'il ne fallait pas effaroucher les monarques alliés. Pourquoi le raisonnement ne tient-il plus lorsqu'il s'agit de choisir les représentants de la France républicaine près de la Russie révolutionnaire ? Si les Alliés étaient représentés à Pétrograd, non par des bolcheviks, le choix dont nous disposons en Occident jusqu'ici est insuffisant en qualité et en quantité, mais par de vrais démocrates, par des socialistes majoritaires et minoritaires, ils auraient été renseignés plus sainement sur la situation, ils auraient oublié leur épouvante, ils auraient fait les sacrifices qui s'imposent, et l'armistice ne serait sans doute pas en voie d'être conclu.

Pétrograd, le 1/14 décembre 1917.

M. Albert THOMAS, député (*Champigny-sur-Marne*).

Mon cher ami,

La nouvelle note envoyée par Trotzky, à l'occasion de la reprise des pourparlers d'armistice, ne contient aucun élément nouveau. Je l'avais prié de préciser une fois de plus, dans ce document, les diverses conditions de la paix démocratique et honnête, seule acceptable par les bolcheviks. Comme toujours, il s'est exécuté de bonne grâce après m'avoir dit en souriant : « Vous voulez évidemment me compromettre ». Je ne lui ai rien dissimulé de mes intentions, et la simplicité empressée, je dois le dire, avec laquelle il tient quotidiennement compte de mes indications, je n'ose écrire de mes conseils, manifeste, à mon avis, de façon éclatante sa bonne foi.

Depuis les premiers jours de l'insurrection, je n'ai pas cessé de le répéter, Lénine et Trotzky m'ont paru être des hommes d'une loyauté politique absolue. Je parle, bien entendu, de leur politique actuelle. J'ignore ce qu'ils étaient hier. Nous pourrions donc faire fond sur les engagements qu'ils prendraient à notre égard si la conversation était officiellement engagée avec eux. Je m'efforce de les enfermer dans des exposés de principes précis si fortement qu'ils n'en puissent plus sortir, et qu'ils soient un jour protégés eux-mêmes contre leurs propres défaillances, toujours à craindre chez des hommes qui s'appuient sur des masses populaires incultes, impatientes, et peuvent être emportés par elles plus loin qu'ils n'auraient voulu aller.

Je crois être sûr d'une rupture des pourparlers, au cas où un des trois termes de leurs propositions : pas d'annexions, pas d'indemnités, droits des peuples à disposer librement d'eux-mêmes, serait rejeté par l'ennemi ou, et ceci est vraisemblable, accepté sous de telles réserves que la duplicité de la manœuvre apparaîtrait aux yeux de tous.

Quand j'affirme ceci, et je le crie tous les jours, on me rit au nez. Je suis désespéré, je pleurerais de rage et d'angoisse, non point que mon amour-propre soit blessé par ces ironies auxquelles tous les militants des partis avancés sont accoutumés, mais il m'est pénible, après un mois d'efforts tenaces et épuisants, de constater que le même scepticisme accueille toutes mes professions de foi et interdit toute action sérieuse. Sur quoi se base-t-on donc pour prétendre, comme on le prétend toujours, que les bolcheviks ne font qu'exécuter un plan imposé à eux par l'Allemagne, et accepteront les conditions de paix les plus honteuses ? Sur rien, sur moins que rien, car les renseignements donnés par les services spéciaux ont été successivement jusqu'ici démentis par la réalité.

Pourtant se risquerait-on, je ne dis même à le croire, mais simplement à admettre, à titre d'hypothèse, que les bolcheviks n'accepteront pas une paix de soumission ?

Je n'aperçois pas les inconvénients qu'aurait une telle attitude. Il est facile d'en comprendre les avantages. Le premier, c'est qu'on pourrait se décider, enfin, à répondre à l'appel que Trotzky et Lénine, par mon intermédiaire, ont adressé depuis trois semaines déjà aux Missions Alliées pour la réorganisation de l'armée russe, nécessaire si les hostilités reprennent un jour.

On me répond que ces gens ayant décomposé l'armée, on ne peut leur accorder aucun crédit. Ai-je jamais songé à nier leur influence déplorable sur la situation militaire ? Mais leurs crimes (1) passés, leurs fautes actuelles, constituent-ils des motifs pour abandonner définitivement à leurs erreurs les bolcheviks et en même temps l'armée russe, c'est-à-dire la Russie et l'Entente.

Puisque Trotzky et Lénine nous proposent une expérience de réorganisation militaire, n'avons-nous pas le devoir de la tenter loyalement ?

Pétrograd, le 2/15 décembre 1917.

M. Albert THOMAS, député (*Champigny-sur-Marne*).

Mon cher ami,

Trotzky m'a longuement parlé, ce soir encore, de la nécèssité urgente de réorganiser l'armée. Il comprend que les conditions de paix subies par l'Allemagne seraient d'autant plus acceptables que l'ennemi saura que, dans l'éventualité d'une rupture, il se retrouverait en face d'une armée russe, non pas redoutable, mais assez forte pour retarder ses opérations, sa marche en avant, pour l'obliger à maintenir sur le front oriental quelques dizaines de divisions. Et il ne songe pas à méconnaître la possibilité d'une rupture. Il n'a aucune confiance dans la loyauté des gouvernements impérialistes ennemis ou alliés. Il sait que les représentants de Guillaume ne se soumettront aux conditions de la Révolution russe que contraints et forcés par le mauvais état militaire, économique, politique de leur nation, et qu'ils s'efforceront, par conséquent, de duper la délégation bolchevique.

Trotzky sait donc qu'à un moment donné, il peut être obligé de rompre, de proclamer la révolution en danger et de reprendre la lutte. Avec quoi ? Avec une armée retapée tant bien que mal. Et il se rend compte, je lui enfonce ce clou dans la cervelle depuis un mois, parce que je veux être sûr qu'*in extremis* nos représentants retrouveront un peu de raison, que les Missions alliées seront, pour reprendre le combat, à son entière disposition et marcheront aux côtés des bolcheviks contre l'ennemi extérieur, sans se préoccuper de la couleur du drapeau russe. Malheureusement, cette réorganisation relative ne s'accomplira pas en quelques jours. On craint d'affermir la position bolchevique en collaborant immédiatement avec eux. C'est possible. Mais ne vaut-il pas mieux risquer cette consolidation politique, puisqu'il est avéré pour ceux qui veulent voir clair que les partis opposants ne renverseront pas de sitôt les bolcheviks et, qu'en tout cas, ils sont d'accord avec eux sur la paix ? Plutôt que d'encourager l'effort de bonne volonté que sont disposés à faire les bolcheviks et

qu'ils ne peuvent pas accomplir seuls parce qu'ils manquent
de moyens techniques : hommes, matériel, finances, nous
limitons notre action à la fondation de toutes les armées nationales, exception faite d'ailleurs pour l'armée nationale
principale, l'armée Grande-Russienne. Certes, nous avons le
devoir de soutenir tous les éléments de force en constitution
épars en Russie. Mais pourquoi ne pas tenter de faire ce travail en liaison avec les bolcheviks qui ont toujours reconnu
le droit des nationalités russes à l'autonomie et même à l'indépendance, et qui autoriseraient sans défiance notre assistance aux Ukraniens, Polonais, Cosaques, etc., s'ils ne sentaient pas, qu'actuellement, tous les groupements nationaux
instruits et armés avec notre appui, particulièrement dans le
Sud, sont destinés à être jetés non pas sur le front extérieur,
contre les Empires Centraux, mais sur le front intérieur,
contre les bolcheviks ? Ainsi nous apparaissons, de bonne
ou de mauvaise foi, colorer du prétexte de formation d'armées nationales notre désir de faire triompher la contre-
révolution. Je ne cherche pas à examiner la part d'injustice
qu'enferme ce jugement sommaire : je le constate et, si injuste qu'il soit, je dis que nous devons en tenir compte.

Il faut dire, d'ailleurs, que ceci est d'autant plus frappant
qu'alors que nous nous jetons avec empressement dans les
bras des Cosaques et des Ukraniens, nous ne semblons rien
faire pour atténuer les malentendus qui nous séparent des
bolcheviks, et que la seule armée que nous négligeons est
précisément l'armée russe proprement dite.

« Comment, me dit Trotzky, pourrions-nous croire que
vous êtes disposés à conserver la neutralité politique, alors
que nous vous voyons appuyer vigoureusement le mouvement
catholique des légions polonaises, le mouvement bourgeois
de la Rada Ukranienne, le mouvement contre-révolutionnaire
de Kalédine, tandis que nous constatons, au contraire, chaqu
jour votre hostilité irréductible à l'égard des Commissaires
du Peuple et de leurs troupes ? Nous ne vous demandons pas
d'admettre nos principes. Mais ne pouvons-nous pas nous
entendre sur les questions techniques ? » Que peuvent opposer
à ces arguments de bon sens les gouvernements Alliés, et
comment expliquer que nous persistions dans cette attitude
boudeuse, hostile, qui a déjà eu tant de conséquences déplorables et qui risque d'en avoir dans l'avenir de beaucoup plus
graves ?

M. Albert THOMAS, député (*Champigny-sur-Marne*).

Mon cher ami,

Dîner hier soir en cabinet particulier avec Kollontaï, Aschberg et les deux chefs du parti bolchevik suédois, Hoglund et Kilbom.

Aschberg, directeur de la Grande Banque socialiste de Stockholm, est un ami de Branting, mais il est dénoncé par notre service de renseignements comme ayant servi d'intermédiaire pour alimenter d'argent allemand la caisse maximaliste.

Il n'est d'ailleurs qu'à demi sympathique.

Hoglund et Kilbom sont venus à Pétrograd pour s'entendre avec Lénine et Trotzky sur l'organisation prochaine, ici, d'une conférence internationale zimmerwaldienne. Je leur objecte la réunion prochaine d'un Congrès Socialiste international qui ferait double emploi avec leur conférence. Ils ne veulent rien entendre. Ils ont un profond mépris pour les majoritaires de tous les pays. Le malheureux Huysmans, qualifié d'agent boche par les Alliés, est considéré par les bolcheviks comme un déplorable social-patriote tombé aussi bas ou à peu près que Vandervelde, Albert Thomas, Renaudel et Scheidemann.

Ce que je veux retenir aujourd'hui de la conversation extrêmement intéressante que nous avons eue, c'est le tableau fait, par les deux Suédois, de la situation politique intérieure des pays belligérants.

D'après eux, l'Allemagne traverse une crise intérieure épouvantable. La révolution est encore éloignée. Mais déjà des murmures se font entendre. Les minoritaires ont entrepris une action illégale, distribution de tracts subversifs, appels à la révolte, organisation de manifestations armées, le tout déterminant une répression impitoyable qui aggrave chaque jour l'amertume des ouvriers. La question du ravitaillement angoisse les pouvoirs publics. Dès février ou mars, on exigea du peuple allemand des sacrifices qu'il ne supportera pas long-temps sans hurler. Beaucoup de matières premières manquent. Le matériel industriel se détraque, s'use faute de graisse, de caoutchouc, etc... Le rendement de la main-d'œuvre et des machines a diminué sensiblement dans ces derniers mois.

En Autriebe-Hongrie, les pourparlers d'armistice augmentent les frémissements populaires ; les chefs social-démocrates, étroitement surveillés par la police, ont l'impression qu'il suffirait de peu de chose pour créer un état révolutionnaire. Si les pourparlers entamés avec les bolcheviks n'aboutissent pas à une paix générale ou tout au moins à une paix séparée satisfaisante, on peut espérer de graves secousses d'ici peu.

En Italie, même effervescence accrue par les derniers événements militaires.

En France, rien de particulier. Le prolétariat endormi par les mensonges de la presse, tenu dans l'ignorance totale du mouvement maximaliste dont on lui cache l'importance, est encore assoupi. A Stockholm, on compte surtout, pour son réveil, sur la brutalité de Clemenceau qui ne manquera pas, pour montrer sa poigne, de se livrer bientôt à quelque provocation de la classe ouvrière.

En Angleterre, la situation de Lloyd George serait fortement compromise. On commence à se plaindre de sa politique impérialiste et jusqu'auboutiste. Chose curieuse, ce sont les conservateurs qui mènent contre lui, et en faveur de négociations prochaines de paix, la plus active campagne. Ils tendent la main aux travaillistes. Les plus modérés parmi ces derniers, Henderson, par exemple, se rapprochent de Mac Donald et des autres pacifistes. On pourrait prévoir, à brève échéance, un gouvernement conservateur et travailliste nettement aiguillé vers la paix.

Pétrograd, le 5/18 décembre 1917.

M. ALBERT THOMAS, député (*Champigny-sur-Marne*).

Mon cher ami,

Un événement, dont les répercussions pourraient être considérables, s'est produit cet après-midi. Après de longs efforts, j'ai réussi à mettre en contact M. Noulens et Trotzky, à l'ambassade de France. J'ai obtenu que l'entretien ait lieu avant l'interpellation sur les Affaires russes, qui doit avoir lieu à la Chambre des Députés après-demain. Je suppose que ce fait nouveau sera connu en temps utile par le Parlement et les Gouvernements. L'entretien, cordial, s'est prolongé près de deux heures. J'y ai assisté, discrètement, respectueusement, à distance. Aucune parole définitive, aucune parole irréparable n'a été prononcée. Comme il s'agit d'une action diplomatique suivant l'ancienne formule, je ne puis songer à rien répéter de cette conversation dont un communiqué, rédigé d'accord, doit être d'ailleurs publié demain. Les deux interlocuteurs se sont séparés très satisfaits, je crois, l'un de l'autre. Le pont est jeté. Mieux vaut tard que jamais. Et j'espère que ce début n'est vraiment qu'un début.

L'armistice est signé. La paix séparée ne l'est pas encore. Nous pourrons en retarder l'échéance, peut-être indéfiniment, par l'action que nous mènerons officieusement à côté des bolcheviks pour les conseiller sur les revendications à soutenir à Brest-Litovsk et surtout par l'appui militaire que nous leur garantirons. En tout cas, si nous le voulons, la paix séparée peut contenir de telles conditions qu'elle soit aussi peu défavorable pour nous qu'on peut le souhaiter.

J'ai insisté souvent déjà sur l'importance, en telle matière de l'élément psychologique. Jusqu'aujourd'hui inclusivement, les bolcheviks n'avaient reçu des Alliés, et spécialement des officiels français, que des injures provocatrices. Ce soir, le ton s'est modifié. On cause. On va continuer à causer sans doute. Demain, peut-être, on négociera. Je le souhaite passionnément.

Des intérêts communs à la Russie et aux Alliés subsistent. Ils étaient abandonnés. Ils peuvent être repris et défendus. C'est donc désormais à défendre ces intérêts que nous devons nous employer très activement. Je crois qu'on l'a compris et ne songe plus à récriminer.

M. Albert THOMAS, député (*Champigny-sur-Marne*).

Mon cher ami,

La nouvelle de l'entretien d'hier entre le Commissaire du Peuple aux Affaires étrangères et l'ambassadeur de France a produit une vive émotion à Pétrograd. Je sais que M. Noulens se réjouit encore de son audace un peu tardive. J'espère que le gouvernement en comprendra l'utilité et l'autorisera à continuer dans cette voie vers une collaboration de plus en plus étroite avec les bolcheviks.

L'ambassadeur a reçu aujourd'hui de tous les milieux alliés, industriels ou officiels, où l'on commençait à ressentir gravement les inconvénients d'une politique d'expectative hostile, de chaleureux encouragements.

Mais qu'on ne s'en tienne pas à ce premier pas. Il faut agir très vite. Les pourparlers de paix sont engagés. Il s'agit seulement en ce moment de fixer les principes généraux sur lesquels doivent s'entendre préalablement les délégués adverses avant d'amorcer les véritables négociations.

Aucun renseignement intéressant sur les séances de Brest n'était parvenu ce soir à Smolny. Une dépêche paraît indiquer que les négociateurs, des deux côtés, sont disposés à une nouvelle et très prochaine interruption des séances, qui permettrait de faire un nouvel appel aux Alliés pour les prier de se joindre aux pourparlers.

Je ne voudrais plus aller à Smolny sans avoir les mains pleines de notes argumentant sur les questions d'annexions, d'indemnités, de droit des peuples à disposer librement d'eux-mêmes qui vont être examinées à Brest.

Depuis plusieurs semaines déjà des arguments sont présentés par moi et par moi seul. Ils sont la base de mes conversations avec Trotzky, Lénine et tous leurs collaborateurs.

Lénine ne voulait pas, hier matin, entendre parler d'une

entrevue à l'ambassade. Il est toujours infiniment plus absolu, plus dogmatique, plus impérieux et plus tranchant que Trotzky. Il estimait qu'en raison du silence méprisant opposé par les représentants alliés aux invitations successives des bolcheviks, des injures quotidiennement radiotélégraphiées par Paris, la première démarche devait être faite par les Alliés. J'ai pu le convaincre que véritablement les bolcheviks qui étaient allés à Brest causer avec l'Allemagne pouvaient bien se rendre au quai Français pour parler à la France.

La nuit dernière, au contraire, Lénine me parlait avec enthousiasme de l'entretien Noulens-Trotzky. Il se disait certain de la collaboration amicale des Alliés et de leur participation prochaine aux pourparlers généraux de paix. J'ai eu beaucoup de peine à lui faire mesurer l'abîme qui sépare encore ses espérances de la réalité.

Trotzky m'a remis le premier numéro d'un journal quotidien révolutionnaire russe rédigé en allemand, tiré à plusieurs centaines de milliers d'exemplaires, qui va être répandu dans les tranchées ennemies. Les bolcheviks préparent d'autre part toute une littérature destinée à développer l'agitation révolutionnaire en Allemagne.

D'autre part, il m'a annoncé le commencement d'une tournée de propagande faite dans les camps de prisonniers austro-allemands par un officier hongrois, accompagné de quelques-uns de ses camarades prisonniers et d'orateurs bolcheviks. Le thème de cette propagande est celui-ci : la Révolution a proposé aux Empires centraux une paix qui assurerait à tous les peuples opprimés l'indépendance ou du moins l'autonomie. Si les Empires centraux refusent cette paix, il faut que les prisonniers austro-allemands s'arment et viennent lutter contre les gouvernements allemand et autrichien, à côté des troupes révolutionnaires.

M. Albert THOMAS, député (*Champigny-sur-Marne*).

Mon cher ami,

Chaque fois que je vois notre ambassadeur, les représentants alliés, je leur répète ce que je dis chaque jour à mes
chefs.: « Pourquoi laisser sans réponse la question posée par
les bolcheviks aux Alliés et proposée déjà, à plusieurs reprises, par des hommes qui comprennent de mieux en mieux
qu'en les abandonnant tout à fait, comme nous l'avons fait
jusqu'à ce jour, et comme nous paraissons déterminés à vouloir le faire, nous les livrons pieds et poings liés à l'Allemagne.
Par notre faute, les impérialistes ennemis auront toutes facilités pour imposer aux Russes une paix effroyable qui, vraisemblablement, entraînera la mort politique des maximalistes,
soit que ceux-ci rompent les pourparlers et qu'ils se précipitent dans une aventure guerrière vouée à l'échec s'ils ne sont
pas militairement soutenus par nous, soit qu'ils se résignent
à accepter ces conditions honteuses, désastreuses pour la
Russie et pour l'Entente, et qu'ils succombent alors sous l'indignation générale.

Pourquoi ne pas leur tendre la main en disant : « Les gouvernements de l'Entente n'excusent pas les fautes que vous
avez commises, en aggravant la décomposition de l'armée et
en engageant les négociations séparées avec l'ennemi. Mais
aujourd'hui vous sollicitez notre assistance, vous déclarez que
si la paix offerte par l'Allemagne n'est pas la paix juste et
démocratique inscrite au programme bolchevik, vous décré-
terez la guerre sainte.

« Vous nous faites savoir que cette guerre ne peut être conduite de façon définitive qu'avec notre aide.

« Nous sommes certains à l'avance que les conditions allemandes seront inacceptables pour vous. Prisonniers de vos
engagements, vous allez donc recommencer la guerre. Soyez

sûrs que nous serons à vos côtés. Vous voulez du matériel, vous voulez des spécialistes, vous désirez un appui militaire général. Nous vous accorderons tout cela. Nous nous engageons à ne pas nous mêler à vos luttes intestines. Nous ne posons à notre intervention aucune condition politique. Mais replongés dans la bataille, engagez-vous à combattre l'ennemi commun avec la même énergie que nous-mêmes et à n'interrompre la guerre que lorsque nous aurons assuré à tous les peuples amis et ennemis le droit de disposer librement d'eux-mêmes. »

Quelles secrètes arrière-pensées empêchent les Alliés de faire entendre ce langage qui serait admis par les bolcheviks et compris par tous les Russes ?

Espère-t-on toujours aussi follement que les bolcheviks seront renversés demain et que nous devons réserver notre concours à un nouveau gouvernement résolu à rompre immédiatement les pourparlers de paix, capable d'imposer cette décision au peuple russe et de replonger la Russie dans la guerre ?

Ou bien les bolcheviks ont-ils raison de soutenir que l'Entente, certains peuples de l'Entente, ont des appétits annexionnistes inavouables qui les mettent dans l'impossibilité de garantir solennellement qu'ils ne chercheraient pas, le cas échéant, à abuser d'une victoire bien aléatoire encore ?

Ou bien les bolcheviks voient-ils juste quand ils affirment que les démocraties bourgeoises occidentales font actuellement face à deux ennemis : l'Allemagne et la Révolution russe. qu'elles détestent et craignent la seconde plus encore que la première, et qu'elles aiment mieux laisser les Empires centraux abattre la Russie, la déchirer et l'écraser, plutôt que de faire un geste qui, en sauvant la Russie, aurait en même temps le détestable effet de laisser les bolcheviks vivants et au pouvoir ?

Je vois autour de moi bien des hommes qui sont animés par cette fureur aveugle. A ceux-là les défaillances des bolcheviks, si dangereuses qu'elles puissent être pour la Russie et pour nous-mêmes, semblent plus bienfaisantes que néfastes. On estime généralement qu'il est habile de laisser le bolchevisme patauger dans ses fautes et s'y noyer sans tendre un doigt pour le tirer d'affaire. L'occasion est excellente pour les partis contre-révolutionnaires ou soi-disant libéraux dans tous les pays de dégoûter les masses populaires de ce socialisme grandissant qui entrave tant de digestions et empoisonne tant de rêves d'avenir.

La guerre, en sonnant la banqueroute de la politique bourgeoise, en faisant éclater la sottise des politiciens et l'imprévoyance des états-majors, a fait comprendre à bien des paysans et des ouvriers qu'à l'issue des hostilités il conviendrait peut-être de faire effort pour balayer les vieux régimes et installer sur leurs ruines le gouvernement du peuple par le peuple.

La vague du socialisme montait irrésistible et n'avait jamais menacé si gravement les classes possédantes. Celles-ci aperçoivent dans la forme bolchevik de la Révolution russe, suivant la tournure que prendront les événements, soit leur arrêt de mort, soit leur salut. Si le bolchevisme triomphe, si ces pouvoirs prolétaires se montrent capables et dignes de vivre, comment, malgré ses erreurs graves, éviter qu'il soit proclamé dans tous les pays et comment empêcher que ce prodigieux exemple ne soit suivi ? Si, au contraire, cette expérience suprême échoue, si demain les capitalistes peuvent dire au peuple : « Faites attention, voyez ce qu'ont fait les socialistes russes ! Ils ont trahi les Alliés, ils ont déshonoré la Russie, ils l'ont désarmée et livrée à l'impérialisme allemand, ils ont ruiné, désorganisé l'industrie et l'agriculture ! », si cela peut être dit, quelle force, affirme-t-on ici, aura cette argumentation et quel recul subira le socialisme et quel répit sera mis à la disposition des classes bourgeoises !

Je suis loin de croire que les hommes d'Etat, si antisocialistes qu'ils soient, soient ainsi disposés, par phobie des idées de Marx, par souci de leur quiétude, à sacrifier à une haine aussi insensée, à des intérêts aussi bassement égoïstes, la fortune et la vie des nations dont ils conduisent les destinées pendant cette période tragique ?

Mais pourquoi ne répond-on pas aux bolcheviks ?

M. Albert THOMAS, député (*Champigny-sur-Marne*).

Mon cher ami,

Un camarade, lisant les lignes que j'écrivais hier, me dit ·
« Vous êtes incurablement naïf. Si les Alliés refusent d'assister les bolcheviks, ce n'est point parce qu'ils auraient formé
contre l'existence d'une révolution socialiste les plans ma-
chiavéliques que vous leur prêtez. C'est d'abord parce que
les jours des bolcheviks sont comptés et qu'il serait stupide,
en soutenant ces anarchistes dangereux, de prolonger leur
agonie destructive et de retarder l'arrivée au pouvoir d'un
gouvernement fort et propre, avec lequel l'Entente pourra
s'allier. C'est ensuite et surtout parce que les bolcheviks
sont des agents de l'Allemagne, et qu'ils exécutent le programme établi à Berlin. Les Alliés se déshonoreraient et se perdraient en tombant dans le piège qui leur est tendu par des
traîtres qui négocient séparément avec l'ennemi »

Si je retiens cette argumentation, c'est qu'elle résume admirablement l'opinion générale alliée et spécialement l'opinion
officielle sur la question si vitale et si pressante de la colla-
horation militaire, question posée par les Soviets depuis plus
d'un mois et laissée par nous sans réponse jusqu'à ce jour.

Je n'insiste pas sur le premier argument. J'ai trop dit et
répété ce que je pense de la durée probable du pouvoir bolchevik et, au cas où il serait renversé, de l'incertitude du
jusqu'auboutisme dont on fait si facilement crédit aux successeurs éventuels de Lénine et de Trotzky, pour y revenir
aujourd'hui. Le bolchevisme vivra encore de longs mois sans
doute.

Mais le second argument que je rencontre chaque jour sur
ma route vaut d'être examiné de nouveau rapidement.

A-t-on le droit de dire que les bolcheviks sont des agents
de l'Allemagne, et qu'ils préparent une paix de trahison ?

En énonçant une telle accusation, on oublie en premier lieu que la volonté de paix était générale en Russie, dans toutes les classes, bien avant la révolution du 25 octobre. Je l'ai constaté dans les premières notes que j'ai expédiées de Pétrograd. Il est indiscutable que cette volonté de paix a contribué au succès extraordinaire des bolcheviks qui se sont placés immédiatement sur cette plateforme et qu'elle a, plus qu'aucun autre article de leur programme, déterminé leur triomphe. Mais il est non moins évident qu'elle avait, pour une large part, assuré la popularité de la révolution de février.

Le peuple russe n'a pas attendu Lénine et Trotzky pour manifester sa volonté de paix immédiate et à tout prix.

Les témoignages des camarades de la Mission qui suivent les armées russes depuis 1916 sont édifiants à ce sujet. .

Lénine et Trotzky n'ont par conséquent pas créé cette volonté de paix. Ce qu'on peut dire, c'est qu'ils l'ont exploitée politiquement et développée dans la conscience des masses ouvrières et paysannes. Et ils se sont donnés d'autant plus ardemment à cette besogne pacifiste qu'elle est la conséquence logique de la campagne inlassablement menée par eux, non seulement depuis la révolution, mais depuis 1914 et même bien avant la guerre. J'ajoute qu'ils l'ont toujours menée parallèlement, dans la mesure du possible, dans tous les pays amis et ennemis, que Lénine et Trotzky ont été jugés indésirables et expulsés aussi bien des Empires Centraux et des Etats neutres que des pays de l'Entente, et que Trotzky, pendant la guerre, à la suite de la publication d'une brochure antimilitariste a été condamné, en 1916, par les tribunaux allemands à 18 mois de prison.

A quel moment leur pacifisme aurait-il cessé d'être doctrinaire et désintéressé pour devenir germanophile et stipendié ?

Les histoires compliquées et contradictoires d'argent allemand versé aux bolcheviks n'ont pas réussi encore à me convaincre de la malpropreté des leaders maximalistes. Je n'ai d'ailleurs jamais pu obtenir aucune précision satisfaisante des organismes de renseignements qui propagent ces accusations. Elles en propagent bien d'autres aussi légèrement.

Connaissant Lénine et Trotzky comme je les connais au-

jourd'hui, j'ai honte de défendre contre des attaques tellement ignobles deux hommes d'une probité intellectuelle, d'une
valeur morale, avouée par leurs adversaires eux-mêmes, je
parle de ceux qui ont milité avec eux autrefois et qui se sont
séparés d'eux depuis la guerre. Quiconque sait un peu ce
qu'ils ont fait, les combats que depuis 20 ans ils ont livrés
pour l'idéal socialiste, les durs sacrifices qu'ils ont acceptés,
le mépris absolu qu'ils ont des biens matériels, la vie ultra-
modeste qu'ils ont toujours menée et qu'ils sont heureux de
continuer au pouvoir comme dans l'exil, doit rejeter ces
calomnies tant qu'elles ne sont pas plus sérieusement étayées.

La trahison matérielle, abjecte, payée, je n'y crois pas.

Mais les négociations de paix séparée peuvent-elles être
considérées comme une trahison morale de ces monstres amo-
raux, sadiques? Sont-elles susceptibles de disqualifier définitivement ces hommes, de nous empêcher de parler et de composer avec eux?

En écrivant ces notes quotidiennes, j'ai toujours soin de
faire abstraction de ma personnalité de militant. Je ne fais
ni philosophie, ni doctrine, ni propagande. Je renferme en
moi mes sentiments personnels, me réservant de les manifester en temps utile. J'ai pour mission de renseigner. Je tiens
à renseigner objectivement. Je suis un témoin qui regarde et
qui raconte, ou plus exactement, un juge étranger au procès
qui se déroule devant lui. J'oublie donc que je suis socialiste
et pour répondre à cette question délicate entre toutes de la
trahison morale, laissant de côté tout sentimentalisme, je
veux raisonner raison.

Avant de prendre le pouvoir, Lénine et Trotzky ont crié
partout qu'ils étrangleraient la bourgeoisie, qu'ils feraient
table rase du passé, qu'ils s'efforceraient de créer du socialisme tout ce qu'en peut absorber la Russie d'aujourd'hui et
d'allumer dans l'Europe entière la révolution prolétarienne.

Ayant conquis le pouvoir, ils tentent la réalisation de ces
divers articles de leur programme politique, sans que la
bourgeoisie russe, sans que les gouvernements impérialistes
économiquement et politiquement attaqués, semblent songer
à crier à la trahison.

De même avant de prendre le pouvoir, Lénine et Trotzky
ont annoncé que dès qu'ils seraient les maîtres, ils convie-
raient les nations belligérantes à signer un armistice, à se

réunir en congrès, à préparer et à discuter une paix dont ils ont préalablement déterminé les conditions.

Montés au pouvoir, ils font ce que depuis des mois ils avaient dit au monde qu'ils feraient. Pouvons-nous parler de trahison ?

Qui trahissons-nous ? me dit Trotzky. Les Alliés ? Quels Alliés ? Les nôtres ? Non, ceux du Tzar. Nos Alliés à nous, ce sont les prolétariats qui n'ont jamais été consultés depuis quatre ans sur ce qu'ils pensaient de la guerre et de sa continuation, et que ni Poincaré, ni Wilson, ni George V, ni Guillaume II ne peuvent avoir la prétention de représenter. Quels engagements avons-nous pris à l'égard des gouvernements qui les autorisent actuellement à nous taxer de trahison ?

Si en août 1914 le peuple russe était entré librement, de sa pleine volonté, dans la guerre, et si en décembre 1917, il vous faussait compagnie sans crier « gare », il vous trahirait. Du moins, le problème vaudrait d'être examiné et il y aurait lieu de voir si parce que tous les peuples de l'Entente sont partis en guerre en même temps, la guerre doit être poursuivie indéfiniment sous prétexte que l'une quelconque des nations en lutte désire cette continuation contre la volonté et contre l'intérêt de ses co-associés.

Mais ce n'est pas le peuple russe qui est entré en guerre, c'est le Tzar ennemi du peuple et dont la politique impérialiste dénoncée par nous comme par Jaurès et par tous les socialistes du monde entier au même titre que la politique impérialiste de Guillaume, devait fatalement précipiter la Russie dans le conflit abominable souhaité et préparé par le militarisme prussien.

Contre le Tzar, contre sa guerre, le peuple russe a fait la révolution. Il a abattu le Tzar. Il veut abattre la guerre. Nous avons prévenu les Alliés, peuples et gouvernements, que nous ne consentirons pas à continuer une guerre qui n'est pas notre guerre. On l'a commencée sans nous, nous la terminerons sans les gouvernements et sans les peuples qui ne consentiront pas à entendre enfin la voix de l'humanité. Nous ne cherchons pas la paix séparée. Nous souhaitons ardemment la paix générale. Que les puissants de l'Entente viennent donc à Brest. Avec leur appui, nous saurons imposer à l'Allemagne des conditions honorables de paix durable. Si elles nous sont refusées, et si vos buts de guerre sont honnêtes, nous reprendrons la lutte côte à côte.

Si les gouvernements de l'Entente ne veulent pas venir à Brest, si les prolétariats de l'Entente continuent à se laisser mener à l'abattoir sans résister, s'ils sont incapables d'imiter notre geste et de renverser leurs bourreaux, nous discuterons seuls la paix et nous la ferons seuls. Il vous plait à vous de continuer la guerre. Il nous plaît à nous de faire la paix. C'est le libre exercice du droit des peuples à disposer d'eux-mêmes dans toutes les circonstances de leur existence. Les traîtres ne sont pas les bolcheviks mais les gouvernements occidentaux, traîtres envers la Russie, traîtres envers leurs prolétariats qu'ils condamnent à la ruine, à l'extermination et à la barbarie.

Nous avons pris un double engagement devant le peuple russe et le prolétariat international : réaliser le socialisme et faire la paix.

Si nous ne faisions pas effort pour réaliser notre programme, alors vraiment nous serions des traîtres.

Voilà, résumée une fois de plus, aussi objectivement que possible, par un narrateur fidèle, l'argumentation des bolcheviks. Ne vaut-elle pas d'être prise en considération et, si elle est discutable, d'être discutée non pas par un silence méprisant, mais par des arguments sérieux ?

M. Albert THOMAS, député (*Champigny-sur-Marne*).

Mon cher ami,

Le conflit entre la France et les Commissaires du Peuple entre de nouveau dans une phase aiguë. Je l'avais prévu et annoncé. En réussissant l'entrevue Noulens-Trotzky, je pensais avoir écarté la crise. Sans elle, elle se serait ouverte immédiatement. Mais ce premier contact n'a pas eu les conséquences heureuses qu'il devait entraîner normalement, par la faute des Alliés qui, à Pétrograd, ont dénaturé l'entretien, par la faute de Paris qui a radio-télégraphié un communiqué tout à fait différent de celui qu'avaient accepté Noulens et Trotzky et inutilement blessant pour ce dernier qui prétend, avec raison, que lui seul a exécuté correctement les conventions passées d'accord.

D'autre part, Trotzky avait accepté ce rendez-vous, dont l'initiative fut prise par nous, parce que je lui avais laissé entrevoir qu'il préparerait une amélioration des relations. Or les rapports n'ont jamais été aussi tendus.

La bombe éclatera demain matin sous forme d'une note comminatoire adressée à la Mission Militaire, et dans laquelle Trotzky demandera :

1° Des explications sur un article paru dans le « Dien », enfermant des imputations de nature à discréditer le gouvernement bolchevik et présenté comme une communication officielle de la Mission ;

2° Des explications générales sur l'activité du service de propagande de la Mission ;

3° Des explications sur l'activité déployée par les officiers français dans les milieux contre-révolutionnaires de l'Ukraine, du Don, etc...

En cas de réponse non satisfaisante, Trotzky est décidé à ordonner l'expulsion immédiate de la Mission.

Je souhaite une réponse honnête, autant que possible, qui clôturera l'incident. Celui-ci s'envenimerait dangereusement en se prolongeant.

Páris se résignera-t-il à comprendre que le temps est venu de renoncer au double jeu? Qu'on reconnaisse l'Ukraine, la Finlande, etc..., si les Alliés ne craignent pas que ces estampilles officielles ne donnent trop de force à des mouvements séparatistes austrophiles, bochophiles, suédophiles, auxquels ils n'ont rien à gagner. Quant aux Commissaires du Peuple, ils ne verront à ces reconnaissances aucun inconvénient, bien que certains d'entre eux, internationalistes plus logiques que les autres, craignent, qu'immédiatement au moins, la politique trop libérale des Soviets à l'égard des nationalités russes facilite le développement de certains chauvinismes locaux et par conséquent aille à l'encontre du but poursuivi.

Ceci nous assurerait une liberté plus grande en permettant une action officielle et par conséquent plus efficace dans les différentes régions reconnues par nous. Mais si en même temps que nous reconnaissons l'Ukraine et la Finlande, nous persistons à ignorer le seul pouvoir effectivement fort qui existe en Russie, le gouvernement bolchevik, dans quelle impasse nous jetterons-nous? Et ceci précisément à l'heure où les bolcheviks, la rage au cœur, mais de bonne foi, constatent la duplicité allemande, songent plus que jamais à la possibilité d'une reprise de la guerre. Ne nous y trompons pas, cette résurrection d'une armée morte sera difficile. Trotzky et Lénine le savent aussi bien que nous. C'est pourquoi je répète une fois de plus qu'il faudrait qu'ils aient confiance en nous, qu'ils comprennent que nos buts de guerre sont bien ceux que nous proclamons, sous forme vague, depuis trois ans, sans jamais consentir à les préciser.

Il faut qu'ils sachent d'autre part que, dès maintenant, les Alliés sont prêts à appuyer techniquement et financièrement l'œuvre de réorganisation militaire. Ils se rendent compte, en effet, que, sans notre appui, leurs efforts si vigoureux qu'ils soient, seront voués à la stérilité. Pour exécuter le rétablissement qu'ils comptent faire en deux temps :

1° Avant la rupture des pourparlers de paix, agitation verbale et écrite sur la nécessité de soutenir, par les armes, la défense des conquêtes révolutionnaires ;

2° Après la rupture : réalisation de ce programme ; ils

auront besoin des Missions. Ils ne commenceront la besogne de façon sérieuse qu'après avoir obtenu des Alliés, sur ce point, des garanties formelles. Ils ont promis la paix, ils ont ainsi déchaîné l'enthousiasme avoué ou inavoué des masses pacifistes russes, c'est-à-dire de tous les Russes. Ne pouvant pas aboutir à la paix démocratique qu'ils avaient promise, ils vont demander au peuple russe de recommencer la guerre. Nous voici arrivés aux formules de Verkovsky qui disait, il y a trois mois : « L'armée russe veut la paix immédiate. Proposons donc la paix à l'Allemagne. Enregistrons sa réponse qui, dans les termes où elle sera faite, constituera une fin de non-recevoir. La preuve étant publiquement faite des appétits annexionnistes et impérialistes de l'ennemi, nous recommencerons la guerre ».

La tâche est lourde. Elle ne peut être tentée avec quelque chance de succès que par les bolcheviks. Eux seuls ont manifesté brutalement, mais nettement leur volonté de paix. Eux seuls pourront peut-être faire accepter une reprise de la guerre. Nous n'avons pas le droit d'être plus longtemps aveugles. Nous n'avons pas le droit de compter sur les autres partis. Les élections à la Constituante prouvent que le parti Cadet et les partis défensistes sont morts pour quelque temps au moins. Les S.-R. auront une immense quantité de sièges, trois ou quatre cents sans doute. Mais comment se répartiront-ils ? Dans chaque circonscription, une liste unique proposait aux électeurs les S.-R. d'extrême droite et ceux d'extrême gauche. Un gros paquet des S.-R. élus se ralliera certainement à la politique de paix bolchevique.

Dans quelles mesures d'ailleurs pourrions-nous compter sur les autres ? Je suis en contact permanent avec beaucoup d'entre eux. Parce qu'ils connaissent mes relations étroites avec Smolny, ils sont en coquetterie avec moi. A plusieurs reprises, le groupe formé par les S.-R. de droite et les S.-D. mencheviks, m'a prié de faire une conférence sur la situation des Alliés et sur la politique extérieure, qu'à mon avis personnel, la Constituante devra adopter. Jusqu'ici j'ai retardé cette manifestation. Dans les conversations particulières, je m'efforce de combattre l'opinion généralement exprimée par les S.-R. et les S.-D., qu'en cas de rupture des pourparlers de Brest, la Constituante devra faire une nouvelle tentative immédiate. Tous ceux que je vois sont, en somme, je ne sau-

rais trop le répéter, infiniment plus capitulards que les bolcheviks, plus disposés à céder sur les questions de Courlande, de Lithuanie, de Pologne, etc..., sur le droit des peuples à disposer d'eux-mêmes, le désarmement, etc...

Nous les trouverons un jour contre nous, quand nous sou-
tiendrons les bolcheviks ou n'importe quel autre parti dans
une reprise de la guerre.

Pétrograd, le 21/3 janvier 1918.

M. Albert THOMAS, député (*Champigny-sur-Marne*).

Mon cher ami,

Des ordres sont préparés par les Commissaires du Peuple en vue d'une réorganisation rapide de l'armée. Ils se précisent de plus en plus, dans le sens de la création d'une armée de volontaires à haute paye, formée par appels de meilleurs éléments de l'armée actuelle et enrôlement des Russes non encore mobilisés.

1° Organisation de corps de couverture prélevés surtout sur les unités du front et de l'arrière et constituant un noyau de défense immédiate à l'abri duquel pourra s'effectuer la démobilisation des unités décomposées.

2° Organisation de corps nouveaux par mobilisation de civils, instruits rapidement dans des camps de l'intérieur et amalgamés à des éléments plus solides, soldats sous les armes, gardes-rouges, matelots, etc... L'œuvre doit être réalisée en trois ou quatre mois, sous la protection de l'hiver russe.

Depuis plusieurs semaines, je presse mes amis de Smolny d'agir dans ce sens. Je n'avais pu obtenir jusqu'ici aucun résultat pratique appréciable. Mais la tournure prise par les pourparlers fait prévoir la nécessité de la guerre révolutionnaire. Trotzky a une confiance admirable dans la possibilité d'accomplir cette preuve formidable. Il n'est pas de ceux qui doutent jamais. La Révolution, selon lui, ne peut pas être vaincue.

« Le peuple qui a fait la Révolution saura mourir en la défendant et en défendant en même temps la Révolution sociale européenne, car l'armée nouvelle sera mise par les Russes à la disposition des prolétariats qui voudront conquérir le pouvoir. »

Je me garde bien de dissiper les illusions des bolcheviks, et d'ailleurs l'avenir seul dira dans quelles mesures ils exagèrent leurs espoirs.

A des hommes, accablés de besogne, comme le sont ceux-ci, il faut mâcher le travail. Et lorsque le travail est prêt, conforme aux directives générales, vagues et, par conséquent, peu gênantes imposées par les bolcheviks, un technicien habile peut faire accepter ses vues sans difficultés.

Si les missions alliées avaient ainsi été utilisées, elles auraient été plus que des collaboratrices, des guides techniques qui auraient été suivis le plus souvent pour le plus grand bien de la Russie et de l'Entente.

Ce grand rôle peut être joué encore. On nous le demandait hier à Smolny. On nous le demandera demain encore, lorsque le conflit, si maladroitement provoqué entre les bolcheviks et la Mission, sera terminé. Il faut l'avouer, dans cet incident, les torts les plus graves paraissent être de notre côté. Si nous étions chassés de Russie à la suite de cette affaire, nous aurions contre nous tous les Russes raisonnables — il y en a quelques-uns, — tous les Russes susceptibles — et tous les Russes sont susceptibles. Tous considèrent inadmissible une propagande de conspiration et d'intervention active dans les luttes politiques intérieures. Hâtons-nous donc, sans manifester un amour-propre excessif, de donner les satisfactions qu'on nous demande et évitons de renouveler les mêmes erreurs.

Au point de vue de la réorganisation de l'armée, j'ai passé à Smolny les bonnes pages des rapports de Dubois-Crancé et de Carnot, vieilles histoires mais bonnes encore à méditer pour les réorganisateurs de l'armée russe. Je souhaite que, d'autre part, les Alliés prennent acte publiquement des déclarations de Trotzky sur la reprise des hostilités et déclarent officiellement que nous sommes prêts à soutenir l'effort nouveau des bolcheviks pour la défense des buts de guerre révolutionnaires qui doivent être en somme acceptés par toutes les démocraties occidentales.

M. ALBERT THOMAS, député (*Champigny-sur-Marne*).

Mon cher ami,

Trotzky compte partir demain à Brest-Litovsk avec la délégation russe. Il veut poser la question du lieu des pourparlers (territoire neutre), pour laquelle d'ailleurs il ne pense pas aller jusqu'à la rupture. Il veut, d'autre part, se rendre compte personnellement des intentions réelles des délégués austro-allemands, en la loyauté desquels il n'a aucune confiance. Il espère enfin pouvoir tâter sur place l'opinion publique allemande. Son séjour sera probablement assez court. Lénine, de son côté, va aller prendre en Finlande un repos de quelques jours. Et nous voici sans dictateur

Trotzky emmène Radek à Brest. Il a confiance dans sa très vive intelligence, dans sa loyauté politique, et il est convaincu que l'intransigeance et la fougue de cet énergique passionné tonifieront les Joffe, Kamenef et autres délégués russes plus doux et plus mous. La participation de Radek, sujet autrichien, social-démocrate minoritaire aux pourparlers de Brest, va certainement scandaliser les délégations ennemies.

J'ai tenté de réagir contre l'impression très forte et très dangereuse pour nous, produite sur Trotzky par les différents renseignements qui lui seraient parvenus, ces jours derniers, de France et d'Angleterre et qui, j'imagine, ont dû être exploités, sinon inventés, par les délégués austro-allemands actuellement à Pétrograd. Trotzky croit que des pourparlers de paix séparée se sont engagés officiellement entre les Alliés et l'Allemagne. A l'entendre, les Alliés, reconnaissant l'impossibilité d'arriver à la victoire, seraient disposés à profiter de la défaillance russe pour faire la paix sur le dos de la Russie et sacrifier les nationalités orientales, Roumanie comprise, quitte à excuser ensuite cette renonciation à leurs principes, en invoquant la trahison bolchevique.

J'ai répondu à Trotzky que si les Alliés ne veulent pas participer à des pourparlers généraux, ils peuvent moins encore songer à des tractations particulières. Il est évident, en effet, que si l'Entente traitait parallèlement et séparément avec les Empires Centraux, négociations russo-allemandes d'une part, négociations franco-allemandes d'autre part, elle ferait le jeu de l'Allemagne qui, en s'appuyant tantôt sur les unes et tantôt sur les autres, se taillerait de faciles succès.

Il paraît également certain que les Alliés, à moins qu'ils ne se reconnaissent vaincus, ne peuvent pas permettre à l'Allemagne de s'assurer à l'Orient des annexions territoriales et des avantages économiques, qui détermineraient, dans un délai plus ou moins court, l'écrasement et la ruine de l'Europe occidentale.

Mes arguments ont touché Trotzky. Ils ne l'ont pas convaincu. Je dis que cet état d'esprit est dangereux pour nous, parce que la crainte d'une paix séparée conclue sur le dos de la Russie peut amener la délégation russe à des concessions regrettables. Trotzky m'a assuré d'ailleurs que même si les Alliés trahissaient la Russie (c'est un point de vue qui peut paraître paradoxal en Occident), les Russes ne trahiraient pas la Révolution et maintiendraient leurs principes.

Je souhaite vivement que des déclarations nettes faites par les pouvoirs alliés démontrent aux bolcheviks que leurs craintes sont injustifiées.

J'avais obtenu de Trotzky la promesse qu'il recevrait, hier, Charles Dumas. L'incident avec la mission française l'a déterminé à retarder cette entrevue. Son départ à Brest va la remettre encore. C'est dommage. J'ai causé longuement avec Dumas, je lui ai soumis quelques-unes de mes notes quotidiennes. Il avait eu les explications de notre ambassadeur. Il a pu juger, comparer, et je sais pour qui il a pris parti. J'étais d'ailleurs fort tranquille.

Pétrograd, le 24/6 janvier 1918.

M. Albert THOMAS, député (*Champigny-sur-Marne*).

Mon cher ami,

Au moment de partir pour Brest-Litovsk, Trotzky me disait en riant : « Je vous emmène ! » La tentation était forte de faire ce voyage incognito. Mais je sais trop à quelles indignations je me serais heurté, non sans raison d'ailleurs, et je n'ai même pas songé à solliciter de mes chefs l'autorisation de partir. Quel scandale j'aurais provoqué! Les militaires et les diplomates traditionnels paraissent être de tous les hommes les moins aptes à manœuvrer au milieu des événements actuels. Prisonniers de formules étroites, les plus intelligents d'entre eux ne peuvent rien comprendre ni à la grandeur ni à la profondeur des phénomènes qui bouleversent le monde. Ils ignorent tout des idées socialistes, des aspirations populaires, du grand mouvement mystique qui entraîne irrésistiblement, instinctivement les masses russes, par les voies les plus rudes et les plus chaotiques, vers un idéal très pur de fraternité universelle. Les faits prodigieux auxquels nous assistons les laissent stupides et désemparés. Ils en aperçoivent seulement les formes extérieures désordonnées, se bornent à constater une anarchie grandissante et se refusent à croire que sous ce désordre il coule beaucoup de beauté, d'enthousiasme et la préparation d'un ordre nouveau dans les sociétés humaines.

Ils regardent sans comprendre et par conséquent sans agir et les événements se développent sans eux, c'est-à-dire contre eux. Bientôt il sera trop tard. Les seuls hommes qui, en Europe, paraissent aptes à apprécier justement la portée des événements russes, la répercussion qu'ils ne manqueront pas d'avoir dans le monde entier, sont les socialistes, plus prés de l'idéal, plus habiles, plus manœuvriers que les autres, seuls connaisseurs des principes nouveaux sur lesquels sera demain réorganisée l'Europe, possédant seuls l'ensemble des doctrines politiques et économiques qui permettront d'abord de liquider le passé, puis d'organiser l'avenir.

Aussi quand les officiels s'effraient de voir les leaders bolcheviks seuls aux prises à Brest avec les meilleurs diplomates et les fonctionnaires les plus brillants des Empires Centraux, je m'efforce de les rassurer. Je suis convaincu notamment que Trotzky est plus qualifié qu'aucun autre Russe, — je ne veux pas dire qu'aucun autre politicien européen, — pour défendre dignement la Russie nouvelle, et je sais que, solidement appuyé sur les grands principes de la Révolution, il tiendra aisément tête dans les discussions aux Kuhlmann et aux Czernin.

Je passe des journées très douloureuses. Je désespère souvent. Il me faut beaucoup de courage pour continuer la lutte après tant d'efforts inutiles, après tant d'échecs décevants. J'ai l'impression que nous faisons tout ce qu'il faut pour rouler à l'abîme. Quelle action bienfaisante auraient pu accomplir ici quelques camarades intelligents, actifs, audacieux ! Mais je suis seul, terriblement seul. Je l'ai déjà dit, mes chefs à la Mission militaire et à l'ambassade reçoivent avec intérêt les tuyaux inédits que je recueille chaque jour. Ils reconnaissent que mes avis ne sont pas sans valeur et ils se félicitent de les avoir suivis quelquefois. J'ai pu éviter un certain nombre de gaffes. Mes relations amicales avec Lénine et Trotzky m'ont permis d'écarter plusieurs tuiles dont le choc aurait compromis gravement les intérêts alliés. Mais ces résultats négatifs me paraissent bien minces, quand je songe à la besogne positive immense qu'on pouvait réaliser ici et qu'on pourrait accomplir encore. Certes, les possibilités d'action diminuent au fur et à mesure que les événements se déroulent. Pourtant il y aurait bien des choses à faire ou à tenter d'abord ·

1°· Aider à la formation d'une armée défensive révolutionnaire ·

2° Retarder la signature de la paix russo-allemande.

M. ALBERT THOMAS, député (*Champigny-sur-Marne*).

Mon cher ami,

Passé tout l'après-midi chez Kollontaï. Je mène, depuis plusieurs semaines, près des leaders bolcheviks, une campagne active pour la formation d'une armée de volontaires. L'idée fait son chemin lentement, avec des hauts et des bas. Elle se heurte à bien des scepticismes, à bien des découragements, à bien des lâchetés.

Fille et femme de général, filleule du grand Dragoumirof, Kollontaï est l'antimilitariste la plus passionnée du parti maximaliste comme peut l'être une femme bolchevique, qui se trouve être, par surcroît, issue de famille militaire.

Je lui apporte aujourd'hui le « Chant du Départ », la belle gravure de Steinlen, où des poilus authentiques, lourds et sublimes, soulevés par une foi ardente, suivent « La Victoire en chantant », et je dis à Kollontaï, en lui faisant admirer la Victoire, jeune et splendide, inspirée de la Marseillaise de Rude : « Cette femme, cette Victoire, c'est vous. La paix est compromise. Il faut que vous soyez la grande prêtresse de la guerre sainte, que vous fassiez jaillir du sol l'armée rouge qui défendra d'abord les conquêtes de la révolution russe contre l'ennemi intérieur, puis contre l'ennemi extérieur. Les dernières exigences germaniques imposent aux Soviets le devoir de continuer la lutte. Signer la paix que prépare l'Allemagne serait trahir l'Internationale et renforcer l'impérialisme allemand. N'oubliez pas que vous êtes avant tout des internationalistes, que demain vous aurez à rendre compte, en Congrès, de toutes les fautes que vous aurez commises. Certes, la Révolution russe doit être considérée comme un tout. On doit faire masse de ses beautés et de ses laideurs. J'imagine que ce bloc paraîtra à beaucoup aussi admirable que l'œuvre semblablement inégale, mais plus sanglante, cons-

truite par la Révolution française. Pourtant; vous auriez failli
à votre mission, vous auriez ruiné votre œuvre, si, d'une part,
vous n'assuriez pas le succès de votre mouvement à l'intérieur
de la Russie, et vous ne mainteniez pas intégralement les principes socialistes dans vos négociations avec l'Allemagne ».

Longue discussion avec Kollontaï, qui reconnaît que j'ai
raison, que les bolcheviks ne peuvent pas céder, qu'ils doivent se préparer à la lutte. « Malheureusement, me dit-elle,
tous les camarades ne pensent pas ainsi. Pourtant, ce serait
très beau de finir en beauté, de mourir en combattant. Oui,
c'est cela qu'il faut faire : Triompher ou mourir ».

Je sais, comme elle, à combien de difficultés se heurteront
les organisateurs de l'armée rouge, bien qu'il ne s'agisse plus
de recruter et d'instruire plusieurs millions d'hommes et de
préparer le matériel indispensable à une grande guerre offensive. Il suffira, en effet, de jalonner le front oriental de 5 à
600.000 hommes, maintenus en position défensive, obligeant
les Allemands à immobiliser quelques dizaines de divisions
et les contraignant à un effort qu'ils ne paraissent pas capables d'accomplir. Que craindre d'eux ? La prise de Revel, la
mainmise sur quelques points stratégiques, quelques raides
audacieux vers Pétrograd ou l'Ukraine. Des partisans résolus
peuvent, à peu de frais, leur occasionner des pertes considérables et réduire au minimum leurs avantages. Il est évident
que quelques modifications à la carte de guerre n'améliore-
ront pas pratiquement la situation générale de l'ennemi. La
Russie, force économique et morale immense, ne sera pas
sensiblement diminuée au jour de la paix générale parce que
les Allemands auront provisoirement mis la main sur un plus
ou moins grand nombre de provinces.

La Russie représentera plus que jamais demain une puissance d'avenir formidable dont l'Europe devra se ménager
les sympathies. Et spécialement les Russes ont bien peu à
craindre des annexions considérables dont ils sont menacés
par l'Allemagne. Celle-ci ne peut pas négliger tout à fait les
leçons du passé. Elle aurait trop à s'en repentir. Elle ne peut
pas songer à ouvrir à ses dépens une nouvelle question d'Alsace-Lorraine qui, parce qu'elle serait posée en 1918 et non en
1871, et qu'elle intéresserait 15 à 20 millions d'habitants, au
lieu de 1.500.000, serait infiniment plus difficile à résoudre
que la première. Comment l'Allemagne pourrait-elle songer,

même si les puissances occidentales le lui permettaient, d'a-
bord à assimiler, à digérer les peuples conquis, comment ensuite pourrait-elle espérer entretenir des relations de bon
voisinage avec une nation aussi humiliée et dépouillée?

Or, il paraît évident que demain, économiquement et diplo-
matiquement, la politique germanique devra être une politique
de rapprochement avec la Russie, possible seulement si la paix
signée entre les deux pays est une paix honorable.

Etant donné l'effort militaire accompli par les Alliés sur le
front occidental, les Allemands ne peuvent plus d'ailleurs porter sur le front oriental le coup de massue qui leur permettrait
de mettre la Russie hors de cause et de la contraindre à une
paix de soumission. La résistance militaire russe, même réduite au minimum, même limitée à une armée rouge, à une
guerre de partisans, suffirait à empêcher une avance rapide
des ennemis, à leur enlever toute possibilité sérieuse de ravitaillement.

Mais l'Armée Rouge ne sera constituée, ne peut être constituée qu'avec l'assistance des Alliés.

M. Albert THOMAS, député (*Champigny-sur-Marne*).

Mon cher ami,

Les dictateurs du prolétariat ont quitté Pétrograd. Trotzky est à Brest, Lénine est parti en Finlande pour se reposer quelques jours. La Russie ne paraît pas souffrir jusqu'ici de cet abandon.

Ces deux hommes sont vraiment toute l'âme de la Révolution. Ce sont des hommes d'action remarquables, des conducteurs de foules comme je n'en avais pas vus encore. Ils ont su acquérir et maintenir, malgré toutes les calomnies, dans les conditions les plus difficiles, un prestige étonnant. Ils ont au suprême degré les qualités et les défauts des grands meneurs religieux et politiques, volonté d'acier, ténacité incroyable, conviction enthousiaste, la foi qui soulève les montagnes et brise tous les obstacles.

D'intelligence exceptionnellement vive et souple, Trotzky est ou sait être borné quand il le faut, quand il sent qu'il ne faut pas admettre la discussion parce que la discussion c'est le doute et que le doute du chef provoque la débâcle des troupes. J'imagine que les disciples de Luther, que les fidèles de Robespierre, que les grognards de Napoléon n'avaient pas en leur idole plus de confiance aveugle, plus de vénération que n'en montrent à Lénine et à Trotzky les gardes rouges, les matelots et les ouvriers qui constituent le noyau essentiel et solide des forces bolcheviques.

Trotzky me répète souvent combien il est impressionné par les preuves de désintéressement, de dévouement total que prodiguent à leur chef ces humbles amis, et combien il se sent fort de cet amour. Quand il évoque ses troupes ardentes et dévouées jusqu'à la mort, sa voix, si souvent caustique et âpre, s'adoucit. Il est ému d'une émotion tendre qui n'éclaire que très rarement cet homme nerveux, froid et amer, dont le sourire satanique me glace parfois. Car l'âme de Trotzky déborde d'amertume, de mépris et je puis bien le dire, de haine à l'égard des classes dirigeantes.

Vraiment, je suis convaincu que ces deux hommes, hommes exceptionnels sinon grands hommes (le succès seul permettra à la bourgeoisie courtisane qu'on appelle l'histoire de les classer tels) sont mus dans leur action présente par les sentiments les plus élevés. On me demande souvent si je pense que Lénine et Trotzky aiment le pouvoir pour le pouvoir. En ce qui concerne Lénine, aucun doute n'est permis. Le pouvoir pour lui n'est pas un but en lui-même, mais seulement le moyen de faire triompher l'Idée. Et j'ai aussi l'impression très forte, si apparente que soit la jouissance procurée à Trotzky par l'exercice du pouvoir, qu'il ne le conserverait pas s'il devait y servir une autre cause que le bolchevisme.

Mais les foules mouvantes ont tôt fait de briser les idoles les plus chères. Pendant combien de mois encore les dictateurs du prolétariat se maintiendront-ils ? Un brusque événement peut les abattre, crise des transports, des ravitaillements, chômage, rupture des pourparlers suivis d'offensive, que sais-je encore ?

L'anarchie s'aggrave chaque jour, et si remarquables que soient les aptitudes des Russes à s'accommoder du désordre, la faim, la peur, la colère peuvent déclancher la catastrophe. Je dis la catastrophe, car j'estime de plus en plus qu'une chute brutale des bolcheviks serait une grave catastrophe pour la Russie et pour les Alliés. Nous avons cette chance rare d'être en face de Russes qui savent ce qu'ils veulent, qui le proclament brutalement, mais honnêtement. Si nous daignions enfin apercevoir dans leur programme ce qui est avantageux pour l'Entente, si nous renoncions à nous immiscer dans les luttes intérieures, à encourager des efforts contre-révolutionnaires, destinés à être vaincus, si nous cessions en un mot de favoriser le désordre et en même temps de tenter de ramener les bolcheviks à l'idéologie bourgeoise, si nous consentions à réviser d'accord nos buts de guerre. nous pourrions tirer largement parti de ce gouvernement.

Ses successeurs, vous les verrez à l'œuvre. Ceux-là sont de vrais Russes, ondoyants et divers. Social-démocrates ou social-révolutionnaires, nous ne devons en aucune mesure compter sur eux. Au point de vue social intérieur, pendant longtemps, ils ne pourraient, même s'ils le voulaient et ils ne le voudront pas sincèrement, rien défaire de l'œuvre faite par les bolcheviks. Au point de vue de la guerre, ils sont disposés à reprendre les pourparlers de paix s'ils étaient interrompus, et ils seraient incapables de défendre les intérêts russes avec l'énergie audacieuse déployée par les bolcheviks. Après nous avoir prodigué de bonnes paroles, nous avoir juré fidélité, ils nous lâcheraient sans vergogne à la première occasion. Je souhaite que l'avenir m'inflige un rapide démenti.

M. Albert THOMAS, député (*Champigny-sur-Marne*).

Mon cher ami,

Les pourparlers ont repris, hier, à Brest-Litovsk.

La volonté très certaine des bolcheviks en général et de Trotzky en particulier est, plus que jamais, de les faire traîner en longueur. En l'état de la situation générale, il est de moins en moins vraisemblable, en effet, que les Empires Centraux proposent à la Russie une paix satisfaisante. Conclure avec la Russie une paix démocratique sans annexions, sans contributions, sans imposition d'un régime économique assurant au moins à l'Allemagne, pour un certain nombre d'années, la situation de la nation la plus favorisée, en un mot conclure une paix blanche à l'Est, équivaudrait à contraindre l'ennemi, soit à poursuivre la guerre sur le front occidental jusqu'à une victoire qui lui permettrait de prendre sur ce front les gages territoriaux et économiques auxquels il aurait renoncé sur le front oriental, soit à accepter la paix de l'Entente.

La victoire contre l'Entente étant au moins incertaine, on ne peut pas supposer que les Allemands soient dès maintenant décidés à signer une paix orientale conclue sur des bases honnêtes et démocratiques. Il faut donc prévoir que les Allemands vont maintenir en les enveloppant d'un peu plus d'hypocrisie leurs propositions léonines, qu'ils n'abandonneront leurs prétentions ni sur les questions de Courlande, de Lithuanie et de Pologne, ni sur l'établissement d'un statut économique qui assurerait, d'une part, la prédominance de leur industrie sur le marché russe et qui dirigerait, d'autre part, vers leurs territoires, la quantité de blé indispensable au ravitaillement d'une population affamée.

Pour gagner du temps, pour retarder l'ultimatum qui mettait les bolcheviks dans la cruelle alternative d'accepter la rupture des pourparlers et de tenter une reprise de la guerre ou bien de signer une paix de soumission, Trotzky compte donner toute l'ampleur possible aux discussions qui vont se produire désormais. Il veut user et abuser de la Tribune retentissante de Brest. Je suis sûr que cet homme extraordinaire sera à la hauteur de sa tâche et que Czernin et Kuhlmann, sur le terrain des principes, seront mis par lui bien souvent en posture gênante, sinon ridicule. Cette tactique habile aura d'autres avantages que celui de prolonger les négociations. Elle manifestera avec plus d'éclat que jamais la volonté inébranlable des maximalistes de consentir seulement à une paix honnête, et tous les efforts que feront les Empires Centraux ne manqueront pas d'élargir la coupure qui, quoi qu'en disent les gens de l'Entente, sépare de plus en plus les gouvernements austro-allemands et leur clique impérialiste des masses libérales et social-démocrates. En Autriche comme en Allemagne, en effet, la presse de ces partis mène une campagne vigoureuse pour la paix russe contre la paix pangermaniste. Ce n'est pas une des conséquences les moins étonnantes et les moins fécondes de l'action honnête, hardie et brutale accomplie par la délégation russe que de lire dans la presse socialiste et même libérale ennemie, d'une part, les approbations et les encouragements incessants prodigués à Trotzky, d'autre part, les attaques de plus en plus vives lancées par des Allemands contre les prétentions excessives de leurs propres représentants. C'est un phénomène probablement unique dans l'histoire du monde, qu'une portion, intellectuellement et numériquement importante d'un pays en guerre, passe ainsi à l'ennemi, vilipende les délégués qui sont censés représenter les intérêts de leur propre nation et crient, d'une voix toujours plus forte et plus menaçante à son gouvernement et au monde : « Notre délégation a tort. L'ennemi a raison. Ce sont ses solutions et non les nôtres que l'Allemagne a le devoir d'adopter ».

Il n'est pas possible que cette union sacrée germanique sur la question essentielle, la question de la paix, n'inquiète pas considérablement les classes dirigeantes des Empires Centraux. Certes, je ne crois guère à l'imminence d'une révolution en Allemagne. Mais l'antagonisme croissant entre les aspirations des masses éclairées ou souffrantes et les appétits démesurés de leurs maîtres, est de nature à troubler la nation tout entière. J'imagine d'ailleurs que les délégués austro-allemands ne se font aucune illusion sur le danger du petit jeu que mènent contre eux leurs contradicteurs de Brest-Litovsk.

Ne vont-ils pas, avant que le péril ne soit aggravé, couper les ponts et poser brusquement aux Russes l'ultimatum que redoutent justement Lénine et Trotzky? Et dans ce cas, que feront les Russes ? Je mène une campagne désesperee à Smolny, près de tous les leaders que j'approche, en faveur de la résistance. Mais la résistance semble à beaucoup la faillite des promesses de paix immédiate qui ont été faites et répétées depuis trois mois. Cette faillite ne déterminerait-elle pas la chute? Et la chute, c'est l'impossibilité de continuer sur le terrain intérieur la grande expérience du socialisme.

Déjà les partis ennemis, S.-R. et S.-D. se gaussent des bolcheviks, proclament leur faillite, et il est malheureusement certain qu'au cas de rupture des négociations, tous ces Messieurs auxquels, avec une naïveté inconcevable, les Alliés font encore confiance, feraient tout, pour empêcher la formation de l'Armée Rouge. Isolés, honnis, entourés d'ennemis à l'intérieur et dans l'Entente, les bolcheviks risqueront-ils de tomber, sachant fort bien que leurs successeurs, quels qu'ils soient, reprendraient sans tarder les négociations, et n'hésiteraient pas sans doute à signer la paix qu'auraient dédaigneusement écartée les bolcheviks?

Il y a là un nuage sombre que l'Entente pourrait contribuer à dissiper. Pour cela, il suffirait, à mon avis, que les Alliés se décident enfin à définir concrètement, et d'accord, leurs buts de guerre. Actuellement, après les mises au point et les concessions successives faites tardivement, hélas ! par les Alliés les uns après les autres, il me semble que trois questions séparent seules le gouvernement des Soviets et l'Entente.

La question d'Alsace-Lorraine, pour laquelle le plébiscite ne saurait être écarté, à moins de victoire décisive. Et le plébiscite sera conditionné (son résultat nous sera favorable ou non d'après les conditions posées), non pas dans une déclaration de l'Entente, mais au Congrès de la Paix. Comment ne pas croire, dans ces conditions, qu'il ne sera pas possible d'obtenir alors de l'Allemagne une procédure qui nous donne satisfaction, alors que nous disposerons de moyens de marchandage — la vilaine chose et le vilain mot — tels que les colonies africaines allemandes, le domaine colonial franco-anglais, et la Russie? L'Allemagne ne considère-t-elle pas aujourd'hui, avec plus d'envie, la possibilité d'une extension économique vers l'Orient ou l'Afrique, que le maintien intégral de ses droits politiques et économiques sur l'Alsace-Lorraine? L'Alsace-Lorraine représente une population d'un million et demi d'habitants. L'Allemagne guette ses possessions africaines infiniment plus peuplées. L'Alsace-Lorraine possède le fer et la potasse. Que sont ces richesses considérables auprès de celles contenues soit en Russie, soit dans nos possessions d'outre-mer? Et sans marchandage même, car les démocrates se laisseraient aller difficilement, j'imagine, à ce honteux trafic de maquignon, s'il ne paraît pas possible d'assurer à la France la propriété politique et économique totale des provinces perdues en 1871, ne peut-on pas imaginer une solution qui tout en nous restituant l'Alsace-Lorraine, ménagerait, dans une certaine mesure, les intérêts économiques que l'Allemagne y possède?

La question d'Asie-Mineure et les intérêts légitimes de l'Angleterre, de l'Italie, de la France pourraient être assurés non par un partage du territoire en sphères séparées d'influences, mais par une organisation internationale de contrôle et d'action économique.

· La question d'Irlande à qui l'Angleterre ne paraît pas pouvoir refuser plus longtemps une autonomie conditionnée.

Les questions coloniales soulevées « symboliquement » par les bolcheviks pourraient être momentanément écartées. Trotzky et Lénine se rendent parfaitement compte des difficultés qui s'opposeraient à une consultation sérieuse de la population de pays comme l'Inde ou Madagascar et comprennent que des referendums accomplis nécessairement sous le contrôle et la pression des métropoles intéressées n'apporteraient pas de modifications substantielles à la situation de ces peuples non politiquement éduqués.

A la suite d'une telle déclaration, l'Entente pourrait adresser utilement un suprême appel au peuple russe et garantir au gouvernement, quel qu'il soit, son appui total contre les Empires Centraux pour la conquête par les armes d'une paix honnête et démocratique.

M. ALBERT THOMAS, député (*Champigny-sur-Marne*).

Mon cher ami,

J'ai trouvé ce soir Lénine fatigué et déprimé. Je l'avais vu hier déjà retour de Finlande. Son court repos ne l'a amélioré ni physiquement ni moralement. La fièvre est tombée, la fatigue reste. Mais je sais à ce diable d'homme tant de ressort et de volonté que bientôt, j'en suis sûr, il rebondira.

La situation intérieure n'est évidemment pas brillante. Les transports vont de mal en pis et rendent de plus en plus aiguë la crise du ravitaillement accrue déjà par la lutte contre l'Ukraine, qui n'autorise plus les trains de blé à remonter vers le Nord. L'industrie se démolit jour par jour. Elle est privée des matières premières du Sud, boycottée par les industriels, les banquiers et le haut personnel technique, maltraitée par une classe ouvrière inculte, grossière, qui use et abuse de l'arme dangereuse que constitue entre ses mains brutales le contrôle ouvrier. Pour remettre les choses en l'état, il faudrait un état-major intelligent, énergique, nombreux. Or, les cadres continuent à manquer aux bolcheviks.

Lénine redoute d'autre part une rupture prochaine des pourparlers de Brest. Il reconnaît que les mouvements populaires escomptés en Autriche et en Allemagne tardent à se produire. Le mécontentement grandit partout. La Révolution est inévitable. Mais se produira-t-elle en temps utile ? Et en cas de rupture, que faire ? Résister, avec quoi ? L'armée rouge sera très difficile à constituer, étant donné d'une part la lassitude du pays, sa volonté unanime et la propagande hostile faite par les S.-R. de droite dans les masses paysannes contre une reprise possible de la guerre. La thèse des S.-R. est simple. Les maximalistes ont désorganisé définitivement l'armée. Il n'est plus possible de la reconstruire. Il ne faut pas même l'essayer. La résistance permettrait aux Allemands de conquérir des gages nouveaux et d'imposer un peu plus tard, avec la complicité des Alliés, des conditions plus oné.reuses pour la Russie que celles qui sont actuellement pro.pósées par l'ennemi.

Comme Trotzky, Lénine est convaincu, malgré le discours de Wilson, qui l'impressionne cependant favorablement, que des pourparlers sont engagés entre l'Allemagne et l'Angle.terre. Convaincus de l'impossibilité d'arriver avant épuise.ment complet à la victoire, l'Allemagne et l'Angleterre se.raient disposées à s'arranger économiquement sur le dos de leurs alliés respectifs, territorialement et économiquement aux dépens de la Russie, qui serait partagée en zones d'in.fluence et politiquement matée. Les puissances impérialistes alliées et ennemies sentent le danger que présenterait pour eux l'existence d'une grande république orientale à tendances profondément socialistes. L'exemple serait contagieux. N'est-il pas dans la logique des choses que les capitalistes de Berlin et de Londres cherchent à écarter ce péril angoissant pour l'avenir et s'efforcent d'accord d'écraser le bolchevisme naissant ? — D'ailleurs, quels démocrates oseraient reprocher à la Russie trahie et pourrie par le tzarisme, empêchée dans son action révolutionnaire par les ennemis de l'intérieur, abandonnée définitivement par les Alliés, de s'incliner pró-visoirement devant la force brutale allemande et de signer la paix, si désastreuse qu'elle soit. Débarrassée de la guerre, les bolcheviks emploieraient tous leurs moyens contre la bourgeoisie intérieure et extérieure, organiseraient la Russie et prépareraient dans la paix une armée révolutionnaire qui aiderait ensuite les prolétariats du Centre et de l'Occi-dent européen à se débarrasser à leur tour de l'ancien ré-gime. A ce moment, la paix générale serait revisée. La paix provisoire signée par la Russie ne serait donc qu'une trêve, et c'est ainsi d'ailleurs que les bolcheviks la présenteraient à la Russie et au monde.

J'ai combattu longtemps cette théorie du désespoir, mais je ne compte pas beaucoup sur Lénine actuellement pour appuyer l'effort militaire nouveau. Heureusement, j'ai d'au-tres appuis et je vais continuer ma besogne.

Pétrograd, le 30/12 janvier 1918.

M. Albert THOMAS, député (*Champigny-sur-Marne*).

Mon cher ami,

Les dépêches arrivées de Brest montrent les Allemands à la fois nerveux et menaçants. La brutale protestation élevée par le général Hoffmann, ce « bandit casqué », dit Trotzky, contre la propagande maximaliste et antimilitariste, développée par le pouvoir des Soviets, non seulement dans la presse mais par la voie des radios officiels, manifeste l'énervement créé dans le parti militaire par l'insolente audace de ses contradicteurs. L'ennemi se rend compte aussi, quoi qu'en disent les sceptiques de l'Entente, de la valeur révolutionnaire d'une fraternisation pratiquée de plus en plus largement, malgré le cordon sanitaire installé sur les lignes par le commandement allemand. Les principes maximalistes sont extrêmement contagieux et nos adversaires redoutent justement que le mal soit répandu sur le front franco-anglais par les soldats porteurs du bacille bolchevik évacués du front russe.

Les violences calculées du général, qui est, à Brest, le porte-parole du parti Hindenburg, plus puissant que jamais, malgré les atténuations apportées par le prudent Kuhlmann, « cette canaille bureaucratique », dit encore Trotzky, contraste avec l'attitude courtoise jusqu'à l'obséquiosité observée jusqu'ici par les représentants austro-allemands à l'égard des délégués prolétaires.

Le naturel revient au galop. Les Allemands ont compris qu'ils ne détermineraient pas les bolcheviks à accepter, par persuasion, des buts de guerre abominables. Ils brandissent donc le poing et menacent. Il leur est facile de menacer. Les meilleurs atouts sont entre leurs mains. Les maximalistes doivent lutter contre des difficultés effroyables. Tout ce qui vaut encore quelque chose dans leur armée est employé au rétablissement de l'ordre intérieur. Les Alliés répètent d'autre part chaque jour, ils crient stupidement à l'univers qu'ils se désintéressent des négociations de Brest, qu'ils n'aideront à aucun prix les traîtres bolcheviks. Les Allemands se réjouissent hautement de ces déclarations dont les faits n'établissent que trop la triste réalité. (Nous mettons les bolcheviks, c'est-à-dire, il ne faut pas l'oublier, la Russie tout entière, à leur merci.) Ils en abuseront, soyons-en sûrs. Souhaitons même qu'ils en abusent le plus possible. Il serait, en effet, infiniment dangereux que l'Allemagne ait la sagesse de proposer des conditions de paix, non pas mêmes justes et démocratiques, mais simplement honorables. Heureusement, *quos vult perdere Jupiter dementat.* Les bolcheviks, la Russie, les peuples de l'Entente vont voir ce qu'est la paix à la mode pangermaniste. Tout de même, ne vaudrait-il pas mieux empêcher cette paix ? Si honteuse qu'elle soit, elle aura pour résultat, pour quelques mois au moins, de laisser les mains libres aux Empires Centraux contre l'Entente, de leur permettre de reprendre avec la Russie des relations économiques profitables et elle pourra être présentée aux peuples austro-allemands comme une première victoire, présage de l'heureuse et prochaine issue du conflit mondial.

Pétrograd, le 31/13 janvier 1918

M. ALBERT THOMAS, député (*Champigny-sur-Marne*).

Mon cher ami,

On commente ici avec une sympathie reconnaissante l'admirable et habile discours de Wilson. L'hommage rendu par le grand Président des Etats-Unis à l'idéalisme des principes maximalistes, le ton amical de son adresse, surprennent et chatouillent agréablement l'amour-propre des hommes sur lesquels l'Entente, avec une insouciance désespérante, vomit quotidiennement des injures.

Ce qui leur plaît surtout dans ces lignes sensationnelles, qui scandalisent ici bien des officiels alliés, c'est qu'elles sont écrites en toute sincérité par un démocrate passionné, non socialiste évidemment, mais capable d'apercevoir la beauté des rêves faits par les révolutionnaires russes.

Les gouvernements anglais et français vont-ils se décider enfin à entrer dans la voie ouverte par Wilson ? Seule elle peut conduire à une collaboration dont chacun devrait à cette heure comprendre l'urgente nécessité. Vont-ils approuver l'hommage rendu à la pureté des intentions sinon à la sagesse des réalisations des leaders maximalistes ? Vont-ils se rallier aux conditions de paix fixées par les Etats-Unis ? Il est effrayant de constater qu'après trois années et demie de guerre les puissances de l'Entente ne sont pas arrivées encore à se mettre d'accord sur les buts qu'elles poursuivent.

M. Albert THOMAS, député (*Champigny-sur-Marne*).

Mon cher ami,

Rakovsky, l'agitateur bolchevik, retour du Sud, a apporté récemment aux Soviets des nouvelles inquiétantes.

D'après lui, le gouvernement roumain négocierait secrètement avec l'Allemagne. Les pourparlers de Brest lui ayant fait perdre tout espoir de conquérir la Transylvanie autrichienne, il préparerait l'occupation de la Bessarabie russe, que les Empires Centraux lui abandonneraient volontiers. Etant donné l'état des armées russes, la conquête sera aisée et facilitée encore par les grands propriétaires fonciers de Bessarabie, qui sont prêts à se jeter dans les bras de quiconque, Autrichiens, Allemands ou Russes, les débarrassera des Soviets. Le patriotisme de cette grande bourgeoisie est évidemment à fleur de terre. Il ne l'empêchera pas de trahir la Patrie russe, pour conserver ses privilèges et ses domaines. L'ignoble matérialisme dont font preuve ces classes dirigeantes de Bessarabie, d'Ukraine et de Finlande, serait de nature à confirmer la vérité de la fameuse et subversive formule : « La Patrie, c'est là où l'on est bien. »

La menace d'une occupation de la Bessarabie aurait suffi à tendre les rapports austro-roumains. Mais les bolcheviks ont été exaspérés plus encore par le mépris que manifeste le commandement roumain à l'égard des troupes russes. Il refuse en effet d'entrer en relations avec les chefs élus, avec les comités de soldats ; il s'oppose au libre mouvement des unités russes.

Une division russe, la 49e, qui revenait à l'arrière, aurait été cernée par les Roumains. Le 194e régiment a été désarmé. Les fourrages et une partie des vivres de la 49e division ont été confisqués par les troupes roumaines. Des bolcheviks sont arrêtés et fusillés.

Par mesure de représailles, le Conseil des Commissaires du Peuple a arrêté hier le ministre de Roumanie, M. Diamandi, que j'avais prévenu à l'avance. Cet attentat inusité contre la personne d'un de leurs collègues a violemment ému les diplomates de Pétrograd. Cet après-midi, ils se sont rendus en corps à Smolny et ont demandé à Lénine la mise en liberté de Diamandi.

Léninè, que j'ai vu ce soir, m'assure que satisfaction sera donnée dès demain à la diplomatie européenne. Il s'amuse beaucoup de la précipitation avec laquelle tous les diplomates, jeunes et vieux, alliés ou neutres, qui avaient jusqu'alors refusé avec indignation tout contact avec Smolny, sont intervenus. Il ne s'attendait pas à cette réception solennelle du jour de l'An et il me dit en souriant qu'il était encore tout ému d'avoir vu à la fois tant de beau monde. Il regrette ironiquement que les ambassadeurs, qui montrent de si belles qualités d'initiative lorsqu'il s'agit de défendre les privilèges de leur honorable corporation, ne déploient pas une semblable activité lorsqu'il s'agit seulement de ménager les intérêts de leurs gouvernements ou le sang de leurs soldats.

M. Albert THOMAS, député (*Champigny-sur-Marne*).

· Mon cher ami,

L'Assemblée Constituante s'est réunie, cet après-midi, au Palais de Tauride, dans une atmosphère de fièvre. Des soldats et des marins en armes circulent bruyamment dans les splendides galeries du Palais. Les députés vont siéger sous leur menace permanente.

L'opposition abattue, inquiète, fait piteuse mine. Pas un beau geste, pas une parole élevée. Aucune audace. Aucune allure. Le vide, la mort, le néant. Tchernof, élu président de l'Assemblée par 244 voix contre 153 à Spiridonova, prononce un grand discours déclamatoire, creux, prudent, contre la tyrannie bolchevique. Le programme développé par lui est, sous quelques réserves de forme, sensiblement identique à celui du gouvernement. Il oppose seulement la formule « tous les pouvoirs à la Constituante » à celle des bolcheviks « tous les pouvoirs aux Soviets ». Tseretelli, le seul menchevik auquel Lénine et Trotzky reconnaissent une valeur politique, est écouté attentivement. Sa critique du maximalisme est plus digne, plus ferme que celle de Tchernof. Mais sur la guerre, sur la paix, sur les questions essentielles, Tseretelli, Tchernof et les autres n'osent pas se séparer sincèrement des bolcheviks. Ils prétendent, au point de vue extérieur, vouloir s'adresser aux gouvernements alliés, réunir une conférence socialiste internationale, faire ratifier le programme de Zimmerwald. Mais ils n'interrompent pas l'armistice. Ils continueront les pourparlers de paix. Alors ?

J'ai été convoqué avant-hier à une réunion des députés S.-R. et S.-D. de droite et du centre. J'ai stigmatisé comme il convenait la honteuse et sournoise attitude de ces hommes. J'ai eu avec Roudnief, le leader moscovite, qui avouait qu'à aucun prix son parti n'aiderait les bolcheviks dans une reprise de la guerre, une discussion violente. La séance d'aujourd'hui confirme toutes mes craintes, justifie toutes mes critiques.

A la suspension de séance, les bolcheviks et les S.-R. de gauche quittent la salle pour protester contre l'attitude de la majorité qui n'a pas consenti à accepter immédiatement la déclaration préparée par le Comité central exécutif des Soviets proclamant les droits du peuple russe et approuvant la politique générale des Soviets.

La séance de nuit, bruyante, n'est pas plus impressionnante que la précédente. Vers 5 heures du matin, un marin s'adresse à Tchernof et lui dit : « La garde est fatiguée. Il faut lever la séance. » Tchernof, interloqué, balbutie quelques mots, entame avec le marin une discussion sans allure et, après la lecture de quelques déclarations, l'Assemblée, sans dignité, sans courage, sans une protestation généreuse pour flétrir la violence exercée contre la représentation légale du Peuple, obtempère aux ordres du matelot.

L'Assemblée Constituante a probablement vécu l'espace d'un matin. Ces quelques heures ont largement suffi pour faire éclater son impuissance et l'insuffisance de ses chefs.

Dans la journée, une manifestation en l'honneur de la Constituante, s'est heurtée à des barrages de gardes-rouges. Des fusillades se sont produites. Une vingtaine de manifestants ont été tués.

M. ALBERT THOMAS, député (*Champigny-sur-Marne*).

· ·Mon cher ami,

Le Comité Central Exécutif a adopté le décret dissolvant l'Assemblée Constituante. Voilà donc évanouie la dernière grande illusion des Alliés qui, s'obstinant systématiquement dans leur aveuglement, persistaient à mettre tous leurs espoirs dans cette Assemblée.

Cette séance du C. C. E. a été extrêmement intéressante. Lénine y fait le procès de la Constituante. Il rappelle que les membres de cette Assemblée ont été élus sur des listes établies en septembre, c'est-à-dire avant la Révolution bolchevique. Sur les listes S.-R., par exemple, les S.-R. de droite et du centre, alliés des partis bourgeois, étaient mêlés aux S.-R. de gauche, collaborateurs des bolcheviks. Par ce fait, les électeurs ont été mis dans l'impossibilité de manifester leur volonté. Pour la connaître, il faudrait recommencer les élections. Mais pourquoi faire ? L'Assemblée Constituante est un organisme suranné, une mauvaise copie des parlements bourgeois qui ont fait faillite dans toute l'Europe.

Les Conseils des députés ouvriers, soldats et paysans, représentent au contraire les masses de toutes les classes laborieuses et sont des organismes vraiment démocratiques seuls capables de permettre, dans des conditions favorables, la lutte du peuple contre les classes dirigeantes, de vaincre leur résistance et de saper le fondement de la société capitaliste.

En refusant de voter la déclaration des droits du peuple proposée par le C. C. E., la Constituante a marqué son hostilité aux masses populaires et a pris parti contre la République des Soviets. Elle s'est condamnée elle-même à disparaître.

Le pouvoir des Soviets doit être en effet absolu. Les Soviets, la plus importante des créations de la Révolution, se sont développés rapidement depuis février 1917. Limitant d'abord leur action au contrôle du pouvoir, ils ont montré en octobre qu'ils étaient capables de saisir eux-mêmes le pouvoir. Ils ont assuré depuis le véritable gouvernement du peuple. C'est en effet le seul système politique qui permette la surveillance, la collaboration incessante des électeurs avec les élus.

La thèse, je la connais bien, est développée avec beaucoup de force par Lénine. J'y retrouve de plus en plus quelques-unes des idées essentielles défendues depuis de longues années par quelques syndicalistes français. Les droits politiques et économiques du travailleur ont leur origine moins dans sa qualité de citoyen que dans sa qualité de producteur. Ils doivent en conséquence être accordés non pas à l'homme en tant qu'homme, mais à l'homme doué d'une utilité sociale et à lui seul.

Je serais curieux de savoir ce que pensent, de cette application élargie d'idées qui leur sont familières, Charles Albert, Merrheim, Griffuelhes, avec qui je me souviens d'avoir examiné le problème qui nous séduisait.

Certes, le système soviétiste paraît infiniment supérieur au système parlementaire que nous connaissons. Il crée une représentation plus directe, une direction plus effective des affaires publiques. C'est un système centripète. L'action va de la périphérie, c'est-à-dire du peuple au centre, c'est-à-dire à l'Assemblée élue.

Notre système centrifuge est évidemment moins absolument démocratique.

Le régime soviétiste est plus vrai, plus profondément populaire, plus apte à satisfaire les aspirations des masses, plus vivant et plus souple. Mais tous ces avantages ont leur contrepartie. Le régime soviétiste présuppose, me semble-t-il, une éducation politique et sociale relativement développée chez les ouvriers et les paysans. A défaut de cette préparation indispensable, il risque de déterminer plus facilement encore que le régime parlementaire bourgeois, soit l'anarchie, soit la tyrannie d'une poignée d'hommes. Or ceux-ci, aveuglément suivis par des masses grossières, mues seulement par des appétits et des sentiments, ne peuvent guère maintenir leur autorité, ou plus exactement ne peuvent conserver le pouvoir que dans la mesure où ils consentiront successivement des sacrifices, de plus en plus grands, aux appétits et aux sentiments prolétariens.

Des hommes d'acier comme Lénine et Trotzky peuvent-ils suffire à l'accablante tâche ? En admettant par hypothèse qu'ils triomphent à l'intérieur de leurs adversaires politiques et.qu'ils écartent les périls extérieurs qui les menacent de tous côtés, vaincront-ils l'anarchie ? Sauront-ils, d'autre part, échapper au danger de la surenchère pendant la période de croissance de ce peuple enfant ?

L'expérience faite par Lénine et Trotzky est infiniment plus difficile que celle que tenteraient sur le même plan les socialistes de France, d'Angleterre ou d'Allemagne. Dans ces trois pays, en effet, l'élite de la classe ouvrière et des masses paysannes a une formation politique. infiniment plus avancée que le peuple russe. Elle est assurée de la collaboration d'une partie importante des techniciens contremaîtres, ingénieurs, industriels et agronomes, qui manquent terriblement aux bolcheviks. Elle est moins impatiente, plus capable de limiter ses revendications, parce qu'elle saisit mieux les difficultés de réalisation et la.lenteur nécessaire de ce formidable travail de démolition puis de reconstruction.

Il est possible de concevoir l'organisation soviétiste de Paris, de Bordeaux, de Limoges, de la plupart de nos centres industriels et d'un grand nombre de régions agricoles où fleurissent le syndicalisme et la coopération. Mais sur quel terrain dangereux vais-je m'engager ?

Oublierais-je d'oublier pour une fois que je suis socialiste ?

Pétrograd, le 7/20 janvier 1918.

M. ALBERT THOMAS, député (*Champigny-sur-Marne*).

Mon cher ami,

J'ai lu avec plaisir la dépêche résumant l'interpellation socialiste à la Chambre des députés sur la situation diplomatique. Mayéras, Cachin, Thomas paraissent avoir parlé excellemment sur la nécessité urgente d'adopter intégralement les principes wilsonniens et de proposer au monde des conditions concrètes de paix démocratique. Surtout j'ai applaudi à la demande de passeports pour la Russie. Avec quelle joie j'accueillerai une délégation constituée par des hommes comme Cachin, Lafont, Pressemane et un ou deux radicaux intelligents ! Comme ils auraient tôt fait d'apercevoir les fautes commises et de faire adopter une politique plus sage ! Je suis sûr qu'un séjour d'une semaine suffirait à assurer cet indispensable changement d'orientation. Je suis désespéré de n'avoir pas encore le droit de télégraphier à Paris. Je me demande si les informations que je donne chaque jour, si mes correspondances parviennent aux intéressés, si l'ambassade daigne inscrire dans ses télégrammes les plus importants des renseignements que je lui fournis.

Depuis près de deux mois, pas une semaine ne s'est écoulée sans que, par mon intermédiaire, les bolcheviks aient demandé officieusement, c'est vrai, mais sincèrement, le concours militaire des Alliés. Je n'arrive pas à croire que Paris soit au courant de ces sollicitations successives de plus en plus pressantes. Il ne persisterait pas dans un silence aussi dangereux.

Qu'aurions-nous donc à perdre à une collaboration limitée à l'appui militaire ?

Quels risques courrait l'Entente en secourant la Russie ?

La France et l'Amérique refusent-elles donc d'opérer sur les bases wilsoniennes, cette révision de leurs buts de guerre, qui est la condition préalable, la plus importante, je puis dire la seule, posée par les bolcheviks à la collaboration ?

Ou bien serait-il vrai que la haine des bolcheviks égare nos hommes d'Etat au point de les laisser signer une paix désastreuse pour nous autant que pour la Russie, sans esquisser même un geste de défense ? Il n'est pas possible que l'état de nos effectifs ne permette pas aux Alliés d'envoyer ici quelques divisions franco-anglo-américo-japonaises.

Ne comprend-on pas que sans nous les bolcheviks seront incapables de reprendre utilement la lutte. Ils le sentent de mieux en mieux et ceci explique l'abattement de Lénine, sa résignation à subir une paix honteuse, les appels de plus en plus précis qui nous sont adressés.

Avec quelle ardeur je souhaite que nos camarades arrivent à Pétrograd. Mais qu'ils se hâtent !

Pétrograd, le 11/24 janvier 1918.

M ALBERT THOMAS, député (*Champigny-sur-Marne*).

Mon cher ami,

Vu à diverses reprises Trotzky, retour de Brest. Il est indigné et atterré. Les Allemands ont démasqué leurs batteries. L'appétit des pangermanistes est démesuré. Ils prétendent annexer 150.000 verstes de Russie. Ils exigent des avantages économiques considérables.

Trotzky me confie la carte qu'il rapporte de Brest et sur laquelle le général Hoffmann a tracé de sa main la ligne fatale qui va couper la Russie. Cette ligne part du golfe de Finlande, à l'est de Moonsund et va jusqu'à Brest par la Balk-et Minsk.

Trotzky me prie de lui apporter ce document après l'avoir montré au général et à l'ambassadeur.

« Nous ne voulons pas signer cette paix-là, me dit-il, mais que faire ? La guerre sainte ? Oui, nous la décréterons, mais à quel résultat arriverons-nous ? Le moment est venu pour les Alliés de se décider ! »

Que vont faire les Alliés ? Hélas ! je crains de plus en plus qu'ils ne fassent rien

Pétrograd, le 12/25 *janvier* 1918.

' M. ALBERT THOMAS, député (*Champigny-sur-Marne*).

Mon cher ami,

Le Congrès des Soviets actuellement réuni discute comme de juste la question de la paix. Tous sont angoissés. Subir cette paix, c'est affaiblir et discréditer à jamais le régime des Soviets. Recommencer la guerre sans l'appui des Alliés, c'est exposer la Révolution à un écrasement immédiat. Pourtant une forte majorité s'affirme pour la résistance. Je suis sans courage et incapable même de confier à ce papier mes impressions quotidiennes. Elles sont trop sombres.

M. Albert THOMAS, député (*Champigny-sur-Marne*).

Mon cher ami,

Charles Dumas me fait la tête. Pourquoi ?

Je me suis efforcé de le faire recevoir par Lénine, qui n'a pas consenti à ouvrir sa porte à l'ex-chef de cabinet du ministre Jules Guesde, à un social-patriote (c'est la formule ici) qui a vilipendé les leaders bolcheviks. J'ai réussi, par contre, à obtenir une audience de Trotzky. Charles Dumas a fixé l'heure de cette entrevue sans me prévenir. Le hasard veut pourtant qu'entrant dans le cabinet de Trotzky, comme à l'ordinaire, c'est-à-dire sans frapper, je trouve Charles Dumas. Je n'ai aucune raison pour me retirer. Trotzky serait surpris par une discrétion inusitée et d'autant plus inexplicable que son visiteur est un camarade français, introduit par moi auprès de lui.

Dumas fait un long discours, d'ailleurs intéressant. Il expose surtout les raisons de victoire de l'Entente et met avec raison en relief l'efficacité de l'aide américaine, à laquelle les Russes ne croient pas, évidemment. Assis en face de Trotzky, Dumas se passionne, hausse le ton, frappe la table du poing Trotzky est visiblement énervé. Il ne dit mot. Il lit, écrit, griffonne, donne des signes manifestes d'impatience. Quand M. Dumas (c'est ainsi que l'appelle Trotzky) a terminé son discours, il veut poser quelques questions.

Le dialogue suivant s'engage :

— Vous voulez me poser des questions. Mais qui représentez-vous donc ? lui demande Trotzky : le Parti socialiste français ?

Non.

Le gouvernement français ?

Non.

Que venez-vous faire ici ?

— Je suis un homme politique qui s'informe, qui veut être informé et dont (Dumas insistera tout à l'heure pour faire insérer intégralement son auto-définition dans le communiqué rédigé par Trotzky) les avis sont quelquefois écoutés.

— Je ne répondrai pas à vos questions.

— Est-ce là de la politique au grand jour, objecte Dumas?

— Etes-vous citoyen russe ? Non. Etes-vous délégué par un groupe internationaliste ? Non. En prenant le pouvoir, je ne me suis pas engagé à subir les interviews de tous les hommes politiques de passage à Pétrograd. Je suis seulement à la disposition de mes mandants. D'ailleurs, lisez les journaux. Vous serez parfaitement renseigne sur mon action. La thèse socialo-patriote que vous venez de m'exposer longuement et que je connaissais parfaitement me confirme dans l'intention que j'avais de ne rien vous dire. D'autre part, le fait que vous avez obtenu de Clemenceau le passeport qu'il refuse aux socialistes français, montre de quelle qualité est votre socialisme. Décidément, vous ne représentez pas le gouvernement? Vous n'avez pas de communication officielle à me faire ou à recevoir ?

Non.

Trotzky se lève. Quelques paroles banales sont échangees et c'est tout.

Charles Dumas est, paraît-il, blessé de ce que j'ai assisté à cette entrevue malheureuse et qui sans doute n'aura pas de lendemain. Sur le fond même de l'entretien, j'espérais autre chose de Dumas. Je lui avais conseillé de se présenter, comme il le pouvait, comme représentant officieux des Affaires étrangères et d'aborder la seule question actuellement intéressante, celle de la collaboration des Alliés avec les Soviets.

M. ALBERT THOMAS, député (*Champigny-sur-Marne*).

Mon cher ami,

J'avais pu annoncer au ministre de Roumanie, M. Diamandi, son arrestation plusieurs jours à l'avance. J'ai pu lui apprendre, dans les mêmes conditions, qu'il allait être expulsé. On lui a enjoint, ce matin, d'avoir à quitter la Russie dans la journée. M. Noulens et lui-même m'ont prié de faire, cet après-midi, une démarche aux Affaires étrangères, pour demander un sursis à l'exécution du décret. J'aurais pu obtenir, je pense, un délai d'un jour ou deux, si M. Diamandi n'avait eu la malencontreuse idée d'envoyer d'autre part aux Affaires étrangères un colonel de sa légation, que j'ai retrouvé dans l'antichambre. Quand j'ai pénétré dans le cabinet de Zalkind, ce colonel m'a dit : « Je vous suis ! » d'un ton qui ne m'autorisait pas à le laisser à la porte sous peine de voir, au cas où la démarche n'aboutirait pas, de désagréables soupçons peser sur un homme que son rôle d'informateur rend suspect légèrement, mais suspect tout de même aux bolcheviks et que son incroyable obstination à plaider la collaboration avec les bolcheviks rend extrêmement suspect aux Alliés.

Tant pis pour M. Diamandi. Ma conversation avec Zalkind n'a trouvé que des paroles peu courtoises. Je n'ai donc obtenu qu'un sursis de quelques heures (la légation devra quitter Pétrograd dans la nuit) et la mise à la disposition des expulsés d'un train spécial. Ceci est plus appréciable que cela. Etant donné les troubles naissants en Finlande et dont on m'entretenait, cette nuit, à Smolny, il est à craindre que le voyage des Roumains soit un peu long.

Saluons en passant cette première expulsion, qui précède peut-être quelques autres. La position des ambassadeurs alliés devient de plus en plus pénible. Puisqu'on ne se décide pas à reconnaître le gouvernement des Soviets et qu'on continue à le combattre, pourquoi ne pas rappeler nos représentants et les remplacer par des missions diplomatiques, financières, économiques, dirigées par des hommes d'affaires et d'action, qui pourraient agir sous leur propre responsabilité sans compromettre leurs gouvernements et qui manœuvreraient efficacement au milieu des éléments politiques près desquels M. Noulens et ses collaborateurs officiels n'ont eu jusqu'ici aucun accès?

On créerait ainsi des contacts officieux qui atténueraient bien des frictions et rendraient possibles des conversations utiles, plus utiles que celles que j'ai moi-même et qui revêtent presque toujours un caractère strictement privé.

Pourquoi surtout ne se décide-t-on pas à expédier, de France et d'ailleurs quelques démocrates intelligents, quelques socialistes souples, qui entreraient en rapport avec les Soviets, leur parleraient raison et seraient capables, sinon de les convaincre, du moins de les comprendre?

Il est trop évident que les renseignements fournis aux gouvernements alliés jusqu'à ce jour (je parle des renseignements officiels) ne permettent pas à des hommes comme Lloyd George et Clemenceau, que je ne crois pas, autant qu'on le répète, systématiquement hostiles aux bolcheviks et qui, en tout cas, cesseraient de l'être s'ils apercevaient l'intérêt qu'il y a à changer d'attitude, de se rendre compte de la force politique du parti actuellement au pouvoir et de l'impuissance certaine des autres partis, plus proches de la démocratie bourgeoise, à renverser les Soviets et à installer en Russie un gouvernement doué de quelque stabilité.

Pétrograd, le 16/29 janvier 1918.

M. Albert THOMAS, député (*Champigny-sur-Marne*).

Mon cher ami,

Le décret sur la formation de l'armée et de la flotte rouges ouvrière et paysanne va être publié. Cette tentative suprême échouera si nous ne la soutenons pas vigoureusement. Le corps des officiers russes ne prêtera pas de bonne grâce son concours à cette réorganisation bolchevique. Les généraux trouvent en effet des raisons nombreuses pour expliquer pourquoi ils refusent leur assistance quand on évoque devant eux la Patrie en danger et la nécessité, pour tous les patriotes, quelle que soit leur opinion, de rallier le drapeau national, quelle que soit sa couleur. D'ailleurs, les Soviets, de leur côté, peuvent-ils faire appel à ces hommes, sans nous, alors que depuis plusieurs mois, en accumulant contre les chefs de l'armée russe les pires accusations d'incompétence et de trahison, ils ont ruiné leur prestige ?. Ce n'est pas Krylenko, brouillon, violent et démagogue, qui fera sortir de terre les nouveaux régiments auxquels il faudra rendre le sentiment national, le sens de la discipline et le courage. La plupart de ses collaborateurs, plutôt antimilitaristes que spécialistes de l'art militaire, ne sont pas plus que lui-même à la hauteur de la tâche.

Seules les missions alliées et spécialement la mission française, mieux outillée en techniciens, dirigée par un général de premier ordre, pourrait rendre cet immense service à la Russie et à l'Entente. Les bolcheviks le savent. Lénine, et surtout Trotzky — je n'ai pas cessé de le dire et de l'écrire depuis plusieurs semaines — sont prêts à accepter cette indispensable collaboration sans laquelle ils seront contraints de subir les conditions du vainqueur et de signer une paix humiliante pour la Russie et mortelle pour la Révolution. C'est sans aucun enthousiasme qu'ils accepteront de confier une telle mission aux Alliés dont ils dénoncent véhémente-

. ment l'impérialisme et dont ils éprouvent, depuis deux mois surtout, l'implacable hostilité. La collaboration des Alliés, en effet, signifie le contrôle et, dans une certaine mesure, la direction de l'Entente sur la nouvelle armée et, par conséquent, puisque les bolcheviks ne peuvent pas conserver d'illusions sur la sympathie de nos gouvernements à leur égard, ils ont le droit de craindre la reconstitution de cadres contre-révolutionnaires. Notre collaboration signifiera encore une orientation toute différente donnée à la politique générale, la fin du splendide isolement socialiste, de l'internationalisme pur, le rapprochement, c'est-à-dire, dans une certaine mesure, la subordination à l'un des deux camps impérialistes. Ce sera donc un échec aux principes, échec limité en apparence aux questions militaires, mais qui s'étendra, par la force des choses, à bref délai, aux problèmes économiques et politiques.

Ce brusque coup de barre permettra à l'opposition, aux bolcheviks extrémistes, aux démagogues de droite et de gauche, une campagne dangereuse et facile. Mais ce remède empoisonné est pourtant le seul qui puisse sauver de la Russie et de la Révolution ce qui peut en être sauvé. L'appétit démesuré des Allemands apparaît davantage après chacune des séances dramatiques de Brest-Litovsk. Derrière les revendications territoriales immédiates, on pressent déjà des clauses économiques qui seront pires encore. Du point de vue politique, les maximalistes vaincus, humiliés, dont la faiblesse aura été démontrée et aggravée par l'humiliation, deviendront le jouet des militaristes allemands, qui ne permettront pas la survivance d'un Etat démocratique dont la contagion peut être funeste à leur propre pouvoir. C'est pour toutes ces raisons que Lénine et Trotzky ont, depuis plus d'un mois, multiplié, par ma bouche, les appels aux Alliés. On reproche à Trotzky de ne pas rédiger ses demandes sous une forme officielle et de laisser continuer dans la presse la campagne antialliée. L'argument n'est pas aussi fort qu'il le paraît. Parallèlement, en effet, les bolcheviks peuvent nous reprocher les injures, les attaques et les conspirations accumulées contre eux par l'Entente.

Ils n'interrompront leur campagne que lorsqu'ils auront la certitude que les Alliés répondront oui à leur appel et ne les repousseront pas dédaigneusement pour publier ensuite leurs sollicitations et les compromettre à l'égard des masses populaires.

A diverses reprises, j'ai affirmé à l'ambassadeur qu'au len demain du jour où j'aurai pu donner officiellement à Trotzky l'assurance officiellement garantie que nous sommes disposés à aider le gouvernement des Soviets dans son œuvre de réorganisation militaire contre l'Allemagne et que nous nous engagerons solennellement à ne pas nous immiscer dans les affaires intérieures de la Russie, j'apporterai au quai Français une demande, signée par Trotzky, au nom des Commissaires du Peuple.

En quelques semaines, en nous appuyant sur les éléments sains —il en existe encore — à puiser dans l'actuelle armée et sur les différentes armées nationales, nous serions en mesure de mettre en ligne les quelques dizaines de milliers d'hommes qui suffiraient, pendant les mois d'hiver et jusqu'après le dégel, à empêcher une avance sérieuse des Allemands. Nous fournirions ainsi aux bolcheviks la possibilité militaire, qu'ils n'ont pas sans nous (les Allemands ne l'ignorent pas), de résister à l'ennemi, soit jusqu'à obtenir des conditions de paix plus honorables, soit même jusqu'à une rupture des pourparlers qui replacerait la Russie dans la guerre, aux côtés de l'Entente. Résultat capital.

Je bondis d'indignation quand j'entends des représentants de l'Entente, chargés de défendre ses intérêts, soutenir cette thèse, qui parait l'emporter dans les milieux officiels, qu'il ne faut plus compter sur la Russie, qu'il faut faire une croix sur cette alliée traîtresse, nous désintéresser de ses actes et plus exactement des actes de la bande qui fait actuellement, à Pétrograd, le jeu de l'Allemagne.

Parce que le gouvernement des Soviets n'est pas de notre goût, continuer à proclamer qu'il n'existe pas, parce qu'il a commis déjà beaucoup d'erreurs, lui laisser commettre des fautes irréparables, parce que nous le détestons, que nous serions heureux de le voir périr, se résoudre à ne rien faire pour que la Russie échappe elle-même à la mort, quelle sotte politique que cette politique du pire ! Et j'aime mieux ne pas être un de ceux qui la préconisent. L'écrasante responsabilité qui pèse sur leurs épaules !

Comment ne pas apercevoir qu'en accordant aux bolcheviks l'appui à peine conditionné qu'ils sollicitent officieusement, mais sincèrement, j'en suis sûr, d'abord nous prenons barre sur eux, et ensuite nous retenons la Russie à nos côtés. Les conditions des Allemands ne peuvent pas être acceptables. Pourquoi ne veut-on pas voir qu'il est essentiel pour l'Entente de maintenir la Russie, si faible qu'elle soit, dans la guerre ? Cela est encore possible. Ne voit-on pas, au contraire, qu'en refusant toute assistance aux bolcheviks, nous les obligeons à périr, et ils veulent vivre, ou à signer la paix, quelle qu'elle soit ? Or, la paix signée sera une paix véritable. Il faut être affligé d'une myopie incurable pour supposer, comme on le fait ici, que cette paix honteuse va soulever l'indignation des Russes, déterminer un mouvement contre les Soviets et que d'ailleurs Guillaume II ne signera jamais un traité de paix avec des aventuriers comme Lénine et Trotzky. Oser croire que la paix que nous laissons s'accomplir va faire brusquement arriver au pouvoir un gouvernement ententiste et guerrier, c'est manifester une incompréhension totale des sentiments qui ont dominé l'âme russe depuis dix mois. La Révolution de février était déjà essentiellement une révolution contre la guerre. La Révolution d'octobre fut une révolution pour la paix. Certes, la paix qui menace ne sera pas la paix honnête, démocratique, idéale, souhaitée par les chefs et par les troupes révolutionnaires. Mais tous l'accepteront telle qu'elle sera, et les troupes plus aisément encore que les chefs. Le réveil du sentiment national, s'il se produit un jour, lorsque les durs inconvénients d'une paix léonine auront fait regretter les avantages qu'eût assurés une guerre prolongée, se produira trop tard pour être utile à l'Entente. Donc notre refus de secourir les bolcheviks livre pieds et poings liés la Russie aux ennemis. Elle assure la réalisation du rêve pangermaniste à l'Orient, l'Allemagne maîtresse des Balkans, de l'Asie-Mineure, de la Russie et, par là, dominant le monde, si l'effort militaire des Alliés d'Occident ne lui arrache pas la victoire. Et combien cette victoire sera plus lente et plus difficile à obtenir si l'Allemagne, débarrassée de toute inquiétude sur le front oriental, ravitaillée par la Russie en matériel, en vivres, et peut-être en hommes, jette contre nous les cent et quelques divisions employées actuellement ici.

Avant de répondre non à Trotzky, a-t-on pesé les conséquences de ce refus ?

La collaboration avec les bolcheviks introduirait nécessai-

rement un élément d'ordre, de modération, dans la politique
des Soviets. La Russie et l'Entente s'en féliciteraient rapidement.

D'autre part, quelques divisions alliées, armaturant quelques corps russes, réorganisés sous notre direction, encadrés.
en partie par nous, permettrait aux bolcheviks d'éviter la
paix, c'est-à-dire de recommencer la guerre. Le peuple russe
arraché à son rêve pacifiste par la brutalité des exigences
allemandes, comprenant la nécessité de la lutte, marcherait
rapidement à nos côtés. Ainsi la collaboration avec les bolcheviks, c'est la guerre terminée en un an par la victoire. Le
refus de collaboration, c'est la paix russo-allemande, c'est...
— je n'ose pas écrire ce que c'est, l'avenir le démontrera à
ceux qui ne veulent pas voir !

M. ALBERT THOMAS, député (*Champigny-sur-Marne*).

Mon cher ami,

J'ai revu, ces jours derniers, Zalkind, Kamenef et Alexandra Kollontaï, qui doivent partir prochainement, à quelques jours de distance, pour Stockholm, Londres et Paris.

Zalkind va fonder en Suisse un organisme de propagande bolchevique. Kamenef doit faire fonction en France de ministre plénipotentiaire.

Kollontaï part en mission temporaire ; elle est plus spécialement chargée d'exposer aux socialistes anglais et français le point de vue bolchevik sur la question de la guerre.

Depuis longtemps, le principe de la délégation était adopté J'ai donné tout mon appui aux candidatures Kamenef et Kollontaï. Bien que celle-ci soit de l'extrême-gauche et celui-là de l'extrême-droite du parti maximaliste, tous deux sont d'accord sur la question essentielle : à leur avis, les Soviets ne peuvent accepter qu'une paix honorable et démocratique, sans annexions et sans indemnités. J'ai écrit déjà quels efforts avaient accompli Kollontaï et son mari Dybenko pour faire admettre la nécessité d'une réorganisation rapide et sérieuse de l'armée. Depuis son retour de Brest, Kamenef n'a pas cessé de mettre en garde les bolcheviks contre l'hypocrisie et les convoitises allemandes. Kollontaï et Kamenef sont cultivés et souples, capables de comprendre tous les raisonnements, incapables de s'abîmer dans un entêtement mystique. Ils sont chargés non seulement d'entrer en rapport avec les camarades socialistes occidentaux, mais ils s'efforceront de causer avec les ministres anglo-français. Je suis sûr que des entretiens de cet ordre donneront d'excellents résultats et que l'ambassadeur mieux informé exercera une influence salutaire sur les Commissaires du Peuple mal informés.

J'ai revu ce soir Tchitchérine, qui remplace décidément

Trotzky aux Affaires étrangères. Il remplace plus directement Zalkind. Celui-ci est un nerveux, un impulsif, souvent brutal. Tchitchérine est un homme bien élevé, intelligent et cultivé. C'est un pur idéologue. Il a sacrifié sa situation mondaine et sa fortune à ses idées. C'est un honnête homme, dans la plus large acception du terme. Il appartient à une des meilleures familles de Moscou, dont son oncle fut maire. Les rapports avec lui seront plus faciles. Mais il ne m'apparaît ni comme un homme de volonté, ni comme un diplomate de grande allure. Nerveux, étriqué et hésitant, c'est du moins la première impression qu'il m'a faite, il est actuellement noyé dans la complication des affaires extérieures et ne parait pas de taille à réorganiser promptement une administration en désarroi.

L'absence de chefs véritables est décidément le gros écueil opposé à un succès durable des bolcheviks. Dans leur personnel directeur on aperçoit des idéologues pleins de bonne volonté mais sans expérience des questions pratiques d'administration et de politique qui leur sont confiées. En somme, je n'ai rencontré jusqu'ici que deux hommes de valeur réelle, de très grande valeur, hommes de cabinet, capables de se transformer en hommes d'action, de profiter de la leçon des faits et d'évoluer : Lénine et Trotzky, le premier plus étroitement logicien, le second moins volontaire mais plus souple. Autour d'eux, un certain nombre d'intellectuels très intelligents et de militants très ardents, mais si loin de la vie, les uns et les autres. Au-dessous : rien. Si les maximalistes ne s'assurent pas promptement la collaboration de techniciens bourgeois et d'une fraction importante de l'intelliguenzia, ils sombreront vite dans l'anarchie.

Pétrograd, le 18/31 janvier 1918.

M. ALBERT THOMAS, député (*Champigny-sur-Marne*).

Mon cher ami,

J'ai signalé déjà à plusieurs reprises la crise du personnel
d'encadrement dont souffrent les bolcheviks et qui entame de
jour en jour plus profondément la solidité de leur pouvoir.
La presque totalité des cadres est constituée par des militants
pleins de foi, mais autoritaires et insuffisants. Autour d'eux,
dans la plupart des administrations, se sont groupés des
jeunes gens, d'extraction bourgeoise, d'intelligence plus vive,
trop vive même, arrivistes et affairistes qui ne paraissent pas
avoir d'autre idéal précis que celui d'emplir rapidement leurs
poches. Ils ont développé avec maëstria le régime des pots-
de-vins, déjà célèbre dans la Russie tzariste et par leur fait,
la corruption s'étend de plus en plus dans les milieux maximalistes. J'ai signalé aux Commissaires quelques faits graves.
Des abus sont commis notamment à l'occasion de l'inventaire
du contenu des coffres-forts saisis dans les banques. Il est
de notoriété publique qu'une commission de 10 à 15 0/0
judicieusement octroyée, permet à un particulier de retirer
de ce coffre-fort toutes les valeurs ou sommes qu'il désire.
Ceci ne serait pas grave en soi. Mais je me suis élevé surtout
contre des vols et des chantages dont un certain nombre de
nos compatriotes avaient été victimes. Lénine se rend compte
du péril que de telles pratiques font courir au régime. Il
condamne et même fusille les malfaiteurs surpris. Mais ils
sont trop. Ce matin, on annonce l'arrestation de plusieurs
des membres de la Commission chargée de la révision des
coffres-forts. Ils sont convaincus de concussion.

Le gouvernement lance d'autre part un appel aux techniciens de la finance et de l'industrie. Mais je doute qu'ils acceptent la collaboration proposée. Pourtant, je ne cesserai
pas de le répéter, si l'anarchie actuelle discrédite les bolche-

viks et les use, elle ruine en même temps les forces économiques de la Russie. Sur ce terrain encore, les Alliés manquent des organismes techniques susceptibles de les renseigner sur l'étendue du mal et capables de proposer les remèdes. Traiter les faits par le mépris ne les améliore pas.
On ne parait pas songer suffisamment qu'une partie importante de la fortune mobilière de la France est compromise
ici. L'apathie de ceux qui devraient être les défenseurs de
notre épargne est suprêmement condamnable. Les Allemands
ne se montrent pas à ce point négligents de leurs intérêts, ils
les surveillent activement, et si nous permettons la signature
de la paix de Brest en n'apportant pas aux bolcheviks le
concours militaire sérieux qu'ils sollicitent, nous verrons
bientôt nos ennemis dominer le marché russe que nous aurons abandonné avec une légèreté désespérante.

Pétrograd, le 19/1er *février* 1918.

M. ALBERT THOMAS, député (*Champigny-sur-Marne*).

Mon cher ami,

Que faut-il croire des nouvelles annonçant des troubles formidables en Allemagne ? Lénine, très rafraîchi depuis un mois, manifeste un certain scepticisme quant à leur valeur révolutionnaire. Mais je n'ai pas besoin de dire qu'en général les milieux soviétistes sont pleins de fièvre, d'espérance et dans l'attente d'événements prodigieux. Les plus clairvoyants d'entre eux considèrent que si ces grèves de caractère politique doivent céder rapidement devant une répression brutale, elles constitueraient du moins une telle menace pour le gouvernement allemand qu'il conviendrait non plus de prolonger les pourparlers, mais au contraire de les brusquer. Avant longtemps peut-être, en effet, les Empires Centraux ne seront pas aussi inquiets de l'avenir, aussi pressés d'en finir avec l'adversaire oriental, aussi disposés à jeter à leur peuple cette paix séparée, qu'ils présenteront comme le gage d'une paix générale prochaine, aussi enclins à proposer des conditions relativement honorables à la Russie.

Si les Alliés, sachant saisir d'urgence cette occasion exceptionnelle, adressaient au peuple russe l'appui fraternel que je suggère depuis si longtemps, s'ils affirmaient aux bolcheviks qu'ils sont prêts, sur le terrain militaire, à les aider dans leur résistance aux convoitises allemandes, nous pourrions espérer d'atteindre un des deux résultats que nous n'aurions jamais dû cesser de poursuivre, ou bien déterminer la Russie à rompre et à reprendre la lutte à ses côtés, ou bien l'aider à obtenir par notre collaboration militaire, un traité qui, ne lésant pas mortellement les intérêts russes, préserverait en même temps les nôtres. Comment oserait-on objecter qu'une telle attitude bienfaisante à la fois pour la Russie et pour l'Entente, compromettrait notre dignité ? Comment affirmer sans rire que nous nous aliénerons ainsi les sympathies agissantes (oh ! combien !) de certains partis russes ? Quels inconscients, en présence de leur Patrie agonisante, songeraient à nous reprocher de lui avoir tendu la main ? Jamais occasion meilleure ne s'est présentée de venir au secours de la Russie, de relever notre prestige, d'imposer aux Soviets, devant l'ennemi, l'union démocratique qui les sauvera en sauvant leur pays. Mais il faut agir aujourd'hui. Demain il sera trop tard.

Pétrograd, le 20/2 février 1918.

M. ALBERT THOMAS, député (*Champigny-sur-Marne*).

Mon cher ami,

J'ai ménagé aujourd'hui une entrevue du général Rampont avec le Commissaire à la Guerre Podvoïsky. J'ai eu précédemment l'occasion de communiquer quelques-unes de mes notes au général. En substance, nous sommes d'accord. Il connaît la Russie, ses soldats, ses paysans. Il est antisocialiste. Mais son dégoût profond du régime bolchevik ne l'empêche pas de reconnaître qu'il est plus solidement établi que les Alliés persistent à le croire, qu'il durera pendant des mois encore, qu'aucune force ne se montre qui soit, à brève échéance, capable de le renverser et de recueillir sa succession. En soldat, en français, le général est désespéré par les pourparlers de Brest. Il comprend que la Russie marche à grands pas vers la paix, que nous seuls pouvons l'en préserver par le seul moyen dont nous disposons, la collaboration militaire avec les bolcheviks. Il est un des rares hommes qui conçoivent ici la nécessité de cette action, parce qu'il est un des rares qui comprennent le désastre effroyable que constituerait, pour l'Entente, une paix à l'Orient. Sans parler même des perspectives d'avenir que le traité de Brest ouvrirait à l'Allemagne, il lui assurerait immédiatement un accroissement formidable de ses forces sur le front occidental, c'est-à-dire, en jugeant la situation avec optimisme, la possibilité pour nos ennemis de prolonger indéfiniment la guerre à nos dépens. Si nous n'aboutissons pas à la victoire totale, si nous devons nous contenter à l'Ouest du *statu quo ante bellum*, si même nous obtenons la restitution de l'Alsace-Lorraine, ce ne serait pas moins la réalisation presque intégrale du plan pangermanique. L'Allemagne disposant désormais de ressources inépuisables pourrait donc songer à réaliser, après un court répit, son rêve d'hégémonie mondiale. Il faut donc aider la Russie. Il faut l'aider d'urgence. Le général pense d'ailleurs qu'il est déjà trop tard, que la période d'hésitation a été trop longue, que nous avons laissé l'anarchie russe s'aggraver trop. Il ne désespère pas cependant.

M. ALBERT THOMAS, député (*Champigny-sur-Marne*).

Mon cher ami,

Kollontaï triomphe. Elle a réussi à faire signer le projet décrétant la séparation des Eglises et de l'Etat et supprimant le budget des cultes. Beaucoup des Commissaires du Peuple craignaient que cette mesure provoquât de nouvelles difficultés à un gouvernement qui heurte déjà son pouvoir chancelant à trop d'obstacles et que la guerre religieuse ne vienne se superposer à la guerre étrangère et à la guerre civile. Kollontaï a invoqué les principes et rassuré les timorés. Si profondément religieux que soit le Russe, il n'a qu'une estime médiocre pour ses prêtres, grossiers et pillards. Popes et moines rançonnent à qui mieux mieux le paysan, fainéantisent, jouissent, exigent du travailleur des dîmes et des corvées de toutes sortes. Si le peuple voit que les églises et les objets du culte sont respectés, que les prêtres ne sont pas maltraités, que les immenses terres des monastères sont distribuées aux paysans, ils ne protesteront pas activement. Les prêtres vont pourtant être frappés de stupeur par ce décret et réagiront. Jusqu'ici ils se croyaient sûrs de l'inviolabilité. Ils pensaient qu'aucun gouvernement n'oserait toucher à leur puissante institution. Ils ne travaillaient donc contre le nouveau régime que dans la coulisse. Il est vraisemblable que leur campagne d'opposition sera désormais plus active.

M. Albert THOMAS, député (*Champigny-sur-Marne*)

Mon cher ami,

Longue conversation avec Lénine. Les grèves allemandes semblent terminées. Elles n'avaient donc ni l'ampleur ni la force révolutionnaire que certains voulaient y voir, et elles finissent avant d'avoir pu exercer sur les pourparlers de Brest la répercussion qu'on en espérait. Certes, il y a là un symptôme de mécontentement, dont les impérialistes allemands devront tenir compte, mais l'effort est trop faible et le péril trop lointain. Il faut s'attendre à une aggravation des prétentions allemandes. La Russie est désemparée, incapable de se réorganiser seule. Les Alliés persistent à faire la sourde oreille, quand les maximalistes sollicitent officieusement un appui qu'il ne leur est pas possible de demander officiellement avant qu'ils aient l'assurance qu'il leur sera accordé. Lénine n'espère pas qu'un geste d'apaisement sera fait, qu'une main sera tendue à la Russie bolchevique, par la Conférence interalliée de Paris. Il est certain, cela m'avait été affirmé déjà par Trotzky, que la Rada bourgeoise d'Ukraine, cette fidèle alliée de l'Entente, traite secrètement avec l'Allemagne. Ce n'est plus qu'un gouvernement chancelant, renversé déjà par la Rada bolchevique, que les Soviets s'efforcent d'introduire à Brest, mais les Allemands n'abandonneront pas leurs complices et poursuivront l'exécution du traité signé avec les ministres déchus. La Russie jugulée, mutilée par la paix germano-ukranienne, privée de ses plus riches greniers, pourra-t-elle résister plus longtemps à l'Allemagne ? En Extrême-Orient, les nuages s'amoncellent. Le Japon, avide, montre les dents. Sous prétexte de troubles en Sibérie, le premier ministre japonais, laisse entendre qu'une intervention armée peut devenir nécessaire à bref délai. Si la menace se réalise, jusqu'où iront les impérialistes nippons aussi insatiables et peu scrupuleux que leurs cousins d'Allemagne avec lesquels ils sont liés sinon de fait, au moins de cœur.

L'offensive roumaine en Bessarabie semble bien être dirigée par des officiers français.

Trahie par l'Ukraine, menacée de conquêtes par le Japon, conquise déjà par la Roumanie, abandonnée à son destin par ses anciens alliés, comment la Russie désarmée, résisterait-elle à l'Allemagne ? Quel résultat espérer d'une résistance et comment d'ailleurs l'organiser ?

Une rupture des pourparlers dans l'état actuel du front russe, déterminerait une avance rapide de l'ennemi, l'emprise de nouveaux territoires, d'un immense butin de guerre, le renversement des Soviets.

Que faire sinon la paix, paix précaire, à l'abri de laquelle se reconstitueront les forces du tzarisme germanophile et antidémocratique ?

Pourtant Lénine estime que cette trêve permettra au gouvernement des Soviets de se consolider à l'intérieur, de préparer une réorganisation économique et militaire pour laquelle il faut du temps, beaucoup de temps.

La Russie ne périra pas. L'humiliation effroyable subie secouera d'autant plus les énergies. Si la Révolution internationale ne vient pas prochainement réparer les injustices commises contre elle, la Russie se lèvera seule, le moment venu. Actuellement, pour le bolchevisme, l'essentiel est de sauver la Révolution, de maintenir le pouvoir du peuple, jusqu'au jour où les prolétaires européens se décideront à suivre l'exemple. Pour cela, il faut vivre. Et pour vivre, il faut faire la paix, puisque les Alliés n'assurent pas à la Russie les moyens de continuer la guerre.

Pétrograd, le 23/5 février 1918.

M. ALBERT THOMAS, député (*Champigny-sur-Marne*)

Mon cher ami,

Krylenko a préparé un manifeste long, violent, déclamatoire, pour engager le prolétariat russe à s'enrôler en masse dans l'armée rouge.

Je persiste à n'avoir aucune confiance dans le résultat pratique de cette entreprise. Les bolcheviks recruteront sans doute des hommes. Ils ne feront pas de soldats. Ils ne créeront pas de chefs.

Rien de sérieux ne sera fait sans nous et en dehors de nous. Rien de sérieux, si ce n'est la paix qui est en train de se faire avec une indifférence vraiment stoïque. Je commence à croire, en effet, que les gouvernements alliés connaissent le péril, en ont mesuré l'importance et ont la certitude que, malgré la paix russe, ils vaincront l'Allemagne aussi sûrement et aussi rapidement qu'avec le secours d'un front oriental qu'ils ne veulent pas organiser.

M. Albert THOMAS, député (*Champigny-sur-Marne*)

Mon cher ami,

Les journaux publient le décret annulant les emprunts d'Etat et spécialement tous les emprunts faits à l'étranger

Ce geste maladroit des bolcheviks va aggraver contre eux, très légitimement, l'hostilité de l'opinion publique dans les pays qui, comme la France, comptent un grand nombre de petits porteurs de fonds russes. Depuis que la mesure est en préparation, je n'ai pas cessé d'insister pour démontrer aux maximalistes la gravité d'une telle décision et les conséquences désastreuses qu'elle risque d'entraîner pour eux. J'ai du moins essayé d'obtenir une déclaration annexe garantissant aux petits porteurs étrangers et russes, qu'ils seraient indemnisés sous une forme ou sous une autre.

Les bolcheviks n'ont rien voulu comprendre. Ils affirment d'ailleurs que cette annulation a une valeur purement symbolique, qu'en fait, pendant la guerre, les divers gouvernements, pour apaiser les mécontentements dont ils souffriraient eux-mêmes, assureront le paiement des coupons à leurs ressortissants, qu'après la guerre la situation financière des belligérants sera tellement effroyable qu'ils seront tous acculés à une banqueroute plus ou moins déguisée et qu'une révision générale des obligations internationalement contractées s'imposera à tous. Enfin, les bolcheviks espèrent que la révolution embrasera l'Europe tout entière, après sinon avant la paix générale, que les gouvernements démocratiques seront installés partout et qu'avec eux le gouvernement des Soviets, s'il subsiste, s'entendra très aisément sur toutes les questions litigieuses.

Cette annulation des emprunts est d'ailleurs la consécration logique de la menace autrefois adressée, notamment à la France, par les révolutionnaires russes déclarant qu'arrivés au pouvoir, ils ne tiendraient pas compte des engagements passés avec le Tzar, et qu'ils refuseraient de payer les intérêts des capitaux criminellement prêtés à la bureaucratie tzariste et employés par elle soit à son profit, soit à la répression effroyable des tentatives faites par les libéraux pour conquérir la liberté.

Au fond, cette mesure pouvait être différée. Elle l'eût été sans doute si les Alliés avaient fait un geste vers les Soviets. Elle constitue essentiellement, à mon avis, une manifestation nouvelle de la mauvaise humeur entretenue chez les bolcheviks par notre attitude systématiquement hostile et méprisante. Les maximalistes ne sont pas sans espérer que les puissances de l'Entente, pour atténuer les inconvénients de cette annulation et la faire rapporter, se décideront enfin à un rapprochement. Je crains fort qu'ils ne se fassent beaucoup d'illusions. L'Entente laisse la Russie glisser vers la paix avec une telle indifférence ; elle assiste avec tant de calme à ces pourparlers de Brest, dont la conclusion libérera un nombre considérable des divisions allemandes employées sur le front oriental, que j'ai peine à croire qu'elle renoncera à son attitude dédaigneuse, alors qu'il ne s'agit que de quelques milliards.

Si elle croit ne pouvoir ou ne devoir rien faire pour empêcher l'envoi sur notre front, de nouvelles forces ennemies, ce qui équivaut à ne rien faire pour empêcher la mort de centaines de milliers de soldats français et anglais, comment daignera-t-elle s'intéresser à une question de gros sous. La grandeur de l'Entente lui interdit, parait-il, toute compromission avec les bolcheviks. Plutôt que de causer avec ces « gens-là », elle se résigne à sacrifier ses milliards et ses soldats. Je crois donc pouvoir redouter que l'attitude actuelle sera continuée.

M. ALBERT THOMAS, député (*Champigny-sur-Marne*).

Mon cher ami,

Les bruits de paix séparée courent depuis quelques jours, jusque dans les milieux officiels. Il faut s'attendre, en effet, à cette catastrophe dont on ne mesure pas assez la gravité effroyable dans le camp des Alliés. Les bolchéviks ont tout fait pour nous entraîner aux pourparlers de Brest, y compris un certain nombre de gestes maladroits et brutaux qui allaient contre le but. C'est pour nous contraindre à les y suivre, en même temps que pour créer, en Allemagne, une agitation révolutionnaire, qu'ils ont fait traîner en longueur les pourparlers. C'est aussi probablement parce que les Allemands partageaient leurs espérances qu'ils ont eux-mêmes toléré ces atermoiements. Il semble aujourd'hui que cette lenteur, ayant manqué son double objectif, présente pour les Russes plus d'inconvénients que d'avantages parce qu'elle a permis aux Allemands de se convaincre plus sûrement de la faiblesse militaire de la Russie, et parce qu'elle leur a fourni la possibilité de se montrer plus exigeants. Comprenant que les Alliés, après avoir été abandonnés par la Russie, sont résolus aujourd'hui à l'abandonner elle-même à son destin, qu'ils ne remueront pas le doigt pour la sauver, l'ennemi entend profiter de l'avantage. Nous lui rendons un fameux service. N'attendons de lui aucune gratitude. Je n'ai pas à développer ici mon opinion personnelle sur la question de la participation des Alliés à la Conférence de Brest. Quant à moi, j'ai toujours pensé qu'ils avaient eu tort de ne point faire ce douloureux voyage. Causer de paix n'est pas signer la paix. Les séances plénières, réunissant tous les belligérants, auraient eu l'immense intérêt d'obliger les Empires Centraux soit à faire les concessions suffisantes et acceptables, soit à étaler leur plan général de guerre et de paix. La révélation de buts vraisemblablement inavouables, que notre abstention permet à l'adversaire de maintenir dans l'ombre, eût renforcé singulièrement la force combattive des peuples de l'Entente. D'autre part, notre présence aux côtés de la Russie, à Brest, en amorçant une collaboration plus complète l'eût probablement amenée à une rupture des pourparlers. Malheureusement, nous ne nous sommes pas contentés de ne pas aller à Brest. Nous n'avons pas su être officieusement, dans la coulisse, les conseillers, les soutiens des Russes au cours de cette épreuve difficile. Aujourd'hui encore nous n'apportons pas à ces bolcheviks, qui ont le couteau sous la gorge, le concours militaire qu'ils sollicitent et qui peut seul les préserver de la mort ou de la paix.

Comment résisteraient-ils donc ?

M. Albert THOMAS, député (*Champigny-sur-Marne*).

Mon cher ami,

Déjeuner avec le comte de Saint-Sauveur, beau-frère de Schneider du Creusot et directeur en Russie des importants établissements Schneider et Cie (150.000 ouvriers). C'est un réactionnaire comme il en faudrait beaucoup à la réaction et à la France. Il est un des seuls industriels qui n'ait pas jeté le manche après la cognée, qui ait consenti à entrer en relations avec Chliapnikov, qui ait essayé de composer avec les comités ouvriers. Intelligent, plein d'entrain, il a su maintenir en état de marche, grâce à son activité souple, un certain nombre de ses usines. Si cette énorme entreprise française résiste à la bourrasque qui soufflera quelque temps encore sur la Russie, elle le devra à Saint-Sauveur et à lui seul. Il aura bien mérité et des capitalistes français qui lui ont accordé leur confiance et de la France tout entière.

Je souhaite que son exemple soit suivi. Mais de telles initiatives sont trop rares. Elles ne semblent pas du reste être encouragées par nos représentants. On paraît en vouloir à Saint-Sauveur de causer avec les affreux bolcheviks, d'avoir l'air de croire et, ce qui est plus grave , de démontrer par son expérience propre, qu'il est toujours possible à un homme de volonté de tenir tête aux événements et, dans une certaine mesure de les dominer.

M. Albert THOMAS, député (*Champigny-sur-Marne*).

Mon cher ami,

Déjeuner avec le comte de Chevilly, le nom est tout un programme, directeur du service de propagande de la République française près de la Révolution socialiste russe, et le capitaine Laporte, un financier parisien. Ils arrivent de France. Ils désirent quelques renseignements sur la situation générale et la possibilité d'agir près des Soviets, pour sauvegarder nos intérêts en Russie.

Il y aurait beaucoup à faire. Mais il est indispensable, si l'on veut aboutir à des résultats durables, de collaborer. De Chevilly, courtois, gouailleur, mais profondément cristallisé dans les idées d'ancien régime, ne me parait pas capable, malgré son indéniable intelligence, de comprendre la situation et d'en tirer tout le parti possible.

Laporte voudrait se présenter en simple curieux au commissariat des finances. Je lui affirme qu'il n'aurait aucune chance, dans ces conditions, d'être informé utilement. Je lui conseille, puisqu'il est financier, de préparer un projet sur la réorganisation bancaire en tenant compte du désir qu'ont les bolcheviks de réaliser plus ou moins la nationalisation des banques. Les Soviets manquent trop de collaborateurs compétents pour ne pas accueillir sympathiquement son concours et ne pas tenir compte de ses conseils, s'ils ont l'impression que Laporte ne cherche pas à les abuser, mais à trouver de bonne foi une procédure de compromis qui ménage les intérêts capitalistes tout en préservant, dans la mesure où ils méritent raisonnablement de l'être, les principes étatistes.

Que les Alliés continuent à agir en adversaires politiques du bolchevisme, qu'ils se refusent à l'assister militairement, je l'admets sans le comprendre. Mais sur le terrain économique, il serait insensé de ne pas entrer avec ce gouvernement comme avec tant d'autres, en relations d'affaires suivies.

Il est douloureux de constater que nous n'avons ici aucune organisation susceptible de défendre les 25 ou 30 milliards d'argent français risqués en Russie. Ce n'est pas à coup de protestations diplomatiques qu'on empêchera les bolcheviks de persévérer dans leurs expériences idéologiques et qu'on évitera notre ruine.

Pourquoi ne se décide-t-on pas à mobiliser dans leur emploi tous les commerçants et industriels français, en leur enjoignant de ne pas abandonner leur poste mais d'y demeurer pour défendre, par tous les moyens, nos intérêts, qui sont aussi les leurs, contre les Comités ouvriers et les Soviets de toutes sortes qui commettent d'autant plus de folies qu'on livre plus complètement nos entreprises aux fantaisies de leur incompétence brutale ?

Pourquoi ne pas créer une organisation économique centrale, française ou interalliée, siégeant à Pétrograd, ayant des représentants dans les centres principaux, entrant en contact avec les commissariats des Finances, du Commerce, du Travail, demandant des garanties, proposant des arrangements, signalant les dangers de certaines transformations trop brusques, donnant des directives précises à notre colonie commerciale et industrielle et capable de la soutenir vigoureusement ?

De même qu'il serait possible, qu'il était possible surtout, il y a quelques semaines encore, de collaborer avec Trotzky, pour la réorganisation d'une armée, il serait facile de s'entendre avec des hommes comme Chliapnikov et d'obtenir d'eux de grands avantages dans le domaine économique.

M. Albert THOMAS, député (*Champigny-sur-Marne*).

Mon cher ami,

Je sors navré de chacune de mes entrevues avec notre ambassadeur. Evidemment, j'ai tort d'être navré et surtout je n'ai pas le droit de l'être ou de le dire si je le suis. D'ailleurs, M. Noulens doit l'être beaucoup plus que moi-même et déplorer mon incurable aveuglement, qui m'a permis pourtant, il le reconnaît lui-même, de prédire à peu près exactement, depuis trois mois, ce qui allait se passer.

M. Noulens est un très brave homme. Mais peut-être qu'en temps de révolution bolchevik il n'est pas suffisant d'être un brave homme, ni même un politicien habile et plein de bonne volonté.

M. Noulens m'a dit un jour : « Lorsque j'ai quitté la France, votre ami Renaudel m'ayant déclaré : « Parions que vous reviendrez de Russie socialiste ! » je lui ai répondu · « Je tiens le pari ! » Je suis tout à fait sûr que M. Noulens gagnera son pari et je plains ce pauvre Renaudel d'avoir manifesté tant de confiance dans la puissance persuasive des révolutionnaires russes. Parti de France « radical », M. Noulens y reviendra « radical ». Et j'avoue que l'expérience prématurée si profondément antimarxiste à laquelle il assiste ici n'était pas de nature à hâter une conversion que je crois impossible en tout état de cause. Il y a des grâces d'Etat. Mais M. Noulens n'imagine pas, j'en suis sûr, que le but exclusif ou même primordial de sa mission soit cette conversion à nos théories. Et il serait désastreux que notre ambassadeur ayant exporté en Russie les querelles intestines du Palais-Bourbon fût tenté de ne point soutenir un gouvernement parce que socialiste, ou qu'il fût seulement enchanté de laisser tomber les bolcheviks pour utiliser ensuite cette chute ainsi qu'une illustration péremptoire de l'utopisme des idées marxistes. Je ne veux pas d'ailleurs penser, et moins encore croire, que M. Noulens soit animé d'un tel parti pris doctrinaire. Mais il est évident que tout ce qu'il voit, tout ce qu'il entend ici, le frappe d'indignation, ce qui est permis, et de stupeur, ce qui est plus dangereux.

Les larges, les immenses domaines où s'aventure si aisément la pensée russe, éprise d'infini et d'éternité, avec une fantaisie toujours séduisante et souvent dangereuse, sont des terres si lointaines que l'excellent bourgeois français qu'est M. Noulens n'y pénétrera jamais, qu'il le veuille ou non. Il est à 3.000 kilomètres de Pétrograd, à 10.000 lieues des Soviets. Trotzky affirme qu'il n'a rien appris et rien oublié. Je ne prends pas à mon compte une telle calomnie. Mais il est si riche d'expérience, il a été mêlé de si près à la très haute, politique du parti radical, que son cerveau saturé ne se laisse plus pénétrer par les idées soi-disant nouvelles. Je reconnais d'ailleurs que notre ambassadeur est conseillé par quelques secrétaires charmants, très élégants et qui devaient faire merveille aux réceptions de la Cour.

M. Albert THOMAS, député (*Champigny-sur-Marne*).

Mon cher ami,

Qu'on ne s'y trompe pas, je n'ai jamais refusé de signaler les erreurs, si l'on veut les crimes, commis par les bolcheviks. Ce que j'affirme seulement, c'est que les fautes commises l'ont été par inexpérience, par amertume, par parti pris doctrinal, par idéalisme, beaucoup plus que par germanophilie ou ententophobie. Les maximalistes ont pris le pouvoir dans une période particulièrement difficile. Ils ont certainement précipité la crise anarchique où sombre la Russie, mais sans eux elle se serait développée, un peu plus lentement sans doute, mais aussi gravement. L'hostilité active des Alliés, le sabotage de toutes les institutions publiques, de toutes les organisations économiques par la bourgeoisie, par les techniciens, par les fonctionnaires, par les intellectuels, eût rendu la tâche à peu près impossible même pour les hommes d'Etat véritables, je veux dire élevés dans la tradition et disposant d'un mécanisme d'Etat fonctionnant normalement.

Qui peut nier cela ?

Sur le terrain militaire même, les Alliés savaient si bien qu'un gouvernement russe, quel qu'il fût, ne saurait pas recréer seul une armée pourrie par trois ans de guerre tzariste et dix mois de révolution, qu'ils venaient résolument au secours de la Russie. La France, pour ne parler que d'elle, envoyait une mission importante dont l'importance devait être rapidement augmentée pour accomplir une besogne du même ordre que celle qui a été si glorieusement entreprise par le général Berthelot en Roumanie.

Cette mission n'a pu rien faire avec Kerensky

On paraît ne pas vouloir qu'elle tente de faire quoi que ce soit. On condamne par là même les bolcheviks à la mort ou à la paix. Personne ne peut l'ignorer.

Or, je ne saurais trop insister, cette paix sera une vraie paix. Les masses russes une fois échappées à la guerre ne voudront plus d'elles-mêmes retomber dans le gouffre affreux. Et je n'aperçois pas quels chefs civils ou militaires seraient de taille à les contraindre. En admettant même une chute rapide des bolcheviks, et je crois au contraire que les bolcheviks seront, pour un temps au moins, consolidés par la paix, leurs successeurs, même s'ils en avaient la volonté, et je ne pense pas qu'ils l'aient sincèrement, ne reprendraient pas la guerre demain.

Le seul travail que les Alliés doivent accomplir n'est donc pas de se croiser les bras pour tenter ensuite de réaliser le miracle de jeter la Russie dans une guerre nouvelle, mais d'empêcher la paix.

Un seul moyen pour cela : secourir les bolcheviks. Peut-être n'est-il plus temps déjà. Du moins, l'entreprise vaut d'être tentée. Elle serait infiniment honorable pour l'Entente. Même si la tentative échouait, elle nous assurerait la reconnaissance de la Russie. Actuellement, les Russes de tous les partis, oubliant trop facilement d'ailleurs leurs écrasantes responsabilités, mais comparant nos hésitations, notre aboulie, à la prévoyance, à la méthode, à la forte volonté allemandes, formulent contre nous les jugements les plus désagréables. Ils nous considèrent comme des braves gens mais tout à fait incapables de vouloir et d'agir.

« Soyez avec nous ! » disent les bolcheviks

« Soyez contre les bolcheviks ! » crient leurs adversaires.

Je dis, moi : « Décidons-nous ! » Je répète ceci depuis trois mois, ajoutant : « Etre contre les bolcheviks, c'est être avec quelques politiciens mécontents, individuellement intéressants, mais divisés les uns contre les autres, incapables de s'unir sur un programme de gouvernement, reniés d'ailleurs par les masses populaires, quoi qu'en pensent nos représentants, qui n'ont su ni rien voulu voir de ce qui est la vérité politique en ce pays depuis le 25 octobre et bien avant. Etre contre les bolcheviks c'est donc n'être avec personne. Actuellement, être avec les bolcheviks c'est être avec une énorme partie du peuple russe. »

M. Albert THOMAS, député (*Champigny-sur-Marne*).

Mon cher ami,

Coup de théâtre. Trotzky ne signe pas la paix, mais il déclare que l'état de guerre a cessé entre les Empires Centraux et la Russie. Il m'avait laissé entrevoir la possibilité de cette conclusion fantastique des pourparlers, la veille de son départ pour Brest. Je n'y croyais pas, je n'y crois pas encore. Planer si haut dans l'idéal, dépasser les sommets les plus vertigineux du socialisme, tenter d'un coup hardi et brusque l'application intégrale et la doctrine tolstoïenne de non-résistance au mal, espérer enfin que les Hoffmann, les Kuhlmann et les Hindenburg vont être subitement touchés par la grâce et caresseront paternellement la grosse joue du moujik que leur présentent avec une confiance ingénue les bolcheviks, quelle folie et combien dangereuse !

Je ne songe pas à railler. Ceux qui connaissent la Russie, qui savent la soif d'absolu dont sont dévorés les vrais Russes, absolus en tout, dans le bien et dans le mal, absolue bonté, absolue beauté, absolue vérité; ceux qui, comme moi, ont vu prendre corps au rêve splendide dont Trotzky et Lénine sortent difficilement et trop lentement, ceux qui savent combien ces âmes russes enferment de grandeur morale et avec quel enthousiasme elles s'efforcent de créer la réalité de demain avec la chimère d'aujourd'hui, ceux-là, seuls dignes de voir, seuls capables de comprendre les grands événements auxquels nous assistons, ceux-là ne peuvent pas se moquer. Dans ce geste unique où la plupart des Alliés ne voient qu'hypocrisie abominable, voilant une complicité certaine avec l'ennemi, où les plus bienveillants constatent une naïveté suspecte, j'aperçois une manifestation nouvelle de cette foi extraordinaire dans la puissance de l'idée, de l'idée-forme, dans une certitude d'une moralité supérieure à laquelle doit aboutir prochainement l'humanité.

J'ai signalé souvent déjà cette puissance féconde d'auto-
suggestion chez les hommes comme Trotzky.

Celui-ci est convaincu, j'en suis sûr, que sa déclaration va
faire tomber les fusils des mains ennemies, qu'aucun travailleur, qu'aucun frère allemand ne consentira à marcher contre
ceux qui offrent si généreusement aux coups leurs poitrines
sans défense.

Smolny bout de fièvre. Les uns s'extasient, d'autres sont
stupéfaits. Quelques-uns pleurent, ce sont les sages. Ils pensent comme moi que le geste est très romantique, trop pur,
qu'il dépassera l'entendement des pangermanistes, qu'un immense éclat de rire va éclater en Allemagne, que demain les
régiments reprendront l'offensive avec une ardeur accrue par
l'agréable perspective de conquêtes faciles et fructueuses.

Du moins, la paix n'est pas signée. La Russie gagne ainsi
quelques jours et quelques semaines. Saurons-nous mettre à
profit ce répit inespéré et proposer enfin un appui loyal et
immédiat que les bolcheviks ne peuvent pas refuser?

M. ALBERT THOMAS, député (*Champigny-sur-Marne*).

Mon cher ami,

Les Commissaires du Peuple ont envoyé, la nuit dernière, au gouvernement allemand un radio protestant contre l'offensive et acceptant la paix aux conditions posées à Brest-Litovsk. La plupart des leaders, que je n'ai pas cessé de voir pendant ces derniers jours, sont désespérés comme moi par cette décision à laquelle cependant les nouvelles affolantes qui arrivent d'heure en heure auraient dû nous préparer. Je plaide devant eux encore, malgré tout, la résistance, la guerre à outrance. Guerre de partisans, organisation d'une armée nouvelle sur les bases et selon les principes imposés par des siècles d'expérience militaire et sans lesquels il est impossible de créer une armée sérieuse. Combien de fois avais-je eu l'occasion de développer et de faire admettre par les marxistes auxquels je m'adressais, que le socialisme, c'est le triomphe de la technique, le culte de la compétence, qu'il fallait non pas chasser mais attirer à tout prix les spécialistes, en les surveillant, afin qu'ils ne sabotent pas les Soviets, aussi bien dans le domaine militaire que dans le domaine économique. La dure leçon des faits avait d'ailleurs porté. Trotzky et Lénine reconnaissaient les fautes commises par des intellectuels incompétents. Nous avions parlé ensemble de la reconstitution d'une armée solide, composée de cadres professionnels et de troupes disciplinées. On sait avec quelle vaine insistance les bolcheviks ont réclamé notre appui sur ce terrain. Le plan était préparé. On devait reculer, couper les voies de communication, faire sauter les dépôts de munitions, incendier les dépôts de vivres et les villages, créer entre les lignes actuelles et le centre russe un vaste désert. Ces précautions une fois prises, la Russie, défendue par l'hiver, par le dégel, abritée par l'immensité de son territoire, ne pourrait pas être écrasée. Trotzky comprenait la nécessité d'abandonner au besoin Pétrograd, Moscou, et de former sur les frontières de l'Est une armée de manœuvre. Mais hier soir, les militaires russes ont dépeint la situation sous des couleurs si noires qu'ils ont découragé les Commissaires et déterminé la faillite enregistrée ce matin. Je suis désespéré mais ne renonce pas à la lutte.

M. ALBERT THOMAS, député (*Champigny-sur-Marne*).

Mon cher ami,

Longue conversation avec Trotzky. La brusque décision prise par les bolcheviks va être exploitée contre eux, ainsi qu'une banqueroute ridicule et odieuse. Banqueroute morale, préparant la banqueroute politique et la chute. Je sens que Trotzky et d'autres sont ébranlés. Je décide de frapper un grand coup. A ces gens désemparés, qui cèdent surtout parce que les généraux russes (avides de retrouver avec l'appui allemand leurs prébendes et leurs privilèges) leur répètent qu'ils sont contraints de céder, j'ai offert l'appui des Alliés, cet appui qu'ils sollicitent vainement depuis trois mois, que l'Entente a toujours refusé et sans lequel j'avais pu prédire qu'ils seraient condamnés à la paix. D'abord, l'appui de notre mission en Russie : 40 officiers d'état-major, 40 officiers de troupe, 300 hommes qui pourraient accomplir un travail immédiat de dévastation extrêmement précieux, qui pourraient ensuite devenir des instructeurs dans les camps d'organisation et des conseillers techniques dans les unités de l'avant. Le général Niessel est un de nos plus brillants généraux. En outre, la mission Berthelot, qui dispose de plusieurs centaines d'officiers et que la paix roumano-allemande libérera prochainement, pourrait contribuer à la réorganisation de l'armée russe. Je rappelle à Trotzky combien les qualités d'audace, d'ingéniosité des troupiers français seront précieuses dans la guerre de partisans qu'on veut faire d'abord. La France une fois accrochée par sa mission, enverra le matériel et le personnel nécessaires. Les autres alliés suivront. L'appui sera sans conditions politiques ou économiques. Les bolcheviks seront pour nous un instrument contre l'impérialisme allemand. Nous serons pour eux un instrument contre l'Allemand, ennemi mortel de la Révolution.

défenseur du capitalisme et de l'ordre bourgeois (voir la proclamation de Léopold de Bavière). Je réfute de même l'argument de Trotzky, craignant de voir les officiers francais mêlés aux gardes-rouges, accidentés par ceux-ci. Evidemment, la proposition lui plaît. Elle est conforme à sa politique. Voici trois mois qu'il crie au secours. Mais elle est faite par moi seul, à titre personnel. Trotzky me demande d'obtenir dans le même sens un mot de l'ambassadeur. Je lui affirme que je l'aurai demain. Ainsi j'ai l'adhésion de Trotzky. J'en étais certain. C'est l'essentiel, mais il faut agir vite ; les Allemands avancent rapidement. D'autre part, la mission française est expédiée par échelons successifs sur le port d'embarquement. Si demain je n'offre à Trotzky qu'une mission squelette, il trouvera sans doute que le secours effectif apporté *in extremis* ne compense pas le danger psychologique, les inconvénients politiques d'une alliance nouvelle avec les impérialistes de l'Entente. Malheureusement, je ne veux pas savoir pourquoi la présence de la mission militaire semble gêner certaines ambitions personnelles : des intrigues s'efforcent de l'évacuer sur la France, d'autant plus rapidement qu'on pressent aujourd'hui que peut-être elle va être utilisée ici.

M. Albert THOMAS, député (*Champigny-sur-Marne*).

Mon cher ami,

Pour ne pas indigner mes chefs, je n'avoue pas d'abord que j'ai pris l'audacieuse initiative de proposer à Trotzky le concours de la mission militaire. J'indique qu'au contraire c'est lui qui, une fois de plus, l'a sollicité. La demande est bien accueillie. L'ambassadeur comprend enfin, mieux vaut tard que jamais, l'intérêt immédiat et futur d'une participation à la résistance russe ; elle peut échouer, mais elle peut éloigner aussi la Russie de la paix séparée. Comme il est regrettable qu'on ait attendu l'heure de la curée pour venir au secours de la bête traquée. Comme je l'avais prévu, on tique sur la clause sans conditions. On voudrait des garanties politiques et économiques. Je fais admettre que tout ce qu'on peut exiger des bolcheviks c'est une lutte contre les Allemands. Sur ma demande et devant moi, l'ambassadeur téléphone à Trotzky : « Dans votre résistance contre l'Allemagne, vous pouvez compter sur l'appui militaire et financier de la France. » L'ambassadeur a prononcé ces mots d'une voix grave. Ce sont de très beaux mots, de splendides promesses. Nous verrons si nos représentants sont résolus à passer des paroles aux actes. Leur hostilité, leur longue résistance d'hier, leur réticence d'aujourd'hui ne me donnent pas confiance.

M. ALBERT THOMAS, député (*Champigny-sur-Marne*).

Mon cher ami,

Bonne journée. Je suis joyeux, joyeux ! La France ne saura jamais ce qu'elle me doit, ou pour exprimer plus modestement et plus scientifiquement la même pensée, ce qu'elle doit au hasard qui m'a conduit à Pétrograd au moment psychologique, aux circonstances qui m'ont aiguillé dans la tourmente, au bon génie qui m'a permis de comprendre un peu plus vite que d'autres ce qu'il y avait à faire. Depuis trois mois, j'ai pu — j'aurais pu plutôt — accomplir en Russie plus de besogne utile que tous les représentants alliés réunis. Il est vrai qu'ils n'ont rien fait. Je parle d'un effort positif. Qu'on m'excuse ce panégyrique. Je délire.

Passé la journée ou presque avec Trotzky. D'abord le matin, il m'apprend que le Conseil des Commissaires du Peuple a adopté le principe de l'appel à la mission française, c'est-à-dire aux Alliés. Ceci ne parait rien. C'est énorme. Rappelons-nous que depuis trois mois Lénine et Trotzky avaient eu vain sollicité notre appui, alors qu'il pouvait être réellement efficace et que nous disposions de deux éléments indispensables : le temps et l'espace. Aujourd'hui, les heures sont comptées et les Allemands diminuent rapidement la distance qui les séparait de Pétrograd. Les conditions sont donc médiocres. Pour que la collaboration soit pratiquement acceptable pour les Commissaires, il faut qu'elles s'affirment sérieuses.

Trotzky demande une note du général Niessel indiquant ce qui peut être fait pour organiser la résistance et dans quelle mesure précise la mission peut s'associer immédiatement à cette besogne. Dans l'après-midi, je lui apporte la note écrite par le général, que j'espère convaincre bientôt de la nécessité d'une entrevue avec Trotzky. Je suis convaincu que ces deux hommes si différents sauront apprécier leur valeur réciproque et s'accorder l'estime indispensable à une collaboration sérieuse.

Dans quinze jours, c'est-à-dire avant la signature des nouveaux pourparlers, ou tout au moins avant la ratification de la paix, nous pourrons examiner l'état de l'armée russe, remise en train avec notre appui. Il me semble que si nous montrons' l'agilité et l'énergie qu'il faut déployer dans ces heures critiques, nous aurons déjà constitué quelque chose, le peu qui doit suffire à empêcher, pendant plusieurs mois, une avance sérieuse des Allemands. En tout cas, s'ils nous sentent sérieusement et de bonne foi à leurs côtés, les bolcheviks reprendront confiance et rentreront dans la bataille. A partir d'aujourd'hui, le sort de la Russie dépend essentiellement de nous.

M. ALBERT THOMAS, député (*Champigny-sur-Marne*).

Mon cher ami,

Les bolcheviks n'ont qu'une médiocre confiance dans la sincérité et dans la puissance de l'effort que la mission militaire française est disposée à faire à leurs côtés. Peut-on leur en vouloir ? Nous avons si longtemps refusé d'assurer ce concours, qu'on sollicitait dès novembre, qui aurait pu être encore décisif en décembre ou janvier. Beaucoup hésitent à accepter cette aide que nous offrons sans enthousiasme et à la dernière heure, alors qu'il parait trop tard pour réorganiser l'armée. Comment les quelques centaines d'hommes composant la mission française suffiraient-ils à arrêter, à retarder sérieusement l'avance foudroyante des ennemis ? Combien de semaines et de mois s'écouleront avant que la France et l'Angleterre, en admettant même qu'elles aient la volonté sincère de collaborer, aient transporté les quelques régiments qui peuvent aider les unités russes à tenir les voies de communication et les cadres indispensables pour exécuter un travail effectif de reconstruction militaire. Est-ce qu'avant que cet effort ait produit son effet, les Allemands n'auront pas avancé dans le territoire russe assez pour renverser le pouvoir des Soviets ? Et quelles garanties ont les bolcheviks que s'ils recommencent la lutte, les Alliés ne persisteront pas dans leur besogne antibolchevique ?

M. Noulens a bien promis verbalement le concours militaire de la France, mais il n'a pas promis le concours ou seulement la neutralité politique. Est-ce que les Alliés renoncent à appuyer les efforts des mencheviks, des S.-R. de droite, des réactionnaires qui n'hésiteront pas à poignarder dans le dos les maximalistes, tandis que ceux-ci auront absorbé toutes leurs forces dans la lutte contre l'ennemi extérieur ? Que répondre aux arguments développés par des hommes qui constatent, depuis trois mois, que nous n'avons pas cessé de soutenir et d'encourager leurs adversaires ?

« Dites-leur, me dit M. Noulens, que je suis indigné qu'ils suspectent ma loyauté ! »

M. Noulens m'a dit cela avec un accent touchant de conviction. Comme on oublie vite ! car je suis certain qu'il est sincère. Je me garderais bien de répéter ces propos naïfs aux bolcheviks. Ils me riraient au nez. Ils n'auraient aucune peine à me montrer quelle besogne antibolchevique nos représentants ont fait à Moscou, à Pétrograd, dans la Russie tout entière. Ils rappelleraient à M. Noulens la folle politique des nationalités menée par la France et par l'Angleterre. Les encouragements officiellement prodigués à la Finlande, à l'Ukraine, à la Sibérie, au Don, etc..., non pas pour les encourager à renforcer le lien fédéral, pour créer ici ce qui nous est indispensable, une Russie une et indivisible, mais pour écarter ces différentes parties de la Russie du pouvoir central, pour surexciter leurs désastreuses tendances séparatistes, pour permettre que leurs efforts militaires soient tournés non pas contre l'ennemi extérieur, les Austro-Allemands, mais contre l'ennemi intérieur, les bolcheviks.

Non, il vaut mieux que je ne tente pas d'excuser M. Noulens et la diplomatie alliée d'avoir entrepris ce merveilleux travail de morcellement, de découpage en régions artificielles de l'immense Russie. Je ne ferai ainsi qu'accuser leurs erreurs.

Oui, vraiment, conception géniale qui a déjà livré l'Ukraine à l'Autriche, qui fait pencher la Finlande bourgeoise vers l'Allemagne et la Suède et dont on peut attendre d'autres résultats non moins favorables à nos ennemis. Cela risque de nous valoir la paix de Brest. Si nous n'avions pas, en Ukraine, été à côté, de la bourgeoisie ukranienne, pour encourager, moralement au moins, sa révolte contre le pouvoir bolchevik, l'Ukraine serait encore russe, son gouvernement n'aurait pas entamé des négociations séparées. Il aurait seulement participé, comme partie intégrante de la République fédérale russe, aux pourparlers généraux austro-allemands. La paix séparée ukrano-allemande, c'est la Russie coupée de ses greniers, de son fer, de son charbon, de ses centres industriels. C'est la paix très difficilement évitable. Et c'est la paix, plus nécessaire encore pour la Roumanie désormais isolée et enveloppée.

On commence à se rendre compte à l'ambassade de l'étendue de la faute commise. Je l'avais dénoncée dès les premiers jours. On cherche à échapper aux responsabilités. On n'y parviendra pas. Nous reprendrons ce sujet un peu plus tard.

Il est cependant encore possible de réparer quelques-unes des conséquences de cette faute politique, « plus inexcusable qu'un crime », soutiendrait un diplomate de l'école des Talleyrand.

D'abord empêcher la paix russo-allemande. Pour cela, il faut aider, que dis-je aider, pousser, entraîner les bolcheviks découragés, par une action urgente et vigoureuse.

« Mais ils nous montrent une sympathie bien peu enthousiaste », proteste l'ambassadeur.

Comment les bolcheviks, après tout ce que nous avons fait contre eux, pourraient-ils manifester de l'enthousiasme pour les Alliés ? C'est à nous de conquérir leurs sympathies par notre bonne foi, par notre bonne volonté. N'attendons plus en boudant, en manifestant à tout propos une susceptibilité chatouilleuse qui n'est pas de mise dans la période que nous vivons, qu'ils viennent nous chercher. Allons vers eux. Soulevons-les par notre entrain. Rendons-leur confiance en eux-mêmes et en nous. Ranimons en eux la flamme qui s'éteint. Soyons des Français dignes de la France !

Pétrograd, le 1ᵉʳ mars 1918.

M. Albert THOMAS, député (*Champigny-sur-Marne*).

Mon cher ami,

Le brusque départ des ambassadeurs anglais, français, italien, belge, etc..., les couvre de ridicule. Qui en porte la responsabilité ? Destrée m'affirmait, deux heures avant son départ, qu'il subissait une fuite sur l'opportunité de laquelle il n'avait même pas été consulté et dont il comprenait tous les inconvénients.

La paix russo-allemande n'est pas encore ratifiée. Les Allemands sont immobiles depuis plusieurs jours et se trouvent encore à 200 kilomètres de Pétrograd. J'ai poussé les bolcheviks à la défense de la capitale. J'ai fait mettre à leur disposition, en principe, la mission française. On leur a assuré qu'ils pouvaient tenir et que leur résistance retarderait de plusieurs semaines l'entrée des Allemands à Pétrograd. Et c'est au moment précis où le gouvernement des Soviets, obéissant à nos suggestions et comprenant mieux ses intérêts propres, commence effectivement l'organisation de la lutte par la préparation de la destruction des voies de communication et par l'envoi d'unités nouvelles devant Pskoff, Narva, etc..., que les représentants alliés s'envolent en prétextant l'insécurité de Pétrograd : « Qui trompe-t-on, me demande Trotzky, qui ajoute d'ailleurs, bon voyage à ces messieurs, les diplomates sont partis : nous allons enfin pouvoir faire de la meilleure diplomatie. » Je suis à peu près d'accord avec lui ; je souhaite cependant qu'on nous envoie d'Occident d'autres hommes plus aptes à comprendre et à agir que ceux qui disparaissent, mettant la clé sous la porte en abandonnant à toutes leurs difficultés les colonies étrangères de la Russie.

Mais nos ambassadeurs iront-ils très loin ? J'ai prévenu

Noulens, Destrée, etc... Les gardes blancs finlandais sont armés et encadrés par les Allemands. Laisseront-ils passer le train diplomatique ? J'en doute fort. Et s'ils s'opposent au passage, trois hypothèses également pénibles pour la dignité de nos représentants sont à envisager : ou bien les ambassadeurs seront faits prisonniers, ou bien ils resteront embouteillés en Finlande, ou bien ils se résigneront à regagner Pétrograd. Ils n'échapperont pas, en tout cas, au ridicule.

M. Albert THOMAS, député (*Champigny-sur-Marne*).

Mon cher ami,

Pour ouvrir l'ère de la diplomatie sans diplomates, Trotzky et Lénine m'ont proposé hier d'aller voir à Vologda l'ambassadeur des Etats-Unis, afin de le mettre au courant de la situation difficile pour les Alliés créée par la menace d'une intervention japonaise en Sibérie et pour lui demander d'abord si son gouvernement est d'accord avec le gouvernement japonais et, en second lieu, s'il n'y a pas entente, ce qu'il compte faire pour entraver une action évidemment hostile à la Russie et contraire aux intérêts alliés. J'ai signalé déjà, d'après Trotzky, la position nettement germanophile adoptée depuis quelque temps par la presse officielle japonaise.

Les « Allemands d'Extrême-Orient », aussi perfides et aussi affreusement impérialistes que les Germains d'Europe, ne vont-ils pas profiter de la grande détresse russe, de la situation menacée des Alliés pour assouvir sans mesure leurs appétits en Sibérie ? La guerre a intensifié extraordinairement leur puissance militaire et économique. Ils se sentent assez forts sans doute pour imposer aux Alliés leur politique, car, j'imagine que le mauvais prétexte d'une protection du matériel en stock à Vladivostok et d'un rétablissement de l'ordre dans la Sibérie orientale ne trompe ni Londres ni Paris et ne justifie pas l'important débarquement de troupes dont on parle déjà. On ne peut pas craindre plus sérieusement une marche rapide et menaçante des armées allemandes vers la Sibérie.

Il paraît certain que les Japonais ne poursuivent que des buts strictement égoïstes. Ils ont besoin de terres de colonisation. Ils ont besoin de blé, de riz, pour alimenter la population métropolitaine, de plus en plus absorbée par le travail industriel. Ils ont besoin de métaux et de charbon. Tout cela, ils le trouveront sans peine en Sibérie, et le moment est admirablement choisi pour agir. Sous prétexte qu'il faut savoir subir ce qu'on ne peut empêcher et que si nous refusons notre adhésion, les Nippons trahiront et passeront du côté de l'Allemagne, les Alliés vont-ils céder et laisser faire ? Une telle abdication permettrait au Japon de s'emparer, sous les yeux complaisants des Américains, de la maîtrise du Pacifique.

Si nous ne sommes pas assez forts pour couper court à de telles ambitions, ne pouvons-nous pas tout au moins tenter de ne les satisfaire que dans des limites très précises, réduites, et surtout, ne devons-nous pas tout faire pour que cet abandon de nos intérêts les plus visibles ait une contre-partie positive ? Ne pouvons-nous pas enfin obtenir du Japon une participation effective à la lutte contre l'Allemagne ?

Je crois être sûr, le moment venu, de décider Lénine et Trotzky à consentir, au profit du Japon, une cession raisonnable de territoire sibérien si le Japon, avec les autres alliés, apportait immédiatement à la Russie l'appui militaire dont elle a besoin et qu'il est mieux placé que tout autre pour lui donner. Je ne saurais trop le répéter, le gouvernement des Soviets, même s'il ratifie la paix de Brest-Litovsk, est résolu à violer ce traité léonin dont les conditions sont inacceptables et inapplicables. Il agira à la première occasion, dès qu'il disposera de l'armée qu'il veut réorganiser, comme je l'ai indiqué souvent, sur les bases traditionnelles : discipline des troupes, compétence des cadres, appel aux anciens officiers, etc....

Cette œuvre difficile, les bolcheviks ne l'accompliront qu'avec l'appui technique des Alliés. Il ne s'agit plus, bien entendu, du secours qu'apporteraient quelques officiers français (la mission ne les accorde d'ailleurs qu'au compte-gouttes), mais d'un concours sérieux et complet. Je répète ceci depuis plus de trois mois. Si mon appel avait été entendu plus tôt, la paix de Brest dont Trotzky ne voulait à aucun prix et que Lénine a subie parce qu'il ne pouvait pas ne pas la subir provisoirement, n'aurait pas été signée. Se décidera-t-on enfin à comprendre et à agir ?

M. ALBERT THOMAS, député (*Champigny-sur-Marne*).

Mon cher ami,

Le général Niessel a d'abord été interloqué par la nouvelle de la mission diplomatique que m'ont confiée Lénine et Trotzky. Mais il en aperçoit l'intérêt, l'importance, et se rend compte que, d'une part, il faut agir vite et que, d'autre part, il est nécessaire de manifester par des actes notre bonne volonté de collaboration. Nous devons encourager, par tous les moyens, la tentative de réorganisation militaire faite par les bolcheviks et leur appel de plus en plus net à la coopération alliée. Nous avons également besoin de leur complaisance pour assurer dans de bonnes conditions de sécurité et de rapidité l'évacuation sur Mourmansk. Il est donc entendu que je partirai pour Vologda, à titre officieux et personnel. Un train spécial est mis à ma disposition. J'en profite pour emmener quelques Français, notamment Charles Dumas, qui va à Moscou. Comme je l'avais prévu, l'attitude prise par Charles Dumas, dans son unique conversation avec Trotzky, lui a fermé les portes de Smolny. Je tenterai de les lui rouvrir à la première occasion. Il peut, en attendant, faire du travail utile avec Petit, auprès des mencheviks. Je ne sais pourquoi Dumas me boude. Ce n'est vraiment pas par ma faute que ses relations avec Trotzky ont été si malheureuses.

M. Albert THOMAS, député (*Champigny-sur-Marne*).

Mon cher ami,

Mon ambassade à Vologda a donné des résultats fructueux. Les bolcheviks en sont enchantés. J'ai débordé volontairement le programme qui m'avait été fixé. En deux longues entrevues, j'espère avoir convaincu à peu près l'ambassadeur américain, respectable vieillard, d'intelligence un peu lente et visiblement fatigué par la vie qu'il mène en gare de Vologda, dans le wagon diplomatique.

En résumé, voici ce que j'ai obtenu :

1° L'intervention japonaise en Sibérie doit être ralentie, limitée, et doit perdre tout caractère antirusse. Une action américaine parallèle doit rassurer la Russie et protéger les intérêts généraux de l'Entente. Un conseiller d'ambassade a été expédié hier, par Francis, à Washington, *via* Tokio ;

2° Les Etats-Unis collaboreront à l'œuvre de résistance à l'Allemagne préparée par les bolcheviks, en aidant au ravitaillement, en envoyant des officiers instructeurs et peut-être quelques divisions. Une importante mission de spécialistes des chemins de fer (350 ingénieurs et contremaîtres, immobilisés à Vladivostok et au Japon depuis quelques mois, sera mise le plus rapidement possible à la disposition des bolcheviks pour travailler à la réorganisation des transports, problème capital qui domine actuellement tous les autres ;

3° Le gouvernement américain doit tendre officiellement la main au peuple russe, reconnaître au moins en fait le gouvernement des Soviets. Ce geste aurait une répercussion formidable sur la politique intérieure de la Russie.

Je continue, quoi qu'on pense, à ne pas avoir d'illusions exagérées sur la tâche qui va être accomplie. La situation est à peu près désespérée, mais si les Alliés savent s'engager vite

et à fond dans la voie de la collaboration, tout n'est pas irrémédiablement compromis.

Que la paix soit ou non ratifiée par le Congrès des Soviets
qui sera réuni à Moscou le 12 mars, la résistance aux Empires
Centraux s'organisera, mais livrés à leurs propres forces, je
devrais dire à leur faiblesse, les bolcheviks ne peuvent rien
faire.

Nous pouvons leur fournir des spécialistes :

1° Pour préparer, sur tout le front, de la mer Blanche à
la mer Noire, la défense et la destruction des voies de communication. Si ce travail est commencé sans retard, l'avance
allemande sera enrayée, au moins retardée jusqu'à la fin du
dégel, c'est-à-dire jusqu'en mai ;

2° Pour évacuer ou détruire — l'évacuation, en raison
de l'état des transports, ne pouvant être que partielle — les
dépôts de vivres et de munitions qui se trouvent à l'arrière
du front (!) ;

3° Pour évacuer ou détruire tous les stocks susceptibles,
d'une part, de servir à la réorganisation de l'armée russe en
cas d'évacuation et, d'autre part, d'être utilisés par l'ennemi
en cas de non destruction, qui se trouvent actuellement dans
les grands centres (y compris Pétrograd et Moscou) menacés
par une avance possible de l'ennemi.

Les enquêtes rapides faites en ces dernières semaines
démontrent aux bolcheviks et à nous-mêmes, qui ne pouvions
pas nous en douter, qu'il existe encore dans tous ces centres
des quantités incroyablement considérables de matériel de
guerre et aussi de denrées alimentaires, de produits fabriqués, tissus, vêtements, cotons, laines, métaux, graisses, etc.,
etc... Tout ceci était caché jusqu'ici par des industriels ou
des commerçants accapareurs et spéculateurs. En ce qui concerne plus spécialement le matériel de guerre, il importe de
l'évacuer au plus tôt; car si les Allemands prennent Pétrograd, Moscou et avancent dans le Donetz, comme on peut le
craindre, la Russie ne disposera plus d'aucun centre appréciable pour la fabrication des armes et des munitions. Elle
devrait alors compter uniquement sur les stocks d'Arkhangelsk, très réduits, et de Vladivostok, ceux-ci très abondants,
mais qu'il serait à peu près impossible de faire arriver en
Russie en temps et en quantité utiles, le débit du chemin

de fer transsibérien étant réduit à quelques dizaines de wagons par jour.

4° Pour former une armée nouvelle constituée par des volontaires et par le recrutement d'une ou deux jeunes classes.

Les bolcheviks savent qu'il y a incompatibilité absolue
entre l'existence de leur gouvernement et celle du gouvernement allemand. Celui-ci doit donc s'efforcer de renverser les
maximalistes, dont les menées révolutionnaires, malgré l'a-
narchie, le désordre et les faillites ont une valeur de contagion inquiétante pour les états autocratiques voisins. Les
Empires Centraux vont-ils attaquer directement et immédiatement la Grande-Russie, ou bien, commenceront-ils par couper, d'une part, les communications de la Russie avec l'Europe occidentale en donnant la main aux gardes blancs finlandais et par affamer, d'autre part, la Grande-Russie en
poursuivant leur marche en Ukraine, de manière à avoir entre les mains le grenier à blé et-les principaux centres industriels? Il est vraisemblable qu'ils combineront les deux efforts.
Ceci ne les empêchera pas d'ailleurs de poursuivre leur action politique. Depuis longtemps, ils sont entrés en relation
par des agents habiles, avec la plupart des partis non bolcheviks, monarchistes, modérés, et S.-R. de droite. Quel que
soit le parti qui tente le renversement des bolcheviks, il
semble qu'actuellement il ne puisse aboutir heureusement
qu'avec l'appui des Empires Centraux, non pas seulement
appui moral, mais appui matériel, les maximalistes continuant à disposer seuls de forces suffisantes pour se maintenir au gouvernement.

Quels qu'ils soient, par conséquent, on peut prévoir que
les successeurs des bolcheviks seront installés au pouvoir
par l'Allemagne et qu'ils lui conserveront leur gratitude.
Nous ne pourrions en espérer aucun concours et, sous leur
direction, la Russie tomberait très vite sous la dépendance
économique et politique de l'ennemi.

Si, d'autre part, l'affaire japonaise n'est pas solutionnée
suivant les indications que je donnais l'autre jour à l'Ambassadeur américain, les Empires Centraux, débarrassés de toute
inquiétude à l'Orient, disposeraient de toute leur liberté
d'action sur le front occidental.

Ayant une armée extraordinairement puissante, massée
contre nous, entameraient-ils l'offensive ? dirigeraient-ils

d'abord leurs efforts vers Salonique et la Grèce pour dominer entièrement les Balkans ? Essaieraient-ils de mettre hors de cause l'Italie dont Robert de Flers me dépeignait, avant-hier, à Vologda, le moral déplorable ?

Se contenteraient-ils d'enfoncer, entre la Suisse et la mer du Nord, un bouchon formidable d'hommes et de matériel et d'attendre nos attaques ?

S'ils ne sont pas certains d'un succès décisif sur notre front, cette dernière hypothèse paraît être la plus vraisemblable. Et dans ce cas, ne peut-on pas penser, qu'abrités derrière ce bouchon, ils reconstitueraient chez eux, avec une main-d'œuvre supplémentaire importée des Balkans et de Russie, une industrie qui trouverait de vastes débouchés dans les pays scandinaves, les Balkans, la Russie et derrière la Russie, dans une large portion des territoires asiatiques.

J'imagine parfaitement qu'un tel programme facile à fixer sur le papier serait de réalisation malaisée. La réorganisation et la transformation partielle en plein effort militaire de leur outillage industriel, matériel et main-d'œuvre, serait une tâche accablante. La remise en état des chemins de fer russes indispensables pour faire venir de Russie le blé et les métaux et pour y importer en quantités importantes les produits fabriqués, exigerait de longs mois. Mais nous avons le devoir de tout craindre du grand peuple que nous combattons et qui, depuis 4 ans, a donné des preuves stupéfiantes de son activité méthodique, de son ingéniosité géniale, de sa persévérance inouïe dans l'effort.

Mon retour de Vologda a été retardé de 24 heures par une dépêche de Pétrozavodzk, m'annonçant l'arrivée du courrier Chaumié, chargé d'une communication très importante pour moi. J'ai raté mon train spécial pour attendre Chaumié, accompagné de Robert de Flers qui voulait recevoir de moi quelques renseignements sur la situation générale en Russie. Je l'ai trouvée amère.

M. Albert THOMAS, député (*Champigny-sur-Marné*).

Mon cher ami,

Je relis mes notes d'hier. Certes, le plan allemand que j'échafaude est si grandiose qu'il paraît purement chimérique. L'Allemagne combattant défensivement sur le front occidental et reconstituant à l'abri de ses armées une économie normale à l'intérieur, prolongerait indéfiniment ses possibilités de résistance à l'effort combiné (dans quelle mesure cet effort est-il combiné, il nous est indispensable de l'apprécier ici) de la France, de l'Angleterre et des Etats-Unis. L'hypothèse paraît folle. Quand j'expose de telles inquiétudes dans les milieux alliés, je fais sourire une fois de plus. On m'objecte, avec une apparence de raison, que je ne compte pas assez la force offensive des Alliés qui ne permettront pas à l'Allemagne de conquérir la liberté d'allure nécessaire à la réalisation d'un tel programme. Mais quand bien même l'ennemi ne ferait que concevoir ce plan et en amorcer l'exécution, ne comprend-on pas le danger mortel dont serait menacé l'Occident ? Aucun des efforts que les Allemands feront aujourd'hui pour étendre en Russie et en Asie leurs débouchés économiques ne seront perdus demain. Ils conserveront, après la paix générale, tout le terrain conquis. Géographiquement et industriellement, ceci est à peu près certain. Un seul moyen d'écarter le péril. Organiser en Russie une résistance militaire. En Russie, un seul pouvoir tentera cette organisation, le pouvoir des Soviets. Et cette tentative n'a chance d'aboutir qu'avec l'appui des Alliés.

On n'a plus le droit de penser des leaders bolcheviks qu'ils sont des agents de l'Allemagne, mais on peut penser encore qu'ils sont de mauvaise foi à l'égard des Alliés, qu'ils sont sans autorité politique et sans capacité technique. Pourtant eux seuls veulent résister à l'Allemagne. S'ils ne lui résistaient pas, ils seraient balayés par elle. Leur intérêt, le souci de leur conservation est la meilleure garantie que nous puissions avoir de la loyauté de leurs efforts antiallemands. Ces efforts seraient vains sans nous. Peut-être seront-ils vains malgré nous? La question n'est pas là, nous n'avons plus ici qu'une carte à jouer, la carte bolchevique. Nous devons la jouer sans hésitation. Quel risque courent les Alliés ? Quelques millions ou quelques milliards à dépenser, quelques dizaines ou quelques centaines d'officiers, quelques milliers ou quelques dizaines de milliers d'hommes

Songeons aux dépenses formidables, aux sacrifices effrayants consentis sur notre front. A tout ce qu'une tentative heureuse épargnerait à l'Entente d'argent et de sang. Ce résultat heureux est à peu près impossible, mais il est possible. D'abord, un premier résultat est certain. Avant même que la Russie résiste, à partir du moment où apparaîtra sa volonté de résister, l'Allemagne sera inquiète, elle devra regarder vers l'Orient, la paix de Brest conservant le caractère d'une trêve qui, d'un moment à l'autre, pourra être rompue par une armée russe nouvelle appuyée par des forces alliées.

J'ai présenté à Trotzky l'attaché militaire américain. L'appui des Etats-Unis est officiellement promis.

Pétrograd, le 9 mars 1918.

M. ALBERT THOMAS, député (*Champigny-sur-Marne*).

Mon cher ami,

Les bolcheviks savent qu'en cas de reprise des hostilités avec l'Allemagne, ils doivent s'attendre à une avance rapide de l'ennemi.

Ils sont prêts à abandonner Pétrograd, Moscou et, s'il le faut, affirment-ils, à céder la Russie d'Europe.

A l'abri d'un rideau de partisans, l'armée nouvelle se reconstituera sur la Volga et sur l'Oural.

Le gouvernement va se transporter à Moscou, l'Etat-Major général ira probablement à Nijni-Novgorod.

Trotzky est chargé plus spécialement d'assurer la défense de Pétrograd. Il est vraisemblable par conséquent qu'il ne suivra pas les autres commissaires du peuple qui vont partir dès demain et après-demain à Moscou. Il est entendu que je vais m'installer moi-même à Moscou avec la Mission, mais que je ferai régulièrement le voyage de Pétrograd pour rester en contact étroit avec Trotzky qui tient à me voir fréquemment et dont l'autorité, un moment décroissante, après les attaques lancées par Lénine contre son co-dictateur, à la suite du geste tolstoïen de Brest-Litovsk, remonte très rapidement.

M. Albert THOMAS, député (*Champigny-sur-Marne*).

Mon cher ami,

Nous partons cet après-midi à Moscou. Pour bien des raisons, je ne suis pas fâché de quitter Pétrograd. Je reviendrai
ici d'ailleurs de temps en temps pour maintenir le contact
avec Trotzky que je m'efforce cependant d'entraîner à Moscou. Il est question, en effet, à ce moment, de lui confier le
ministère de la Guerre. Je pousse très vigoureusement sa
candidature près des camarades. Il est indiscutablement, de
tout le personnel bolchevik, l'homme le plus apte à assurer
cette tâche et, d'autre part, le plus susceptible de recevoir
nos avis et d'y conformer ses actes. Je continue, en effet,
à ne pas désespérer d'une coopération très active des Alliés
en général, et des Français en particulier, avec les maximalistes dans le but de réorganiser une armée.

Lounatcharsky et Chliapnikof demeurent avec Trotzky à
Pétrograd. Le premier doit s'occuper de l'administration
générale, le second, plus spécialement de l'évacuation et du
ravitaillement de la région. Mes relations avec eux exigeront
également ma présence, à intervalles réguliers, à Pétrograd.
Mais c'est surtout près de Trotzky qu'il est nécessaire que
mon influence continue à s'exercer. Il reprend de plus en
plus de forces et mène, plus que peut-être Lénine lui-même
en ce moment, la politique générale intérieure et extérieure.

Mais il n'est pas possible que je demeure à Pétrograd alors
que Moscou devient le centre du gouvernement. Je dois continuer ma propagande prés de tous les leaders bolcheviks, y
compris Lénine, qui est le plus réfractaire, pour ne pas dire
le plus hostile à mon action personnelle.

Mes entretiens répétés chaque jour avec les chefs des
partis au pouvoir et de l'opposition ont un intérêt trop évident pour que j'y renonce. On constate ici les résultats de
cette propagande persévérante. La plupart des commissaires

du peuple, des membres du Comité central exécutif des Soviets, etc..., que je vois constamment depuis quatre mois,
sont devenus pour moi de véritables amis. J'obtiens d'eux
des concessions de principe ou de fait de plus en plus importantes. J'arrive notamment à inspirer pour les *Isvestia*,
journal officiel, et dans *la Pravda*, journal officieux des bolcheviks, des articles célébrant la défense nationale et le
rétablissement de l'ordre. Dans le domaine politique, près du
pouvoir exécutif, de grosses modifications sont en préparation. Lénine et Trotzky préparent un rétablissement qu'il va
leur être difficile d'exécuter, mais qui est absolument indispensable et qu'ils vont tenter très prochainement pour éviter
la banqueroute.

Je ne cesserai pas de regretter qu'on n'ait pas envoyé ici
les quelques agents de liaison que je réclame depuis mon
arrivée. Quelques camarades intelligents, souples, animés
seulement par le désir de servir, auraient accompli ici une
besogne extrêmement intéressante. Mais je continue à être
déplorablement seul.

Depuis quelque temps, les Américains ont mis en contact,
avec Trotzky, le colonel Robins, politicien connu aux Etats-
Unis, ex-candidat à la vice-présidence, sur la liste Roosevelt.
C'est, je crois, un homme très intelligent, très habile et qui
peut rendre des services. Malheureusement, il me paraît qu'il
n'inspire, politiquement, qu'une confiance relative à Trotzky,
d'abord parce qu'il représente le parti le plus impérialiste
et le plus capitaliste des Etats-Unis, ensuite, parce qu'il se
montrerait trop foncièrement diplomate, trop « rusé » dans
ses discussions avec le ministre des Affaires étrangères. Les
intérêts anglais, depuis quelques semaines déjà, sont également représentés, à Smolny, par un agent consulaire, Lockhart, qui paraît à certains bolcheviks plus sérieux et plus
net que Robins.

Malheureusement, Lockhart, comme Robins, est un bon
bourgeois. Il faudrait des socialistes alliés et des socialistes
de gauche. Or, il n'y en a pas ici. Les courriers, depuis les
troubles de Finlande, arrivent mal ou n'arrivent pas. Tout
lien est à peu près brisé entre nos démocraties et la Russie.
Quel dommage qu'on n'ait pas reçu Kaménef en France !
C'est un esprit très cultivé, très pondéré, sur lequel nos amis
français auraient pu exercer une action très salutaire et qui

aurait pu donner, de Paris à Pétrograd, des directives nouvelles pour la politique de réalisation dans laquelle on veut s'engager ici. Il aurait démontré facilement que ses camarades et lui-même n'ont commis des erreurs graves, qu'ils reconnaissent avoir commises, que par ignorance, inexpérience, insuffisance. Et qui donc à leur place, ayant à accomplir cette besogne gigantesque, n'aurait pas tâtonné longtemps, dans cette application grandiose des principes à la réalité. Kaménef aurait su probablement décider les pouvoirs publics en France à entamer la collaboration économique et militaire avec les bolcheviks. Cette besogne commencée depuis quelques semaines, serait aujourd'hui en bonne voie. Malheureusement, je suis obligé de parler au conditionnel passé, c'est-à-dire d'exprimer des regrets inutiles. Kaménef n'a pas été admis en France. Aucune équipe socialiste alliée n'est ici. La collaboration officieusement accordée aux bolcheviks est timide, boudeuse, ridiculement réduite. A défaut d'appui officiel, je m'adresse actuellement aux industriels et aux banquiers pour leur faire comprendre l'intérêt d'un travail en commun. J'en ai présenté beaucoup à Chliapnikof et aux autres bolcheviks chargés du travail d'évacuation et du ravitaillement de Pétrograd.

M. Albert THOMAS, député (*Champigny-sur-Marne*).

Mon cher ami,

Avant de quitter Pétrograd, j'avais reçu une lettre d'Albert Thomas me faisant savoir qu'au début du mois de janvier, Pichon avait télégraphié à l'Ambassadeur de France à Pétrograd, pour le prier de me demander régulièrement mes impressions sur les événements russes et pour m'autoriser à télégraphier aux Affaires Etrangères mes renseignements de fait et les conclusions que j'en tirais, laissant bien entendu à Noulens la faculté de faire suivre toute dépêche signée de mon nom, d'une note contenant son avis personnel.

Cette dépêche est arrivée ici depuis plus de trois mois. Or, je n'en ai jamais connu l'existence et jamais on n'a daigné me faire part de l'autorisation qui m'était accordée de télégraphier à Paris. Interrogé par moi, le général Niessel m'a dit, qu'en effet, la dépêche était bien parvenue à l'Ambassade, mais que M. Noulens n'avait pas cru utile de me la communiquer. Je suis exaspéré.

Je reconnais que depuis deux mois, l'Ambassadeur me consultait fréquemment, qu'il me priait de rédiger des notes dont quelques-unes ont été câblées aux Affaires Etrangères sous ma signature. Mais lorsque je rédigeais ces notes, je pensais que M. Noulens agissait de sa propre initiative. J'ai donc subi sa collaboration, ses atténuations, ses amputations, convaincu que si j'essayais de maintenir un texte plus complet et plus énergique, c'est-à-dire plus conforme à ma pensée, rien ne partirait à Paris. J'en étais d'autant plus convaincu qu'à plusieurs reprises M. Noulens m'a dit très nettement de telle ou telle phrase de mes notes : « Je ne pense pas cela. Je ne peux pas envoyer cela, etc. ».

Je n'ai pas besoin de dire que si j'avais su avoir le droit de télégraphier ce que je pensais sans réserves, j'aurais usé fréquemment et largement de ce droit. Et je songe avec douleur à toutes les indications utiles que depuis deux mois j'aurais pu faire parvenir à Paris par cette voie qui m'était ouverte sans que j'en aie jamais été prévenu. Depuis que je suis en Russie, le télégraphe est le seul mode de communication qui présente quelque rapidité. Depuis les troubles de Finlande, surtout, nos courriers sont si rares, si peu sûrs, si lents, que je ne rédige plus qu'en raison de la vitesse acquise ces notes quotidiennes qui, à leur arrivée en France, ont perdu à peu près tout leur intérêt, tant les événements sont précipités et divers.

Au risque d'être accusé de présomption excessive, je tiens à dire que si j'avais pu télégraphier, comme j'y étais autorisé, au gouvernement français depuis janvier, j'ai la conviction que j'aurais fait accepter par notre ministère la collaboration demandée par les bolcheviks, dès décembre et même fin novembre 1917, pour la réorganisation économique et la constitution d'une nouvelle armée. En deux mois d'efforts sérieux, des résultats pouvaient être obtenus et les bolcheviks auraient disposé sans doute des quelques dizaines de milliers d'hommes qui leur auraient permis de garder les voies de communications, et, par conséquent, de résister à l'abri de l'hiver, puis du dégel, aux prétentions brutales des Allemands. Si une telle force avait été constituée, la paix n'aurait certainement pas été signée.

Dans le bilan formidable des fautes commises contre les intérêts de l'Entente en Russie, celle-ci me semble particulièrement inexcusable.

M. Albert THOMAS, député (*Champigny-sur-Marne*).

Mon cher ami,

Le Congrès des Soviets, la Convention a été réunie pour ratifier la paix de Brest-Litovsk et pour ordonner le transfert de la capitale russe de Pétrograd à Moscou. Les bolcheviks mènent les débats à grande vitesse. Ils boycottent scandaleusement tous les orateurs de l'opposition dont la voix est étouffée par les interrupteurs dès qu'ils se permettent de faire entendre la critique la plus légère de la politique du gouvernement. Il suffit de prononcer les deux mots « Assemblée Constituante » pour déchaîner le tumulte et pour être obligé de quitter la tribune. Le président Sverdlof, surnommé « ferme-gueule », a déclaré sans rire que prononcer cette expression doit être considéré comme un acte de provocation à l'égard du Congrès. Mes amis maximalistes vont un peu fort.

A l'exception des bolcheviks, tous les partis représentés, y compris le parti anarchiste, se sont déclarés contre la ratification de la paix et pour la guerre immédiate. Au sein même du parti bolchevik, une minorité de « guerriers » a été constituée, à la tête de laquelle se trouvent Kollontaï, Dvbenko, Rozanof, Boukharine, etc... En tout une soixantaine de membres du parti.

D'ailleurs, tous les orateurs, sans exception, y compris les bolcheviks, et parmi eux Lénine et Tchitchérine, ont proclamé très nettement, aussi nettement qu'on pouvait le faire, dans un congrès public, et dont toutes les manifestations sont portées à la connaissance de l'ennemi, que la paix ratifiée serait précaire, que bientôt la guerre recommencerait, qu'il fallait dès maintenant préparer une nouvelle armée.

Les débats ont manqué d'allure. Les deux discours de Lénine, plats et vides, émaillés d'attaques violentes et de saillies déplacées contre les adversaires de la ratification, m'ont été très pénibles.

Dans les couloirs, les camarades que je rencontre fêtent chaleureusement les résultats de mon ambassade à Vologda. On m'attribue l'honneur du message Wilson aux Soviets. J'avais pu en laisser prévoir l'envoi dès mon retour à Pétrograd. Lénine et Tchitchérine voient dans le message Wilson la preuve que les Etats-Unis sont prêts à collaborer avec les bolcheviks, d'une part, et que, d'autre part, ils sont prêts à empêcher l'intervention japonaise qui continue à être la question angoissante entre toutes pour le gouvernement.

Premier résultat de la dépêche Wilson, c'est que, pour la première fois, un congrès de Soviets aura discuté, pendant de longues séances, des leçons de politique générale, sans qu'une parole franchement désagréable soit sortie d'une bouche officielle à l'égard des Alliés. Tous les délégués en font la remarque. Certains S.-R. de droite et du centre, « nos bons amis », sont seuls à s'en indigner.

Rozanov, président du Soviet professionnel de Pétrograd, un bon ami, un grand admirateur du peuple français, tonne contre le transfert de la capitale à Moscou. Il prévoit un vif mécontentement de la population ouvrière et commerçante de Pétrograd, touchée dans son amour-propre par cette décapitalisation et lésée dans ses intérêts les plus immédiats par le transport projeté de l'industrie de Pétrograd vers la Volga et l'Oural.

Les bolcheviks ne cachent pas, en effet, que l'évacuation de l'outillage et des matières premières n'a pas un caractère provisoire et n'est pas destinée seulement à éviter que ce matériel tombe entre les mains des Allemands, si ceux-ci continuent à avancer. Il s'agit d'un bouleversement profond de l'économie nationale. L'industrie, dans la région de Pétrograd, a grossi en ces dernières années de façon tout à fait démesurée et artificielle. Il faut la ramener aux justes proportions déterminées par la position géographique de la ville, par son éloignement des centres miniers et des agglomérations de consommation du pays russe. Les industriels de Pétrograd se voient accorder par le gouvernement la gratuité du transport pour tout leur matériel, leur outillage, matières premières, produits finis. Ils ne devraient donc pas hésiter à effectuer le transfert qui leur est demandé et auquel ils ont presque tous un intérêt certain. Je ne parle que de l'intérêt lointain, et non même pas de l'intérêt immédiat de faire échapper à la réquisition ennemie ce qu'ils possèdent actuellement.

Vu Kollontaï, rentrée des îles Aland, où elle a été arrêtée et maltraitée par des officiers suédois, qui ont empêché son passage. Elle renonce à son voyage en France. J'en suis désolé. Plus que jamais, il serait nécessaire que les bolcheviks soient représentés en Occident par des personnages de premier plan pour être compris et pour comprendre. J'avais confié à Kollontaï un long courrier, plus d'un mois de notes et de lettres. Le tout est en panne à Pétrograd. Je vais essayer de faire partir cela à Paris par les voies les plus rapides.

M. ·Albert THOMAS, député (*Champigny-sur-Marne*).

Mon cher ami,

Je suis furieux. J'ai été ‚prévenu, ce matin, que Trotzky venait d'arriver à Moscou. Je cours au Kremlin. Trotzky me fait un accueil glacial. Blessé par son attitude à peine correcte, je me retire immédiatement. Je cherchais à comprendre pourquoi cet homme, qui, depuis quatre mois, me traite en ami, me confie toutes ses pensées, a modifié si brusquement et si complètement son attitude à mon égard. Je ne comprends pas. L'adjoint au Commissaire des Affaires étrangères, Petrof, m'annonce que Trotzky a reçu des renseignements nouveaux établissant que la mission Berthelot aurait conseillé à la Roumanie l'offensive contre les bolcheviks et aurait établi le plan de campagne qui a été exécuté ‚par l'armée roumaine. Des officiers français auraient participé personnellement aux premiers engagements et n'auraient été‘ retirés des unités roumaines dans lesquelles ils combattaient contre les Russes qu'après plusieurs semaines. D'autre part, Petrof et Lénine s'indignent de l'attitude acceptée par le gouvernement français ou, ce qui revient au même, par la presse officieuse française, qui pousserait le Japon à une intervention immédiate en Sibérie. Ils soulignent la contradiction qui existe sur ce point, entre l'attitude expectante, c'est tout au moins leur impression, de l'Angleterre, l'attitude des Etats-Unis, franchement favorable aux Russes, et l'attitude hostile de la France. Ils sont d'autant plus montés qu'ils estiment que les Alliés, plus spécialement les Français, sont dupes des Japonais, que ceux-ci, après s'être ‚payés sur les Allemands en Chine, vont se payer sur les Alliés en Sibérie, mais qu'ils sont résolus à ne pas intervenir dans le conflit général, qu'ils veulent pour ainsi dire se neutraliser, de manière à conserver leur influence intacte et pour retirer les plus gros bénéfices possibles, lors du Congrès général de la Paix. Mais tout ceci n'excuse pas l'incorrection de Trotzky à mon égard.

M. Albert THOMAS, député (*Champigny-sur-Marne*).

Mon cher ami,

Ce matin, près de l'Hôtel National, ou je vais la voir, je rencontre Kollontaï, ministre démissionnaire de l'Assistance publique. Arrêtée devant une petite voiture, elle achète quelques fruits. Ces deux derniers mois l'ont vieillie de dix ans. Sont-ce les soucis du pouvoir ou les mauvais traitements qui lui ont été infligés récemment par les Suédois ou son mariage avec le farouche Dybenko qui l'ont fatiguée à ce point ? Aujourd'hui, elle me parait particulièrement lasse et désespérée. Très émue, elle m'apprend que son mari a été arrêté, la veille, de la façon la plus arbitraire, sous une inculpation odieuse qui peut déterminer son exécution, avec ou sans jugement, dans un délai très bref. Il est enfermé au Kremlin, où elle va lui porter un peu de nourriture. Je l'accompagne. A son avis, les vraies raisons de l'arrestation de son mari sont :

1° Une mesure de représaille exercée par Lénine contre un camarade qui a osé lever l'étendard de la révolte. C'est aussi un procédé pour terroriser les leaders bolcheviks qui seraient tentés d'imiter le geste du Commissaire à la Marine et de passer à l'opposition ;

2° Un moyen sûr d'empêcher Dybenko de partir ce soir dans le sud, où il devait prendre le commandement des nouvelles troupes bolcheviques.

A la tête de ses soldats, Dybenko pouvait (tout au moins Lénine devait le craindre, parce qu'il connaît bien l'énergie et l'indiscipline de Dybenko) soit recommencer immédiatement les hostilités contre les forces allemandes et rompre la paix, soit marcher sur Moscou et prendre la direction d'un mouvement contre la majorité bolchevique. Kollontaï est convaincue que l'instruction ouverte contre son mari ne retiendra rien ; d'autre part, les fidèles matelots de Dybenko ont envoyé un ultimatum à Lénine et à Trotzky pour leur faire savoir que si, dans 48 heures, leur cher ministre ne leur était pas rendu, ils bombarderaient le Kremlin et exerceraient des représailles personnelles. Kollontaï serait donc tout à fait tranquille si elle ne craignait pas un peu une exécution rapide dans la prison.

Dans l'après-midi, Tchitchérine, le nouveau ministre des Affaires étrangères, me donne la clé de l'énigme qui me troublait vivement depuis deux jours. Le susceptible Trotzky, avant son départ de Pétrograd, a eu une entrevue avec le général Niessel. Celui-ci, sur le point de regagner la France, aurait tenu à vider son cœur, aurait sermonné de la façon la plus véhémente le dictateur du prolétariat et lui aurait parlé « comme un général n'oserait parler à un sous-officier »

Trotzky aurait été tellement offensé par l'attitude du général Niessel qu'il aurait interrompu brusquement l'entretien.

Je m'étais permis de recommander au général Niessel de ne pas voir Trotzky sans moi. Je connais le tempérament du général. Je sais à quel point Trotzky est susceptible et nerveux. Sans le tampon que je pouvais seul constituer, le choc était inévitable. Il est évidemment regrettable qu'il se soit produit. Si fâcheuses que soient les causes du mouvement de mauvaise humeur de Trotzky, j'aperçois maintenant qu'il sera très vite dissipé. Et je suis rassuré pour l'avenir.

M. ALBERT THOMAS, député (*Champigny-sur-Marne*).

Mon cher ami,

Trotzky m'a fait aujourd'hui un accueil bien fait pour dissiper toute amertume. Mais les affaires roumaines et japonaises l'ont singulièrement monté contre nous. Je suis renseigné, tout au moins je crois l'être, sur l'action de la mission roumaine. J'ai, en effet, causé et déjeuné avec le général Berthelot, à qui j'ai fait connaître les griefs bolcheviks et qui m'a répondu de façon très complète. J'essaie donc d'expliquer à Trotzky que la mission a été absolument correcte, mais il m'affirme posséder des documents et des témoignages tellement irréfutables que la discussion n'est pas permise. J'insiste d'autant moins que, de mon côté, j'ai recueilli les impressions de camarades appartenant à la mission Berthelot, qui traverse Moscou, et qui m'ont dit toute la vérité.

L'affaire japonaise continue d'ailleurs à inquiéter bien davantage les bolcheviks. Malgré l'attitude amicale prise par les Etats-Unis, il paraît en effet certain que le Japon ne renoncera pas à son intervention s'il se sent appuyé par l'Angleterre et par la France. Une fois de plus, très légèrement, j'indique à Trotzky quel doit être le remède à ce mal. Il faut, à tout prix, au besoin au prix d'une concession territoriale, que le Japon intervienne aux côtés de la Russie. Certains Commissaires du Peuple ont été déjà convaincus par moi. Trotzky ne l'est pas encore. A son avis, d'une part, le Japon se refusera à apporter son concours à la Russie ; d'autre part, s'il paraît y consentir, ce ne sera que pour avoir le prétexte d'intervenir dans les affaires politiques intérieures russes et pour faire à la fois le jeu de la réaction et celui de l'Allemagne.

Trotzky va demander aux Etats-Unis, outre les ingénieurs et spécialistes de chemins de fer, une dizaine d'officiers inspecteurs, instructeurs.

Et la France ? Trotzky nous boude encore. Mais il nous reviendra bientôt. J'ai sondé Rigga, l'adjoint à l'attaché militaire américain. Rigga est un excellent garçon, très francophile, que je manœuvre facilement. Il comprend qu'un seul pays est en état de fournir à l'armée nouvelle russe le personnel d'instruction qui lui est nécessaire, parce qu'elle possède seule un corps d'officiers suffisant en qualité et en quantité. C'est la France. Or, la mission roumaine, comptant plusieurs centaines d'officiers, aura quitté le sol russe dans quelques jours. Après son départ, une aide immédiate ne pourra être fournie par aucun allié. Je l'ai déjà indiqué à Trotzky. Rigga va le lui rappeler. La France doit diriger l'organisation et l'instruction de l'armée nouvelle, les Etats-Unis se réservant les questions de transport et de ravitaillement.

M. Albert THOMAS, député (*Champigny-sur-Marne*).

Mon cher ami,

La situation des bolcheviks est loin d'être brillante. Economiquement, financièrement, militairement, le mécanisme national est en morceaux. Il s'agit de reconstruire et de reconstruire très vite. Ce sera dur. Les Commissaires du Peuple s'en rendent compte. Ils avouent les fautes graves qu'ils ont commises et proclament leur bonne volonté de commencer un travail sérieux et méthodique.

J'ai obtenu de Trotzky, qu'au nom des Commissaires du Peuple, il adresse au général Lavergne une demande de collaboration technique pour la réorganisation de l'armée sur des bases normales de discipline et de compétence : suppression des comités, non-élection mais nomination des officiers, appel aux anciens officiers, qui recevront de nouvelles marques distinctives et des satisfactions matérielles et morales, rétablissement de la peine de mort et de sanctions disciplinaires sévères, etc., etc..

Il est entendu que Trotzky va commencer par demander une quarantaine d'officiers.

J'ai dû bousculer Trotzky pour obtenir si rapidement ce changement d'attitude. Les nécessités de l'heure imposaient une décision rapide.

Si nous le voulons, nous serons les maîtres indiscutés et sans responsabilité de cette réorganisation. J'obtiendrai de Trotzky, sur ce sujet, ce que je voudrai. Il est entendu déjà que certains officiers de la mission collaboreront directement avec lui, auront leur bureau près du sien et fonctionneront à la fois comme une sorte de cabinet militaire, comme un organisme d'élaboration et de mise au point des projets, et de contrôle de l'exécution.

Trotzky ne voyait aucun intérêt à faire appel aux Anglais

et aux Italiens. Je n'ai pas eu de peine à lui démontrer qu'il fallait une action commune des Alliés. D'ici deux ou trois jours, si, comme je le lui ai promis, les Etats-Unis et la France promettent ferme leur concours, il rassemblera, en une réunion préliminaire, les chefs de toutes les missions alliées.

Au point de vue des questions économiques, et particulièrement pour l'évacuation de Moscou, je ferai admettre par Trotzky, Chliapnikof et Lénine, aussi facilement la collaboration (direction et contrôle) d'agents français.

J'avais annoncé depuis plus de deux mois le changement de direction que les bolcheviks commencent à réaliser aujourd'hui et qu'ils auraient accompli beaucoup plus tôt si nous leur en avions fourni les moyens en leur apportant le secours de notre compétence. On ne saurait trop répéter, en effet, que ce qui, depuis quatre mois, les a enfoncés si éperdûment dans l'irréel, c'est leur inexpérience générale. Tous sont des idéologues, des hommes de cabinet, sans vues pratiques sur les choses, qui sont habitués à examiner les problèmes et qui se sont efforcés de les résoudre par pure application des principes purs. Depuis longtemps, ils me crient : « Au secours ! » Depuis longtemps, je transmets leurs sollicitations. Tout le temps perdu ne se rattrapera pas. Nous avons cependant le devoir d'essayer de les tirer d'affaires, puisque de leur sort dépend, dans une large mesure, celui de la Russie et de l'Entente.

Comment les masses bolcheviques vont-elles prendre ce changement d'attitude? Il est certain que, dans tous les milieux, on est las du désordre. Cependant la situation politique est grave. Dans les centres, les anarchistes gagnent incontestablement du terrain. Les intellectuels qui dirigent encore effectivement le mouvement peuvent être aisément dominés par les bolcheviks et amenés à une collaboration provisoire. Mais les masses anarchistes sont recrutées dans la lie de la population pour une large part. Elles n'ont guère que des appétits qu'elles cherchent avant tout à satisfaire : reprise individuelle des richesses détenues par les bourgeois, occupation et pillage des riches demeures, etc., etc... Une répression sévère commence. Mais la tache s'étend toujours.

Pour la faire disparaître rapidement, il faudra que les bolcheviks se montrent impitoyables.

Bien entendu, fidèles à la politique du pire, les réactionnaires appuient de leur argent et de leurs conseils les anarchistes, voyant dans ce mouvement une attaque contre le bolchevisme et un moyen de le détruire et n'apercevant pas que le triomphe même momentané des anarchistes fera naître' des pogromes, des conflits sanglants, les fusillades et les pendaisons de bourgeois, et qu'ils seront, par conséquent, les premières victimes de leur politique.

Les bolcheviks espèrent résister assez facilement à la vague anarchiste. Quant à moi le péril me paraît réel. Il sera diminué par la collaboration alliée qui doit rapprocher très rapidement du gouvernement actuel des éléments modérés et même bourgeois, un peu étonnés encore, mais déjà séduits par les appels à la discipline, à la méthode, au travail, au devoir, que font entendre depuis quelque temps les leaders bolcheviks.

Je n'ai pas besoin de répéter que le triomphe des anarchistes, s'il se produisait, serait bref et qu'il serait suivi bientôt par un mouvement de réaction certainement pro-allemand, c'est-à-dire contraire à l'Entente.

M. ALBERT THOMAS, député (*Champigny-sur-Marne*).

Mon cher ami,

La collaboration des missions alliées avec les bolcheviks pour la réorganisation d'une armée nouvelle disciplinée, encadrée, révolutionnaire, mais traditionnellement constituée, est commencée. La mission française doit nécessairement jouer le rôle principal dans cette réorganisation. Quelques officiers vont être détachés directement près de Trotzky; ils constitueront en quelque sorte un cabinet militaire officieux, qui aura la haute main sur les différents services du Commissariat de la Guerre. Ils sont déjà choisis et opéreront avec discrétion. Il ne s'agit pas, en effet, d'engager dès maintenant la France à fond dans une aventure qui peut être vouée à l'échec. Il faut éviter de supporter la responsabilité de cet échec possible. D'ailleurs, les bolcheviks sont tenus de n'utiliser les Alliés qu'avec précaution, pour des raisons politiques faciles à comprendre et parce qu'ils doivent, d'autre part, tenir compte de la grande susceptibilité de leur propre état-major.

Nous devons, en somme, adopter l'attitude inaugurée par les Allemands, mêlés, avant la guerre, aux affaires administratives et industrielles russes. Elle consiste essentiellement à abandonner aux Russes toute la façade, les situations brillantes et le premier plan et à diriger la machine dans la coulisse, sans en avoir l'air, en laissant tout le bénéfice et tout l'honneur des résultats aux agents russes. Ce rôle modeste a le double avantage de ménager l'amour-propre très chatouilleux de nos alliés et de n'engager notre responsabilité que dans une mesure très faible. Il est également indispensable, si nous voulons éviter un ultimatum de l'Allemagne enjoignant brutalement aux Commissaires du Peuple d'enlever aux missions alliées la direction de l'administration militaire, d'agir avec une grande prudence.

La même méthode de collaboration occulte doit être employée pour l'étude des différentes questions économiques et spécialement de la préparation de l'évacuation de Moscou. Déjà, quelques Français industriels et ingénieurs ont été proposés par moi et agréés. Dans ce domaine encore, les bolcheviks admettent la nécessité d'une organisation fortement centralisée, remplaçant les innombrables commissions, bavardes et incompétentes, déjà formées ou en formation. A la tête du Comité central d'évacuation, il convient de placer un chef ayant des pouvoirs dictatoriaux. On m'a signalé le général Vankot, énergique et francophile, chargé ici, depuis deux ans, de la fabrication des munitions du type français. Je l'ai pressenti et décidé à accepter. J'ai proposé sa candidature aux Commissaires du Peuple. J'ai tout lieu de croire qu'il sera choisi. Je me suis attaché à montrer à Trotzky l'intérêt qu'il y aurait à garder sérieusement les voies ferrées de Mourmansk et d'Arkhangelsk. Nous n'avons plus seulement à redouter, en effet, une attaque de gardes blancs finlandais, mais une intervention allemande. L'ennemi parait décidé à occuper la Finlande. Là, comme en Ukraine, avec la complicité de cette bourgeoisie sur laquelle les Alliés ont échafaudé tant d'espérances chimériques, les impérialistes allemands veulent détruire tout germe de pouvoir révolutionnaire. Ils savent, en effet, qu'après avoir supprimé les bolcheviks en Finlande et en Ukraine, ils pourront comprimer et supprimer aisément le bolchevisme russe. Pour cette œuvre indispensable à sa quiétude, le gouvernement allemand sait fort bien qu'il peut également compter sur l'appui total de la bourgeoisie russe. Par ce moyen, l'ennemi se mettra à l'abri de la contagion révolutionnaire. Si ce but était le seul, il pourrait être sympathique à certains éléments alliés. Mais sa réalisation, il ne faut pas l'ignorer, doit rendre l'Allemagne, économiquement au moins, maîtresse absolue des immenses territoires compris entre l'Asie Mineure et l'Océan Glacial.

M. ALBERT THOMAS député (*Champigny-sur-Marne*).

Mon cher ami,

Les Commissaires du Peuple multiplient les interviews, les articles et les meetings pour exposer les raisons de l'évolution rapide accomplie par les bolcheviks qui marchent à pas de géants vers la collaboration nécessaire des classes.

Les Commissaires préconisent la restauration de la puissance militaire russe, par la formation d'une armée de volontaires et le rétablissement prochain de la conscription obligatoire, provisoirement limitée à l'appel d'une ou deux jeunes classes.

En matière économique, ils constatent qu'il ne suffit pas de déposséder les classes dirigeantes, il faut réorganiser l'industrie, discipliner le prolétariat, l'obliger à accepter l'autorité contrôlée des techniciens, à quelque parti qu'ils appartiennent. Ainsi les bolcheviks préparent l'organisation de la production par l'appel, encore discret et mélangé de menaces, aux compétences, c'est-à-dire, en somme, à la bourgeoisie. L'organisation de la répartition doit s'opérer conformément aux mêmes principes. Le gouvernement fait de gros efforts pour obtenir la collaboration des coopératives qui, on le sait, ont atteint un développement considérable en Russie, comptant plus de dix millions de familles, à peu près un tiers de la population totale du pays. Jusqu'ici, les leaders coopératistes étaient antibolcheviks ; il s'agit de les convaincre ou de les vaincre. Les bolcheviks s'y emploient.

« La Patrie, déclare Trotzky, en réunion publique, purifiée par la Révolution des fautes du passé, nous est devenue cent fois plus chère. Nous la défendrons jusqu'à la dernière goutte de notre sang. Dans l'armée, dans l'industrie, partout, il faut rétablir la discipline, le respect des chefs, l'ordre, la méthode. »

Bien entendu, les anarchistes dénoncent à l'indignation populaire l'étonnant langage des bolcheviks qui s'enlisent

dans l'ornière où ont péri déjà les Milioukof, les Kerensky
et les Tseretelli. Ils entament ouvertement la lutte contre le
gouvernement et préparent la prise du pouvoir pour l'organisation de la république communiste.

Quelles que soient les inquiétudes manifestées par les bolcheviks, je ne crois guère décidément au succès prochain de
cette propagande démagogique, dans une Russie exténuée par
une longue année de fièvre sociale, qui se désintéresse de
plus en plus des luttes politiques et qui paraît accepter de
plus en plus aisément la domination d'un pouvoir fort, quel
qu'il soit, capable de rétablir un ordre dont chacun, plus ou
moins consciemment, éprouve la nécessité. Bien entendu, je
suis entré déjà en contact, à la grande indignation de certains,
avec les principaux chefs du mouvement anarchiste. Ils me
reçoivent comme les bolcheviks, en camarade, et me parlent
en toute confiance. Je n'ai rencontré, jusqu'ici, que des intellectuels fumeux, par comparaison avec lesquels les bolcheviks les plus outranciers paraissent atrocement raisonnables,
et quelques personnages très intéressants. Leur activité est
pratiquement limitée jusqu'ici à l'occupation et parfois au
pillage des riches hôtels particuliers, encore disponibles à
Moscou. C'est ainsi que le palais où je loge, la maison Karite-
lenko, habitée par le prince Gortchakof, vient d'être envahi
par la garde noire. Les anarchistes, séduits par le luxe de
cette demeure, emplie d'œuvres d'art et dans laquelle la mission militaire américaine a trouvé une hospitalité magnifique,
émettent la prétention d'y installer leur club. Nous avons
appelé au secours les troupes bolcheviques, qui nous ont déli-
vrés sans combat. Trotzky a donné une garde permanente de
vingt soldats. Mais les anarchistes reviendront. Ils l'ont promis. On estime qu'ils disposent, à Moscou, de huit à dix mille
hommes armés. Je n'attendrai sans doute pas leur prochaine
visite chez Gortchakof. Ma demeure est trop princière. Les
bolcheviks ou anarchistes que j'y reçois éprouvent trop vivement la tentation d'y revenir. Pour moi, pour eux, et plus
encore pour les propriétaires, je vais chercher un autre domicile.

Les bolcheviks répriment très sévèrement les actes de brigandage commis par certains anarchistes. Ils fusillent discrètement, mais sans pitié. Le mouvement anarchiste serait sans
doute inoffensif s'il n'était soutenu par l'argent et la complicité d'un certain nombre de réactionnaires.

Moscou, le 28 mars 1918.

M. ALBERT THOMAS, député (*Champigny-sur-Marne*).

Mon cher ami,

Les bourgeois russes suivent avec intérêt les péripéties de l'offensive allemande contre le front occidental. Beaucoup d'entre eux dissimulent mal et certains d'entre eux ne craignent pas d'afficher la satisfaction profonde qu'ils éprouvent à constater que les Anglo-Français sont à peu près aussi incapables que les Russes de résister à la pression formidable des armées ennemies. Inutile de leur représenter que leur défaillance et leur lâcheté ont permis seules aux Allemands cette concentration totale de leurs forces sur notre front. Ils refusent de comprendre ces arguments. Au fond, ils escomptent une victoire germanique qui déterminera la paix générale, l'effondrement du pouvoir révolutionnaire et une restauration monarchique. En Russie, d'ailleurs, actuellement, pour les bourgeois comme pour les révolutionnaires, on n'envisage les événements de la guerre que du point de vue du retentissement qu'ils peuvent avoir sur la révolution russe. Industriels, banquiers, fonctionnaires, se tournent de plus en plus nettement vers Berlin et s'éloignent progressivement des Alliés dangereusement démocratiques d'Occident.

M. ALBERT THOMAS, député (*Champigny-sur-Marne*).

Mon cher ami,

Signe des temps : les journaux bourgeois, qui ne publiaient jadis que les communiqués alliés, publient aujourd'hui les communiqués allemands. La presse bolchevique, qui ne publiait aucun communiqué de guerre publie aujourd'hui les communiqués alliés et eux seuls.

Dans les milieux bolcheviks, on suit avec angoisse les progrès de l'offensive allemande ; les maximalistes les plus clairvoyants comprennent, en effet, que la paix générale, si elle est faite dans des conditions honorables, déterminera une révision du traité de Brest ; au contraire, une victoire de l'Allemagne assurerait un caractère définitif à la paix préparée provisoire et provoquerait la chute du gouvernement révolutionnaire. Or, les bolcheviks ont moins que jamais l'envie de tomber. D'abord, parce que beaucoup d'entre eux ont pris ce goût du pouvoir, qui a perverti en tout pays tant de consciences pures et corrompu tant de principes ! D'autre part, l'œuvre bolchevique, les coupables s'en rendent compte, a été jusqu'à ce jour trop exclusivement destructive. Si les maximalistes avaient duré quinze jours, on les eût accusés d'avoir fait table rase du passé et de ne pas avoir commencé l'application des formules qui leur ont donné la victoire. Mais ils gouvernent depuis plus de quatre mois. Le vieil édifice social est en bas. Il faut reconstruire la cité nouvelle. Les premières fondations établies conformément à la vraie doctrine se sont écroulées. Avec une souplesse remarquable, Lénine et Trotzky ont su adapter ces principes trop purement théoriques à la réalité, aussi largement qu'ils peuvent le faire sans être accusés de trahison par leurs troupes. Ils accomplissent vraiment un admirable effort pour comprendre et faire comprendre. Ils sont dans la fièvre de ce nouvel enfantement. Ils espèrent, ils ont le droit d'espérer qu'en trois ou quatre mois, ils auront préparé un État nouveau et viable.

Leur foi mystique dans une révolution sociale universelle et immédiate a reçu des coups sensibles. Ils sont désespérés par l'impérialisme de plus en plus apparent de la majorité social-démocrate allemande. Ils comprennent que, sans doute, le régime soviétiste, s'il subsiste, devra compter en Europe, pendant quelques années au moins, avec les gouvernements capitalistes et bourgeois. Ils se rendent compte, d'autre part, que le régime soviétiste ne subsistera que si les plus dangereux adversaires de la révolution ne parviennent pas à la victoire totale. Entre l'impérialisme allemand et les impérialismes alliés, ils aperçoivent donc les différences de qualité. Et c'est pourquoi, ils font des vœux très chaleureux pour la résistance de l'Entente à l'impérialisme allemand. Certes, ils ont l'impression que si les Alliés marchent au secours de la Russie, ce n'est point par désintéressement, par amour enthousiaste du bolchevisme, mais parce que la domination allemande sur la Russie déterminerait au dépens de l'Entente et au profit de l'Allemagne une rupture de l'équilibre européen. Ils souhaitent donc actuellement et très sincèrement, j'en suis convaincu, une victoire alliée, permettant une paix générale, la révision du traité de Brest, non pas sous la forme d'un démembrement et d'un partage de la Russie en sphères d'influence, mais sous l'aspect de la reconstitution d'une Russie forte et indépendante. Ils veulent donc durer. Et ils dureront, si les Alliés les aident et ne se laissent pas plus longtemps aveugler par des rancunes certainement légitimes, mais dangereuses, et ne sont pas paralysés dans leurs velléités d'assistance par la phobie du gouvernement soviétiste. Décidément, il faut opter. Ou bien collaborer militairement avec les bolcheviks, c'est-à-dire évidemment consolider leur pouvoir politique et leur permettre de préparer un État russe profondément démocratique, bien vivant et adversaire acharné du militarisme allemand, ou bien abandonner les maximalistes. Dans cette dernière hypothèse, il paraît certain qu'ils seront très rapidement dévorés par leurs adversaires du dedans, éminemment pro-allemands et, ne l'oublions jamais, appuyés par les adversaires du dehors.

M. Albert THOMAS, député (*Champigny-sur-Marne*).

Mon cher ami,

Ainsi qu'il était facile de le prévoir, les ambassadeurs alliés ont été embouteillés en Finlande, à l'exception du chargé d'affaires anglais, qui, moins embarrassé d'impedimenta domestiques, a pu s'échapper à travers les lignes. Les voici de nouveau en Russie. Ils sont revenus assez piteusement, sans élégance, comme ils étaient partis. Ils paraissent vouloir s'installer à Vologda et non pas à Moscou. Trotzky me posait la question avec une curiosité ironique bien qu'il déclare n'éprouver aucun désir de revoir près de lui nos diplomates, dont il n'a reçu jusqu'ici que des communications peu agréables. Lorsqu'ils ont quitté Pétrograd, ces messieurs ont invoqué le prétexte de la menace allemande sur la capitale. Peuvent-ils l'invoquer de nouveau alors qu'il s'agit de Moscou? Vont-ils chercher une autre raison ? Je vais sans doute, avec le général Lavergne, aller voir M. Noulens, afin de le mettre au courant, dans la mesure où il désirera m'entendre. Car depuis longtemps, j'ai renoncé sur ce terrain à toute initiative et désespéré de me faire comprendre de notre ambassadeur. Il y a incompatibilité trop flagrante entre nos deux méthodes, je le dis en toute humilité, pour que je puisse croire un accord ou tout simplement une compréhension réciproque possible. Je sens de plus en plus que je ne pourrai travailler utilement qu'avec son successeur. Mais ce successeur n'apparaît pas très vite.

La grosse question à traiter est évidemment la question de l'intervention japonaise.

J'affirme à nouveau que nous pouvons obtenir du gouvernement des Soviets l'assentiment à cette intervention, sous certaines conditions ; il est nécessaire, en effet :

1° que cette intervention ne soit pas purement japonaise, mais interalliée. Il demeure entendu que les forces japonaises seraient l'élément essentiel, et que le concours allié, réduit à ce que pourrait fournir chaque pays intéressé, aurait surtout pour but de manifester l'entente de l'Entente, peu apparente jusqu'ici particulièrement en ce domaine, et de rassurer le gouvernement bolchevik qui appréhende, avec une apparence de raison, l'entrée en Russie de troupes nipponnes, plus proches de l'impérialisme allemand que du pouvoir révolutionnaire ;

2° que les Alliés garantissent au Soviet que cette collaboration sera purement militaire, qu'elle ne sera suivie d'aucune ingérence dans les affaires intérieures de la Russie et qu'elle sera une collaboration « honnête » (le mot est de Trotzky), c'est-à-dire, qu'on ne recommencera pas le petit travail de division et de contre-révolution que les bolcheviks affirment, ce en quoi ils ont tort sans doute, qui aurait été accompli par certains alliés en Ukraine, sur le Don, etc...;

3° que les bolcheviks soient fixés de façon précise sur le prix territorial et économique dont ils devront payer les réalistes japonais.

Qu'on ne perde pas de vue qu'il faut beaucoup de courage aux maximalistes pour accepter cette intervention. Il est certain, en effet, que dès qu'elle sera esquissée, l'Allemagne en prendra ombrage, adressera aux bolcheviks ultimatum sur ultimatum et commencera une avance qui, dans l'état présent de décomposition total des forces russes, les mènera très rapidement à prendre Pétrograd et Moscou, c'est-à-dire à enlever au gouvernement actuel les éléments ouvriers sur lesquels il s'appuie presque exclusivement. D'autre part, étant donné le mauvais état du transsibérien, le débit des troupes japonaises sera extrêmement lent, et une armée sérieuse ne pourra pas être amenée à pied-d'œuvre avant de longs mois.

Je me garderai avec soin de toute discussion présomptueuse sur le terrain des questions de haute politique générale, mais j'imagine qu'à Paris, à Londres et à Washington, on comprend mieux depuis l'offensive allemande, la nécessité de cet effort à l'Orient, et il me semble, d'autre part, qu'à partir du moment où l'intervention japonaise, qualifiée interalliée, sera décidée, les Empires Centraux éprouveront une juste inquiétude pour l'avenir et qu'ils viendront plus aisément à composition.

Moscou, le 6 avril **1918.**

M. Albert THOMAS, député (*Champigny-sur-Marne*).

Mon cher ami,

J'ai tenté d'exposer à l'ambassadeur ·

1° Que les bolcheviks, sauf intervention armée étrangère, d'ailleurs possible et même probable, venant appuyer certains partis, ne sont pas encore sérieusement menacés.

Les différents groupes d'opposition constituent, en effet, des forces éparses. Ils tendent tous au renversement des maximalistes mais semblent incapables de s'unir pour atteindre ce résultat et plus incapables encore, ce résultat une fois atteint, de faire l'accord nécessaire sur un programme commun et par conséquent de se maintenir au pouvoir.

Il ne faut pas oublier, en effet, que la ou les fractions qui prendront le pouvoir après les maximalistes, si elles ne sont pas soutenues par une force armée sérieuse, devront tenir compte de la mentalité, des aspirations nouvelles du peuple russe. Nul ne doit songer, par exemple, à enlever aux paysans les terres qui viennent d'être arrachées aux grands propriétaires laïques et religieux et d'enlever aux ouvriers la part d'administration de l'usine déterminée par les lois actuelles. Si lasses que soient les masses des luttes politiques décevantes dans lesquelles elles ont été plongées depuis quinze mois, si indifférentes, si a-politiques qu'elles apparaissent, elles n'accepteront pas aisément de renoncer à ces conquêtes économiques très précieuses et à la licence politique dont elles se sont enivrées depuis février 1917, et qui satisfait si profondément leurs instincts anarchistes de race.

L'œuvre que les partis d'opposition ne sauront pas sans doute réaliser ensemble peut-elle être accomplie par l'un quelconque d'entre eux ?

Le parti anarchiste est le plus actif, le plus combattif des groupes de l'opposition et probablement le plus populaire, à cause de sa démagogie dans certains milieux ouvriers. C'est aussi le seul qui s'appuie sur des groupements assez nombreux pour entrer en lutte avec les baïonnettes bolcheviques. Il paraît gagner du terrain dans les villes. Les bolcheviks sont inquiets. Mais s'ils montrent quelque énergie et si les circonstances (ravitaillement, chômage, etc...) ne leur sont pas trop défavorables, ils briseront ce mouvement, augmenteront ainsi leur prestige et décourageront les autres opposants. .

Les S.-R. de gauche suivent la politique bolchevique. Leur critique est essentiellement basée sur l'abandon des principes justement reprochés par eux au gouvernement des Soviets. Mais si violentes qu'elles soient, ces critiques demeurent platoniques. Les S.-R. de gauche n'accepteraient pas actuellement de gouverner. Ils ne feront rien pour renverser le gouvernement. Ils l'appuieraient certainement s'ils le sentaient menacé par l'offensive des autres fractions. En somme, ils se recueillent et ne paraissent avoir abandonné les porte- ' feuilles qu'ils détenaient dans le Conseil des Commissaires du Peuple, qu'afin de se dégager plus complètement des responsabilités trop lourdes créées par la paix de Brest et les difficultés intérieures.

Les éléments actifs des partis S.-D. et S.-R. du centre ne sont actuellement appuyés sur aucune force populaire. Ce sont des cadres sans troupes. A mon avis, leur opposition intelligente et active a pour conséquence pratique de précipiter les bolcheviks vers une politique plus réaliste, c'est-à-dire plus sage et plus favorable aux intérêts de la Russie et aux nôtres.

Les S.-R. de droite ne conservent plus guère du socialisme que l'étiquette. Intellectuels sortis presque tous des rangs de la bourgeoisie, effrayés par les excès bolcheviks, atterrés par la désorganisation générale qu'ils ont tout fait d'ailleurs pour aggraver, ils se tournent de plus en plus vers les partis purement bourgeois. Sans l'avouer encore publiquement, beaucoup affirment, dans les conversations privées, la nécessité d'une restauration monarchique.

Ils tendent ainsi la main aux Cadets dont les élections à la Constituante ont révélé à ceux qui doutaient de l'évidence l'impuissance politique et qui, aisément revenus du rêve républicain, travaillent également avec les royalistes.

A l'extrême droite, les partisans de la monarchie absolue du Tzarisme reprennent confiance ; depuis longtemps ils sont en relations avec les agents de l'Allemagne. Ils attendent avec impatience l'arrivée du comte Mirbach. Ils suivent avec intérêt les manœuvres de l'Allemagne en Ukraine, faites évidemment en vue du rétablissement de l'ancien régime. Certains d'entre eux que je vois fréquemment, malgré une sympathie culturelle très vive pour l'Angleterre et pour la France, malgré des affirmations réitérées de libéralisme, se déclarent obligés d'avouer que la poigne germanique est seule capable de débarrasser la Russie à la fois du bolchevisme et de l'anarchie révolutionnaire. S'ils passent ainsi à l'ennemi, c'est, prétendent-ils, parce que les Alliés sont trop loin, que leurs menaces verbales n'ont jamais été suivies d'aucune sanction contre les fauteurs de désordre, et qu'au demeurant, depuis un an, sous prétexte de ne pas s'immiscer dans les affaires intérieures de la Russie, les Alliés ont laissé faire des fautes irréparables.

A dire vrai, s'ils sont germanophiles, c'est qu'ils veulent établir un régime absolutiste qui noiera dans le sang la révolution, massacrera et déportera pêle-mêle juifs, bolcheviks, socialistes et cadets. Les hommes de droite ont, en effet, par-dessus tout la haine du cadet, de l'odieux libéral, qui a préparé inconsciemment 1918, comme nos encyclopédistes avaient préparé 1793, et qui est la cause première du bouleversement où sombre la Russie.

Or, ils pensent, avec raison sans doute, que les démocraties occidentales ne prêteraient pas la main à la restauration du régime tzariste. Non seulement elles ne peuvent pas trahir aussi honteusement les principes libéraux pour lesquels elles luttent, mais elles ne peuvent pas admettre la formation, en Russie, d'un gouvernement impérial qui, dans la vaste crise sociale qui secouera vraisemblablement l'Europe à l'issue de la guerre, se rapprocherait fatalement de ses alliés naturels, les Empires Centraux et le Japon.

Ainsi, entre les partis de droite et du centre droit, désirant une restauration réalisable seulement grâce à l'intervention allemande et le gouvernement maximaliste, il n'existe pas jusqu'à ce jour une opposition modérée assez homogène, assez forte et assez populaire, soit pour s'emparer du pouvoir et le conserver, soit pour déterminer l'adhésion de l'opinion publique russe à une intervention armée des Alliés contre l'assentiment des bolcheviks.

2° J'ai fait observer, d'autre part, à l'ambassadeur, que les bolcheviks, détenant le pouvoir depuis trois mois, et pouvant le conserver un certain temps encore, il serait peut-être bon de considérer non plus seulement ce qui peut' être fait contre eux, mais ce qui pourrait être fait à côté d'eux et avec eux.

Dès 1871, certains hommes prédirent que la guerre éclaterait « au printemps prochain ». Ces prophètes ont triomphé pendant l'été 1914. De même, les hommes qui annoncent, depuis le 25 octobre 1917, que les bolcheviks « seront renversés demain » finiront par avoir raison. Depuis cinq mois, je n'ai cessé de répéter que les maximalistes dureraient contre l'avis des Alliés qui prétendaient apercevoir sans cesse les signes successifs, et contradictoires, mais toujours manifestes de leur chute immédiate. Quelles qu'aient été les fautes accumulées par les maximalistes et si profond que soit le désenchantement des masses, le gouvernement actuel, dont la force principale continue à être faite de la faiblesse des autres partis, tient encore debout. Ce parti malade n'est pas à l'agonie. Il peut être renversé demain par les Allemands qui remplaceraient les commissaires du peuple par un monarque. Il ne peut pas être soutenu par les Allemands qui sont condamnés par leur intérêt, bien entendu, à arracher de Russie tout germe de démocratie. Il peut être consolidé par la collaboration alliée.

Toute collaboration avec les Soviets, objecte-t-on, ferait disparaître l'influence des Alliés et la sympathie' que leur témoignent encore les « éléments sains » de la Russie qui, demain, seront charges de la direction des affaires publiques.

. Grave erreur à mon sens. Nous faisons la guerre aujourd'hui. Et si nous gagnons la guerre, les éléments sains de la Russie nous remercieront de l'avoir gagnée, parce qu'ils bénéficieront de notre victoire.

Toute la question est donc de savoir sur quels Russes nous devons nous appuyer pour établir une collaboration en vue de la victoire.

Si nous perdons la guerre, la Russie, de gré ou de force, tombera aux mains du vainqueur et elle n'échappera à l'étreinte que par l'action antigermanique que mènent seuls au-

19

jourd'hui et que mèneront seuls demain les partis avancés, bolcheviks compris.

Mais quels sont donc ces éléments sains, de l'indignation desquels on nous menace constamment ?

Ce ne sont pas des monarchistes, inféodés à l'Allemagne, ni les S.-R. ou S.-D. de gauche, d'ores et déjà installés ou sympathisant avec les bolcheviks. Ce sont les partis du centre. Plus exactement les hommes du centre. Etats-Majors sans armée, qui ne feront rien avec les Allemands, parce que les Allemands les rejetteront comme suspects de démocratisme, qui ne feront rien sans nous, parce que non suivis par l'opinion publique, et pour qui nous ne pourrons rien faire avant d'avoir envoyé dans le centre de la Russie d'Europe un certain nombre de corps d'armées, c'est-à-dire avant de longs mois.

Depuis six mois d'ailleurs, on nous prêche la confiance dans ces éléments sains. Les Alliés qui, sans rompre jamais avec les bolcheviks, leur ont manifesté toujours la plus vive hostilité, n'ont pas cessé de tendre la main à leurs adversaires du centre. Qu'ont-ils obtenu d'eux depuis six mois ? Qu'obtiendront-ils dans les mois qui vont suivre ?

On nous propose, sous prétexte qu'il faut ménager encore cette collaboration, cependant aléatoire, de prolonger la période d'expectative qui nous a coûté déjà si cher. Ainsi, les événements continueront à se dérouler sans nous, c'est-à-dire comme toujours depuis cinq mois, contre nous. Certes, à mesure que le temps passe, je l'ai écrit bien souvent, notre situation est moins enviable, et la collaboration bolchevique devient de moins en moins fructueuse. Mais elle peut être encore suffisamment intéressante pour que nous cessions de nous en désintéresser.

Cette collaboration devrait être purement militaire.

Les bolcheviks reconstituent tant bien que mal une armée qui ne peut être formée sérieusement qu'avec notre concours. Et, inéluctablement, cette armée se dressera un jour contre l'Allemagne impériale, la pire ennemie de la démocratie russe.

D'autre part, l'armée nouvelle parce que disciplinée, parce que encadrée par des professionnels, et pénétrée de l'esprit militaire, ne sera pas une armée de guerre civile. Si nous en dirigions la formation, comme Trotzky nous l'a proposé, elle sera un élément d'ordre intérieur, et un instrument de défense nationale à la disposition des Alliés.

L'action de débolchevisation que nous exercerons ainsi sur l'armée, retentirait sur la politique générale de la Russie. Ne voyons-nous pas déjà commencer cette évolution. Il faut être aveuglé par le parti pris pour ne pas apercevoir à travers les brutalités inévitables de forme, l'adaptation rapide des bolcheviks à une politique réaliste.

Pour la création de l'armée, ils font appel au sentiment national, au patriotisme, ils s'adressent aux anciens officiers, ils établissent des soldes supérieures à celles que distribuait l'ancien régime. Ils créent une discipline et des règlements rassurants.

Pour la réorganisation économique, ils ne cessent pas de semoncer les classes ouvrières, la poussent à l'augmentation de la production (ne parle-t-on pas de supprimer la journée de huit heures). Ils lancent des invitations de plus en plus pressantes et de plus en plus humbles aux ingénieurs, aux directeurs d'usines, aux industriels eux-mêmes, leur garantissant l'autorité indispensable aux chefs, promettent des appointements élevés et des bénéfices au capital. Toutes ces concessions formidables sont mal enveloppées de menaces illusoires destinées surtout à rassurer les masses bolcheviques, étonnées par ce brusque coup de barre à droite.

Pour la reconstitution des finances, des garanties du même ordre sont déjà offertes aux techniciens et aux capitalistes.

Pour l'administration générale du pays, des amputations successives sont imposées aux comités innombrables et incompétents dominés de plus en plus par des compétences, hauts fonctionnaires et grands industriels investis de pouvoirs dictatoriaux.

Beaux joueurs, Lénine et Trotzky avouent hautement leurs erreurs (ce qui ne suffit pas évidemment à les réparer), font publiquement amende honorable, tendent aujourd'hui un doigt aux ennemis des classes, et préconiseront demain la collaboration de classes.

Seuls Lénine et Trotzky ont actuellement, en Russie, l'envergure, l'énergie et le prestige suffisants pour imposer à leurs troupes, c'est-à-dire à la nation militante, cette nouvelle révolution plus difficile et plus dangereuse pour eux-mêmes que celle d'octobre.

Evidemment les leaders de l'opposition, adversaires personnels de Lénine et de Trotzky, et par conséquent irréductibles, continuent à bouder. Mais beaucoup de bourgeois, d'éléments sains, de membres de l'intelliguenzia, comprennent et consentent à participer à l'œuvre créatrice à laquelle les convient les bolcheviks.

Comme les intellectuels, intelligents comme les éléments les plus actifs et les plus probes de la bourgeoisie travailleuse, les Alliés ne peuvent-ils pas dire aux bolcheviks : « Nous avons été contre vous depuis cinq mois parce que nous ne pouvions pas soutenir l'œuvre effroyable de destruction que vous accomplissiez. Dans l'œuvre de création que vous tentez, nous serons à vos côtés, avec la Russie tout entière »

Il ne s'agit plus, en effet, de secourir le bolchevisme. Le bolchevisme n'est plus. Les bolcheviks l'enterrent jour par jour, et les S.-R. de gauche et les anarchistes ne cessent pas de le répéter justement. Il serait aussi vain et aussi stupide de ne pas aider aujourd'hui Lénine et Trotzky, à raison des fautes commises hier, que de méconnaître la campagne profitable à la défense nationale menée par Gustave Hervé, en août 1914 — je ne parle pas de ses dernières transformations — à cause de la besogne dissolvante accomplie par lui en 1909 et 1910.

Mais pour que la collaboration des Alliés soit efficace, il faut qu'elle soit prompte et vigoureuse. Nous n'avons que trop tardé. Dès novembre, j'ai écrit qu'elle devait commencer. Dès décembre , j'ai marqué l'évolution de Lénine et de Trotzky, déjà avertis par la leçon des faits, et j'avais transmis à qui de droit les invitations à l'accord qu'ils m'avaient adressées. A cette époque, l'évolution ne pouvait se préciser sans notre appui. Aujourd'hui, Lénine et Trotzky ont pu la commencer sans nous, mais ils ne pourront la mener à bien qu'avec nous, conseillés, appuyés, contrôlés par nous.

Nous pouvons ainsi sauver la Révolution russe et préserver de la mort les forces de démocratisation européenne qu'elle contient. Nous pouvons ainsi délivrer la Russie des Empires Centraux et la ramener à l'Entente.

L'œuvre est difficile parce qu'elle est tardive, parce que les Allemands sont dans le pays, qu'ils sont déjà et seront de plus en plus les maîtres et qu'ils feront tout pour empêcher une réorganisation faite nécessairement contre eux. Mais elle n'est pas impossible à réaliser. Elle doit donc être tentée par les Alliés et d'autant plus qu'ils n'en ont pas d'autre à accomplir.

Voilà à peu près ce que j'ai dit au train des ambassadeurs en gare de Vologda, en ajoutant que, par ce moyen, par cette collaboration, limitée à la défense nationale et au rétablissement d'un ordre démocratique, nous pouvions opérer le ralliement autour de nous, à côté du gouvernement des Soviets, de toutes les forces démocratiques russes, appelées ainsi à transformer d'abord, puis à pénétrer ce gouvernement.

Mais, isolées du monde depuis le 28 février, les ambassades alliées encrassées, déprimées, ulcérées par quatre semaines de vie roulante, sans aucune nouvelle de l'extérieur, sans aucun contact avec la vie politique russe, ne savent pas pardonner aux bolcheviks leur fuite éperdue et inutile de Pétrograd, leurs pérégrinations désagréables en Finlande. Elles semblent fermement résolues à ne jamais comprendre.

M. Albert THOMAS, député (*Champigny-sur-Marne*).

Mon cher ami

Le brusque débarquement des Anglo-Japonais à Vladivostok, n'est pas fait pour faciliter les tentatives que je multi-
pliais de concert avec le consul anglais Lockhart et le colonel
américain Robins, pour faire admettre, par les Soviets, l'intervention interalliée en Sibérie, puis en Russie d'Europe.

Incident purement local. Opération de police sans aucune
importance, déclarent d'un ton rassurant les diplomates
alliés.

« C'est ce qu'affirmait, me disait Trotzky, le loup au malheureux lièvre dont il venait de happer une patte. Ne vous
inquiétez pas. C'est un incident purement local. »

Rien n'est compromis gravement cependant. J'ai eu de longues entrevues avec Trotzky à ce sujet. D'accord avec lui,
j'ai soumis aujourd'hui aux représentants alliés les conditions
qui devront être examinées par les puissances de l'Entente et
acceptées par elles, avant d'être proposées à l'acceptation des
commissaires du peuple. Ces conditions sont identiques à
celles que j'avais formulées dans une lettre précédente, et
peuvent se résumer ainsi : intervention non purement japonaise, mais interalliée, garantie de ne pas profiter de l'intervention pour renverser le gouvernement des Soviets, indica-
tion précise du prix à payer au Japon pour ce service. Si,
comme je l'espère, les conditions sont acceptées par les
Alliés (elles ont été transmises conformément à mon texte),
il est certain que le principe de l'intervention sera admis par
les bolcheviks. Resteront à préciser les modalités et la date
de cette intervention.

Mais dès que nous aurons fait admettre le principe, il sera
facile de passer à l'exécution aux lieu et temps choisis par
les Alliés, et imposés par les nécessités militaires, aux bolcheviks comme à tous autres.

Je suis arrivé également à un second accord complet sur les débarquements à Mourmansk et à Arkhangelsk. Il n'est pas douteux qu'ici encore l'assentiment, je devrais dire la complicité, du gouvernement russe est indispensable au succès. Il convient, d'ailleurs, d'agir avec toute la célérité et toute la discrétion possible, pour ne pas donner l'éveil aux Allemands, qui ne manqueraient pas d'envoyer, aux Soviets, des ultimatums menaçants auxquels il sera bien difficile aux bolcheviks de résister, s'ils ne sont pas tout à fait assurés de la collaboration loyale des Alliés.

M. Albert THOMAS, député (*Champigny-sur-Marne*).

Mon cher ami,

Je viens de revoir Alexandre Gay, le plus brillant orateur, le leader des anarchistes communistes. Dans sa confortable chambre de l'hôtel National, j'ai pris le thé avec lui, sa femme charmante, et deux militantes, élégantes et jolies. Bonbons exquis, gâteaux délicieux, causerie mondaine (comme on est loin de la simplicité lacédémonienne des chefs bolcheviks). Esprit cultivé mais flou, d'un irréalisme ingénu. Pas une once de bon sens. Pas dangereux.

Gay tonne contre les bolcheviks qui n'ont pas cessé de trahir les principes, les purs principes, depuis leur arrivée au pouvoir et qui se sont mués rapidement en pâles réformistes dont les ouvriers s'éloignent pour se grouper sous les plis du drapeau noir. Plusieurs villes du Sud sont déjà au pouvoir des anarchistes. Gay croit pouvoir disposer dès maintenant, à Moscou, de plusieurs milliers d'hommes armés. Mais le moment d'agir n'est pas venu. Les monarchistes se sont mêlés au mouvement, qu'ils tentent d'exploiter à leur profit. Il convient de se débarrasser d'abord de ces éléments impurs et dangereux. Dans un mois ou deux, les anarchistes creuseront la tombe des bolcheviks, « le règne de la brute sera terminé ». La République vraiment communiste sera fondée.

« Et si les bolcheviks vous devancent dans l'offensive ? »

« Ils n'oseront pas », me répond Gay.

J'accompagne une des gracieuses militantes jusqu'au somptueux « Club des marchands », devenu la « Maison de l'Anarchie ».

Les bolcheviks et les anarchistes se sont partagés, après se les être disputés parfois à coups de fusil, les plus beaux palais de la ville. J'ai visité déjà un certain nombre de ces princières maisons d'éducation. On y cause, on y fume, mais on y entend aussi d'instructives conférences économiques et scientifiques. J'ai demandé récemment à Lounatcharsky de me faire parvenir un rapport résumant les nombreuses réformes élaborées par lui pour la transformation de l'instruction publique en Russie. Il est bourré d'idées intéressantes et son travail pourra être lu avec profit par les chefs de notre Université.

Le peuple russe vit, depuis quinze mois, dans une fièvre intellectuelle, dans un bouillonnement d'idées qui développent à grande vitesse sa culture politique. Il fait son éducation civique de la façon la plus désordonnée, la plus violente, mais il est incontestable que ces discussions incessantes où sa faconde et sa souple intelligence se complaisent, ce chaos de formules et de principes contradictoires laisseront en lui des traces profondes.

Ma compagne m'explique que « la Maison de l'Anarchie » est infiniment plus joyeuse que les temples bolcheviks. Elle y va chaque soir. On y danse. On y chante jusqu'à une heure avancée de la nuit.

Ici, plus encore qu'à Pétrograd et ailleurs, presque toutes les maisons bourgeoises ont été envahies par les prolétaires. D'abord on expulsait les locataires, depuis quelques semaines on préfère partager avec eux le logement, en échange de quoi ils consentent certains sacrifices matériels, nourriture, vêtements, argent de poche, très appréciés par les envahisseurs.

La vie est terriblement dure pour la bourgeoisie russe.

Dans les rues, ce sont des femmes de la bourgeoisie, des dames bien vêtues et de bonne humeur qui crient et vendent les journaux. Dans les gares d'anciens officiers, des fonctionnaires font le métier de portefaix. Beaucoup se sont faits cochers. La reprise des terres, la suppression des valeurs, l'expulsion des administrations publiques ont réduit la petite et la moyenne bourgeoisie à la famine. Cependant, presque tous ces gens supportent les effroyables coups du sort avec une sérénité et une simplicité déconcertante. Apathie, lâcheté, fatalisme, mais aussi sentiment inné de la justice. « Nous avons joui, c'est au tour des autres », la formule se retrouve dans la bouche de la plupart des victimes de la Révolution. J'imagine que la bourgeoisie française réagirait, j'allais écrire réagira d'autre manière.

Justice et bonté. Le peuple russe est profondément bon. Et si charitable. On donne à tous ceux qui tendent la main.

Un exemple : chez un ami bolchevik et modeste. Nous dînons. On sonne. Un soldat demande un rouble. Incident quotidien. Mon hôte se lève. Le soldat est ivre. On referme la porte. La bonne, 20 roubles par mois, sort, va donner le rouble au soldat quémandeur, revient et bougonne contre son patron : « Il va se soûler un peu plus », lui dit celui-ci. « Cela ne vous regarde pas », réplique la bonne, d'un ton sévère. Ce soldat vous demandait un rouble, c'est qu'il en avait besoin. Se soûler est un besoin pour lui. Vous n'avez pas le droit de le juger ! »

Et ceci est bien russe. C'est vrai. Nous n'avons pas le droit de juger les autres. L'indulgence, la tolérance, la pitié sont infinies dans tous les domaines. Je sais que ces qualités sont essentiellement négatives, qu'elles dissimulent souvent indifférence, faiblesse, lâcheté, égoïsme. La société n'y trouve pas son compte. Mais l'individu en use largement. Les Occidentaux trouvent même qu'il en abuse. Echappant à toute contrainte, la personnalité de chacun se développe au maximum. Ici, on ne se sent jamais gêné par le regard, par le geste, par les reproches du voisin. On est libre, libre, combien plus que dans notre chère France. La question est de savoir si la société est faite pour l'individu ou l'individu pour la société. La Russie adopte, sans hésitation, la première formule.

M. ALBERT THOMAS, député (*Champigny-sur-Marne*).

Mon cher ami,

Les appels à la collaboration capitaliste pour la réorganisation industrielle se font de plus en plus nets. Les bolcheviks précisent, dans la presse, dans les réunions publiques, que le contrôle ouvrier ne constitue pas la mainmise de l'ouvrier sans culture sur l'usine, mais seulement sa participation en vue d'une bonne administration et d'une sage répartition.

Sauf cas très exceptionnels, la nationalisation donne des résultats très inférieurs, actuellement du moins, à la gestion directe par le propriétaire, qui dispose d'un personnel technique expérimenté que la direction ouvrière éloigne presque toujours.

Il ne faut négliger aucune des forces vives du pays, affirment maintenant les bolcheviks. Il faut faire appel à tous les hommes de valeur et payer largement leurs services.

Lénine reconnaît que le passage du capitalisme au socialisme et la suppression des classes sont des œuvres qui ne peuvent être réalisées ni en un jour ni en un an. Les forces bourgeoises doivent être utilisées provisoirement par le pouvoir des Soviets.

La révolution devient évolution.

La descente à Vladivostok continue à agiter les Soviets. On commence à comprendre que la Russie devra accepter une intervention interalliée plutôt que de subir une intervention japonaise. Le Japon intervenant seul assouvirait, aux dépens de la Russie, ses instincts « de brigandage ». Encadrés par les Alliés, qui ont besoin de maintenir une Russie forte et indépendante, il devra limiter son appétit.

L'entente avec les Alliés s'impose donc. On attend la réponse aux conditions proposées avec le désir d'arriver à un accord.

M. ALBERT THOMAS, député (*Champigny-sur-Marne*).

Mon cher ami,

Presque tous les Commissaires du Peuple que je peux voir admettent l'intervention conditionnée, la formation sur l'Oural d'une armée interalliée, que les formations militaires nouvelles de la Russie viendront rejoindre et une organisation militaire également interalliée des ports du Nord.

Mais il est nécessaire que les Alliés :

1° réalisent entre eux l'accord complet sur les modalités de l'intervention. Or, les explications confuses et souvent contradictoires fournies à la presse et à Tchitchérine par nos divers représentants paraissent marquer un désaccord total ;

2° préparent sérieusement cette intervention. C'est seulement lorsque les forces organisées par eux seront prêtes à être jetées immédiatement sur les frontières de la Russie d'Europe qu'une entente officielle avec les bolcheviks pourra être signée. •

Proclamer dès maintenant cette entente fournirait à l'Allemagne les prétextes de mettre la main sur la Russie. Jusqu'à ce que ce prétexte lui ait été donné elle devra limiter son action à l'Ukraine et à la Finlande, où son œuvre brutalement antidémocratique de rapines commence à ouvrir les yeux à ceux même qui les ont appelés au secours.

Les bolcheviks se demandent actuellement à quelle sauce ils seront mangés. Pris entre l'enclume germanique et le marteau allié, ils se tournent décidément vers le marteau. Mais ils vont chercher à gagner du temps, car ils se rendent compte qu'à partir du jour où le choc se produira, l'œuvre fragile de Brest, qui leur permet seule de continuer une vie précaire, s'écroulera, qu'ils seront très vite chassés par l'Allemagne de Moscou et de Pétrograd et qu'ils se trouveront à la merci des Alliés.

Or, ils n'ont dans nos gouvernements qu'une confiance extrêmement limitée. Peut-on leur en vouloir ? Rassurons-les donc au plus tôt. Prouvons-leur par dès actes que nous sommes disposés non pas à assurer directement leur existence mais à ne pas les combattre politiquement et à les aider honnêtement dans la voie de réorganisation militaire et économique où ils s'engagent péniblement.

M. Albert THOMAS, député (*Champigny-sur-Marne*).

Mon cher ami,

L'œuvre de réorganisation militaire élaborée par le Commissariat de la Guerre progresse lentement. Le transfert à Moscou d'une partie du Commissariat, le maintien de certains bureaux à Pétrograd, la dispersion des différents états-majors dans le centre de la Russie ont accumulé les difficultés. Beaucoup d'archives, de travaux statistiques, de rapports techniques ont été égarés ou détruits. Personne ne sait exactement quel matériel militaire la Russie a à sa disposition, ni où se trouve ce matériel. L'évacuation du front, de Pétrograd, de Moscou n'a pas été suffisamment ordonnée et centralisée.

Au personnel directeur du Commissariat, d'abord purement bolchevik, brouillon et incompétent, s'agglomèrent peu à peu des éléments professionnels. Les meilleurs techniciens ne sont pas revenus les premiers et un certain nombre de bonnes places sont entre les mains d'insuffisants et d'intrigants peu loyalistes. Mais chaque jour des propositions plus sérieuses de collaboration sont agréées par Trotzky, qui manifeste vraiment une parfaite impartialité politique, un désir d'utiliser les professionnels en les jugeant seulement sur leur compétence.

L'appui donné par les Alliés, spécialement par la mission française, a prouvé à beaucoup d'officiers, légitimement seeptiques, le caractère sérieux de la tentative de restauration d'une défense nationale.

Malheureusement, à mon avis, l'appui de la mission est toujours timide. C'est sur mon insistance que les bolcheviks ont demandé à la France un lot de 40 officiers et qu'ils n'ont pas demandé davantage. Ils désiraient en avoir beaucoup plus et c'est un nombre beaucoup plus important, en effet, qui serait nécessaire pour inspirer confiance et faire revenir à l'armée les éléments sains militaires aussi bien que pour coopérer efficacement à l'organisation de l'armée, non seulement à Moscou, mais à Pétrograd et dans les différents états-majors du front et de l'intérieur.

Or, les 40 officiers demandés et promis depuis trois semaines ne sont pas encore à la disposition des bolcheviks. Trotzky s'étonne justement de ces lenteurs.

Nos hésitations perpétuelles apparaissent comme des preuves d'impuissance, sinon de mauvaise volonté. Les bolcheviks n'oublient pas ce que nous avons fait, ce qu'ils croient que nous avons fait contre eux depuis cinq mois. Les mauvais souvenirs d'hier, la constatation de nos retards, logiquement inexcusables, à collaborer aujourd'hui les inquiètent pour demain.

Et leurs soupçons sont d'autant plus vifs que des télégrammes de Sibérie leur apportent chaque jour des menaces de mouvements antibolcheviks préparés en Extrême-Orient par des contre-révolutionnaires, avec l'appui plus ou moins officiel des agents consulaires alliés.

M. Albert THOMAS, député (*Champigny-sur-Marne*).

Mon cher ami,

Les officiers français en contact avec les services de la Guerre constatent la lenteur du travail de réorganisation, ralenti par d'interminables discussions dans les commissions. Il pourrait être sensiblement activé si notre collaboration était plus nette et si nous prenions discrètement, mais vigoureusement, comme on nous le demande, la direction effective de la besogne.

Tous reconnaissent la courtoisie, la confiance déférente de Trotzky à leur égard. Toutes les portes leur sont ouvertes : toutes les sources de renseignements sont mises à leur disposition. Trotzky ne cesse de les questionner, d'écouter attentivement et de suivre docilement leurs conseils.

Il comprend l'insuffisance de recrutement volontaire et prépare par une propagande active l'opinion publique à admettre le rétablissement prochain du service obligatoire.

J'ai trouvé sur ce terrain des auxiliaires précieux parmi les rédacteurs des *Izvestia*, de la *Pravda*, de la *Zniamia Trouda*.

A l'étude de ces questions militaires s'est attaché spécialement le rédacteur en chef des journaux bolcheviks, Steklof, grand admirateur et grand ami de la France et qui, depuis plus d'un mois déjà, préconise l'appel sous les drapeaux d'une ou deux jeunes classes.

Comme le dit justement Trotzky, malgré la hâte que nous éprouvons tous, cet appel ne doit pas être fait avant trois ou quatre mois. Il convient, en effet, de fixer préalablement les principes généraux de l'organisation de l'armée nouvelle. Il faut, en outre, former des cadres, préparer les camps d'instruction et des instructeurs, le ravitaillement, rassembler du matériel, diriger notamment sur le centre du pays une partie du matériel en stock à Arkhangelsk et que les Alliés, toujours défiants, hésitent à livrer au gouvernement. Pourtant, il faut être logique, et si l'on veut aider les bolcheviks à créer une armée, il faut leur céder les armes indispensables.

Le régime des défiances réciproques n'a que trop duré. Lénine, Trotzky, Tchitchérine acceptent, dans l'état actuel des choses, c'est-à-dire avec l'espoir d'une entente avec les Alliés, le débarquement anglo-français à Mourmansk et Arkhangelsk, étant entendu que pour éviter de donner aux Allemands un prétexte de protester contre cette violation certaine du traité de paix, ils adresseront eux-mêmes une protestation de pure forme aux Alliés. Ils comprennent à merveille qu'il est nécessaire de protéger les ports du Nord et les voies ferrées y conduisant contre les entreprises germanofinlandaises.

Mais ils redoutent qu'une fois installées, les troupes alliées n'utilisent, pour leurs propres besoins, les approvisionnements militaires d'Arkhangelsk, ou n'en fassent payer trop cher, politiquement, la livraison. Ils sont donc résolus à commencer l'évacuation de la partie du matériel qui leur est indispensable sans attendre la fin des négociations, actuellement menées avec les Anglais et qui traîneraient sans raisons sérieuses.

Les motifs invoqués par Trotzky pour retarder jusqu'à l'été l'application de la conscription valent d'être pris en considération. Un appel immédiat, outre qu'il serait difficilement accepté aujourd'hui par la population et qu'il déterminerait de dangereux ultimatums allemands, ne pourrait conduire qu'à la constitution de bandes indisciplinées et dépourvues de cadres solides, génératrices de désordres. On discréditerait ainsi l'effort militaire conduit avec tant de vigueur intelligente par Trotzky.

Les formations volontaires peu nombreuses, nouvellement constituées au front et à l'intérieur, paraissent bien équipées, bien tenues; suffisamment disciplinées. Rien de comparable dans l'ancienne armée rouge. Ceux de nos techniciens qui les ont approchés, rapportent une bonne impression. Le gros péril est le haut commandement, peu sûr politiquement, insuffisant techniquement.

M. ALBERT THOMAS, député (*Champigny-sur-Marne*).

Mon cher ami,

On ne parle, à Moscou, depuis hier, que du nettoyage des « nids » anarchistes, effectué par les bolcheviks, dans la nuit du 11 au 12, à coups de mitrailleuses et de canons. Trotzky est rayonnant ; la population, y compris la bour geoisie, est joyeusement surprise de la rapidité discrète avec laquelle cette vigoureuse opération de police a été préparée et exécutée. Je n'ose aller voir Gay, si sûr de sa force, il y a trois jours, et à qui je devais rendre visite aujourd'hui. Il ne me croirait pas si je lui disais que je ne connaissais rien de l'offensive projetée contre ses troupes, et d'ailleurs il doit être en prison.

Quatre ou cinq cents anarchistes ont été arrêtés. Quelques dizaines d'entre eux, sur qui on a trouvé des bijoux, des va- leurs, de l'or, évidemment volés, ont été fusillés. Les anar- chistes protestent timidement. Les bolcheviks déclarent d'ail- leurs qu'ils n'ont jamais songé à atteindre les anarchistes idéalistes, mais qu'ils ont été contraints de mettre un terme aux actes de brigandage commis depuis plusieurs semaines par des malfaiteurs de droit commun qui déshonoraient l'anarchie. •

Les partis d'opposition sont atterrés. Cette répression im- pitoyable menace, en effet, ceux qui seraient tentés de créer des difficultés au gouvernement. Celui-ci, en s'attaquant avec énergie au parti le plus fort, le mieux organisé, le plus popu- laire, dans les faubourgs, oblige les autres à réfléchir et se consolider.

Les élections pour le Soviet de Moscou paraissent établir, d'autre part, que la position des maximalistes, au moins dans la capitale, est plus solide que jamais. Malgré les raisons nombreuses et graves de mécontentement qu'ont les électeurs, malgré une campagne habile de l'opposition, les bolcheviks sont assurés d'avoir les quatre cinquièmes des sièges.

Ces deux faits, l'écrasement des anarchistes et le triomphe électoral des bolcheviks devraient inspirer de salutaires réflexions à ceux des Alliés qui persistent à escompter, malgré les leçons successives infligées depuis cinq mois à leur aveuglement, l'effondrement prochain des maximalistes. Je n'ose pas l'espérer. On continuera à me considérer comme un doctrinaire ingénu, de parti pris, à qualifier désagréablement mon « action néfaste ». Je reconnais volontiers que mon action n'a pas été très bienfaisante puisqu'elle n'a pas été suivie et qu'on a mieux aimé croire ceux qui dépeignaient la Russie telle qu'on voulait la voir à Paris et non pas telle qu'elle est et que je la décris depuis octobre.

Mais néfaste ! Comment eût-elle pu l'être, alors que mes directives n'ont jamais été adoptées ? Qu'on compare donc mes notes, écrites au jour le jour, sans apprêt et sans ménagements, aux rapports plus officiels rédigés avec soin, pesés dans tous leurs termes, diplomatiques, c'est-à-dire prudents et vagues. On jugera, à la lumière des événements, qui a vu juste et qui s'est trompé. Je ne disposais, pour former mon jugement, que de mes informations personnelles. Les autres rédacteurs disposaient des miennes et des leurs.

Mais j'ai, depuis cinq mois, je l'avoue, l'avantage considérable d'être plongé en permanence dans la vie politique russe, dans les milieux d'opposition et dans les milieux soviétistes. Et c'est parce que je travaille ainsi, non sur des racontars et des espérances, mais sur des faits, que je n'ai jamais tenté de présenter la Russie telle qu'elle devrait être pour le grand bonheur des Alliés, mais telle qu'elle est pour la grande douleur de tous.

D'ailleurs, si mes chefs ne m'ont pas suivi, ils m'ont toujours permis de travailler avec une indépendance dont je les remercie. Il n'en est pas un, militaire ou diplomate, qui ne m'ait remercié souvent de l'œuvre que j'ai accomplie ici et qui n'ait reconnu que mes informations, mes conseils, mes interventions, de part et d'autre, ont adouci bien des heurts et retardé bien des ruptures.

J'ai travaillé de tout mon cœur et au grand jour. Pas une de mes critiques qui n'ait été soumise ici à haute voix aux intéressés, pas une ligne de mes notes qui n'ait été postée par la voie ordinaire, qui ait pu, par conséquent, échapper à la vigilance du contrôle postal. J'ai la conscience nette et la conviction d'avoir servi constamment, souvent contre mon intérêt personnel et ma tranquillité, les intérêts de la France dans la faible mesure où je le pouvais.

C'est la première fois que j'entame un tel plaidoyer. Mais je n'écris ceci qu'après avoir appris de tous côtés à quelles attaques on se livrait contre moi. Les lettres de mes amis de France me prouvent d'ailleurs que je ne suis pas partout jugé avec la même sévérité.

M. Albert THOMAS, député (*Champigny-sur-Marne*).

Mon cher ami,

J'ai eu communication en substance du rapport sensationnel préparé sur les finances de la République soviétiste par Goukovsky, le Commissaire aux Finances.

Le budget de 1918, dépenses, atteint le chiffre fabuleux de 80 milliards de roubles. Les recettes prévues ne dépasseront pas quatre milliards. La circulation du papier-monnaie qui était, avant la guerre, inférieure à deux milliards de roubles, dépasse déjà 30 milliards. La nationalisation des banques, qui n'a été suivie d'aucun organisme sérieux de crédit, la suppression des comptes courants ont porté un coup effroyable à l'industrie.

L'expropriation du capital a paralysé les efforts productifs de la bougeoisie. La nationalisation de l'industrie a été faite anarchiquement. Goukovsky pousse un vigoureux cri d'alarme.

Il annonce qu'un certain nombre de décrets sont en préparation pour permettre le travail immense de résurrection qui s'impose.

Le réquisitoire hardi lancé par le Commissaire aux Finances contre la politique financière et économique de son gouvernement va évidemment créer un malaise dans les Soviets et armer l'opposition. Quel ministre des Finances présenterait un tel tableau des résultats de sa politique et de celle de ses collègues sans être immédiatement balayé et mis en jugement ?

Il y a accord entre les principaux Commissaires du Peuple et leur argentier. Lénine et Trotzky, plus puissants près de leur Parlement que n'importe quel gouvernement, sont certains de faire admettre la condamnation des erreurs passées, l'abandon des théories utopiques et l'acceptation des solutions pratiques.

On peut prévoir dès maintenant que deux des conséquen ces de cette politique nouvelle semblent devoir être la dénationalisation des banques et le retrait du décret sur l'annulation des emprunts étrangers. Tous se rendent compte, en effet, que le maintien de ces mesures éloignerait de la Russie les capitaux exotiques, sans l'apport desquels elle ne pourra pas vivre.

« La réalité est toujours raisonnable », répète Lénine après Hegel. A l'école de la réalité, Lénine devient, en effet, raisonnable. Beaucoup trop raisonnable et bourgeois, ajoutent les S.-R. de gauche et l'opposition bolchevique. Ainsi l'effroyable crise qui secoue la Russie et dont les bolcheviks portent, dans une large mesure, la responsabilité, précipite leur évolution.

Je souhaite que cette évolution ne soit pas trop tardive pour donner des résultats.

Je crois pouvoir souhaiter également qu'elle soit effectuée sinon par les bolcheviks seuls, ce qui est impossible, du moins avec les bolcheviks. S'ils disparaissaient, en effet, et il est évident qu'ils peuvent disparaître demain, sous la pression allemande, leurs successeurs ne feront rien dans le sens des réalisations pratiques sans le secours de l'ennemi et la résurrection de la Russie accomplie, grâce à celui-ci ne profitera qu'à lui seul.

Moscou, le 15 *avril* 1918.

M. ALBERT THOMAS, député (*Champigny-sur-Marne*).

Mon cher ami,

Les partis d'opposition sont furieux des succès remportés par les bolcheviks aux élections de Moscou. Ils dénoncent la politique bonapartiste de Lénine et de Trotzky, qui manœuvrent de plus en plus les Soviets à leur guise, leur arrachent, lambeaux par lambeaux, le pouvoir, et marchent à grands pas vers la dictature.

Les bolcheviks font, en effet, la politique la plus despotique. Ils dispersent l'un après l'autre les Soviets locaux suspects d'hostilité au gouvernement. Les membres des Soviets ne sont plus des parlementaires mais des fonctionnaires. Chacun est, en effet, affecté à une commission administrative où il a un rôle déterminé dans lequel il obéit aux directives du Comité Central Exécutif, représenté dans les régions par des commissaires munis des pouvoirs les plus absolus.

Certes, les reproches de l'opposition sont fondés. Mais en quoi les Alliés peuvent-ils être gênés par ces tendances dictatoriales, qui n'ont d'autre but que de centraliser l'autorité, de créer un gouvernement qui gouverne suivant un programme se rapprochant de plus en plus du programme qu'ont mis en œuvre, pendant la guerre, les dirigeants des Républiques bourgeoises?

Et comment ne voit-on pas qu'au lieu d'exciter contre les bolcheviks les partis démocratiques d'opposition, il serait plus sage d'intervenir, comme tuteurs de la Russie, officieusement et discrètement, pour faciliter le rapprochement devenu possible entre ces démocrates et les ex-bolcheviks Lénine et Trotzky. N'est-ce pas là la formule qui permettrait aux Alliés d'appuyer franchement le gouvernement des Soviets sans se compromettre devant les « éléments sains » ?

Il s'agit de réaliser, et ceci n'a rien d'impossible, la formation d'une République à tendances socialistes, de la stabiliser dans ce compromis pendant une période déterminée. Le moment venu, une seconde étape pourra mener la Russie aux portes du collectivisme intégral. Quelles expériences profitables pour les socialistes occidentaux font ici les bolcheviks ! Les camarades français s'en rendent-ils compte ?   .

M. Albert THOMAS, député (*Champigny-sur-Marne*).

Mon cher ami,

Aujourd'hui s'ouvre le Congrès panrusse des prisonniers de guerre internationalistes. Il y a environ 400 délégués. Ce congrès extraordinaire a donné lieu, bien entendu, à de vives protestations des représentants des Empires Centraux, qui exigent l'arrestation des principaux leaders prisonniers. On conçoit la stupéfaction horrifiée du gouvernement allemand. Les prisonniers internationalistes, en effet, ont exprimé déjà leur entière solidarité avec le gouvernement des Soviets et leur profonde indignation contre les brigands réactionnaires impérialistes qui ont imposé à la Russie une paix odieuse.

« Nous proclamons, déclarent les prisonniers, notre ferme volonté de nous révolter contre le gouvernement, en Autriche-Hongrie, en Bulgarie, en Allemagne, et de ne mettre bas les armes que le jour où le capitalisme, l'impérialisme et le militarisme seront anéantis. Notre but est de réunir les organisations internationales de combat aux détachements de la Russie des travailleurs, afin de commencer en commun l'attaque de notre mortel ennemi, l'impérialisme mondial. »

Dès maintenant, des unités allemandes et autrichiennes combattent, à côté des bolcheviks, contre les Autrichiens et les Allemands, en Ukraine et en Finlande.

Un autre fait moins sérieux, assez extravagant, et qui démontre à quel point le bouleversement est profond dans tous les esprits.

Un journal officiel des Soviets vient de publier un règlement sur la socialisation des femmes dans la ville et le district de Khvolinsk.

Après avoir déclaré que les jeunes filles n'ayant pas 18 ans sont garanties contre le viol, ce règlement indique qu'à partir

de l'âge de 18 ans, toute jeune fille est déclarée propriété
nationale, doit se faire enregistrer au bureau de l'amour libre
et est tenue de se choisir un époux parmi les citoyens âgés
de 19 à 50 ans inscrits à la ligue permanente des hommes à
choisir. Les hommes ont également le droit de choisir une
jeune fille parmi les membres de l'amour libre. Les enfants
nés de ces unions deviennent propriété de la République.

Ce règlement est appliqué déjà dans quelques petites villes
soumises à l'autorité des anarchistes. Trotzky m'assure cependant en souriant que de tels règlements ont peu de chance
d'être pris sérieusement en considération par le gouvernement des Soviets.

M. ALBERT THOMAS, député (*Champigny-sur-Marne*).

Moñ cher ami,

L'évacuation de Moscou ne va pas très bien. L'évacuation de Pétrograd se fait plus mal encore. Mauvaise volonté des ouvriers et des industriels qui ne se résignent pas au transport des matières premières et de l'outillage vers la Volga et vers l'Oural, quelle que soit la gravité des raisons militaires et économiques qui imposent ce bouleversement. Incapacité de commissions d'évacuation, manœuvrées probablement par des éléments germanophiles. C'est ce que pense Chliapnikov lui-même.

Je pars à Pétrograd, muni de pouvoirs spéciaux par Trotzky, pour examiner avec Chliapnikov et Zinoviev, le chef du gouvernement régional de Pétrograd, ces différentes questions et pour accréditer près d'eux les officiers alliés qui cherchent à précipiter l'évacuation et dont la collaboration a été sabotée jusqu'ici par les autorités secondaires.

Je me rendrai compte en outre de la situation politique dans l'ancienne capitale où on assure que les anarchistes et les contre-révolutionnaires font des progrès considérables. Ils ne cessent d'agiter les masses ouvrières et les petits commerçants, dont le mécontentement, déterminé par le chômage, par la stagnation épouvantable des affaires et plus encore par la faim, peut dégénérer en émeute.

J'espère trouver, à Pétrograd, Kollontaï, qui, d'après la presse bolchevique du jour, aurait quitté Moscou subitement, accompagnant Dybenko, qui fuit Krylenko, l'ex-généralissime, promu procureur du tribunal révolutionnaire et chargé de l'enquête qui devait mener Dybenko sur les bancs de cette juridiction redoutable. J'avais vu Kollontaï il y a trois jours. Elle m'avait annoncé son départ pour Pétrograd et doit me rapporter le long courrier que je lui avais confié en février pour Paris.

La pauvre Kollontaï est follement amoureuse du beau Dybenko et fait, depuis quelques semaines, sottises sur sottises. Vestale de la Révolution, elle voudrait maintenir dans toute sa pureté la flamme de l'idéal maximaliste. Elle s'est jetée à corps perdu dans l'opposition, blâme sévèrement les mesures brutales prises par ses camarades contre les anarchistes et s'indigne des concessions chaque jour plus grandes consenties par le gouvernement à l'opposition modérée et bourgeoise. Je ne parviendrai jamais sans doute à la convaincre de la nécessité de cette évolution que les Alliés doivent aider de toutes leurs forces et qui devrait aboutir dans quelque temps, si nous savions manœuvrer, à la formation d'un ministère socialiste homogène où entreraient les S.-R. et les S.-D. du centre. C'est la seule procédure à suivre, si l'on veut sauver de la révolution ce qui en elle est viable. C'est aussi, à mon avis, le seul moyen de sauver la Russie, pour l'Entente, en lui permettant d'échapper, politiquement du moins, à la domination allemande. Territorialement, en effet, nous ne devons pas avoir d'illusions. La formation d'un ministère sérieux, d'un gouvernement d'ordre, susceptible de tenter la réorganisation de la Russie, inquiétera les Allemands et les déterminera rapidement à une nouvelle avance.

C'est parce que les bolcheviks savent cela que, tout en étant prêts à fuir à Nijni-Novgorod et plus loin si nécessaire, ils désirent, d'une part, plus vivement que jamais prolonger le « répit » que leur a donné la paix de Brest et que, d'autre part, ils tiennent à ce que l'intervention interalliée, qu'ils sont disposés à subir, ne soit pas connue avant l'heure où elle se déclanchera, et que nous leur ayons enfin préalablement garanti le respect de leur situation politique.

M. Albert THOMAS, député (*Champigny-sur-Marne*).

Mon cher ami,

Le résultat le plus appréciable de mon voyage à Pétrograd est la présentation, à Zinoviev, des officiers et civils alliés susceptibles de participer à l'évacuation de la ville qui traîne lamentablement. Ils ont été fort bien accueillis par les directeurs des différentes commissions d'évacuation, grâce à l'intervention personnelle de Zinoviev et aux instructions qui m'avaient été données par Trotzky. Leur collaboration est acceptée sous une forme active. Dès maintenant, ils sont chargés de réaliser l'évacuation par voie d'eau (système Marie), avec le concours des Compagnies de navigation fluviale qui se sont mises à leur disposition, tandis que jusqu'à ce jour elles s'étaient refusées à travailler avec les organisations bolcheviques.

Pétrograd m'a paru calme. Les anarchistes sont tranquilles. Les monarchistes travaillent dans l'ombre. On a l'impression, plus qu'à Moscou, que la révolution aborde un virage dangereux mais inévitable, si elle ne veut pas succomber tout à fait et si, d'ailleurs, il n'est pas déjà trop tard pour la sauver. Les bourgeois, les aristocrates que j'ai pu voir se montrent rassurés, quant à leur situation personnelle, corps et bien. Il y a quelques semaines encore, on ne voyait dans les rues que robes élimées et vestons miteux. On croise maintenant à chaque pas des femmes élégantes, parées de bijoux, des messieurs très chics qui parcourent la ville au trot rapide de trotteurs splendidement harnachés.

Le ravitaillement est de plus en plus difficile. Là est le gros danger pour le gouvernement. Le pain, toutes les denrées alimentaires manquent. Dans les grands restaurants, le repas, qui coûtait 2 roubles avant la guerre et 25 roubles en janvier 1918, revient actuellement à 50 roubles. Un déjeuner à trois (hors-d'œuvre, deux plats, café) avec une bouteille de vin et quelques verres de liqueur, fruit défendu, m'a coûté près de 300 roubles.

Dans les faubourgs, c'est la misère affreuse. Epidémies : typhus, variole, maladies infantiles. Les bébés meurent en masse. Ceux qu'on rencontre sont défaillants, décharnés, pitoyables. Dans les quartiers ouvriers, on croise trop souvent de pauvres mamans, pâles, maigres, portant tristement entre leurs bras, dans le petit cercueil de bois argenté, qui semble un berceau, le petit corps inanimé qu'un peu de pain ou de lait eût conservé en vie.

Les gardes blancs finlandais, occultement soutenus par des forces allemandes, approchent de la ville. Ils y entreront dès que le voudront leurs puissants et dangereux alliés. Il est grand temps pour nous d'organiser la défense des lignes menant à Mourmansk et Arkhangelsk. Ici, comme dans la question japonaise, il nous est facile d'arriver à l'accord avec le gouvernement bolchevik, accord indispensable pour bien des raisons et pour demeurer sur le terrain militaire, parce qu'il est trop certain que si nous marchons contre les bolcheviks, il leur sera facile de nous créer des difficultés graves.

Nous obtiendrons ce que nous voudrons, j'en ai toujours l'assurance ferme, le droit de débarquer des troupes, de faire appel aux Tchèques, aux Serbes, de faire des ports du Nord une place-forte alliée. Pourquoi ne se décide-t-on pas à causer, à agir loyalement ? On préfère les demi-mesures, les demi-promesses, les conversations ébauchées et limitées à de vagues propos qui laissent les questions entières, inquiètent, énervent les uns et les autres et n'ont qu'un résultat : la perte irréparable d'un temps précieux.

Pour Mourmansk, comme pour Vladivostok, Trotzky dit avec raison : « Vous avez besoin de nous pour vous installer. Vous nous demandez de laisser faire, d'approuver, de faciliter votre action et, par contre, vous refusez de nous accorder la seule garantie à quoi nous tenions, la promesse qu'une fois sur place, vous ne vous mêlerez pas à nos querelles politiques et que les régions occupées par vous, ayant été placées sous votre domination militaire, ne deviendront pas, sur votre initiative ou avec votre complaisance, des foyers de contre-révolution. Comment pourrions-nous croire à votre bonne foi et comment pouvons-nous arriver à une collaboration utile si vous êtes prêts à soutenir nos adversaires ? Et pourtant, nous sommes indispensables les uns aux autres. »

M. ALBERT THOMAS, député (*Champigny-sur-Marne*.)`

Mon cher ami,

Le comte Mirbach est arrivé. L'ambassade d'Allemagne est établie au N° 5 du Denijni péréoulok, dont la Mission française occupe le N° 17 et où se trouve encore, au N° 11, le consulat allemand et, au N° 18, en face, l'attaché naval de France. Cette proximité étrange des représentants ennemis dans une rue élégante, courte et déserte, va rendre fréquentes les rencontres franco-allemandes. Je ne crois guère aux incidents que la population prévoit.

Mirbach, que j'avais vu à Pétrograd, chez Trotzky et chez Tchitchérine, grand, distingué, d'aspect jeune, donne l'impression d'un homme actif et intelligent doué d'une réelle personnalité. Il est accompagné par une suite nombreuse qui serait composée de gens habiles, renommés en Allemagne pour leurs qualités de diplomates et de techniciens.

C'est la grande ambassade moderne : bureaux plutôt que salons, montée comme une firme commerciale avec des services spéciaux de propagande, d'exécution et de contrôle des directives gouvernementales.

Le temps est passé des diplomates pommadés, brillants causeurs, sceptiques, ignorant tout et ne voulant rien connaître du pays où ils sont accrédités, de la politique et de l'économie sociale. J'ai toujours souhaité ici la transformation de notre ambassade désuète, dont le personnel aimable, fidèle aux doux souvenirs de l'ancien régime, ne comprend rien aux temps nouveaux. L'occasion fournie par la Révolution bolchevique était excellente. Il eût été facile, en novembre 1917, alors qu'on ne reconnaissait pas les maximalistes, de rappeler les ambassadeurs et de les remplacer par des hommes de premier plan, chargés de missions temporaires, spéciales, diplomatiques, militaires, économiques, financières et composées

de techniciens de valeur capables de mettre la main à la pâte,
libres de parler et d'agir sans compromettre la France, et qui ·
peuvent être rappelés et remplacés d'un jour à l'autre, sans
éclat, sans rupture, s'ils ont cessé de plaire aux gens en place,
s'ils sont dégoûtés par le régime au pouvoir, c'est-à-dire incapables d'en rien tirer.

Que peuvent faire, dans une période troublée comme celle
que nous vivons ici, de pompeux représentants d'une nation
qui ne reconnaît pas le gouvernement du pays où ils résident?
Agir contre ce gouvernement timidement, c'est-à-dire · sans
efficacité, ou énergiquement, c'est-à-dire en risquant à chaque
minute l'incident violent avec le pouvoir et l'expulsion d'autant plus désagréable qu'on veut mépriser ce pouvoir. Ou bien
ne pas agir et laisser faire.

Je ne veux pas dire aujourd'hui tout ce que je pense de la
dernière interview de M. Noulens, qui revêt un caractère particulièrement grave, parce qu'elle a été publiée, l'ambassadeur
ne l'ignore pas, au moment précis où l'Angleterre entame des
pourparlers tendant à la collaboration avec les bolcheviks
sur les bases indiquées par nous, dans le but de faire admettre
l'intervention japonaise.

Les bolcheviks sont furieux. Ils constatent que, du 1ᵉʳ mars
au 1ᵉʳ avril, c'est-à-dire pendant la villégiature de M. Noulens
en Finlande, le rapprochement avec les Alliés paraissait avoir
fait des pas de géant. On semblait près d'un accord. La rentrée de notre ambassadeur a marqué un arrêt sensible de cette
tendance nouvelle, la non-exécution ou l'exécution trop molle
des engagements pris par les Etats-Unis et la France pour la
collaboration promise de leurs ingénieurs et de leurs militaires. L'interview Noulens donne à Trotzky et à Lénine l'impression d'un retour vers l'hostilité ancienne, la volonté très
nette de compromettre le résultat des négociations anglaises.
en tout cas de mettre la France en opposition officielle avec
l'Angleterre. Ces déclarations sembleront peut-être très anodines à Paris. Ici, dans l'effervescence créée par la descente
à Vladivostok, excusée par l'ambassadeur qui laisse prévoir
en outre d'autres opérations plus importantes, elle chatouille
désagréablement l'amour-propre russe et non pas seulement
les hommes des Soviets. Et la stupeur des bolcheviks est partagée par un certain nombre d'Alliés qui croyaient pouvoir
se féliciter déjà des heureux résultats obtenus.

Peut-être cette interview a-t-elle été dictée par Paris, auquel cas nous devons nous incliner et ne pas examiner les conséquences déplorables que peut entraîner ce geste.

Mais j'espère, malgré tout, que l'indignation, la colère soulevée par l'interview se calmera. Les bolcheviks se rendent compte de plus en plus qu'entre les Alliés et les Allemands il faut choisir, et je suis sûr que leur choix est fixé contre nos ennemis. Déjà ils ont fait les premiers pas en soumettant aux gouvernements alliés des conditions de collaboration qui sont admissibles. Si nous ne voulons pas rompre avec eux, et j'ignore tout à fait quelles sont nos intentions à ce sujet, nous ne devons pas oublier que ce sont des révolutionnaires, nous ne devons pas essayer de les contraindre à des démarches excessives dont leur politique générale et leur orgueil, souvent mis par nous à de dures épreuves, les éloigne naturellement. Ils ont fait les premiers pas, loyalement. A nous de continuer. A nous maintenant de manifester notre bonne foi et notre désir d'entente, si nous en sommes capables.

M. Albert THOMAS, député (*Champigny-sur-Marne*).

Mon cher ami,

« L'ambassadeur allemand est arrivé dans la capitale révolutionnaire — écrit la *Pravda*, — non pas comme représentant des classes laborieuses d'un peuple ami, mais comme
plénipotentiaire d'une clique militaire qui, avec une insolence
sans limite, tue, viole, pille en tous pays ! »

Ces aménités résument assez bien le sentiment des milieux
officiels.

Par contre, depuis l'arrivée de Mirbach à Moscou, les monarchistes se sentent à l'aise. La première visite de l'ambassadeur allemand a été rendue à la grande-duchesse, belle-
sœur de Nicolas II. Il a vu depuis d'autres royalistes notoires.
Les négociations sont donc ouvertes. Il s'agit évidemment de
préparer une restauration tzariste. Les monarchistes absolu-
tistes sont prêts à tout accepter sans honte et notamment
l'alliance militaire avec l'Allemagne et l'indépendance de
l'Ukraine. Les Allemands imposeront ce qu'ils voudront aux
uns et aux autres. Avec les uns et avec les autres, aucun moyen
de nous entendre. Les bolcheviks sont de plus en plus inquiets. Ils sentent le terrain fuir sous leurs pieds. Les Alliés
restent leur seule planche de salut.

Allons-nous les laisser périr sous le prétexte toujours invoqué qu'il serait fou de lier notre avenir à un parti agonisant
qui sera jeté par-dessus bord d'un jour à l'autre, dès que les
Allemands amèneront des forces, et de nous aliéner par cette
collaboration *in extremis* tous les éléments non monarchistes
qui comptent encore sur nous ?

Ceux qui raisonnent ainsi oublient que le parti bolchevik, à
la merci d'un coup de main appuyé par l'Allemagne, reste
puissant dans le pays. Même chassé de Pétrograd et de
Moscou, il n'est pas mort. Il entamerait dans ce cas une cam-

pagne pour démontrer aux masses que le renversement du pouvoir des Soviets signifie à coup sûr la restauration monarchique, c'est-à-dire, pour les paysans, la reprise des terres par les grands propriétaires, pour les ouvriers, la perte de tous les avantages conquis, pour tous, le retour à l'ancien régime et au servage. Malgré le besoin passionné d'ordre qu'éprouvent les Russes, comment admettre que cette campagne n'éveillera pas des échos retentissants dans les populations misérables de Russie ? On n'imagine pas assez à quel point les ouvriers et les paysans tiennent à conserver leurs Soviets.

A ce moment, les bolcheviks n'incarneront plus seulement le bolchevisme, mais la Révolution elle-même, menacée par l'Allemagne et le tzarisme. Si les bolcheviks étaient alors appuyés, je pourrais écrire dominés par les Alliés, dont la présence garantirait une action politique assagie, apaisée, limitée à la défense de la démocratie, comment ne pas admettre qu'ils rallieraient très rapidement autour d'eux tous les éléments S.-R. et S.-D., toutes les forces républicaines actuellement en lutte contre eux, mais sur lesquels pèse aussi lourdement que sur les bolcheviks la menace d'une restauration. Les bolcheviks, pressés par la nécessité, ne sont pas loin d'admettre déjà la formation de cette union démocratique contre les royalistes qui se préparent à rentrer dans les fourgons de l'étranger.

J'ai vu, en ces derniers jours, un certain nombre de S.-R. et de S.-D. qui aperçoivent le grave et prochain péril couru par tous. L'exemple de l'Ukraine, où les Allemands, appelés par la Rada bourgeoise contre la Rada bolchevique, commencent à saboter le gouvernement complice parce que trop démocratique et favorisent les menées réactionnaires, les fait réfléchir.

Si demain les Alliés, se plaçant aux côtés des bolcheviks, prêts à entamer la lutte contre l'autocratie germanophile, faisaient entendre clairement aux partis S.-R. et S.-D. qu'ils n'agissent ainsi qu'afin d'assurer le salut de la Russie, on arriverait très vite, j'en ai la conviction, à imposer aux uns et aux autres une trêve, une conciliation d'abord provisoire, qui déterminerait rapidement la formation d'un gouvernement de concentration démocratique. Cela n'est pas du rêve, mais de la réalité. Et le jour où les Alliés auraient pris cette position, ils seraient les vainqueurs de la Russie. S'ils ne font pas cela, ils ne feront rien. Ils auront abandonné les bolcheviks qui, certes, perdront très rapidement le pouvoir. Ils seront abandonnés par les monarchistes, qui ont partie liée avec l'Allemagne. Peuvent-ils espérer qu'ils tireront une collaboration profitable des S.-R. et des S.-D. du centre qui continueront à leur prodiguer des promesses qui demeureront platoniques, parce que les S.-R. et les S.-D. ne peuvent pas faire davantage, parce qu'ils sont politiquement impuissants et que leur impuissance s'aggravera encore lorsque la Russie aura passé aux mains allemandes.

M. ALBERT THOMAS, député (*Champigny-sur-Marne*).

Mon cher ami,

L'armée internationale recrutée surtout parmi les prisonniers de guerre, autrichiens et allemands s'accroît chaque jour de quelques centaines de soldats.

Irma Pétrof, énergique comme une Prussienne qu'elle est et sentimentale comme une Allemande, en somme une « ennemie » charmante, sociale-démocrate indépendante, amie de Liebknecht, mariée à Pétrof, le Commissaire-adjoint aux Affaires étrangères, au retour d'une tournée de propagande dans les camps de prisonniers, me disait récemment que les révolutionnaires autrichiens s'enrôlaient en quantité appréciable, mais que les Allemands, même social-démocrates, manifestaient une hostilité désespérante. Deux ou trois mille seulement se sont engagés jusqu'ici. Irma Pétrof est pessimiste : « Si les S.-D. prisonniers, après une année de propagande russe, sont demeurés si profondément impérialistes, quel peut être l'état d'âme de ceux de mes compatriotes qui sont « demeurés à la maison » ? Elle désespère d'une Révolution prochaine en Allemagne. Son mari, qui revient de Berlin, où il avait été délégué pour discuter certaines clauses du traité de Brest, montre plus de confiance. Les indépendants lui ont assuré que le mécontentement, le besoin de paix très profond en Autriche-Hongrie, où la situation presque révolutionnaire inquiète le gouvernement, s'étend lentement mais sûrement à l'Allemagne, et que si l'offensive contre le front occidental ne donne pas de résultats décisifs, on peut espérer à brève échéance de nouveaux mouvements ouvriers.

Certaines unités internationales ont déjà pris part aux combats en Ukraine. Ainsi, dans les armées ennemies, des Allemands et des Autrichiens se sont trouvés aux prises et entre-égorgés. Sur le front russe, des officiers français ont constaté également la présence, dans les régiments russes, de prisonniers allemands et autrichiens qui faisaient très bravement leur devoir d'internationalistes, de citoyens du monde, contre la tyrannie du gouvernement de leur « Patrie » et contre leurs compatriotes. Il n'est pas douteux que les gouvernements des Empires Centraux sont inquiétés par ces résultats encore relatifs mais véritablement stupéfiants de la propagande bolchevique. Leurs protestations menaçantes et indignées aux Soviets le prouvent.

Autre résultat de cette propagande :

Pétrof me contait, et ceci est confirmé de tous côtés, que les prisonniers de guerre ramenés de Russie en Autriche et en Allemagne ne sont pas dirigés sur leurs régiments ou renvoyés dans leurs foyers, mais placés dans des camps spéciaux de concentration où ils sont mis en observation et soumis à une véritable rééducation patriotique. Ce n'est qu'après de longues semaines de convalescence que les malades reconnus guéris sont réincorporés. Les incurables sont isolés, afin que tout danger de contagion soit écarté. J'imagine que nos ennemis seraient heureux de restituer à la Russie un certain nombre de ces indésirables.

D'ailleurs, beaucoup de prisonniers se désintéressent de toute politique mais jouissent ici d'une liberté complète, souffrant moins que les citoyens russes des maux causés par la Révolution, montrent peu d'empressement à réintégrer leur patrie. Ils ont pris en Russie, sinon le goût du bolchevisme, du moins celui de la vie et le dégoût de la guerre. Certains se sont installés sans esprit de retour, commercent, travaillent dans les ateliers, labourent, etc... D'autres sont résolus à ne passer la frontière qu'à la fin des hostilités.

M. ALBERT THOMAS, député (*Champigny-sur-Marne.*)

Mon cher ami,

Lénine et Trotzky ont prononcé, ces jours derniers, de nouveaux discours où s'affirme de plus en plus leur désir de
faire entrer la Révolution russe dans la phase de l'organisation. Lénine, qui prépare une déclaration pour déclarer
la fin de la guerre civile et la participation de tous à l'œuvre
commune, rédige un rapport où sont indiquées les nouvelles
méthodes par lesquelles il entend instaurer en Russie un ordr.
démocratique non anarchique. Tous les leaders bolcheviks
proclament l'accord nécessaire, sous certaines conditions,
avec les capitalistes : « Autrefois, les capitalistes attiraient à
leur service les socialistes et en faisaient des réformistes.
Maintenant — écrit un bolchevik, — nous engageons à notre
service des capitalistes et nous en ferons des reformistes. »
Les S.-R. de gauche opèrent un mouvement de rapprochement vers les bolcheviks. On trouve la trace de tendance identique chez un certain nombre de mencheviks effrayés par
l'Allemagne, dont ils voient l'action nettement monarchiste.

Les Commissaires du Peuple et les opposants préparent
l'opinion publique à une rupture prochaine des relations avec
l'Allemagne. « La paix que nous avons conclue, disait hier
Lénine, peut être déchirée à chaque minute. Nous sommes
impuissants contre nos ennemis. D'un moment à l'autre, nous
pouvons être écrasés. » Le seul appui que tous espèrent est
l'appui des Alliés dont la défaite placerait définitivement la
Russie sous le joug politique et économique des Empires Centraux. Il y a quelques jours, les *Izvestia*, organe officiel du
Gouvernement, écrivaient : « La reconnaissance du pouvoir
soviétiste par les Alliés déterminera rapidement un contact
étroit avec l'Angleterre, les Etats-Unis et la France, en vue
d'équiper l'armée rouge, de fournir des capitaux à la Russie,
et sera un coup direct porté aux impérialistes allemands et
à une orientation pro-allemande de certains groupements
politiques russes. »

M. Albert THOMAS, député (*Champigny-sur-Marne*).

Mon cher ami,

L'incident créé par l'interview Noulens, aggravé par la découverte d'un complot contre-révolutionnaire, appuyé par les consuls alliés en Sibérie, prend des proportions vraiment déplorables. Au· ministère des Affaires étrangères, on m'indique qu'après avoir demandé le rappel, après enquête, des agents consulaires alliés compromis à Vladivostok, le gouvernement des Soviets a également l'intention de prier le gouvernement français de rappeler M. Noulens, devenu indésirable.

J'ai achevé de montrer quelles conséquences fâcheuses cette sommation qui, en l'absence de toutes communications diplomatiques possibles, devra être faite par radio, risque d'avoir. Tchitchérine et Trotzky ne veulent rien entendre. Ils chargent « l'Ermite de Vologda », c'est-à-dire M. Noulens, de tous les péchés d'Israël. Ils sont convaincus d'ailleurs que leur colère est légitime, qu'ils obtiendront complètement satisfaction. Je souhaite vivement que le gouvernement français adopte la solution que je préconise ici, c'est-à-dire qu'il laisse sans réponse la note qui va lui être adressée. Ce silence donnera aux bolcheviks le temps de réfléchir, de comprendre que leur tactique n'est pas la plus sûre ; peut-être cette déclaration de guerre va-t-elle être un moyen d'ouvrir les pourparlers, d'arriver enfin, de part et d'autre, à une politique nette.

Il est temps. Malgré les efforts multipliés par Robins, par Lockhart, par moi-même, le gouvernement des Soviets, qui ne demandait qu'à se mettre d'accord avec nous, puisqu'il est décidément obligé de choisir entre l'Entente et l'Allemagne, commence à se décourager.

Nos représentants font tout pour empêcher cet accord.

Aurions-nous donc l'intention d'intervenir en Russie sans les Soviets, c'est-à-dire contre eux ?

Je sais que telle est l'idée générale d'un certain nombre des Alliés, mais je veux espérer que les gouvernements sauront éviter cette sottise.

M. Albert THOMAS, député (*Champigny-sur-Marne*).

Mon cher ami,

L'organisation des ports du Nord par les Alliés risque d'immobiliser une quantité considérable de troupes et un tonnage important, par conséquent d'accroître notre usure et d'aggraver encore la dispersion de nos forces. Il est indubitablement intéressant de tenir la mer Blanche, d'assurer ainsi la continuité des relations des puissances occidentales avec la Russie et de conserver cette porte ouverte, menace permanente pour l'Allemagne, puisque dans un avenir plus ou moins éloigné nous pourrions y faire passer une armée capable de gêner sérieusement l'envahisseur, de l'empêcher en tout cas de mettre la main sur l'extrême Nord russe.

L'utilité militaire de l'occupation est donc évidente.

N'oublions pas cependant qu'à Arkhangelsk comme à Salonique, dans les Balkans et partout, la géographie est contre nous. Elle travaille depuis quatre ans contre les Alliés et contrarie toutes leurs tentatives de coordination. Une fois de plus, on constate que la ligne droite étant le plus court chemin d'un point à un autre et la ligne droite étant décidément passée à l'ennemi, il sera facile aux Allemands de nous manœuvrer à Arkhangelsk et il nous sera très difficile de les y manœuvrer.

Certes, il est indispensable de prendre possession d'une région qui, dans l'éventualité de plus en plus vraisemblable, d'une poussée finlando-allemande sur Pétrograd et Moscou, constituera un refuge où viendront s'agglomérer à nous les éléments russes les plus énergiques, tous ceux dont le sentiment national est réveillé ou exaspéré par les humiliations infligées par un vainqueur brutal et dont les libertés politiques sont menacées par la restauration monarchique, qui sera sans doute réalisée bientôt par l'Allemagne.

Mais combien de Russes, parmi ceux qui seraient tentés de s'associer à notre effort, hésiteront à nous rejoindre s'ils craignent un renouvellement de l'aventure salonicienne, c'est-à-dire l'ébauche timide d'un projet qui pour être heureux devrait être réalisé avec audace et grandeur et la simple constitution d'un nouveau camp retranché où, réduits à nos seules ressources, nous serons pour un certain temps du moins embouteillés par l'Allemagne.

Pour attirer ces Russes, il faut que l'entreprise apparaisse immédiatement comme un premier pas vers l'exécution d'un plan bien établi et vaste, devant aboutir rapidement à la reconstitution d'un front oriental.

A mon avis, je n'écris d'ailleurs ces lignes qu'à contrecœur, ne disposant pas des informations générales suffisantes pour me permettre de donner un conseil motivé, cette opération difficile et coûteuse, qui doit être faite, ne se suffit pas à elle-même. Elle ne produira les résultats grandioses qu'en attendent certains, qu'à condition d'être combinée et de coïncider avec l'intervention militaire projetée en Sibérie, dans le but, je l'espère du moins, d'amener le plus rapidement possible une armée nombreuse jusqu'au cœur de la Russie d'Europe.

Le jour où, d'accord avec le Pouvoir des Soviets, les Alliés dominant militairement les gouvernements d'Arkhangelsk et de Vologda, pourront lier leurs efforts à ceux des corps d'armée japonais, installés sur l'Oural et sur la Volga, l'affaire engagée dans le Nord Russe, deviendra une excellente affaire qui paiera largement.

Mais pour que le succès espéré couronne nos efforts, il parait indispensable que le Japon s'engage à fond.

Je ne sais rien, bien entendu, des conceptions alliées, quant à l'importance des débarquements qui doivent avoir lieu sur la Mer Blanche et à la préparation de l'intervention en Sibérie, qui, en raison de l'état des effectifs anglo-francoaméricains, doit être à peu prés exclusivement japonaise.

Les Alliés ont-ils la certitude que les Japonais marcheront à fond ?

Les extraits de presse nipponne, que je continue à lire attentivement, ne fournissent pas une réponse satisfaisante à la question.

Les Japonais sont réalistes ; ils ne raisonnent pas avec le cœur, mais avec la tête. J'imagine qu'ils n'éprouveront pas la nécessité de mettre le doigt dans un engrenage où ils savent que tout le corps sera très vite engagé, avant d'être convaincus qu'on peut craindre une victoire écrasante des Empires Centraux sur l'Entente ou qu'on ne doit pas redouter une défaite totale de l'Allemagne.

Je pense qu'ils envisagent avec sérénité la perspective d'une paix sans vainqueur ni vaincu et même d'une demi-victoire allemande. A tort ou à raison, ils peuvent estimer que si les résultats de la guerre n'assurent pas l'hégémonie allemande sur l'Europe, leur quiétude est assurée pour une longue période pendant laquelle ils pourront poursuivre leur expansion méthodique. Si extraordinaire que s'avère la vitalité germanique, les Japonais ont le droit d'espérer que l'Allemagne, épuiséé par une longue guerre, constituera pour eux, la paix conclue, un danger militaire et économique beaucoup moins pressant que les Etats-Unis, dont les appétits en Extrême-Orient sont d'autant plus-menaçants qu'ils seront désormais surexcités par un militarisme jeune qui cherchera, par tous les moyens, à faire devant son peuple la preuve de son utilité, c'est-à-dire la justification de son existence.

Même victorieuse, l'Allemagne peut trouver dans les pays d'Europe et d'Orient des débouchés assez vastes à son activité pour ne pas convoiter avec trop d'âpreté les marchés d'Extrême-Orient. Les Japonais sont séparés de l'Allemagne par l'énorme Russie que les Germains vont s'employer à coloniser, par l'interminable Sibérie dont la région extrême orientale offre à l'industrie et à l'agriculture japonaises des ressources suffisantes. Un accord honorable entre les deux impérialismes, si voisins, si proches, pour bien des raisons, pourrait donc être basé sur un partage de la Russie en zones d'influence. Pourquoi faire un prétexte de conflit avec l'Allemagne de cette Russie qui pourrait devenir une excellente raison d'entente ?

Sa participation à la guerre, même si elle déterminait la victoire alliée, et peut-être surtout si elle déterminait cette victoire, aurait pour conséquence de renforcer les Etats-Unis, l'adversaire le plus redoutable du Japon. D'autre part, celui-ci peut craindre que les Alliés ne lui permettent pas de prélever sur les dépouilles des vaincus, toujours en admettant la victoire, un prix supérieur à celui qu'il compte obtenir — qu'il a déjà saisi — en récompense de sa très économe et très profitable neutralité. Le Japon, affaibli militairement et financièrement par une participation active à la guerre européenne, même au cas de victoire de l'Entente, subirait en outre, en cas de victoire allemande, la diminution du prestige assuré aux armées japonaises par les victoires de 1905 en Mandchourie, prestige qu'il doit désirer maintenir intact.

S'il ne participe pas aux luttes européennes, le Japon se présentera au Congrès de la Paix dans toute sa force neuve, avec ses finances, avec ses richesses industrielles et son armée accrue par la guerre. N'ayant pas contenté tout à fait les Alliés, mais n'ayant pas tout à fait mécontenté les Allemands, demeurant un élément d'équilibre instable que tous chercheront à ménager, puisqu'il ne se sera compromis complètement ni avec les uns ni avec les autres, il peut espérer conserver les avantages considérables conquis par lui durant la guerre à si bon compte.

Enfin, une collaboration effective avec nous sur le champ de bataille d'Europe, enlèverait au Japon toutes possibilités d'une alliance avec l'Allemagne en cours de guerre et toute arme de chantage à l'égard des Alliés.

La conclusion de ces quelques arguments de raison pure et non pas de sentiment pourrait être que le Japon, toujours guidé par son égoïsme et n'apercevant pas l'intérêt d'une intervention coûteuse en Europe, qui affaiblirait ses forces militaires et économiques et ne lui garantirait, en contre-partie, aucun avantage nouveau, louvoiera, gagnera du temps, fera ces promesses aux Alliés, tout en s'efforçant de les diviser sur les modalités de l'intervention et finalement saura esquisser cette intervention, non point sous forme européenne, qui l'effraie évidemment et qui seule nous serait utile, mais sous sa forme sibérienne qui le séduit, dont il tirera bénéfice, sans que nous en avons aucun profit, au contraire.

Or, si le Japon ne pousse pas à fond, n'est-il pas raisonnable de penser que les opérations préparées à Mourmansk et Arkhangelsk doivent être limitées aux sacrifices nécessaires pour tenir ces ports, sans plus ?

J'espère d'ailleurs que l'Entente a su déjà obtenir de nos alliés japonais une adhésion complète à un programme d'intervention en Europe.

Si cet accord avec l'intéressé principal est fait, j'espère que les Alliés se seront mis d'accord préalablement entre eux. Cette entente n'apparaît pas ici, dans les attitudes et les déclarations trop souvent contradictoires faites par les différents représentants de nos gouvernements.

Les bolcheviks, toujours prêts à subir l'intervention interalliée aux conditions que l'on sait, refusent de continuer la conversation tant que les Français, les Anglais, les Américains et les Japonais ne leur apporteront pas ensemble un projet définitivement établi.

« A quoi bon, disent Tchitchérine et Trotzky, désagréablement impressionnés par les dissonances du concert allié, discuter encore avec l'un ou l'autre des Alliés ? Nous avons posé ces conditions communes à tous. Mettez-vous d'accord sur ces conditions, sur les modalités, sur la date de l'intervention, nous discuterons ensuite et nous arriverons à l'entente. Jusqu'à ce moment, tous les palabres sont inutiles et compromettants. »

Il est certain que le lendemain du jour où l'Entente aura réalisé cet accord, elle sera certaine de l'acquiescement des maximalistes.

A ce moment, il faudra que les Alliés expliquent, dans une déclaration au peuple russe, que l'entente avec les maximalistes ne signifie pas l'adhésion à la politique bolchevique, l'oubli des erreurs commises depuis cinq mois, mais le secours apporté à la Russie tout entière par le canal nécessaire du parti qui détient le pouvoir et qui ne cesse pas d'ailleurs de proclamer depuis plusieurs semaines sa volonté de créer l'ordre intérieur et de sauver la Patrie en danger. Qu'ils ajoutent que, sur ce programme de défense nationale et de réorganisation générale, les bolcheviks ont le devoir de cesser la guerre civile et de provoquer la collaboration des autres partis démocratiques comme ceux-ci ont le devoir d'offrir leur collaboration.

En faisant cela, les Alliés prendront enfin position nette et honnête. Même si leur geste conciliateur n'était pas suivi, il permettrait du moins de reconquérir une estime et une sympathie que les bolcheviks, aussi bien que les hommes du centre, refusent également à notre politique hésitante, sournoise, sans méthode et sans grandeur.

Il n'est pas certain que nous aboutissions. Mais nous seuls pourrons réaliser cet accord indispensable entre les partis socialistes. Nous seuls pourrons l'imposer aussi bien aux chefs du bolchevisme qu'aux leaders S.-R. et S.-D., qui continuent à mener les uns contre les autres le combat le plus violent et le plus dangereux en présence de l'ennemi.

Je crois pouvoir assurer, malgré les coups reçus de part et d'autre que des déclarations de cette nature, faites par les Alliés, et précédées et suivies de négociations loyales, avec les partis du gouvernement et de l'opposition aboutiraient.

Deux groupes sont en présence ·

Tous les hommes de droite et du centre droit, qui sont entre les mains allemandes ;

Tous les hommes de gauche qui peuvent être avec nous si, au lieu de les dresser les uns contre les autres, nous les unissons autour de nous.

Les hommes de gauche viendront à nous s'ils savent à quelles conditions politiques a été passé l'accord avec les bolcheviks.

Ceux-ci subiront nos conditions s'ils les sentent proposées honnêtement et sans arrière-pensée, parce qu'ils sont au désespoir, à l'agonie, parce qu'il n'y a plus d'autre moyen pour eux d'échapper non seulement à la chute, mais à la banqueroute, parce qu'il n'y a plus non plus d'autre moyen pour eux de sauver un peu de la Révolution, d'empêcher non pas une restauration probablement inévitable, mais d'en rendre difficile la consolidation et de permettre le rétablissement prochain d'un régime démocratique.

Une dernière occasion se présente à nous, avant que la Russie soit tout à fait perdue pour l'Entente, d'en ressaisir les éléments les plus actifs. Bientôt il sera trop tard. Les Allemands seront ici. Un Tzar plus ou moins déguisé sous un manteau démocratique sera installé par eux. Saurons-nous agir ?

M. Albert THOMAS, député (*Champigny-sur-Marne*).

Mon cher ami,

Il me parait qu'une famine fournirait seule l'opposition des forces populaires qui lui seraient nécessaires pour réussir un coup d'Etat. Or, la gêne alimentaire, si considérable qu'elle soit, surtout à Moscou et plus encore à Pétrograd, n'est pas. suffisante pour que le peuple exprime son exaspération par une descente dans la rue. On peut admettre qu'avant deux ou trois mois il n'y aura pas véritablement disette, et il est probable que d'ici là des remèdes au péril auront été trouvés par l'ingénieux Gouvernement. des Soviets.

Je continue donc à penser que le Gouvernement des Soviets ne sera pas mis en échec et renversé dans l'état présent des choses, si les petits agresseurs ne sont pas effectivement appuyés par une force militaire allemande.

En supposant, d'une part — les Soviets étant tombés — qu'un gouvernement nouveau soit établi par l'étranger et, d'autre part, qu'il ne conclue pas immédiatement une alliance totale ou limitée aux problèmes économiques avec nos ennemis, il n'en sera pas moins à leur disposition, puisqu'il aura été créé et qu'il sera soutenu par eux. Les Alliés perdraient leur temps, se ridiculiseraient et feraient disparaître le peu qui reste ici de leur prestige en essayant de réaliser avec lui une collaboration impossible.

Et je pose une fois encore, on ne saurait trop y revenir, la question : vers quels éléments doit se diriger l'Entente, au cas de remplacement des bolcheviks par un gouvernement pro-allemand ?

Le gouvernement bolchevik et le bolchevisme, expulsés plus ou moins violemment de Pétrograd et de Moscou, ne s'évanouiront pas par le seul fait de la constitution d'un gouvernement dominant la Russie occidentale, et ne seront mis à terre que par une occupation totale administrative et mili-

taire de la Russie entière, de même que la Rada bolchevique
d'Ukraine n'a pas été détruite par la simple création, à Kief,
d'un gouvernement germanophile, mais seulement par l'occupation militaire de l'Ukraine, préparée lentement par les
troupes germano-ukraniennes.

Il serait puéril de nier que la perte des centres principaux
de la Révolution, des régions de Pétrograd et de Moscou, où
sont rassemblés les éléments ouvriers les plus favorables aux
bolcheviks, porterait à la puissance de ceux-ci un coup sensible, mais ce coup, à mon avis, ne serait pas mortel et l'avenir pourrait, dans certaines conditions, en réparer les conséquences.

En cas de chute, par pression des troupes allemandes, les
bolcheviks iront, en effet, s'installer dans la Russie Orientale en entraînant, autant que possible, dans leur exode, les
administrations civiles de l'Etat, les forces militaires et les
indispensables presses à imprimer le papier monnaie.

Les Commissaires du Peuple et les militants maximalistes
ne se résigneront pas de bon gré à abandonner la partie et à
rentrer dans la vie privée. Raisons politiques faciles à comprendre, nécessités d'éviter une faillite qui ne serait pas seulement celle du bolchevisme, mais de toute la démocratie
russe. Raisons personnelles ensuite : la chute posera pour
chacun d'eux, sous une forme angoissante, la question : vivre
ou mourir. Ils ne peuvent avoir d'illusions. Tous seront impitoyablement poursuivis et traqués par leurs successeurs quels
qu'ils soient, emprisonnés, massacrés et boutés hors de
Russie. Ils n'ignorent pas que les pays alliés, ennemis ou
même neutres, constitueront pour eux des refuges extrêmement précaires. Des régions lointaines, comme la Perse et
l'Afganistan, dans lesquelles durant leurs cauchemars, ils son
gent à chercher un abri, ne résisteraient pas aux demandes
d'extradition imposées par les grandes puissances à ces petits
Etats, contre ces indésirables, ces révolutionnaires dangereux, capables de rallumer en d'autres pays, l'incendie si
difficile à éteindre dans celui-ci. Les bolcheviks estiment
donc avec raison que la chute, ce n'est pas seulement la fuite
et l'exil, c'est peut-être la prison et la mort.

Vivre ou mourir, la question se posera dans ces termes, et
vivre ne peut avoir pour eux qu'un sens : conserver le gouvernement.

Où, combien de temps et comment le conserveront-ils ?

J'ai marqué depuis deux mois les tendances centralisatrices et dictatoriales de la politique nouvelle de Lénine et de Trotzky. Mais, jusqu'à cette évolution, leurs directives étaient nettement décentralisatrices. Le Pouvoir des Soviets, au contraire des pouvoirs autocratiques et bourgeois, n'est pas centrifuge, mais centripète. Il va de la périphérie au centre, de l'électeur à l'élu. Il est vraiment le pouvoir d'en bas. Il est constitué d'abord par les Soviets locaux, jouissant d'une grande autonomie et d'une large indépendance dans leurs relations avec les organismes centraux. Ces organismes, s'ils observent, dans les lignes générales, la politique du gouvernement central des Soviets, s'organisent de plus en plus eux-mêmes, en adaptant leur action aux nécessités particulières du district ou de l'agglomération dont ils ont l'administration, qu'ils partagent, au reste, de plus en plus avec des éléments paysans et industriels dont ils s'assurent la collaboration technique.

La plupart d'entre eux, d'abord purement bolcheviks, puis entraînés par l'expérience à une conception plus réaliste, abandonnent peu à peu les purs principes, l'exemple de cette transformation leur étant donné, d'ailleurs, par Lénine et Trotzky. Pourtant, malgré l'initiative et le particularisme grandissant de leur action, il semble bien que la majorité de ces Soviets conserve des tendances bolcheviques, plus exactement antimencheviques et antimodérées.

Le gouvernement pro-allemand, organisé dans la Russie Occidentale, devrait sans doute mettre de longues semaines et peut-être de longs mois à réduire la résistance de ces centres maximalistes, dans les régions soumises à son influence. Il ne pourrait aboutir à des résultats sérieux qu'en supprimant les Soviets locaux. Il déterminerait ainsi un mouvement de mécontentement unanime.

Le gouvernement maximaliste, réfugié dans la Russie Orientale, userait évidemment de son autorité, encore réelle, sur les assemblées soviétistes :

1° Pour maintenir dans la Russie Occidentale une opposition extrêmement gênante contre le gouvernement nouveau ;

2° Pour maintenir son influence sur les régions orientales qui demeureront directement soumises à son pouvoir et qui y resteront soumises, partiellement au moins, tant qu'elles n'auront pas été réellement occupées par les troupes occidentales, c'est-à-dire par les forces des Empires Centraux.

Si Lénine et Trotzky sont habiles, et ils le sont, ils précipiteront leur politique de sagesse et consolideront leur position en s'efforçant de faire de leur parti un parti national en le maintenant, dans la forme, sur le terrain de la lutte de classes.

La politique germanique en Ukraine, où se prépare brutalement la Restauration monarchique, permet de prévoir le sort que l'envahisseur réserve, dans un avenir prochain, à la Russie tout entière, et fournit des armes précieuses aux maximalistes.

Qu'on le veuille ou non, les bolcheviks, chassés par les Allemands, sur la Volga et sur l'Oural, ne tarderont pas à apparaître aux masses russes (je ne parle pas des bourgeois russes, contrairement aux représentants alliés qui ne voient que les bourgeois et ne parlent que d'eux et d'apres eux) comme représentant la Défense Nationale contre l'ennemi et la défense de la Révolution contre le Tzarisme.

Que le gouvernement désire jouer ce rôle, cela n'est pas douteux pour moi. Qu'il y reussisse, l'avenir le dira. Qu'il comprenne qu'il aboutira seulement dans la mesure où sa faiblesse sera appuyée par la force alliée, cela est certain.

La volonté de collaborer avec l'Entente ne peut plus être niée. L'autorisation que je viens d'obtenir de Trotzky, de laisser prélever, par les Alliés, sur les stocks d'Arkhangelsk, telles quantités et espèces de matériaux que nous réclamerons, la promesse qu'il m'avait faite et qu'il vient de tenir, d'aiguiller vers Arkhangelsk les Serbes et les Tchèques dirigés d'abord sur Vladivostok, dans le but de constituer une place d'arme solide dans la région du Nord, sont les deux faits les plus récents qui manifestent cette bonne foi.

Comment penser, en effet, que si les bolcheviks ne désiraient pas et n'espéraient pas une alliance, ils nous autoriseraient à enlever ce matériel si précieux pour le gouvernement d'un peuple qui manque de tous les produits fabriqués et qui se meurt d'inanition, et surtout à former, dans le Nord de la Russie, une force militaire importante qui, si les bolcheviks ne viennent pas à nous, deviendra entre nos mains, une arme extrêmement redoutable contre eux, politiquement et militairement.

Des faits comme ceux-ci parlent éloquemment et suffiraient à montrer la bonne foi et le désir d'entente des Soviets, si même je perdais le souvenir de tout ce que m'ont déclaré

Lénine et Trotzky, dans la loyauté desquels je persiste à avoir la plus entière confiance.

Pour en revenir aux chances d'une révolution qui serait faite actuellement en Russie par les partis d'opposition, je crois qu'on pourrait utilement comparer, malgré bien des dissemblances, la situation du peuple russe à celle du peuple français en 1851, à la veille du 2 Décembre.

D'une part, mécontentement grandissant et légitime des masses. Adhésion de principe des masses aux appels à l'ordre lancés par l'opposition. Mais aussi, méfiance croissante des masses à l'égard de cette opposition de gauche et de droite unie contre un gouvernement qui l'humilie et la tyrannise, mais incapable de maintenir cette union, lorsqu'il s'agit de passer de la critique négative à des solutions positives, et de proposer au peuple le programme du gouvernement de demain. De là, hésitation des masses à descendre dans la rue, après tant d'efforts épuisants accomplis depuis quinze mois, pour suivre les meneurs divisés entre eux et qui n'offrent à la révolution qu'ils s'efforcent de fomenter, aucun point d'appui solide, aucune raison profonde d'agir.

Pourquoi descendre dans la rue ? Qui suivre ? Au profit de qui espérer un mouvement ? Quel régime sera établi demain ?

D'autre part, nous voyons un gouvernement révolutionnaire, c'est-à-dire instable et dont l'usure s'aggrave sans cesse, qui a su pourtant couvrir le pays d'un réseau d'organisations peuplé de ses fidèles, de ses créatures.

Toute la force armée est à la disposition de ce gouvernement. Le peuple le sait.

D'un côté, par conséquent, l'opinion publique, ou plus exactement ce que les Alliés désirent appeler l'opinion publique. De l'autre, avec le gouvernement, avec les organisations soviétistes, avec la masse encore compacte des militants, l'armée en formation, dans laquelle on ne trouverait aucun politique ayant l'envergure suffisante pour faire le coup d'Etat à son profit, où on ne découvrirait à coup sûr aucun général auréolé de gloire. On n'y aperçoit aucun Bonaparte, aucun homme capable de déclancher contre le Pouvoir des Soviets des troupes créées par les bolcheviks, essentiellement constituées par des bolcheviks fidèles à leurs leaders, par des gardes-rouges venus de tous les points du territoire russe, par des internationalistes attachés aux partis d'extrême-gauche, enfin par des indifférents qui tiennent de plus en plus à devenir des mercenaires, des prétoriens au service de qui les paie.

Comment admettre que ce peuple, qui n'a jamais été un peuple lutteur, et qui est un peuple las, risquerait une grande aventure dont il n'ose pas prévoir le succès et qui ne lui dit rien qui vaille, car il n'en peut saisir dès maintenant les conséquences ?

On peut donc être amené à conclure logiquement je n'ignore pas que la logique n'est pas insurrectionnelle et que les révolutions se font plutôt avec le cœur qu'avec la raison — qu'un mouvement non appuyé par l'Allemagne a peu de chances d'aboutir, ou même d'être tenté.

Des conversations avec des S.-R. et des S.-D., des monarchistes me permettent d'ajouter que les partis les plus violents seraient très embarrassés de recueillir avec le gouvernement la succession que laisseront les bolcheviks, les difficultés incroyables à peu près insurmontables en face desquelles ils se trouvent et dont la responsabilité les accablerait comme elle accable les bolcheviks.

Quant à l'intervention allemande qui appuierait exclusivement les partis de droite, puisqu'elle aurait pour but principal de ruiner les partis de gauche, à quel moment se produira-t-elle ?

Elle peut s'accomplir et réussir demain

Mais demain, les monarchistes et les Allemands eux-mêmes se heurteront à ces difficultés que la Russie ne leur pardonnerait pas de ne pas vaincre. Les Allemands courront-ils le risque de discréditer un peu plus l'idée monarchique et de se discréditer eux-mêmes en faisant éclater l'impuissance d'un gouvernement restauré par eux, à résoudre les problèmes qui se posent ? Ne craindront-ils pas que la plus grave de ces questions, la question du pain, soit aggravée encore par l'expulsion, hors la Russie d'Occident, du gouvernement bolchevik, réfugié et établi en Orient ? Ce nouveau pouvoir bolchevik ne manquerait pas de mettre immédiatement la main sur les voies ferrées qui, du Caucase septentrional et de Sibérie, alimentent encore Pétrograd et Moscou. Le résultat de cette lutte entre l'Occident et l'Orient serait l'aggravation rapide d'une famine qui ne pourrait être désormais enrayée que par la mise à la disposition des consommateurs moscovites des greniers ukraniens. Or, les Empires Centraux raflent en Ukraine tout le blé qu'ils y peuvent réquisitionner pour nourrir leur population affamée. Sont-ils disposés à abandonner une partie de ces denrées à leurs nouveaux amis russes ?

N'ont-ils pas intérêt, pour eux-mêmes et pour la solidité de la restauration monarchique à laquelle ils songent, à coucher·sur leurs positions, à laisser s'aggraver, dans une lutte fratricide et par le développement normal du désordre, l'usure des différents partis démocratiques et à n'intervenir qu'au moment où la faim et l'anarchie pousseront les Russes à tendre les mains vers le sauveur qui ne peut être que l'Allemagne, en raison de sa proximité. Ne doivent-ils pas espérer cela et agir en conséquence ?

D'ores et déjà, les Allemands sont les maîtres de la Russie. Ils ont tous les avantages de cette domination. Il est permis de supposer qu'ils n'en rechercheront pas les inconvénients avant que l'heure soit venue de cueillir tous les fruits d'une politique prévoyante. Je n'ai pas besoin de dire qu'ils mettront utilement à profit ce répit pour s'installer solidement en Ukraine et en Finlande, où ils ont beaucoup à faire et où ils sont obligés d'immobiliser des forces importantes.

En résumé, les Allemands peuvent être à Moscou dans quelques jours. On peut supposer, les raisons sont sérieuses, qu'ils n'y viendront pas avant de longues semaines ou même des mois.

Lénine et Trotzky se rendent parfaitement compte de la situation. C'est pourquoi ils « louvoient » et louvoieront le plus longtemps possible tant que les Alliés, par des questions nettes, par des propositions précises, ne les auront pas mis en demeure de prendre position à leurs côtés.

Dès que ce geste sera accompli, dès que l'accord avec l'Entente sera signé et publié, la lutte recommencera avec l'Allemagne, les bolcheviks devront fuir Moscou, se réfugier à l'Orient, c'est-à-dire dans les bras alliés. Ils redoutent fort d'être étouffés dans cet embrassement et ne se résoudront à le subir que lorsqu'il ne sera plus possible de faire autrement.

Avons-nous intérêt à leur permettre de louvoyer encore pendant des mois ? Je ne le crois pas. Si la France et les

Etats-Unis ont obtenu du Japon l'intervention en Europe, pourquoi n'entrent-ils pas en négociations avec les Soviets, comme semble l'avoir déjà fait l'Angleterre, en basant les pourparlers sur les conditions élastiques et très admissibles dans l'ensemble proposées par les bolcheviks ?

En 24 heures, un accord serait conclu. Nous sauverions ainsi la Russie. Nous sauverions ainsi la Révolution. Aucune autre attitude ne saurait être plus avantageuse, aucune ne serait aussi honorable.

M. Albert THOMAS, député (*Champigny-sur-Marne*).

Mon cher ami,

Les mencheviks, les centristes et les droitiers mènent, par la parole et dans la presse, une campagne de fausses nouvelles destinées à énerver l'opinion publique et à la dresser contre les Soviets. Ils commentent perfidement les clauses secrètes du traité de Brest. Ils annoncent l'expulsion des Soviets bolcheviks au Nord, au Sud, partout, des soulèvements paysans ; ils proclament que les alliés ont débarqué des forces importantes à Mourmansk et Arkhangelsk. Ils publient chaque jour des ultimatums forgés de toutes pièces, par lesquels Mirbach exigerait les plus invraisemblables concessions : livraison du blé sibérien, occupation militaire allemande de Pétrograd, de Moscou et des principales villes russes, saisie des navires alliés dans la mer Blanche, expulsion de tous les militaires alliés, désarmement des soldats lettons, licenciement de la nouvelle armée rouge, etc., etc

Les bolcheviks indignés suspendent les journaux, emprisonnent les orateurs et les rédacteurs. L'opposition crie au martyre. Quel gouvernement cependant consentirait à se laisser user par de telles manœuvres, sans réagir brutalement ?

Les Allemands seuls peuvent tirer profit de ces luttes intestines qui augmentent la haine des partis les uns envers les autres.

Le moment est mal choisi pour prêcher l'union sacrée démocratique sur les bases de la défense du pays et des conquêtes de la Révolution. Certes, les maximalistes rechignent à tendre la main aux mencheviks, mais ceux-ci surtout paraissent irréductibles. Seuls les Alliés pourraient imposer cette réconciliation et la réaliser en la présentant, comme elle doit l'être en bonne foi, non pas comme un abandon des divers programmes, de moins en moins distincts d'ailleurs, à mesure que les bolcheviks s'avancent dans la voie des réalisations et que les mencheviks se rapprochent du programme maximaliste, mais comme une trêve nécessaire devant l'ennemi extérieur (l'Allemand) et intérieur (le tzarisme).

Depuis le 25 octobre, je n'ai pas cessé de préconiser cette réconciliation nécessaire. En novembre déjà, j'avais frôlé le succès.

A la fin du mois de janvier, alors que les bolcheviks, revenus de quelques illusions sur la valeur révolutionnaire des idées internationalistes, se débattaient à Brest-Litovsk, sous la poigne allemande, que les Russes conscients, à droite et à gauche, prévoyaient de quel poids allait peser la paix, quelles humiliations, quels sacrifices elle imposerait, quel caractère précaire elle revêtirait, j'avais convaincu à peu près et les bolcheviks et leurs adversaires de la nécessité d'une trêve.

A deux reprises j'ai échoué, parce qu'hier comme aujourd'hui, un tel recollage des morceaux déchirés de la Russie ne pouvait être accompli que par le ciment allié. Or, malgré mes supplications, sous prétexte que nous ne devions pas nous mêler des affaires intérieures de la Russie, prétexte vraiment étrange quand on sait la besogne faite ici par l'Entente, les Alliés ont refusé de tenter ce rapprochement des frères ennemis.

En novembre, on eût pu espérer qu'une telle réconciliation aurait empêché l'armistice. En janvier, elle eût empêché la paix. Actuellement elle empêcherait l'alliance avec l'Allemagne. C'est parce que j'aperçois l'importance qu'aurait pour la Russie et pour nous une telle union des partis démocratiques, que, malgré tant d'échecs désespérants, j'ai recommencé à travailler dans ce sens, plus activement que jamais, depuis le Congrès des Soviets du 15 mars.

Il n'est pas un des militants S.-R ou S.-D., menchevik ou bolchevik avec lequel je ne me sois entretenu de ces questions et qui ne finisse par reconnaître que si un tel accord est difficile, il n'est pas impossible, qu'il est en tout cas nécessaire, qu'il constitue le seul moyen par lequel la Russie se débarrassera de l'Allemagne et la démocratie s'assurera contre le tzarisme. Mais ni les uns ni les autres ne veulent faire les premiers pas; ils sont si profondément enfoncés dans leurs querelles qu'ils n'en sortiront pas seuls. En outre, combien

peu parmi ces hommes, et surtout dans l'opposition, ont la
sincère volonté de transformer d'eux-mêmes leurs appels
platoniques aux Alliés en une formule pratique de collaboration active qui les condamnerait immédiatement à appeler
aux armes ces masses populaires sur lesquelles ils prétendent
s'appuyer et aux yeux desquelles ils risquent de perdre tout
prestige à partir du moment où ils déchireront la paix et
voudront obliger la Russie à recommencer la guerre.

Ce geste dangereux, ils ne l'accompliront pas seuls. Pour
toutes ces raisons, les Alliés doivent saisir les mains des uns
et des autres, les rapprocher et les unir.

Malheureusement, la plupart des Alliés — je parle de ceux
qui font métier ici de diplomatie politique, — plutôt que
de planer au-dessus des partis russes, se sont jetés dans la
mêlée. Ils ont épousé toutes les querelles et soufflé imprudemment sur les haines qu'ils devaient s'efforcer d'éteindre.
A l'égard de leurs adversaires, je veux dire des adversaires
politiques de leurs amis politiques, ils paraissent irréconci-
liables et aveuglés par le parti pris. Ils plongent avec délices
dans les mares stagnantes. Affligés d'une myopie incurable,
ils jugent tout, non du point de vue de Sirius, ni du point
de vue international ou même national, mais du point de vue
du Café du Commerce.

On va me répliquer : «. Et vous ? »

Moi, depuis six mois, bien que mêlé plus intimement à la
vie des Soviets, du gouvernement, je n'ai pas cessé de voir
tous les partis, d'entretenir de bonnes relations avec tous,
sauf ceux de droite, qui ne m'aiment guère et le proclament,
et je n'ai jamais prononcé l'exclusive contre personne. Tous
savent que j'ai toujours cherché et que je cherche encore
une formule de conciliation. Et pour aboutir à l'union, c'est
au parti bolchevik, « à mon parti », comme le murmurent
gentiment certains bons camarades, au parti qui, détenant le
pouvoir, devrait avoir moins que tout autre la tentation de
céder, que j'ai demandé les concessions les plus importantes.

M. ALBERT THOMAS, député (*Champigny-sur-Marne*).

Mon cher ami,

Les Allemands viennent d'installer en Ukraine une dictature Skoropadsky. Ils espèrent évidemment tirer un double bénéfice de ce renversement de leurs complices de la Rada bourgeoise :

1° Préparer plus sûrement une restauration monarchique ;

2° Obtenir plus aisément le blé dont ils ont besoin et dont la Rada ne savait pas exiger avec une brutalité suffisante la livraison des paysans exaspérés par tant de razzias.

Irrités par la mauvaise volonté des cultivateurs, par les assassinats dont sont victimes leurs soldats dès qu'ils se hasardent à opérer isolément leurs réquisitions de rapine, enivrés par leur force, les Allemands manifestent une insolence incroyable. On m'a montré des billets de réquisition ainsi libellés: « Reçu trois cochons d'un cochon ukranien... » « Reçu 100 pouds de blé d'un Ukranien, fils de chienne. Fait dans sa niche, à Soumy », etc., etc..

Rien ne saurait servir mieux notre cause que ces humiliations maladroitement infligées au vaincu.

Aucun doute sur l'orientation monarchique donnée par l'Allemagne à la politique ukranienne. L'impératrice douairière Maria Féodorovna est fêtée par l'ennemi, installée dans l'ancien palais impérial. On exige des autorités ukraniennes qu'elles lui décernent le titre de Majesté. Les Allemands font alliance avec les grands propriétaires auxquels ils promettent la restitution des terres dont les paysans ne pourront racheter qu'une partie, à prix fort et dans un délai indéterminé.

Le paysan a partout le même amour passionné de la terre. La reprise des domaines immenses si longtemps convoités, si difficilement arrachés aux grands propriétaires fonciers,

a surexcité les cultivateurs ukraniens, généralement partisans de la propriété individuelle, autant qu'elle surexcitera
demain le paysan russe même dans les régions où il a été
gagné par la propagande communiste, le jour où les Allemands entreprendront en Russie la besogne réactionnaire
qu'ils commencent en Ukraine.

Si les Alliés possédaient en Ukraine le service actif et
riche de propagande dont les Allemands disposent ici, comme
il serait facile d'attiser contre l'ennemi les colères populaires !

Les Cadets se sont couverts de honte en acceptant de participer à la formation du ministère formé par Skoropadsky,
en léchant la botte du vainqueur et en l'appuyant dans sa
besogne d'oppression du prolétariat ukranien.

Ces faits ouvriront-ils les yeux à ceux qui ne cessent d'invoquer le patriotisme désintéressé, l'ententophilie et les convictions démocratiques du parti cadet ? Il serait injuste de
prétendre que les cadets et les hommes du centre droit, de
culture occidentale, grands admirateurs politiques de l'Angleterre, sont tous passés à l'ennemi en Ukraine et qu'ils y
passeront tous en Russie. Mais faut-il attacher trop de confiance et donner trop de valeur aux protestations de sympathie faites à nos représentants par des cadets souvent sincères? Et n'a-t-on pas le droit de prévoir que les évènements
devant suivre bientôt en Russie la courbe dessinée déjà en
Ukraine, leur haine farouche du bolchevisme, du socialisme,
leur dégoût de la démocratie et leur lâcheté politique amèneront fatalement les uns à accepter, les autres à subir le
protectorat allemand, restaurateur de l'ordre et si proche,
c'est-à-dire à abandonner les Alliés dont le secours est demeuré jusqu'ici inefficace et qui demeure si lointain ?

Devrons-nous sacrifier le présent, sous prétexte qu'il faut
préparer l'avenir et se ménager la collaboration incertaine
de ces hommes que les événements d'Ukraine éloignent de
plus en plus des partis populaires ?

On dit que les cadets russes, inquiets de l'indignation soulevée par l'entrée de deux des leurs dans le ministère Skoropadsky, ont l'intention de les désavouer. Mais la tache subsis
tera sur les cadets. Du reste, un désaveu formel, motivé, flé-
trissant, sera-t-il réellement formulé ? Tant de cadets ont
déjà partie liée avec les monarchistes, qui sont à peu près
tous en pourparlers avec Mirbach.

En tout cas, la leçon d'Ukraine est bonne à méditer par les hésitants. Ou bien le bloc démocratique sera formé contre l'Allemagne, ou bien les partis demeureront divisés, c'est-à-dire impuissants, et l'Allemagne fera ce qu'elle voudra en Russie.

Les ennemis de la Révolution, de la démocratie (seuls alliés véritables de l'Entente) sont l'Allemagne et la monarchie. C'est contre l'effort allemand et la monarchie que devraient tendre tous nos efforts. Hélas !

M. Albert THOMAS, député (*Champigny-sur-Marne*).

Mon cher ami,

J'ai eu un long entretien avec M. Francis, ambassadeur des Etats-Unis, qui retourne ce soir à Vologda, après un court séjour à Moscou.

Sur sa demande, je lui ai présenté un tableau de l'état actuel des différents partis politiques russes en m'efforçant d'apprécier aussi exactement que je pouvais le faire la force de chacun d'eux, en insistant sur les possibilités sentimentales et pratiques qu'ils offrent les uns et les autres à la collaboration alliée.

Je crois lui avoir démontré la nécessité d'agir de concert avec les bolcheviks, tout à fait résolus à marcher, non pas en alliance formelle avec eux, mais à côté d'eux. Seuls, ils peuvent mettre dès aujourd'hui à notre disposition une influence politique considérable et un embryon sérieux de force militaire.

Pour donner toute son ampleur à cet appui russe, il faut que l'Entente, je ne saurais trop le répéter, en même temps qu'elle annonce son intention de travailler à côté des bolcheviks, s'adresse à toute la Russie, qu'elle fasse appel à tous les éléments qui se déclarent prêts à défendre le pays contre l'ennemi extérieur, qu'elle les convie à venir travailler non pas avec les bolcheviks, mais avec nous parallèlement avec les bolcheviks, qu'elle les invite à venir se grouper, s'organiser dans les régions du Nord et de l'Oural occupées par nous. Pour être pris au sérieux, en effet, ce geste ne doit pas être accompli avant que des éléments alliés aient débarqué sur la mer Blanche et se soient avancés en Sibérie. Dès que le concert allié sera réalisé sur ce programme, entamons avec les bolcheviks des pourparlers non plus officieux et vagues, mais officiels et nets. Donnons confiance à ces collaborateurs en cessant toute conspiration compromettante avec le gouvernement de Pékin ou les échelons de Semenof.

Ce n'est pas en appuyant les menées exclusivement contre-révolutionnaires de ces échelons qui apparaissent ici dans tous les milieux comme effectuant une besogne trouble, que nous amènerons à nous le pays tout entier dont nous aurons besoin pour le recrutement d'une armée importante. Il ne s'agit pas, bien entendu, de repousser les forces qui s'offrent, quelles qu'elles soient, mais uniquement de ne pas les employer seules à l'exclusion des autres, de ne pas surestimer leur valeur et de ne pas favoriser contre d'autres partis, ombrageux et mieux constitués, un groupement de personnalités sans autorité.

L'ambassadeur m'a très vivement remercié. Il m'a déclaré qu'il allait télégraphier à son gouvernement la substance de mes déclarations et qu'il les soumettrait d'autre part à l'appréciation des diplomates alliés dès son arrivée à Vologda.

M. Albert THOMAS, député (*Champigny-sur-Marne*).

Mon cher ami,

L'action prudente mais active que je mène depuis six mois dans les milieux les plus divers m'a fait connaître tous les partis russes et d'autant plus que je crois être seul, actuellement encore parmi les Alliés, à les fréquenter sans exception.

J'ai des rapports extrêmement cordiaux avec les hommes de gauche, des sympathies très vives dans les groupes centristes et chez les S.-R. de droite, des relations amicales personnelles avec certains cadets et monarchistes.

Je n'ai jamais visé d'autre but que de servir les intérêts de la France sans desservir la démocratie russe. J'ai toujours souligné qu'étant officier, venu en Russie pour y accomplir une besogne militaire, je ne m'intéressais qu'à titre personnel et accessoirement aux événements politiques, que je n'étais chargé d'aucune mission spéciale sur ce terrain et que je n'avais d'autre influence que celle que voulaient bien m'accorder les camarades français (Albert Thomas, Ernest Lafont, Longuet, etc...) auxquels j'envoie mes impressions.

Pourtant le rôle que je joue m'a placé nécessairement en vedette sur l'affiche alliée, et les journalistes russes, doués d'une imagination féconde, ont émis, à mon sujet, une série d'hypothèses trop flatteuses dans leur exagération pour ne pas éveiller certaines susceptibilités dans les milieux officiels.

A diverses reprises on a imprimé que mes convictions socialistes m'ayant ouvert les portes soupçonneuses des Soviets, mes qualités diplomatiques m'ayant permis de gagner la confiance ombrageuse de Lénine et de Trotzky, le Gouvernement français, désireux d'un rapprochement avec les bolcheviks, et soucieux à la fois de reconnaître et d'utiliser plus efficacement mes services, songeait à me nommer Ambassadeur, en remplacement de M. Noulens décidément honni par les gens au pouvoir.

Ces louanges répétées me firent rire d'abord, puis frémir, et je priai le bureau de la Presse de ne plus laisser passer, dans les journaux officiels et officieux, des informations inexactes, qui ne pouvaient servir ni mes intérêts ni ceux de mes amis politiques. Depuis, les journaux de gauche ont oublié mon nom.

Cette consigne du silence ne fut pas observée par les journaux de droite et du centre qui, non plus de bonne foi, mais avec une perfidie calculée, continuèrent à insérer, de temps à autre, des nouvelles de même espèce, dans l'espérance de faire naître, entre mes chefs et moi, un conflit qui devait fatalement se clôturer par l'écrasement du plus faible.

La même attitude fut adoptée parallèlement à l'égard de l'Anglais Lockhart et l'Américain Robins qui, depuis plus de trois mois, s'efforcent comme moi-même de convaincre leurs ambassadeurs et leurs ministres, qu'au lieu de livrer les bolcheviks à eux-mêmes et de les regarder paisiblement commettre des fautes irréparables, il serait peut-être plus sage de les conseiller, de les contrôler, d'utiliser leur influence et de sonner non pas contre eux, mais autour d'eux, à nos côtés, le ralliement des forces démocratiques anti-allemandes.

Il y a quelques jours à peine, les journaux bourgeois et réactionnaires, suivant docilement l'exemple donné par le *Rannéé Outro*, organe notoirement germanophile, publiaient trois filets identiques, dans le fond sinon dans la forme, indiquant en substance que Lockhart et Robins allaient remplir les fonctions d'Ambassadeurs pour l'Angleterre et pour l'Amérique, et que M. Noulens quittant son poste, le Capitaine Sadoul, « Chef de la Mission Militaire », prenait la direction des intérêts français.

Ces notes provocatrices, c'est la formule employée ici, ont déterminé, hier, la publication dans les mêmes journaux, de trois démentis plus ou moins officiels, celui me concernant, affirmant que « le Capitaine Sadoul n'est qu'un Officier travaillant sous les ordres de son chef immédiat, le général Lavergne ».

De plus, on vient de me communiquer un télégramme de l'Ambassadeur, révélant au Général que certains officiers feraient actuellement des démarches pour essayer d'établir un rapprochement entre les partis de gauche et les bolcheviks, et déclarant que si ces négociations imprudentes occasionnaient un froissement quelconque entre les partis sollicités, ces officiers seraient immédiatement rappelés.

« Certains officiers », c'est moi. Je n'ai pas eu la peine d'avouer mon crime au Général qui en connaît toutes les circonstances atténuantes et aggravantes, aussi bien que l'Ambassadeur lui-même constamment tenu au courant de mes démarches dont je l'ai entretenu personnellement et qu'il paraissait approuver.

J'avoue ne pas apercevoir, et je ne suis pas le seul à manquer sur ce point de clairvoyance, comment ces tentatives faites pour réaliser l'apaisement entre les partis, pourraient froisser qui que ce soit, parmi les hommes qui prétendent pouvoir mettre un terme à la guerre civile èt appuyer les efforts de l'Entente contre l'Allemagne.

Mais l'ordre est donné impérativement. Je ne négocierai plus. Ces négociations sont d'ailleurs assez avancées et j'ai écrit déjà qu'elles n'aboutiraient pratiquement que par des pourparlers officiellement engagés avec les partis intéressés au nom des Alliés par leurs représentants qualifiés.

Pour moi, je vais probablement être envoyé en Sibérie, lieu de déportation habituel des criminels politiques, pour y remplir une mission du reste utile et intéressante. Je vais me nettoyer les yeux, l'esprit, changer d'air, et je rapporterai sans doute de cette villégiature des informations nouvelles.

Les journaux réactionnaires, s'ils apprennent mon absence, vont exulter et féliciter notre ambassadeur d'être enfin débarrassé d'un subordonné tellement gênant pour la construction qu'ils échafaudent, de combinaisons non spécialement favorables aux Alliés. Quant aux bolcheviks, qui ont demandé le rappel de M. Noulens et auxquels on accorde seulement le départ de Sadoul, maigre compensation, ils seraient furieux si je ne leur expliquais — je ne le ferai qu'au moment de quitter Moscou — que mon exil est provisoire et volontaire, ce qui est à peu près exact.

Moscou, le 24 mai 1918.

M. Albert THOMAS, député (*Champigny-sur-Marne*).

Mon cher ami,

On parle de plus en plus ici, et sans doute en Occident, de l'accentuation d'une orientation allemande en Russie. Dans l'esprit de beaucoup d'alliés, on veut constater ainsi une tendance progressive des Soviets à incliner vers une entente avec l'Allemagne.

A mon avis, rien de plus inexact et de plus dangereux que cette interprétation.

Longtemps avant la révolution et la guerre, nul ne l'ignore, une portion considérable du parti monarchiste était germanophile. La Révolution de février, dont un grand nombre de Russes font, à tort, honneur ou honte aux Alliés, a accentué cette position.

Les libéraux et les cadets, je veux dire l'ensemble de ces partis, car je n'ignore pas que de nombreuses individualités résistent encore à la sirène germanique, l'ensemble de ces partis, occidentalistes avant octobre, sont devenus depuis germanophiles, politiquement au moins, par haine du bolchevisme dont ils n'espèrent l'écrasement que par l'intervention militaire des Empires Centraux.

L'arrivée de Mirbach, les relations économiques renouées avec l'ennemi d'hier, l'espoir que la pression allemande forcera le gouvernement russe à atténuer la guerre civile et à donner quelques entorses aux principes en faveur des industriels et des banquiers qui forment le noyau de ces partis soi-disant démocratiques, les font passer de plus en plus nettement au service de l'Allemagne. Cette trahison n'est pas hautement avouée encore. Elle se précisera dans les faits, à mesure que les rapports d'affaires se multiplieront et plus encore s'il apparaît que décidément l'Entente est incapable d'être victorieuse. Nous verrions au contraire revenir vers nous ces partis capitalistes, qui ne sont rien moins que sen-

timentaux, si le Dieu des Armées faisait pencher en notre
faveur les balances du Destin. Ils sont prêts à s'incliner
devant la force. Elle paraît appartenir encore à l'Allemagne,
et c'est pourquoi ils se précipitent dans son sillage.

Le geste des bourgeois ukraniens, de ces gens que les
Alliés ont aveuglément soutenus et qui ont passé honteusement à l'impérialisme allemand, geste non désavoué jusqu'ici
par les bourgeois russes, est profondément caractéristique.
On ne saurait trop le méditer.

Les partis du centre S.-R. et S.-D. de droite, un certain
nombre de mencheviks, apparaissent être en Russie les seuls
éléments demeurés fidèles aux Alliés et hostiles aux Allemands. Mais, je le répète, ces éléments n'ont aucune force
politique et l'Entente ne recevra d'eux qu'une assistance
platonique.

Les S.-R. de gauche sont, entre tous les partis amis du pouvoir des Soviets, les seuls adversaires actifs de la paix de
Brest. Ils préconisent la guerre immédiate contre les Empires
Centraux. Mais ils ne paraissent pas disposés à accepter l'entente avec les Alliés dont ils flétrissent les visées impérialistes. Chez eux, nous apercevons plus de déclamation que
de volonté de réalisation. Ils prêchent une guerre de partis-
sans qui déterminerait rapidement la mainmise de l'Allemagne sur la Grande Russie. Un mouvement de ce genre serait
profitable aux Alliés en ce qu'il contraindrait nos ennemis
à enfoncer au cœur de la Russie un certain nombre de divisions utilisées sur le front occidental et à commencer ici
l'œuvre épuisante de réorganisation, de pacification qu'ils
sont obligés d'accomplir en Ukraine. Mais, doit-on prévoir
dans cette campagne S.-R. de gauche autre chose qu'une
manifestation politique et les leaders de ce parti espèrent-ils
sincèrement entraîner dans une guerre nouvelle les masses
paysannes qu'ils représentent et qui, plus que toute autre
classe russe, ont affirmé leur volonté pacifiste? Peut-on admettre enfin que cette minorité des Soviets entamera la lutte
contre le pouvoir sur cette plate-forme, ne pouvant pas méconnaître que cette bataille entraînerait fatalement la rupture
entre les deux grands partis gouvernementaux et ferait le jeu
de la contre-révolution? Les bolcheviks se montrent très inquiets de la propagande belliqueuse des S.-R. de gauche, qui
risquent de déterminer une nouvelle scission dans le bloc
soviétiste anémié et resserré déjà par des amputations succes-

sives. Ils se plaignent amèrement des fautes de tactique commises par les chefs S.-R. Spiridonova, Kamkof, Karéline, et les accusent d'être des impulsifs, dénués de tout sens politique, ce qui paraît d'ailleurs évident à quiconque a rencontré ces leaders.

La position prise par les bolchéviks est très nette. Elle ne semble équivoque qu'à ceux qui refusent, je ne dis pas même d'accepter, mais seulement de comprendre les directives de la politique étrangère maximaliste, fréquemment et très franchement exposées depuis plusieurs mois par Lénine et Trotzky. Dans sa situation présente, la Russie n'a ni la possibilité matérielle ni la possibilité morale de faire la guerre. Elle ne déclarera donc pas la guerre à l'impérialisme allemand et ne se laissera pas davantage entraîner dans la guerre par l'impérialisme anglo-français. Pour éviter la guerre, qui lui serait mortelle, elle résistera autant que possible à toutes les sollicitations, elle cédera autant que possible à toutes les provocations.

Lénine l'a dit et répété, la Russie louvoie entre deux écueils également redoutables, l'Allemagne et l'Entente, avec le profond désir de n'échouer ni sur l'un ni sur l'autre. Etant données ces explications catégoriques, pourquoi soutenir que les bolcheviks sont disposés à contracter une alliance plus ou moins totale avec l'Allemagne ? Certes, le gouvernement se soumet avec plus de facilité aux ordres de nos ennemis qu'à nos propres injonctions. Les notes envoyées par Tchitchérine à Mirbach sont rédigées en termes plus déférents que celles qui nous sont adressées. Je reconnais volontiers que les bolcheviks manquent d'élégance. Mais l'Allemagne est à Moscou, prête à abaisser son poing formidable au premier prétexte. Les Alliés, à peine représentés à Vologda, sont pratiquement impuissants et leurs menaces demeureront verbales sans doute pendant des mois encore.

Ajoutons que, comme il était facile de le prévoir depuis quelques semaines, l'Allemagne, suffisamment absorbée par le front occidental, embarrassée par les troubles ukraniens, peu soucieuse de venir installer ici un gouvernement qui se heurterait à des difficultés insolubles et se discréditerait rapidement en même temps que ses protecteurs, a l'habileté d'esquisser quelques sourires à l'adresse des maximalistes. Ceux-ci acceptent les sourires tout en sachant ce qu'en vaut l'aune. Ils veulent gagner du temps et ils en gagnent ainsi.

S'ils prolongent une existence difficile jusqu'à la paix générale, ils sont sauvés, du moins ils l'espèrent avec quelque
apparence de raison.

On oublie trop que la conquête la plus précieuse réalisée
par les bolcheviks est la conquête du pouvoir. Ce qu'il faut
avant tout sauver, c'est le gouvernement des Soviets. Le prolétariat russe (ou ses dictateurs) estime qu'il regagnera sans
peine les provinces perdues, qu'il fera payer cher au conquérant ses brutalités et ses outrages, quand il aura achevé l'œuvre de reconstruction et de centralisation qu'il commence à
aborder péniblement. Jusqu'au jour où il aura établi un pouvoir stable et fort, il doit tout faire pour maintenir une forme
politique qui assure sa domination. Il doit conserver à tout
prix la constitution soviétiste, la plus puissante des armes
dont disposeront les masses travailleuses occidentales quand,
à leur tour, elles engageront le combat révolutionnaire. Pour
sauvegarder le pouvoir, Lénine et Trotzky, quelle que soit leur
dignité, leur orgueil, et j'ose écrire ce mot, leur patriotisme,
sont prêts à subir les humiliations les plus douloureuses, à
accepter les amputations territoriales les plus considérables.
Ils pensent qu'une seule perte est irréparable, celle du pouvoir par le peuple. Il convient d'être pénétré de ces sentiments pour comprendre dans quelle mesure il est exact que
les bolcheviks souhaitent une amélioration de leurs rapports
avec l'Allemagne et dans quelle mesure il est faux qu'il y ait
orientation allemande.

Si l'expérience des bolcheviks est déçue, si à un moment
donné les armées allemandes et ententistes entrent en lutte
sur territoire russe, les Soviets devront nécessairement prendre parti. Sur quel plateau de la balance poseront-ils leur
poids ? Évidemment sur le plus chargé d'avenir et sur le
moins menaçant pour eux.

Ils savent qu'ils ne peuvent rien attendre de l'Allemagne et
qu'un accord provisoire contre l'Entente, même au cas de
victoire germanique, serait une duperie et aboutirait à leur
renversement. Certains ont cru pendant longtemps et, pour
ma part, je me suis de très bonne foi fait le propagateur de
cette conviction, que les Alliés montreraient plus de bienveillance, plus de compréhension, moins d'impitoyable rancune à l'égard d'une démocratie socialiste, quelles que soient
ses fautes; quels que soient les torts et les responsabilités dont
elle ait chargé sa conscience.

On me disait : « Nous voulons éviter la guerre, mais si la lutte est engagée sur notre territoire, si nous sommes contraints par les circonstances d'y participer, nous nous rangerons sans enthousiasme, loyalement toutefois, aux côtés de l'Entente, en demandant seulement que les Alliés reconnaissent le pouvoir des Soviets et qu'ils acceptent les buts de guerre de la Révolution russe. » Aucun de ceux que je vois n'a jamais émis l'hypothèse d'un accord ainsi conditionné avec les Empires Centraux. Tous, en effet, l'estimaient impossible.

Malheureusement, leurs illusions quant à la possibilité d'une collaboration avec les puissances de l'Entente s'envolent l'une après l'autre. Plus on parle d'une intervention alliée en Russie et moins on parle de reconnaissance ou simplement d'accord préalable avec les bolcheviks. Avec le temps, l'impression se confirme davantage que les Alliés ne voudront rien faire en Russie avec le gouvernement révolutionnaire et qu'ils sont par contre décidés à faire tout sans lui et contre lui. Comment s'étonner, dans ces conditions, si Lénine et Trotzky, après avoir écouté d'une oreille attentive et aussi complaisante qu'on pouvait l'espérer, étant donnée leur position politique internationale, les propositions officieuses qui leur étaient faites, s'éloignent aujourd'hui de nous et se montrent plus inquiets, plus amers, s'ils déclarent que les faits justifient toutes leurs craintes et démontrent que tous les impérialistes, autocratiques ou bourgeois, sont également résolus à étrangler le pouvoir des Soviets.

L'orientation allemande limitée ainsi que je l'ai écrit plus haut leur est imposée par la réalité et par nous-mêmes. L'orientation alliée, vers laquelle ils tendaient, leur est interdite par l'action ouvertement hostile inlassablement menée par les Alliés.

Pour éviter d'être précipités dans la guerre, d'être jetés par force dans les bras de l'Allemagne, où ils seraient vite étouffés, Lénine et Trotzky s'efforcent et s'efforceront désormais de retarder notre intervention militaire. Un seul moyen leur paraît efficace : diviser les Alliés. L'hostilité anglo-française au régime soviétiste paraît irréductible. Lénine et Trotzky ont la sensation d'être aussi redoutés et détestés par la bourgeoisie européenne que nos jacobins étaient haïs et méprisés par les cours européennes. Mais cette hostilité ne pourra pas se manifester pratiquement avant longtemps sous une forme dangereuse. L'occupation des ports de la mer Blanche est le seul effort dont sont capables les nations occidentales.

Le péril n'est pas immédiatement mortel pour la République russe.

Il est infiniment plus grave à l'Orient. Une armée japonaise envahissant la Sibérie peut être massée en quelques mois sur l'Oural et attirer comme un aimant les troupes allemandes sur la Volga, plongeant la Russie, contre sa volonté, en pleine bataille.. Cette éventualité doit être retardée. Pour cela, il faut jouer des oppositions fondamentales d'intérêt qui séparent les Etats-Unis et le Japon. Dès janvier, Trotzky me disait être sûr que le Japon ne s'engagerait pas dans une aventure aussi coûteuse sans être assuré d'une compensation somptueuse et que les Etats-Unis refuseraient cette compensation. Aujourd'hui comme hier, la tactique bolchevique doit être de surexciter les jalousies américaines et peut-être même de promettre, par des arrangements pacifiques, aux Japonais, quelques-unes des récompenses qu'un effort militaire leur assurerait plus aléatoirement et à moins bon compte.

Moscou, le 25 mai 1918.

M. ALBERT THOMAS, député (*Champigny-sur-Marne*).

Mon cher ami,

Les Allemands protestent contre la présence à Mourmansk de 35.000 Anglo-Français (?) et demandent au gouvernement russe de prendre toutes mesures pour obtenir d'urgence le réembarquement de ces troupes ennemies installées en territoire russe par violation du traité de Brest. Les bolcheviks attendaient depuis longtemps cette protestation. Ils vont s'efforcer de discuter, de gagner du temps, mais ils sont condamnés à se soumettre dans un délai plus ou moins grand. Ils feront tout pour éviter un conflit avec les Alliés comme avec l'Allemagne, mais pris entre l'enclume et le marteau, leur situation est difficile. Un jour viendra, Trotzky le prévoit justement, où les Allemands menaceront d'utiliser leurs propres forces pour jeter à la mer les contingents alliés, si les événements démontrent que le gouvernement, soit par mauvaise volonté, soit par impuissance, est incapable d'obliger les troupes alliées à quitter la Russie. Malgré toutes les précautions oratoires, malgré tous les commentaires verbaux ajoutés pour moi-même et pour Lockhart à ces notes inévitables, la prose de Tchitchérine va soulever de nouveau l'indignation des représentants alliés. Cette indignation ne tiendra pas compte de la situation misérable d'un gouvernement faible, placé de façon permanente sous la menace d'une agression allemande.

Quelle attitude différente pourrait-il donc adopter ? Et pourquoi adopterait-il une attitude de résistance, alors que les Alliés, malgré les efforts quotidiens de pauvres bougres comme Lockhart et moi, condamnés à paraître suspects aux uns et aux autres, persistent dans leur démonstration hostile et dédaigneuse pour les Soviets et que ceux-ci, au moment même où ils refuseraient de se soumettre aux injonctions allemandes, n'auraient à attendre que des coups de nos gouvernements ?

Si les Alliés, parlant le langage de la raison, exposaient aux bolcheviks que c'est pour eux une question de vie ou de mort, d'intervenir militairement en Russie, que la victoire de l'Entente sera assurée par cette opération, qui permettra de mettre en ligne l'armée japonaise intacte, s'ils montraient que les Empires Centraux s'épuisent dans un suprême effort sur le front occidental, qu'au printemps prochain 2.000.000 d'Américains seront en France, qu'un million de Japonais sera sur l'Oural, s'ils étalaient des buts de guerre rassurants et prouvant que, réellement, ils se battent pour la liberté du monde, s'ils garantissaient que l'intégrité territoriale de la Russie sera sauvegardée, qu'ils ne se mêleront pas aux affaires intérieures russes, qu'ils respecteront le gouvernement que les masses ouvrières et paysannes russes ont choisi, s'ils ajoutaient qu'ils n'obligent pas les bolcheviks à prendre position avant que l'intervention soit amorcée sérieusement et qu'à ce moment le gouvernement maximaliste, ses administrations, ses troupes, trouveraient un abri sûr et inviolable dans les régions occupées par les Alliés, je persiste à croire, malgré toutes les fautes commises, que les bolcheviks, ayant à choisir entre deux maux, choisiraient le moindre, la collaboration avec nous, n'ignorant pas que l'accord avec l'Allemagne signifierait non pas seulement leur honte, mais leur défaite et, en tout état de cause, leur chute.

L'entente sur ces bases était possible en mars et avril. Des pourparlers étaient engagés. Ce n'est pas la faute des bolcheviks qu'ils ont été rompus.

Moscou, le 26 mai 1918.

M. ALBERT THOMAS, député (*Champigny-sur-Marne*).

Mon cher ami;

Les pourparlers de paix ukrano-russe viennent de commencer. L'Allemagne, l'Ukraine et la Russie ont également intérêt à ce qu'ils aboutissent. Pas plus qu'à Brest, les Russes n'ont la force militaire suffisante pour résister. Ils céderont donc, considérant toujours que le but principal de la Révolution est de maintenir réduit, mais debout, le pouvoir des Soviets. Ceci n'empêche pas d'ailleurs les S.-R. de gauche et les bolcheviks ukraniens de continuer la lutte de partisans contre l'envahisseur. J'ai vu, ces jours-ci, un membre de l'ancien gouvernement bolchevik d'Ukraine qui m'a dit l'exaspération soulevée dans son pays par les violences et les rapines allemandes. D'après lui, les révoltes qui éclatent de toutes parts font la vie intenable aux 300.000 soldats austro-allemands employés en Ukraine. Les paysans démobilisés ont emporté chez eux leurs armes et leurs munitions. Des autos blindées et des canons sont cachés dans les bois. Tout ceci permet une résistance sérieuse contre les détachements ennemis, qui n'osent plus guère se risquer dans la campagne qu'en unités assez importantes. A l'entendre, le mouvement s'étendra peu à peu. Il est convaincu que la dure expérience faite par les Allemands en Ukraine est de nature à empêcher les Empires Centraux de suivre les conseils imprudents des partis militaires et pangermanistes et d'envahir la Grande Russie. Il souligne qu'en Ukraine, comme en Finlande, comme sur le Don, les seuls éléments qui combattent l'Allemagne sont les éléments soviétistes. Partout l'aristocratie, la grande et moyenne bourgeoisie des villes et des campagnes se sont aplaties devant le conquérant.

Ce témoignage, après bien d'autres, permet de comprendre la signification des discussions équivoques engagées au Congrès cadet actuellement réuni. Il est de plus en plus évident que ce sont les partis bourgeois qui s'orientent délibérément vers l'Allemagne. La solidarité de classe, l'intérêt personnel font oublier tous les devoirs. Et, à l'exemple de leurs frères ukraniens, les commerçants et les industriels russes retrouvent avec plaisir leurs anciens clients et fournisseurs germaniques auxquels ils étaient unis, avant la guerre, par tant de liens.

Moscou, le 27 mai 1918.

M. Albert THOMAS, député (*Champigny-sur-Marne*).

Mon cher ami,

Un des phénomènes les plus intéressants, les plus rassurants pour l'Entente, révélés par la paix de Brest, est la démonstration de l'épuisemeñt économique des Empires Centraux. Combien de fois avais-je entendu dire en France comme en Russie, que la formidable Allemagne, empêchée dans son commerce d'exportation par notre blocus, continuait sa production industrielle, amenait dans ses magasins des quantités énormes de produits manufacturés, prêts à être lancés à travers le monde, immédiatement après la signature de la paix générale et dont la vente avantageuse permettrait à nos ennemis de reprendre bientôt une place prépondérante sur les marchés les plus lointains et de composer dans une large mesure les sacrifices immenses consentis pendant la guerre. La Russie tout entière espérait qu'en échange de ses céréales et de ses matières premières, elle recevrait d'Allemagne, à des prix raisonnables, d'abondantes fournitures de chaussures, de vêtements, d'instruments aratoires, de produits de toutes sortes. Ce fut une des raisons qui firent accepter plus aisément la paix par un peuple qui souffre affreusement de l'insuffisance de son industrie.

Or, rien, à peu près rien n'est venu d'Allemagne depuis trois mois. C'est donc qu'il n'y a rien, que les stocks miraculeux n'existent pas, que l'Allemagne, comme toutes les nations belligérantes et plus encore que les puissances de l'Entente, a dû tendre toutes ses forces pour la seule production de guerre.

Ceci ne signifie pas que les Allemands ne font pas d'affaires en Russie. D'abord, ils effectuent des achats considérables, achats payables en espèces et non pas en marchandises. D'autre part, ils prennent des commandes, mais sans garantir les délais de livraison, l'exécution des contrats dépendant surtout des matières premières à importer de Russie et qui y resteront après transformation industrielle. Enfin, ils font dénationaliser et reprennent en mains les entreprises qu'ils détenaient avant la guerre. Ils en achètent à fort bon compte quantité d'autres. Les innombrables services ainsi rendus par les capitalistes allemands aux capitalistes russes ne manqueront pas de précipiter les cercles bourgeois vers l'orientation allemande.

Mirbach a trouvé un moyen ingénieux de propagande économique. Il exige la restitution des valeurs contenues dans les coffres-forts loués par les sujets allemands dans les banques, valeurs séquestrées à la déclaration de guerre, puis confisquées par les bolcheviks. Mirbach fait davantage : il présente chaque jour aux Commissariats économiques des listes interminables de valeurs enfermées dans des coffres-forts loués par les Russes, en affirmant que ces valeurs, propriétés d'Allemands, ont été confiées, au moment de la déclaration de guerre, par leurs propriétaires, à des Russes, afin qu'elles fussent sauvegardées et, au nom de ces ressortissants, il en réclame la restitution. Ai-je besoin de dire que ces manœuvres malhonnêtes et habiles, qui ont pour résultat de remettre en possession de leur fortune un certain nombre de Russes qui se croyaient ruinés à jamais, assurent à l'Allemagne la gratitude de nombreuses familles?

On peut prévoir qu'après la signature de la paix avec l'Ukraine, la même manœuvre sera opérée au bénéfice de tous les sujets ukraniens. Or quel est le bourgeois russe qui n'était pas plus ou moins propriétaire en Ukraine (source de toutes les richesses agricoles et industrielles de la Russie) et qui hésitera à se transformer en sujet ukranien, allié de l'Allemagne, pour retrouver son argent ?

Les bolcheviks tentent vainement de résister. Ils comprennent que par ces portes ouvertes, le capital, sur lequel ils pensaient avoir fermé la main, s'évade de toutes parts. Ils seront obligés ou bien de faire rentrer toutes ces valeurs et toutes ces entreprises dans le capital collectif, par un achat onéreux, ou bien, et cette hypothèse est plus vraisemblable dans l'état des finances russes, de supporter à l'intérieur de leur état socialiste, une concurrence capitaliste soutenue par l'Allemagne par les moyens déloyaux qui lui sont familiers, et à laquelle il sera bien difficile aux entreprises collectivistes de résister.

Moscou, le 28 mai 1918.

M. Albert THOMAS, député (*Champigny-sur-Marne*).

Mon cher ami,

Des incidents dont la gravité risque d'être considérable se sont produits entre détachements tchéco-slovaques et soviétistes.

Voici le résumé de cette affaire telle qu'elle m'apparaît, d'après les renseignements que je possède.

Après la paix de Brest, le corps tchéco-slovaque, constitué par 45.000 hommes recrutés parmi les prisonniers de guerre, devait être envoyé sur le front occidental. J'avais obtenu, de Trotzky, l'autorisation du transport sur Vladivostok où ces troupes devaient être embarquées pour la France. 5.000 hommes sont déjà à Vladivostok. 20.000 hommes sont échelonnés entre Omsk à Vladivostok. 20.000 hommes environ se trouvent encore en Russie. Quand la descente japonaise, d'une part, et l'agression des bandes de Semenof, en Sibérie, d'autre part se produisirent, les Soviets arrêtèrent le transport des Tchéco-Slovaques craignant, à cause de l'hostilité manifestée par les Alliés, d'envoyer en Extrême-Orient des troupes susceptibles de se joindre soit aux Japonais, soit à Semenof, ou d'être utilisées par les ennemis des Soviets pour garder le Transsibérien et constituer ainsi l'avant-garde d'une armée alliée dirigée contre le Gouvernement bolchevik. J'eus beau exposer, comme j'en avais la conviction, que le loyalisme des Tchèques à l'égard de la Révolution russe était indiscutable, que ces hommes ne poursuivaient pas d'autre but que celui de délivrer leur patrie opprimée par l'Autriche, qu'ils ne voulaient pas combattre d'autres ennemis que les Empires Centraux, qu'ils avaient toujours refusé de céder aux demandes qui leur avaient été adressées par Kalédine, par Alexéief, par la Rada bourgeoise d'Ukraine, pour lutter contre les bol-

cheviks ; ceux-ci interrompirent le transport sur Vladivostok.
Mais il fut entendu que le Gouvernement permettrait aux
Tchéco-Slovaques de se rendre à Arkhangelsk pour être de là
dirigés sur la France, à condition qu'ils seraient préalablement et partiellement désarmés, et que les Alliés garantissaient l'enlèvement rapide, par bateau, de ces troupes, afin
de ne pas provoquer contre la Russie des ultimatums de l'Allemagne, que cette concentration de troupes inquiéterait.

Cette seconde condition n'avait pas d'abord été posée à
l'époque déjà lointaine où les Soviets espéraient un accomo-
dement possible avec l'Entente et paraissaient disposés à fer-
mer les yeux sur une occupation plus directement menaçante
pour l'Allemagne que pour eux-mêmes. Le désarmement par-
tiel des Tchéco-Slovaques eut lieu, mais d'après les bolcheviks, ces détachements auraient réussi à conserver secrètement un grand nombre d'armes qu'ils utiliseraient actuellement contre les autorités soviétistes. Les échelons encore en
Russie demeurèrent à peu près immobiles pendant des semaines. Trotzky affirme que si l'expédition vers Arkhangelsk
n'a pas été effectuée, c'est que jamais il n'a reçu la réponse
à la question posée par lui au sujet du tonnage anglais qui
devait servir à enlever les Tchèques. A l'heure où j'écris, il
m'est impossible de dire si Trotzky se trompe. Ce que j'affirme, c'est que Trotzky ne m'a jamais menti et que cet homme
remarquable, que les Alliés représentent comme un monstre
de duplicité, me paraît d'ailleurs tout à fait incapable de
commettre un mensonge.

Cette immobilité exaspéra les Tchéco-Slovaques, ardents et
combattifs, condamnés à passer des mois entiers en wagon.
Leur exaspération fut peut-être attisée par certains officiers
russes, de leur Etat-Major. Elle fut évidemment aggravée par
les agitateurs communistes que le Gouvernement envoya auprès d'eux pour les engager à passer dans l'armée rouge. Cette
agitation débaucha à peine quelques centaines de Tchéco-
Slovaques. Plusieurs communistes ne craignaient pas d'affirmer, d'autre part, que jamais le Gouvernement des Soviets
ne permettrait aux Tchéco-Slovaques de gagner Arkhangelsk,
et que ceux qui se refuseraient à entrer dans l'armée rouge,
seraient renvoyés dans les camps de prisonniers. Ces provocations surexcitèrent les Tchèques, auxquels certains des
leurs, de bonne ou de mauvaise foi, affirmèrent que le Gouvernement des Soviets, secrètement allié aux Allemands, se pro-

posait de les livrer à l'ennemi. Dans cet état d'effervescence, il devait suffire d'une étincelle pour allumer l'incendie. L'étincelle jaillit, il y a quelques jours, à Tchéliabinsk. Un soldat tchèque fut tué au cours d'une rixe par un prisonnier magyar. Ses camarades le vengèrent. Les autorités locales étant intervenues, ils massacrèrent plusieurs membres des Soviets et commencèrent immédiatement en divers points (leurs échelons sont dispersés entre Penza et Omsk) les hostilités.

M. Albert THOMAS, député (*Champigny-sur-Marne*).

Mon cher ami,

Les incidents Tchéco-Slovaques ont monté Trotzky à fond contre nous. Il est convaincu qu'il s'agit d'une préparation, d'une répétition générale de l'intervention japonaise en Sibérie, d'un coup monté par les Alliés d'accord avec les contre-révolutionnaires et dirigé par les officiers français qui se trouvent auprès des Tchéco-Slovaques.

Je suis tout à fait sûr qu'il se trompe.

· Si je suis bien renseigné, la Mission Française n'est représentée, près des échelons du corps tchèque, que par deux officiers chargés uniquement de l'administration (nous faisons aux Tchéco-Slovaques l'avance de leurs dépenses) et des rapports avec les autorités soviétistes.

Un de ces officiers est le commandant Guinet, qui me paraît incapable de se mêler à une telle conspiration. L'autre est mon ami le lieutenant Pascal. Si je suis légitimement suspect de sympathie à l'égard du Gouvernement bolchevik, je n'ai pas perdu pourtant tout sens critique, et ma sympathie ne va pas sans réserves. L'admiration de Pascal, catholique tolstoïen, demeurée limitée strictement au domaine spéculatif (Pascal n'a jamais connu aucun bolchevik) pour un mouvement dont il approuve surtout la valeur évangélique, ne le prédispose pas à une action militante contre les Soviets. C'est, en outre, le soldat discipliné et le plus loyal. Je suis bien convaincu que, par soumission aux ordres et par conviction personnelle, il a respecté les instructions de la Mission qui, dans de telles circonstances, ne sont pas certainement de souffler sur le feu, sinon pour l'éteindre. Je dis tout cela à Trotzky. Il est trop évident que la France aurait tout à perdre dans cette aventure déplorable qui doit se terminer, tôt ou tard, par l'écrasement des malheureux révoltés. La seule uti-

21

lisation sérieuse des Tchéco-Slovaques est sur le front occidental, où ils sont attendus avec enthousiasme. La lutte engagée à la frontière sibérienne va faire mourir des soldats russes et des soldats tchèques au seul profit de l'Allemagne.

Si l'affaire est ennuyeuse pour les Alliés, elle est extrêmement dangereuse pour les Soviets. Ils ont en face d'eux 25.000 soldats volontaires, braves, disciplinés. Ils occupent une région où se trouvent beaucoup de prisonniers tchèques qui ne manqueront pas de se joindre à eux. Si la lutte se prolonge, bien des éléments contre-révolutionnaires saisiront cette occasion de commencer une action contre le Gouvernement des Soviets ; pourquoi exposer la jeune armée rouge, mal aguerrie, en pleine constitution, à cette guerre psychologiquement déplaisante ? Enfin, tant que durera la lutte, elle aggravera la crise des transports et de ravitaillement.

Et quel retentissement fâcheux dans les pays alliés, où les faits seront dénaturés et où on n'apercevra pas sans doute d'autres responsabilités que les responsabilités bolcheviques.

Il faut à tout prix arrêter le conflit.

Les conditions posées par Trotzky sont dures, mais acceptables:

Cessation immédiate des hostilités. Désarmement des Tchéco-Slovaques, qui seront transportés sur Arkhangelsk et Mourmansk, à condition qu'ils voyagent sous la responsabilité effective d'officiers alliés, et qu'ils soient enlevés rapidement par des bâtiments anglais. D'autre part, il faut que la France s'engage à faire rentrer en Russie, dans un délai à fixer, d'après les disponibilités de son tonnage, les soldats russes qui se trouvent encore chez nous.

J'expose à Trotzky combien il a été maladroit d'arrêter, il y a trois ou quatre jours, le président et le vice-président du Conseil National tchéco-slovaque, Chermak et le professeur Maxa, qui sont désolés de cet incident, qui ont beaucoup d'influence sur leurs troupes et seront d'excellents agents conciliateurs. Sur autorisation de Trotzky, je cours à la prison. J'emmène Maxa au poste télégraphique central où nous nous mettons en communication, par fil direct, avec Omsk et les autres stations où se trouvent les détachements tchéco-slovaques. Maxa reconnaît que, s'ils ont beaucoup d'excuses, les Tchèques ont commis des fautes qui nécessitent réparation. Il est convaincu qu'il faut en terminer très vite avec cette affaire. Il accepte l'ensemble des conditions posées par 'Trotzky, et télégraphie dans ce sens.

Mais les Tchéco-Slovaques ajouteront-ils foi à ces télégrammes qui peuvent être faussés ? Il est nécessaire d'aller sur place et de causer. Je demande à Trotzky d'envoyer, sur le nouveau front, une commission composée par les soviétistes, par Maxa et les officiers alliés. Trotzky accepte immédiatement. La commission mixte partira ce soir pour Penza.

M. ALBERT THOMAS, député (*Champigny-sur-Marne*).

Mon cher ami,

Stiéklov, directeur des *Izvestia* est, je ne sais vraiment pourquoi, très suspect d'ententophobie. Je le vois constamment depuis six mois. Il a vécu longtemps en France, et parle toujours avec la plus vive admiration et la plus sincère affection de notre pays. Je l'ai vu fréquemment, alors qu'on pouvait craindre une rupture entre l'Entente et les Soviets, abîmé par la douleur, à la pensée d'une lutte où seraient aux prises le peuple de France et le peuple russe.

Il m'annonce aujourd'hui que le C. C. E. a adopté, hier, le principe de la conscription obligatoire. Il est infiniment heureux de cette décision. Depuis plusieurs mois, il travaillait inlassablement pour démontrer que le recrutement volontaire ne pouvait être qu'une mesure transitoire, qu'une armée démocratique doit être constituée par toutes les forces de la nation, que la double défense de la révolution et de la patrie exige la participation de tous les ouvriers et paysans au devoir militaire. Stiéklov a donc raison de se réjouir. Avec Riazanov, président du Soviet professionnel de Pétrograd, homme de grand cœur et d'esprit très large, avec quelques autres encore, il coopère habilement à ce résultat ardemment souhaité depuis longtemps, mais qui se heurtait à la très vive opposition de la majorité.

C'est aujourd'hui un fait accompli. En principe, au moins, l'armée rouge, si Dieu et les Allemands lui prêtent vie, peut devenir une grande armée. Je dis en principe car je continue à penser que, livrés à leurs propres forces et aux éléments militaires peu sûrs mêlés à eux, les bolcheviks erreront longtemps avant d'aboutir à des résultats pratiques considérables. Plus que jamais, aujourd'hui, je regrette que nous n'ayons pas su comprendre en temps opportun quelle besogne féconde nous pouvions accomplir sur le terrain militaire à côté des bolcheviks. Pourquoi continuons-nous à douter de la bonne foi et de la bonne volonté d'hommes comme Trotzky ? Il est évident qu'ils ne poursuivent pas exactement les mêmes buts que les Alliés. Mais il est certain aussi qu'un jour ou l'autre, dès qu'ils en auront la force, et ils l'auraient très rapidement, si nous les secourions, ils se dresseront contre l'impérialisme allemand qui, seul, actuellement encore, les opprime et les menace directement.

M. ALBERT THOMAS, député (*Champigny-sur-Marne*).

Mon cher ami,

L'opposition s'agite. Des émeutes locales renversent les autorités soviétistes, les massacrent. A Saratov, une émeute de cette espèce vient de se produire. Dans l'Oural Doutov. Sur le Don Krasnov. A la frontière sibérienne les Tchéco-Slovaques. En liaison plus ou moins directe avec ces mouvements, on vient de découvrir, à Moscou, un complot anarchiste où seraient compromis plusieurs centaines d'officiers.

Quelle est la signification de tout cela ? Evidemment que tous les adversaires du Gouvernement mettent à profit le mécontentement des masses populaires, irritées par la famine et par le chômage.

Parviendront-ils à renverser le Gouvernement à brève échéance ? Je ne le crois pas plus aujourd'hui qu'hier. J'écrivais, il y a deux mois, que sans l'appui des armes allemandes, l'opposition n'avait aucune chance de mettre à bas le bolchevisme. J'ai développé, le mois dernier, les raisons pour lesquelles je croyais que les Allemands hésiteraient pendant longtemps à intervenir politiquement en Russie.

Une fois de plus, les événements ont justifié mon opinion, contraire une fois de plus aux prophéties officielles. Je persiste à croire, d'une part, que l'opposition ne réussira rien sans l'Allemagne et, d'autre part, que l'Allemagne est de moins en moins disposée à leur fournir l'appui direct militaire qui assurerait seul leur victoire.

Certes les masses populaires sont mécontentes pour les raisons économiques que j'indiquais tout à l'heure, et aussi parce que, pour la première fois depuis la révolution, la liberté individuelle de chaque citoyen est violentée par les actes énergiques, jusqu'à la brutalité, d'un Gouvernement qui gouverne révolutionnairement. Le paysan russe, libertaire jusqu'au fond de l'âme, malgré ou à cause de siècles de servitude, avait vécu l'année 1917 dans un état de douce anarchie qui plaisait infiniment à cet ennemi des lois. La décentralisation à outrance, réalisée d'abord par les bolcheviks, avait développé en lui l'illusion qu'il ne serait jamais plus gouverné. Depuis quelques mois, les bolcheviks recentralisent avec une vigueur enthousiaste. Les réglementations, les restrictions, les décrets prohibitifs s'accumulent. Cependant, malgré son amertume, le paysan ne paraît pas être disposé encore à renverser les Soviets qui continuent à représenter, à ses yeux, le pouvoir du prolétariat, son pouvoir. Sa pensée simpliste est résumée assez exactement, me semble-t-il, par la formule qu'employait récemment devant moi un moujik d'Ukraine, auquel une expérience récente avait montré ce qu'on peut attendre d'un renversement des bolcheviks : « Le Pouvoir des Soviets a bien des défauts, c'est vrai, mais c'est notre véritable Gouvernement. Il nous a donné la paix. Il nous a donné la terre. Il a mis le petit père en prison. Si les Soviets sont renversés, le Tzar sortira de prison et remontera sur le trône, la guerre recommencera, la terre nous sera reprise et nous serons fouettés par les propriétaires ».

Quiconque voudrait connaître la vérité sur les sentiments profonds du peuple russe, quiconque voudrait échapper aux doléances spéculatives et renoncer à croire sans contrôle aux espérances chimériques des classes dirigeantes dépossédées, quiconque interrogerait, comme je le fais chaque jour, les éléments actifs de la classe ouvrière et paysanne, se convaincrait aisément de la stabilité relative du pouvoir des Soviets. On aime recueillir des informations, plus conformes aux désirs alliés, chez les industriels, les financiers, les fonctionnaires, les intellectuels, profondément lésés dans leurs intérêts, dans leurs habitudes, dans leur bien-être, dans leur sécurité, dans leur délicatesse, par la brutalité des procédés employés par les bolcheviks et par les bouleversements de toute nature qui les accablent à la fois. Toutes ces catégories sociales, estimables et intéressantes, constituent peut-être en temps de paix la classe dirigeante, l'élite et la tête de la Nation. Elles ne composent dans un peuple en révolution prolétarienne qu'une minorité infinitésimale, dont la volonté ne peut pas exercer une action décisive immédiate sur les destinées d'un monde en ébullition. Si raisonnables qu'elles soient, et même parce que, dans une période passionnelle, elles sont trop purement raisonnables, les opinions exprimées par cette minorité sont aux antipodes de la réalité historique.

Il n'est pas d'ailleurs moins dangereux de former un jugement, comme on le fait en Occident, d'après les récits, les hypothèses, les prophéties, toujours démenties par les faits depuis un an, constamment répétées pourtant par les différentes couches d'émigrés qui ont été chassés successivement de Russie par la Révolution cadette, par la Révolution socialiste, par la Révolution bolchevique.

En France, en Angleterre, partout, l'opinion publique est informée surtout par ces réfugiés, qui sont aussi peu aptes à comprendre et à faire comprendre les événements russes, que les ci-devant Français émigrés en Angleterre, en France et en Russie, étaient aptes à comprendre et à faire comprendre les phénomènes aussi catastrophiques et troublants de notre grande Révolution, la seule qui avec la Révolution bolchevique, ait jamais revêtu un caractère international, également inquiétant, par conséquent, pour tous les gouvernements européens.

Quel dommage que Clemenceau, Lloyd George et Wilson, trois hommes également animés, malgré des cultures diverses, par l'esprit révolutionnaire, et capables de percevoir la leçon dégagée par ces chaotiques bouleversements, n'aient pas pu, il y a six mois, venir passer huit jours à Pétrograd! Quelques conversations avec Lénine et Trotzky leur eussent sans doute ouvert les yeux. Je doute qu'ils aient été conquis par l'idéologie bolchevique. Du moins, ils en auraient saisi ce qui pouvait s'accorder avec leur philosophie personnelle. Ils se seraient renseignés eux-mêmes. Or, jusqu'ici, ils n'ont jamais été renseignés.

M. Albert THOMAS, député (*Champigny-sur-Marne*).

Mon cher ami,

Lénine et Trotzky paraissent sur le point de modifier à nouveau la ligne générale de leur politique intérieure. Depuis plus de trois mois, je me suis attaché à montrer leurs tendances de plus en plus accentuées dans les faits plutôt que dans les formes à se rapprocher des éléments bourgeois, intellectuels, techniciens, capitalistes. L'expérience avait prouvé la nécessité de cette collaboration pour laquelle j'avais prêché de mon mieux. Le pouvoir des Soviets, exclusivement appuyé sur les prolétaires, a manifesté avec éclat sa puissance de destruction et son insuffisance dans le travail créateur. Il était donc amené, par la logique des choses, à tenter l'application de la formule qu'employait devant moi Trotzky dès le 26 octobre : « Les bras des travailleurs sont nécessaires et suffisants pour arracher le pouvoir aux mains des possédants. Mais pour maintenir le gouvernement du Peuple, ils devront faire appel aux cerveaux ! »

Dans un organisme aussi complexe, aussi délicat qu'une société moderne, toutes les forces actives doivent être employées au maximum. La grève des bras croisés, obstinément menée par la bourgeoisie, s'est révélée à peu près aussi formidable qu'aurait pu l'être la grève générale, l'immobilité des travailleurs manuels.

. On a donc fait appel aux cerveaux. Mais les cerveaux n'ont pas entendu. La plupart des bourgeois auxquels on s'adressait ont continué le boycottage de la révolution bolchevique. Un grand nombre de ceux qui étaient entrés dans les organisations des Soviets, soit parce qu'ils étaient tentés par l'appât de hautes situations que leur valeur personnelle ne leur avait pas permis d'atteindre sous l'ancien régime, soit parce qu'ils cherchaient simplement à ne pas mourir de faim, ont montré une mauvaise volonté inlassable, quand ils n'ont pas ouvertement saboté.

Les soviétistes, en faisant par nécessité le geste d'apaisement, espéraient d'autre part rassurer les Alliés et les entrainer dans la voie d'une collaboration économique profitable aux uns et aux autres. De même ils avaient compté sur les militaires français pour la réorganisation de l'armée, ils comptaient sur les Américains pour la remise en état de leurs voies ferrées, livraison de locomotives et de wagons, envoi d'ingénieurs qui prendraient en mains la direction des transports, qui sauraient, disait aimablement Trotzky, en ma présence, à un représentant des Etats-Unis, «donner à la cireu lation des trains la précision d'une montre bien réglée». Ils comptaient également sur les autres pays de l'Entente pour établir des échanges de matières premières, de produits fabriqués, sur nos capitalistes et sur nos techniciens·pour le rétablissement de la vie économique générale.

Ces grandes espérances ont été déçues. Est-ce la faute des bolcheviks, ainsi que l'affirment les ententistes, mêlés aux pourparlers engagés avec les Commissariats économiques, et qui soutiennent que visiblement le pouvoir des Soviets n'a rien fait, par incompétence et mauvaise volonté, pour réaliser ce fécond programme de collaboration?

Est-ce la faute des représentants de l'Entente, comme le prétendent les bolcheviks, représentants insuffisants en qualité et quantité, représentants individuels et non officiels exigeant beaucoup et ne promettant rien ? Est-ce que les bolcheviks n'avaient pas de justes raisons d'accueillir sous toutes réserves les vagues protestations amicales de nos techniciens, alors qu'ils constataient, sur le terrain économique comme sur le terrain politique, l'hostilité persistante de nos gouvernements, leur volonté apparente de laisser tomber, sinon d'abattre, le pouvoir insurrectionnel, leurs préparatifs d'intervention armée organisée en dehors du gouvernement russe et, par conséquent, contre lui ?

En fait, la politique de rapprochement économique des classes à l'intérieur a échoué comme a échoué la politique de collaboration économique et militaire avec l'Entente.

Cette politique, sans doute mal conduite par les Soviets, certainement combattue par l'ensemble de la bourgeoisie, mal soutenue par les puissances de l'Entente, qui n'avaient pas et ne voulaient pas avoir confiance et qui n'ont jamais manifesté l'énergie et la foi indispensable au succès, a fait faillite.

Politiquement elle était dangereuse pour les maximalistes. Elle les obligeait à sacrifier à cette espérance, à atténuer tout au moins le principe de la lutte de classes qui a fait leur force avant de constituer leur faiblesse. Elle fournissait d'arguments et renforçait l'opposition des S.-R. de gauche, de la minorité bolchevique intransigeante et des anarchistes.

Les événements ont montré que loin d'attirer la bourgeoisie, cette expérience l'a enfoncée davantage dans une attitude hostile en lui démontrant sa puissance : « Si les bolcheviks nous font de telles avances, dirent les bourgeois, c'est qu'ils comprennent qu'il leur est impossible de se passer de nous, c'est que sans nous, la machine sociale se détraque. Pourquoi accepterions-nous sottement de prolonger l'existence de ces ennemis qui ne sollicitent notre collaboration provisoire qu'afin de s'affermir et qui nous préviennent loyalement d'ailleurs qu'ils nous écraseront définitivement, lorsque grâce à l'appui que nous leur aurons ingénument prêté, ils auront acquis la force qui leur manque encore aujourd'hui. Puisque notre abstention est mortelle pour les bolcheviks, abstenons-nous jusqu'à leur mort! »

La tactique persuasive ayant échoué, le pouvoir des Soviets va reprendre la manière forte. Mais le problème n'est pas résolu et il est angoissant pour le gouvernement, pour la Russie et pour l'Entente.

M. Albert THOMAS, député (*Champigny-sur-Marne*).

Mon cher ami,

Je reviens aujourd'hui sur la question si grave des relations commerciales de la Russie avec les pays étrangers. Entre les pays de l'Entente et la Russie, spécialement entre la France et la Russie, ces relations sont inexistantes.

La raison en est bien simple. La plupart des commerçants et des industriels francais non mobilisés, demeurés en Russie pendant la guerre, ont regagné la France depuis la Révolution d'octobre. Les rares personnalités demeurées à leur poste sont réduites à l'inactivité à cause du marasme des affaires, de l'état de leurs entreprises particulières livrées par les décrets maximalistes aux comités ouvriers, à cause surtout, me semble-t-il, de l'indifférence des représentants diplomatiques de la France, qui boudent le pouvoir des Soviets ou qui sont incapables, lorsqu'ils ont plus d'intelligence et plus de bonne volonté, d'aider sérieusement nos compatriotes parce qu'ils n'ont ni le temps ni la compétence indispensable pour agir.

D'autre part, de plus en plus, par application du programme socialiste, ce sont des organisations collectives, de villes, de régions ou d'Etat qui prennent en main l'exploitation des établissements commerciaux et industriels confisqués et mis à la disposition des travailleurs. Des réclamations contre les réquisitions abusives, des relations d'affaires avec les établissements confisqués, ne pourraient être utilement engagées que par des organismes de même esprit et de même puissance sinon de même essence. Comment ne comprend-on pas qu'un commerçant, étranger, isolé, n'a ni l'autorité ni la force suffisante pour protester, pour compromettre ou pour traiter?

Dans cette immense Russie où sont engloutis des dizaines de milliards francais, comment n'a-t-on pas compris encore la nécessité d'envoyer une mission économique considérable par le nombre et par la personnalité de ses membres, ayant le droit de parler au nom de l'Etat français ou de syndicats industriels importants, capables de prendre en mains tous nos intérêts, généraux et individuels, lamentablement abandonnés depuis huit mois, de les défendre, d'engager des négociations, de passer des contrats avec les administrations économiques, etc....? Il est inconcevable qu'une telle mission ne soit pas installée ici depuis longtemps, qu'elle ne travaille pas d'après des instructions générales établies par le gouvernement après consultation des milieux commerçants et industriels intéressés.

Pour le moment, il n'y a rien.

De ci, de là, à Pétrograd, à Moscou, dans le Sud, quelques francs-tireurs, pleins de courage et d'entrain, pour la plupart mal préparés à cette besogne, partent individuellement à la conquête économique de l'énorme Russie. Livrés à leur faiblesse, rebutés par les expériences presque toujours malheureuses, ils se découragent vite et on ne peut pas leur en vouloir.

M. ALBERT THOMAS, député (*Champigny-sur-Marne*).

Mon cher ami,

Pendant que nous laissons disparaître l'un après l'autre, avec une indifférence stoïque, les milliards trop nombreux immobilisés ici par notre pays, l'ennemi établit méthodiquement avec une ténacité habile, avec des moyens techniques et financiers puissants, un réseau serré d'organisations commerciales officielles qui couvre peu à peu tout le territoire et assureront à l'Allemagne, quel que soit du reste le résultat de la guerre, des relations d'affaires fructueuses avec la Russie.

Les services spéciaux de l'ambassade Mirbach, les commissions commerciales, créées pour assurer l'application des clauses du traité de Brest, travaillent activement suivant un plan bien conçu, en sachant s'adapter aux circonstances.

Tous ces organismes, bourrés de sommités commerciales, industrielles austro-allemandes, multiplient les avances, les propositions, les promesses les plus séduisantes aux administrations soviétistes avec lesquelles elles entretiennent des rapports permanents.

Les bolcheviks voient grand en matière économique comme en toute autre. Les Allemands font des efforts heureux pour s'accommoder au moins provisoirement à une idéologie si contraire à leurs tendances. S'ils s'indignent de ces entorses violentes données aux principes de l'économie politique bourgeoise, ils ont la sagesse de ne pas extérioriser leur indignation. Ils se montrent enchantés, et comment ne le seraient-ils pas, de la largeur des vues théoriques et plus encore de l'inexpérience pratique de la plupart de leurs contradicteurs. Comme la plupart des socialistes, les bolcheviks, savants en outre comme le sont les intellectuels russes, appuyés d'autre part par les techniciens bourgeois qu'ils ont fait pénétrer dans le Conseil supérieur de l'économie nationale, connaissent à merveille les questions économiques. Ils savent que la Russie est en retard de 50 ans sur les grandes puissances occidentales au point de vue de son développement industriel, qu'elle manque de main-d'œuvre, de machines, de techniciens, et qu'elle ne pourra être mise en valeur qu'avec l'aide de capitaux et des spécialistes étrangers.

Pour réaliser ce programme grandiose, ils comptaient faire largement appel à toutes les nations, France, Angleterre, Allemagne, Amérique, établir entre elles une concurrence dont la Russie bénéficierait et qui interdirait à l'une quelconque de ces nations d'établir sur leur pays une hégémonie économique asservissante et qu'ils mettraient rapidement en état de dépendance politique.

Les puissances de l'Entente, n'ayant pas voulu comprendre le profit qu'elles pouvaient tirer d'une participation à l'exécution de ce programme, les bolcheviks se résignent provisoirement à traiter avec l'Allemagne seule. Débarrassée sans lutte de ses rivaux, l'Allemagne entend bien se tailler la part du lion. Déjà on parle de concessions énormes pour la construction des chemins de fer, pour l'extraction du naphte, des minerais de charbon, de fer, d'or, etc....

Et nous laissons faire tout cela.

M. Albert THOMAS, député (*Champigny-sur-Marne*).

Mon cher ami,

Des bolcheviks auxquels je reproche souvent les maladres-
ses, les erreurs commises, la violence excessive des attaques
incessamment lancées contre les Alliés, me répondent régulièrement par le réquisitoire dont je résume ici les arguments
essentiels :

« Nous persistons à avoir confiance en votre bonne foi
personnelle, mais faisant précisément appel à votre indiscutable bonne foi, nous vous demandons d'admettre que vos
éternelles tentatives de conciliation, si bien intentionné que
vous ayiez été, ne peuvent plus être écoutées par nous.

« Depuis huit mois, sans tenir compte des manifestations
d'hostilité hypocrites ou avouées multipliées par l'Entente
contre les bolcheviks, vous n'avez pas cessé de nous affirmer
qu'une amélioration certaine de nos rapports avec les Alliés,
qu'une entente locale et prochaine se produirait.

« Les faits brutaux ont constamment démenti, détruit les
illusions que vous aviez entretenues en nous et sans lesquelles
sans doute nous aurions adopté à l'égard de l'Entente une
attitude plus énergique qui peut-être les eût enfin amenés à
une conception différente et plus saine de la réalité et les eût
contraints à composer.

« Les Alliés nous ont inlassablement injurié, discrédité, attaqué. Ils ont suscité ou encouragé successivement nos adversaires politiques, Kerensky, Kalédine, Alexéiev, les cosaques,
les Polonais, la Rada bourgeoise d'Ukraine, les gardes-blancs
de Sibérie, tous les contre-révolutionnaires. Leur assistance
n'a pas permis aux ennemis de l'intérieur de nous vaincre
parce que nous représentions alors comme nous les représen-
tons aujourd'hui, les masses militantes du peuple russe.

« Les Alliés n'ont pas réussi à nous renverser, mais par
leur action imbécile, ils ont prolongé indéfiniment la guerre
civile et ils ont ainsi puissamment concouru à aggraver la

désorganisation des transports, la crise du ravitaillement et l'anarchie. Les efforts prodigieux que le gouvernement a dû faire en tous sens à la fois, contre ceux que vous souteniez et qui, sans votre appui n'auraient osé entamer la lutte ou qui, réduits à leur faiblesse, auraient été promptement brisés, ont épuisé le pouvoir des Soviets, c'est-à-dire en fin de compte la Russie tout entière.

« Les Alliés, par peur et par haine du bolchevisme, ont appuyé de la même manière les industriels, les banquiers, les fonctionnaires qui sabotaient. Vous n'avez pas obtenu davantage sur le terrain économique que sur le terrain politique et, là encore, en suscitant ou en encourageant des manœuvres qui accentuaient la désorganisation générale, vous avez travaillé contre la nation tout entière et contre vous-même.

« Fidèles à leur tactique, les Alliés, en même temps qu'ils soutenaient tous nos adversaires du dedans, rejetaient dédaigneusement toute collaboration, si mince qu'elle fût, avec nous contre les adversaires du dehors, contre les Empires Centraux, dont ils ont ainsi admirablement fait le jeu.

« A deux reprises, il parut que les Alliés, constatant la solidité du gouvernement des Soviets, comprenant enfin la nécessité de collaborer au moins pour la réorganisation militaire que nous tentions dans les circonstances les plus difficiles, allaient adopter une politique plus réaliste et plus loyale. Fin février, à la veille de la signature du traité de Brest, sous la menace de la brusque offensive allemande vers Pétrograd, la mission française, à votre instigation, parut disposée à mettre à la disposition de Trotzky un certain nombre d'officiers et de soldats pour organiser la destruction des voies ferrées et des routes, pour rassembler et encadrer des détachements de défense de la capitale. Cette tardive proposition d'entente n'était évidemment qu'une feinte. En fait, un ou deux officiers et quelques ingénieurs composèrent le seul contingent mis à la disposition de nos militaires. De quelle utilité pouvait nous être ce misérable secours et comment vos chefs, professionnels avertis, devaient-ils espérer nous permettre ainsi d'arrêter l'avance de l'ennemi ?

« A la fin du mois de mars, après la ratification du traité, que tous avaient subi la mort dans l'âme, avec la volonté secrète de déchirer ce chiffon honteux dès qu'un peu de forces nous serait venu, quand Trotzky, placé à la tête du Commissariat de la Guerre, commença, avec la vigueur que vous lui

connaissez, la réorganisation de l'armée, sur votre interven_
tion encore, il fit appel aux Alliés.

« Il fut entendu qu'un premier groupe de 40 officiers fran
çais coopérerait immédiatement à cette besogne de défense
nationale et qu'ensuite un lot plus important de spécialistes
viendrait appuyer nos efforts. En fait, Trotzky ne vit jamais
que trois ou quatre de vos camarades. Malgré les réclamations,.
les autres qui avaient été formellement demandés et promis,
ne parurent jamais au Commissariat. Et dès les premiers jours
d'avril, la poignée d'officiers français mis à notre disposition
se désintéressa visiblement de la besogne pour laquelle ils.
avaient été conviés. Cette mauvaise volonté éclatante avait
été déterminée sans doute par les ordres venus de Vologda, où
M. Noulens, après son exil volontaire en Finlande, s'était installé.

« De même, à la suite du retour de M. Noulens, l'importante
mission technique que les Américains nous avaient offerte
pour la réorganisation des voies ferrées et qui déjà avait été
mise en route vers Moscou s'immobilisa brusquement, rentra
à Vladivostok. Nous n'en avons plus jamais entendu parler.

« Durant la même période, Robins, Lockhart et vous-même,
ayant exposé que l'Entente était condamnée, pour s'assurer
une victoire plus rapide, à reconstituer un front oriental,
nous avons consenti à discuter avec les Alliés les modalités
d'une intervention militaire sur notre territoire, en réservant
d'ailleurs notre acquiescement définitif à ce projet inquiétant
et qui ne devait être en tout cas réalisé qu'après accord complet avec nous. Sur les conditions de principe proposées par
les Soviets à tous les Alliés, des pourparlers furent engagés
entre les Commissaires du Peuple et l'Angleterre. Ils auraient
abouti sans doute heureusement si la fameuse interview de
M. Noulens excusant la descente japonaise, laissant prévoir
une intervention plus importante à bref délai et ne contenant
pas un mot de sympathie ou de déférence à l'égard de notre
gouvernement, n'avait fait clairement comprendre à tous,
Alliés et Russes, que l'Entente n'était pas sérieusement disposée à réaliser un accord, mais cherchait seulement à gagner
du temps. Cette impression fut confirmée par le silence dédaigneux qu'opposa le ministère français à la demande de rappel
de son ambassadeur.

« Cependant, nous ne renoncions pas, malgré tant de déceptions, à manifester notre bonne volonté. Nous avions ac-

cepté de vous laisser enlever une partie importante des stocks de guerre emmagasinés à Arkhangelsk. Nous fermions les yeux sur les préparatifs militaires que vous faisiez pour organiser la défense des ports de la mer Blanche. Les Comités sovié-tistes locaux avant manifesté leur inquiétude et demandé des ordres à Moscou, les Commissaires du Peuple avaient con-seillé la collaboration avec les Alliés. Vous le savez, nous n'avons changé d'attitude qu'au moment où nous avons acquis la certitude que cette organisation de Mourmansk et d'Arkhan-gelsk n'était pas accomplie seulement contre les Finlandais et les Allemands, que vous cherchiez à grouper dans cette région soumise à votre influence, grâce à notre complaisance ingénue, des éléments contre-révolutionnaires russes, évidem-ment déterminés, non pas à soutenir le pouvoir des Soviets, mais à l'abattre.

« Jamais vous ne nous avez tendu la main. Jamais vous n'avez pris sincèrement la main que nous tendions vers vous. Toujours vous nous avez combattus !

« Actuellement, malgré les protestations hypocrites répé-tées par vos représentants, exposés à nos représailles, con-damnés à la prudence et décidés à prolonger nos illusions sur la réalité de votre hostilité, il n'y a pas un Russe qui ne soit convaincu de votre connivence avec les Tchéco-Slovaques, dès aujourd'hui alliés plus ou moins ouvertement à la contre-révolution. Si nous conservions quelques doutes, il suffirait de lire les extraits de la presse anglo-française acclamant avec enthousiasme l'action soi-disant libératrice entreprise par les Tchèques contre les Soviets, pour que tous ces doutes fussent dissipés.

« Après avoir affirmé ainsi par tous vos actes votre volonté impitoyable de ne nous secourir jamais et de marcher contre nous dès le moment où vous aurez réuni des forces suffisantes, comment osez-vous feindre de vous indigner contre la mé-fiance, contre l'hostilité que nous vous témoignons aujour-d'hui, comment osez-vous flétrir notre duplicité? Il est avéré désormais que la politique de rapprochement, de collabora-tion loyale préconisée d'abord par vous, puis par Lockhart et Robins a fait irrémédiablement fiasco. Robins a compris l'inu-tilité de ses efforts et a regagné les Etats-Unis. Le pauvre Lockhart est rentré sous sa tente. Et vous-même ? »

Moi, je suis désespéré.

M. Albert THOMAS, député (*Champigny-sur-Marne*).

Mon cher ami,

Trotzky m'annonce ce matin le débarquement à Mourmansk de deux mille soldats anglais. Dès qu'ils ont eu connaissance de ce débarquement, les Allemands (j'ai rencontré dans l'antichambre de Trotzky trois attachés d'ambassade) ont demandé au gouvernement des Soviets s'il entendait s'opposer par la force à une opération militaire évidemment contraire au traité de Brest. Ils ont proposé immédiatement leur concours, qui a été refusé. Mais nos ennemis n'ont pas caché qu'ils se réservaient le droit d'intervenir aux côtés des troupes soviétistes et au besoin contre elles s'il apparaissait soit qu'il y ait accord tacite entre les bolcheviks et l'Entente, soit que l'armée rouge fût incapable de jeter les Alliés à la mer.

Bien que le débarquement fût prévu par lui depuis longtemps, Trotzky manifesta une mauvaise humeur excusable. Il me dit que le Conseil des Commissaires du Peuple a envisagé déjà l'éventualité d'un ultimatum puis, à bref délai, si l'ultimatum n'a pas de succès, d'une déclaration de guerre à la France et à l'Angleterre.

Je pose une mince question, intéressante seulement pour les intéressés. Quel serait, en cas de déclaration de guerre, le sort des missions alliées ? Trotzky ayant constaté, au cours de la conversation, que la Russie est en fait en état de guerre avec les Empires Centraux, je remarque que les hostilités continuant entre les Austro-Allemands et les soviétistes sur les fronts d'Ukraine et du Sud, n'ont pas interrompu les relations diplomatiques. Il n'y aurait pas plus de raisons d'inquiéter les représentants de l'Entente que l'ambassade d'Allemagne et sa suite, quelle que soit dans l'avenir la tension de nos rapports. Trotzky me répond en souriant que les Commissaires du Peuple n'ont pas encore agité cette question évidemment secondaire à leurs yeux.

Il eût été facile, il serait encore possible, à mon avis, de déterminer le Gouvernement à subir l'intervention (si elle est vraiment résolue et inévitable) en nous engageant de bonne foi à ne pas combattre les Soviets et à leur prêter main-forte, non pas contre la contre-révolution, c'est affaire à eux seuls de lutter contre elle, mais contre l'Allemagne, le jour où les bolcheviks, coincés entre les deux groupes belligérants, seront obligés de prendre parti.

A-t-on compris enfin, à Paris et ailleurs, qu'une seule intervention serait efficace : la grande intervention anglo-francojaponaise, qu'il est inutile et dangereux de menacer sans agir, et de trompetter orgueilleusement l'intervention avant que le Japon et les Etats-Unis se soient mis d'accord. Notre attitude fanfaronne augmente l'hostilité des bolcheviks, beaucoup plus que leurs inquiétudes. Leur politique extrêmement habile, malgré sa grossièreté apparente, se dessine plus nettement chaque jour.

La France et l'Angleterre, absorbées par le front occidental, ne pourront pas, avant longtemps sans doute, employer dans la région de la Mer Blanche beaucoup plus que les deux ou trois divisions indispensables pour tenir — sans plus — ce coin de terre glaciale. La menace qui pèse de ce côté, sur les Soviets, est donc d'une portée relative.

Un péril mortel, au contraire, serait constitué par l'apparition prochaine de quelques divisions japonaises venant ravitailler et appuyer les Tchéco-Slovaques, mettre la main sur le transsibérien et préparer la voie aux sept ou huit corps d'armée qui, établissant, d'une part, la liaison avec les Anglo-Français, auraient, d'autre part, pour mission principale d'occuper le bassin de la Volga et d'aimanter, vers cette région, une quantité au moins considérable d'unités austro-allemandes.

Les bolcheviks doivent donc, coûte que coûte, c'est-à-dire au prix de concessions suffisantes, écarter l'intervention japonaise. Ils savent que les Etats-Unis subiront, la mort dans l'âme, l'entrée d'une armée japonaise en Sibérie, d'où aucune puissance russe ou ententiste ne serait en état de les chasser ensuite. Les prétentions économiques des Etats-Unis pour la Sibérie sont indéniables et paraissent inconciliables avec les visées japonaises. Wilson laissera-t-il les Japonais s'installer en maîtres dans ce riche domaine, dont la possession assure-

rait leur hégémonie en Extrême-Orient et ferait écrouler tous
les beaux rêves caressés par les capitalistes américains ?
Enregistrant l'hostilité jusqu'ici irréductible de la France
et de l'Angleterre, les bolcheviks sont sur le point de leur tourner le dos. Mais ils feront tous leurs efforts pour demeurer
en bons termes avec les Etats-Unis, pour exaspérer leurs inquiétudes et les opposer de plus en plus au Japon. Au besoin,
ils amorceront Washington par la promesse ou par l'octroi
d'avantages de toute nature. En même temps, ils diront, ils
disent déjà, à Tokio : « Les Alliés veulent vous entraîner dans
une entreprise difficile, sanglante, aléatoire. Vous y passerez
le doigt, puis la main et bientôt le corps entier sera pris dans
l'engrenage. En cas de défaite ou de demi-victoire, peu de
choses à espérer pour vous. En cas de victoire, les Etats-Unis
et l'Angleterre s'entendront avec l'Allemagne pour réduire
votre récompense au minimum. Nous sommes prêts à vous
donner pacifiquement et gratuitement ce que les Alliés vous
refuseraient après une intervention militaire coûteuse : le contrôle des voies ferrées construites ou à construire, l'exploitation de terres à riz et de pêcheries, les concessions minières
indispensables à votre industrie ».
Peut-on penser sérieusement, à Paris et à Londres, que si
ce langage est tenu aux hommes d'Etat réalistes de Tokio,
il ne sera pas écouté avec attention ? Ignore-t-on, d'autre part,
l'effort gigantesque que le Japon accomplit en Chine pour y
établir sa prépondérance, les ressources financières et les réserves militaires qu'une telle entreprise exige pour être menée à bonne fin ? Et suppose-t-on que le Japon ait les jarrets
et le cœur assez solides pour courir à la fois deux lièvres
aussi vigoureux que la Sibérie et la Chine ?
Je ne connais aucun secret d'Etat sinon ceux que laissent
échapper volontairement les ministres bolcheviks. Il est possible que mon pessimisme soit ridicule, que d'ores et déjà
l'Entente ait l'assurance que le Japon interviendra largement,
que cette intervention ne sera pas seulement un prétexte à
l'occupation de la Sibérie, au seul profit des Japonais, qu'elle
sera non pas anti-russe, mais anti-allemande, et s'étendra
jusqu'à la Volga.
Mais je demande à voir avant de croire.
Et même, si cette intervention est certaine, pourquoi ne
pas tenter de la réaliser en accord avec les bolcheviks ?
Pourquoi opposer tant de dédain à ce gouvernement qui a

manifesté, de façon éclatante, sa force depuis huit mois ? Pourquoi nous obstiner à entendre, à l'exclusion de toutes autres, les voix des mécontents, des impuissants, des représentants de ces partis en désarroi qui, portés au pouvoir par la grâce des masses populaires ont été incapables, de février à octobre 1917, de réaliser quoi que ce soit pour les masses populaires ou pour l'Entente, qui ont été balayés en quelques heures et qui, depuis octobre, n'ont su que persévérer dans leur action négative et néfaste, sabotant la révolution, la Russie et les Alliés, passant au besoin au service de l'Allemagne.

Quels insensés sont ceux qui pensent que les troupes alliées envahissant la Russie et, chassant devant elles les troupes soviétistes, seront accueillies en libératrices par le peuple russe replongé dans la guerre par leur volonté et contre la sienne !

Quoi qu'il en soit, la situation est aujourd'hui plus tendue que jamais entre les Soviets, la France et l'Angleterre. Je veux espérer que la menace de guerre suspendue sur nos têtes ne se réalisera pas. Non pas évidemment que je suppose que les troupes franco-anglaises se heurteraient à un mur d'airain. Au début des incidents tchéco-slovaques, j'ai dit à Trotzky ce que je pensais de l'armée rouge qui, en pleine constitution, doit diriger jour après jour, sur les multiples fronts intérieurs. les unités, au fur et à mesure qu'elles sont rassemblées et encadrées.

Ce que je redoute, c'est la valeur du geste plus que le péril du fait. La déclaration de guerre signifie la rupture définitive avec les Alliés. Que les bolcheviks le veuillent ou non, c'est à plus ou moins bref délai l'accord avec l'Allemagne, accord mortel pour les Soviets et périlleux pour les Alliés.

Peut-être serai-je seul, ici, parmi les représentants de l'Entente, à pleurer la mort de la Révolution russe. La France, l'Angleterre, les socialistes du monde entier pleureront un jour, avec moi, l'écroulement de cette grande espérance. Il sera trop tard. Tant pis pour ceux qui n'auront pas compris la valeur idéaliste de ce bolchevisme que l'Entente avait le devoir de soutenir, d'assagir, de protéger contre ses propres excès, et qu'elle aime mieux écraser, après l'avoir abandonné à toutes les illusions de son ivresse révolutionnaire.

Compter trop sur la gratitude de la Russie, après cette besogne, serait se préparer de cruelles déceptions.

M. Albert THOMAS, député (*Champigny-sur-Marne*).

Mon cher ami,

Aujourd'hui s'est ouvert, dans la vaste et somptueuse salle du Grand Théâtre, le 5ᵉ Congrès pan-russe des Soviets, sous la présidence de Sverdlof, président du Comité central Exécutif.

Sont présents : 673 bolcheviks-communistes ; 269 S.-R. de gauche ; 30 maximalistes ; 100 autres délégués, appartenant à divers partis ou sans parti.

Les délégués occupent les stalles d'orchestre et un certain nombre de fauteuils de balcon. Le théâtre est archi-comble. La plupart des spectateurs sont des militants des partis soviétistes. La salle est frémissante. Les applaudissements... à la russe, se prolongent plusieurs minutes, éclatent en cascades.

Le discours sensationnel de la journée est prononcé par Alexandrof, représentant du Congrès des paysans d'Ukraine, qui est accueilli par une ovation formidable. Toute la salle debout crie : « Vive l'Ukraine insurgée ! » Tous les visages sont tournés vers la loge diplomatique où sont installés quelques attachés de l'ambassade d'Allemagne, qui font des efforts visibles pour garder bonne contenance. Le discours d'Alexandrof, émouvant dans sa simplicité, n'est qu'un long cri d'amertume, de colère, de désespoir, poussé contre les Allemands oppresseurs, dont l'orateur flétrit les exactions et les répressions sauvages : « Toute l'Ukraine s'est insurgée contre l'Allemagne. Camarades, venez à notre secours. Dès que sera chassé de Kief notre Mirbach, le baron Mumm, vous pourrez chasser de Russie le Mumm de Moscou, Mirbach ».

Chaque phrase est hachée par des applaudissements frénétiques. Sur les bancs S.-R. de gauche surtout, à la droite de l'Assemblée, l'indignation, la fureur sont au paroxysme. Les cris: « A bas Brest ! » « A bas Mirbach ! » « A bas les valets de l'Allemagne ! » retentissent de toutes parts. Des poings menaçants se tendent vers la loge diplomatique.

Au cours de la journée, Trotzky prononce deux discours. Il est fatigué et nerveux. Sa voix est couverte par les exclamations des S.-R. de gauche, qui le traitent de Kerensky (suprême injure, qu'on ne l'oublie pas à Paris), de laquais de Mirbach, etc..., etc...

Kamkof, le plus écouté des orateurs S.-R., aussi nerveux que Trotzky, prononce un discours d'une violence inouïe. Désignant du doigt les diplomates allemands, il les appelle « misérables et bandits » aux acclamations de ses amis et de l'immense majorité de l'assistance.

La séance levée au milieu d'un tumulte indescriptible est reprise dans la soirée.

La violence des S.-R. de gauche, leur hostilité inusitée contre les bolcheviks est une surprise pour tous, un accablement pour beaucoup.

Au 4e Congrès, en mars, les S.-R. de gauche avaient refusé de ratifier la paix de Brest. Les cinq ou six représentants qu'ils avaient au Conseil des Commissaires avaient démissionné en soulignant, toutefois, leur volonté de ne pas rompre et de continuer leur confiance au Gouvernement. En fait, la collaboration n'avait pas cessé. Les attaques les plus vives, formulées depuis, par les S.-R., visaient le traité de Brest, et étaient basées, d'autre part, sur l'abandon reproché aux bolcheviks des principes socialistes, le Gouvernement tendant de plus en plus à une atténuation de la lutte des classes et un accommodement avec les forces bourgeoises. Depuis deux ou trois semaines, la campagne menée par le quotidien S.-R. le *Znamia Trouda*, était plus acharnée. Ce journal insultait Mirbach, prêchait la reprise des hostilités sous la forme d'une guerre partisanne. Les bolcheviks gênés par cette attitude du parti paysan, du seul parti important appuyant encore leur action, n'étaient pas cependant excessivement inquiets. La plupart d'entre eux pensaient que les manifestations belliqueuses, répétées par les S.-R. de gauche, n'étaient pas sérieuses, les S.-R. de gauche ne devant pas oser engager une bataille qui risquait de renverser le Pouvoir des Soviets, d'affaiblir au moins l'influence de leur propre parti parmi les paysans essentiellement pacifistes qui les soutiennent et, en toute hypothèse, de jeter la désunion dans les Soviets, de troubler les masses populaires, et de faire ainsi le jeu de la contre-révolution.

Les attaques injurieuses de Kamkof, renouvelées avec plus

d'énergie encore par Spiridonova, ouvrent un abîme si profond entre les deux partis, elles manifestent subitement une
volonté si nette de ne plus faire aucune concession, que la
rupture paraît désormais inévitable. Trotzky et Zinovief, dans
leurs réponses, rivalisent de brutalité avec Kamkof et Spiridonova. Ils ne cèdent sur rien. Ils foncent à corps perdu sur
leurs adversaires, spécialement sur Spiridonova, à qui son
passé révolutionnaire, ses actes terroristes, un long martyr,
des outrages abominables infligés par la cruelle police du
Tzar, ont assuré, dans le peuple, un prestige presque égal à
celui dont jouit Lénine. Ils attaquent le parti S.-R. tout entier,
auquel ils reprochent ses hésitations lors de l'insurrection
d'octobre, ses fluctuations depuis et sa trahison aujourd'hui.
Ils appellent l'indignation, la vengeance populaires, sur ces
hommes qui s'efforcent d'entraîner la Russie dans une guerre
imbécile, vouée à l'échec, que les Soviets ne peuvent pas et
qu'ils ne veulent pas faire, qui entraînerait la révolution à
la mort.

Les ponts sont coupés. Les uns et les autres se sont laissés
emporter par un sadisme verbal qui paraît exclure toute possibilité de rapprochement. Mais ces séances passionnées ont été
superbes. La vivante flamme révolutionnaire, absente du pré-
cédent Congrès, brûlait dans tous les cœurs.

M. ALBERT THOMAS, député (*Champigny-sur-Marne*).

Mon cher ami,

Un second orateur ukranien, le bolchevik Skrypnik, ouvre la séance par un discours aussi véhément contre l'Allemagne que celui qu'a prononcé hier le S.-R. de gauche Alexandrof. Mais il met en garde les Soviets contre les dangers d'une guerre hâtivement déclarée: « les communistes ukraniens organisent une armée. L'Armée rouge se constitue en même temps, elle sera prête dans quelques mois. A ce moment, on pourra jeter dehors l'envahisseur. Jusqu'à ce jour, il faut savoir souffrir en Russie et laisser aux partisans ukraniens le soin de fatiguer les Austro-Allemands. Ils s'en tirent à merveille »

Skrypnik approuve donc la politique temporisatrice des Soviets. Ces paroles ont calmé l'Assemblée. Elle va être soulevée de nouveau par la violente philippique crachée par Spiridonova « dans une crise d'hystérie », dira Trotzky, à la face des bolcheviks. Elle attaque tout à la fois, la politique et les personnes. Elle met en doute l'honnêteté de Lénine et de Trotzky. Elle les accuse de sacrifier les masses paysannes au profit de la classe ouvrière. Ou bien cette politique de trahison cessera ou bien « je reprendrai le revolver et la bombe que ma main a tenus autrefois ». De nouveau, l'émotion est au comble. Les avertissements brutalement donnés à tous les bolcheviks, par Spiridonova, pèsent lourdement sur les débats. On sait de quoi sont capables les S.-R. terroristes. Lénine se lève. Son étrange figure de faune est toujours calme et goguenarde. Il n'a pas cessé et ne cessera pas de rire sous les injures, sous les attaques, sous les menaces directes qui pleuvent sur lui, de la tribune et de la salle. Dans ces circonstances tragiques, alors que cet homme sait que ce qui est en cause, c'est toute son œuvre, sa pensée, sa vie, ce rire large, épanoui, sincère, que

d'aucuns trouvent déplacé, me donne une impression de force
extraordinaire. A peine, de temps en temps, un mot plus vif,
un soufflet plus cinglant, parviennent à glacer une seconde
ce rire, insultant et exaspérant pour l'adversaire, serrent les
lèvres, ferment le regard, durcissent la prunelle, qui lance
des flammes aiguës sous les paupières bridées. Trotzky à
côté de Lénine, s'essaie à rire aussi. Mais la colère, l'émotion,
l'énervement, changent le rire en grimace douloureuse. Alors,
son visage vivant et mobile s'éteint, s'efface, disparaît sous un
masque méphistophélistique, terrifiant. Il ne possède pas la
volonté souveraine du maître, sa tête froide, sa maîtrise absolue. Pourtant il est meilleur, je le sais, moins implacable.

Les bolcheviks, l'assistance tout entière, à l'exception des
S.-R. de gauche, qui demeurent assis et silencieux, font à
Lénine une ovation formidable, qui prouverait à M. Noulens,
s'il n'était pas à Vologda, l'incomparable séduction exercée
par le rude magicien sur cette foule militante qui représente,
certes, une minorité, mais la minorité la plus agissante, la
plus combattive, la seule vivante du peuple russe. Lénine
défend la politique de Brest. Il devient évident, de plus en
plus, que les nations demeurées plongées dans la guerre courent à l'abîme. Les bolcheviks vont vers le socialisme, et ils
continueront leur marche, si des criminels ne précipitent pas
la Russie dans la guerre « qu'elle ne peut pas et qu'elle ne
veut pas faire ». Certes, les bolcheviks ont commis de graves
erreurs, ils en commettent tous les jours. Le socialisme n'est
pas un dogme. Il ne se fait pas d'après des théories écrites,
mais d'après l'expérience. Il réfute les reproches des S.-R.
de gauche au sujet de la politique agraire du Gouvernement.
Ce n'est pas contre les paysans qu'elle est dirigée, mais contre
les accapareurs et les spéculateurs. Quant aux S.-R. ils font
le jeu de la bourgeoisie, les uns consciemment, les autres inconsciemment : « S'ils veulent quitter le Congrès, qu'ils ne se
gênent pas et... bon voyage ».

Le défi jeté par les S.-R. de gauche est donc relevé, comme
il fallait le prévoir, par les bolcheviks. C'est la bataille. Ce
sera demain la rupture.

Kamkof, avec un beau courage, puisqu'il a pu mesurer, à
l'enthousiasme de l'assistance, l'influence encore intacte de
son adversaire, jette avec emportement de nouvelles attaques,
de nouvelles injures, de nouvelles menaces, au visage de Lé-

nine qui continue à s'amuser comme une petite folle. Le discours de Kamkof, désordonné, démagogique, maladroitement injuste, augmente la fièvre, mais ne convainc pas. Il fournit à Zinovief, le seul orateur vraiment doué de cette Assemblée, l'occasion facile d'une réplique triomphale.

Puis, de longs discours qui semblent fades et ternes, après la joute brillante de tout à l'heure. Le Congrès adopte dans la nuit, à une énorme majorité, la motion de Lénine approuvant, bien entendu, de façon complète la politique intérieure et extérieure des Soviets.

M. Albert THOMAS, député (*Champigny-sur-Marne*).

Mon cher ami,

J'arrive au Congrès vers 4 heures. La salle est comble. Mais la scène, réservée aux membres du Comité central exécutif du Conseil des Commissaires et du Présidium (le bureau) est à peu près vide. Aucun leader n'est présent.

D'étranges rumeurs commencent à circuler. Un attentat contre Mirbach aurait eu lieu. L'ambassadeur d'Allemagne serait indemne d'après les uns, blessé d'après les autres. Je monte sur la scène. Je vais dans les coulisses. Je découvre Stiéklof qui, bien entendu, en sa qualité de journaliste, ne sait rien de précis, puis Riazanof et quelques autres également mal informés, enfin un adjoint de Tchitchérine qui me conte le drame. Deux S.-R. de gauche, Blumkine et Andréief, membres de la Commission contre la contre-révolution, se sont présentés à 3 heures à l'ambassade d'Allemagne, porteurs d'un mot d'introduction faussement signé Dzerjinski, président de la Commission contre la contre-révolution. Reçus par le conseiller Ritzler, ils lui déclarent qu'ils désirent mettre l'Ambassadeur au courant d'un attentat préparé contre lui. Les détails qu'ils fournissent sont tellement intéressants, que Ritzler va chercher Mirbach. A peine celui-ci est-il entré dans la pièce, que Blumkine le tue d'un coup de revolver, puis les deux meurtriers sortent par la fenêtre. Ils protègent leur fuite en jetant deux bombes.

La nouvelle se répand. L'énervement est général. Les commentaires vont leur train. S'agit-il de deux isolés brusquement incités au meurtre par les provocations oratoires de Kamkof et de Spiridonova? S'agit-il d'un acte terroriste résolu par les leaders S.-R. de gauche, pour déterminer une reprise de la guerre avec l'Allemagne ?

Des journalistes autour de moi souhaitent vivement que la seconde hypothèse soit la bonne. Je n'admets pas leurs arguments. Je suis prêt à comprendre et à approuver le geste de deux Russes exaspérés par les humiliations abominables infligées à la Russie par la lourde et brutale Allemagne et, vengeant sur la personne symbolique du représentant officiel de l'ennemi, la honte de leur misérable pays. Les répercussions d'un tel châtiment pourraient être considérables, en réveillant chez de nombreux Russes, bolcheviks compris, le sens de la dignité nationale, en prouvant à l'insolente Allemagne qu'elle ne poursuivra pas impunément contre un peuple écrasé l'ignoble politique de *væ victis* en manifestant à tous les responsables de la guerre, que leurs responsabilités doivent se payer avec leur sang.

Mais je ne comprends pas ce geste, s'il est la protestation d'un grand parti qui se sait dénué de la force suffisante pour faire suivre ce signal d'insurrection d'une insurrection véritable, qui risque d'aggraver la guerre civile, de compliquer la situation intérieure et extérieure, alors qu'il est incapable de jeter le Gouvernement dans une guerre « qu'il ne peut pas et ne veut pas faire ».

Si c'est le parti S.-R. de gauche qui a tué Mirbach, il s'est porté, du même coup une blessure bien dangereuse. Si purement intellectuels, si exclusivement idéologistes que soient Kamkof, Karéline et Spiridonova, ils ne peuvent pas ignorer, qu'à l'exception d'une partie de la population des régions occupées par l'ennemi, leur clientèle paysanne est infiniment plus éloignée de la guerre que les ouvriers bolcheviks. En ces dernières semaines, les S.-R. de gauche ont répété bien souvent que les Alliés ne précipiteraient pas le peuple russe dans la guerre contre sa volonté. Eux-mêmes doivent savoir qu'ils ne l'y entraîneront pas davantage.

Tout en m'inclinant devant cette preuve nouvelle, d'un courage dont personne ne pouvait douter, j'estime, si le fait est exact, que le parti S.-R. vient de commettre une faute qui ne profitera ni à la Révolution ni à l'Entente, mais seulement, sans doute, à l'Allemagne.

Tandis que les discussions se poursuivent, que les prévisions s'accumulent, peu à peu, sous prétexte de réunion des fractions diverses, les internationalistes, les bolcheviks, tous les partis, à l'exception des S.-R. de gauche, sont appelés hors de la salle. En même temps que les délégués, les spectateurs amis de chaque parti sont conviés à assister à ces réunions. Vers 8 heures du soir il ne reste dans la salle, avec quelques journalistes, que les délégués S.-R. de gauche et leurs partisans.

Je veux sortir. Le théâtre est cerné par la garde rouge. Les issues sont gardées. Nous sommes prisonniers.

Des bruits circulent encore. En ville, les S.-R. de gauche auraient commencé l'insurrection. Déjà ils seraient maîtres de plusieurs quartiers. Les bolcheviks ont montré un sang-froid, une rapidité de décision remarquable, en enfermant dans cette salle presque tous les délégués et la plupart des leaders S.-R. avec Spiridonova. Ils se sont assuré ainsi des otages précieux, et ont enlevé aux adversaires leurs agitateurs les plus dévoués ; Kamkof et Karéline seraient à la tête des insurgés.

Les délégués se sentent entre les mains d'ennemis impitoyables. Ils comprennent que l'heure est grave. Ils paieront sans doute pour les absents. Dans la salle, aux trois quarts vide et qui paraît sombre sous l'éclatante lumière des lustres, règne un silence tragique. Les S.-R. de gauche décident d'organiser un meeting. Ils nomment un bureau présidé par Spiridonova. Peut-être sont-ils condamnés déjà ? Tous debout, la voix grave, ils chantent une marche funèbre, puis l'*Internationale*, puis d'autres chants révolutionnaires d'une mélancolie poignante. Bientôt, cependant, ces hommes jeunes et combattifs, ces femmes ardentes, retrouvent l'équilibre. Une gaieté un peu nerveuse les gagne. Des discours émouvants ou humoristiques sont prononcés. On évite instinctivement de commenter les événements du jour.

Les heures passent. Un ami bolchevik demeuré dans la salle redoute que ses camarades ne se livrent sur les délégués, si l'insurrection S.-R. est menaçante, à des représailles sanglantes. Il m'engage à partir. Lorsque les S.-R. seront faits prisonniers, ma qualité d'officier français (représentant de l'impérialisme abhorré) risque de m'exposer inutilement à la brutalité des soldats. Vers trois heures du matin, je suis son conseil. Je sors difficilement du théâtre, malgré un sauf-conduit que vient de me faire remettre discrètement Avénassof, l'organisateur du Congrès.

Dans les rues sombres, pas un passant. Des patrouilles, des autos chargées de soldats circulent. Quelques coups de fusil lointains. J'essaie vainement de pénétrer à l'Hôtel National, où se trouvent beaucoup de mes amis bolcheviks. La consigne est inflexible. Mon entêtement me vaut des menaces qui ne permettent pas de résister.

Nous sommes à un nouveau tournant de la Révolution.

M. ALBERT THOMAS, député (*Champigny-sur-Marne*).

Mon cher ami

Comme il était facile de le prévoir, le Conseil des Commissaires dans un appel au peuple, flétrit les S.-R. de gauche qui proclament aujourd'hui qu'ils avaient résolu officiellement et fait exécuter par ordre l'attentat contre Mirbach. Il dénonce ce crime dont le but était d'entraîner la Russie dans la guerre avec l'Allemagne. Il affirme que les meurtriers sont des agents de l'impérialisme anglo-français.

Je suis sûr qu'il se trompe. Pas plus que les Alliés n'avaient fomenté la révolte des Tchéco-Slovaques, dont peut-être ils sont satisfaits aujourd'hui parce qu'elle se développe si heureusement qu'ils doivent en espérer un appui sérieux à leurs projets d'intervention, ils n'avaient songé à faire assassiner Mirbach.

D'abord, je ne crois pas qu'aucun chef d'Etat, aucun ministre, aucun personnage officiel, quelle que soit sa haine de l'ennemi, puisse conseiller l'exécution d'un de ses pairs. De tels gestes risquent d'être contagieux et de se retourner un jour contre ceux qui les ont provoqués. C'est une jurisprudence qu'il ne faut pas créer contre soi-même.

Ensuite il apparaît à tous ceux qui réfléchissent que le meurtre de Mirbach doit profiter à l'Allemagne et à elle seule. Comment les Alliés auraient-ils commis la maladresse de fournir à l'ennemi une arme nouvelle par laquelle il fera pression sur le gouvernement des Soviets et saura lui arracher une nouvelle concession ?

Enfin Trotzky ne peut pas oublier que dès la fin d'avril je lui ai remis en mains propres ainsi qu'à Dzerjinski, président de la Commission contre la contre-révolution, une note signalant de façon précise un certain nombre de monarchistes

26

préparant, d'accord avec l'ambassade d'Allemagne, un pseudo-attentat contre Mirbach.

J'indiquais dans cette note qu'à la suite de ce simulacre d'attentat, l'Allemagne exigerait qu'une garde de 1.000 soldats prussiens fût accordée à son ambassadeur, que ce bataillon composé de sous-officiers et d'officiers instructeurs aurait pour mission de recruter secrètement des contre-révolutionnaires, de les constituer en unités, de les armer, pour les jeter, le moment venu, contre le gouvernement des Soviets, le renverser et constituer un pouvoir ami de l'Allemagne, sans que l'Allemagne ait paru dans l'affaire et se soit compromise officiellement ainsi vis-à-vis du peuple russe.

Je sais que si l'on a évité le scandale pour ne. pas aigrir les relations avec l'Allemagne, on a profité de mon avis et fait une enquête fructueuse.

Comment Trotzky peut-il admettre que nous ayons organisé en juillet cet attentat que nous dénoncions et dont l'issue dramatique doit fournir à l'Allemagne l'occasion de manifester les exigences prédites en les aggravant encore à nos dépens ?

L'insurrection des S.-R. de gauche a été liquidée ce soir. Les quelques milliers d'hommes qui avaient suivi Kamkof et Karéline ont déposé les armes ou ont été dispersés.

Les bolcheviks, cette fois encore, ont fait preuve d'un sang-froid, d'une fermeté de décision, d'une rapidité d'exécution qui montrent leur force et déconcertent leurs adversaires.

Qu'un grand parti populaire comme le parti S.-R. de gauche se soit laissé aller à cette lamentable aventure, prouve l'insuffisance, l'inexpérience, la puérilité politique de ses chefs. Que ses appels à l'insurrection aient éveillé si peu d'échos dans la masse de ses adeptes, nombreux dans l'armée et la population civile, montrent l'autorité des bolcheviks et la solidité de la plate-forme pacifiste maintenue par eux.

Qu'aucun élément de droite et du centre n'ait saisi cette occasion de concourir au renversement ou tout au moins à l'ébranlement du gouvernement des Soviets marque à la fois le défaut total d'entente entre les partis d'opposition et l'impuissance, la lâcheté politique, dont sont affligés « ces éléments sains » dont Paris et Londres persistent toutefois à écouter les seuls représentants.

Certes, la lutte contre les S.-R. de gauche va émietter encore pour quelque temps au moins les organisations soviétistes. Mais la victoire raffermit le prestige des bolcheviks et leur donne plus de confiance en eux-mêmes. Après les anarchistes les S.-R. de gauche sont vaincus en quelques heures. Les partis d'opposition vont méditer ces leçons. Si les bolcheviks ont la sagesse de ne pas englober dans leurs attaques contre les leaders S.-R. de gauche toute la masse paysanne inscrite dans ce parti, ils reprendront rapidement leur influence dans ces milieux.

M. ALBERT THOMAS, député (*Champigny-sur-Marne*).

Mon cher ami,

Je rencontre Trotzky au Congrès. Accueil glacial, incorrect, sur lequel j'entends bien obtenir des explications lors de notre prochaine rencontre. Je n'ai jamais joué double jeu, ni avec les Alliés, ni avec les bolcheviks, et je n'admets pas d'être traité en suspect ni par les uns ni par les autres.

Je sais que Trotzky m'en veut de ce que j'ai rapporté, dans les milieux alliés et bolcheviks, ses déclarations sur une prochaine déclaration de guerre à la France et à l'Angleterre. Je n'avais pas à garder pour moi ces indications importantes contre lesquelles il importait de protéger aussi bien les intérêts ententistes que les intérêts bolcheviks.

Deux discours de Trotzky sur le complot S.-R. de gauche. Violent et agressif, Trotzky écrase les coupables.

M. Albert THOMAS, député (*Champigny-sur-Marne*).

Mon cher ami,

Dans les milieux alliés les bruits les plus fantastiques courent sur les exigences manifestées par l'Allemagne à la suite du meurtre de Mirbach. L'Allemagne aurait, d'ores et déjà, demandé le renvoi des missions alliées, l'occupation de Pétrograd et de Moscou par des troupes allemandes. A Moscou notamment, une division tout entière devrait être supportée. Les bolcheviks, pour éviter la guerre, seraient disposés à céder.

Je suis trop accoutumé à voir accueillir par les personnages les plus graves et de la façon la plus légère des rumeurs aussi ridicules pour y ajouter beaucoup d'importance.

Les Commissaires du Peuple et notamment Lounatcharsky, que je trouve au Congrès, m'affirment, et je les crois volontiers, que l'Allemagne n'a demandé jusqu'ici que la répression du crime, la condamnation des coupables et des instigateurs du meurtre. Elle a fait déclarer au Gouvernement des Soviets qu'elle était convaincue qu'il regrettait profondément la mort violente de son Ambassadeur, et qu'il ne demandait qu'à maintenir avec elle des relations amicales.

Lounatcharsky, Trotzky, tous ceux que je vois, sont convaincus que l'Allemagne tâte le terrain et formulera d'autres prétentions. Elle ne peut pas songer à occuper la Grande Russie par la force, absorbée comme elle l'est par le front franco-anglais. Elle ne peut pas espérer aboutir, par persuasion, à décider les bolcheviks à accepter le suicide que constituerait une occupation « amicale » de Pétrograd et de Moscou. Il est vraisemblable qu'ainsi que je l'avais indiqué fin avril, elle demandera une garde importante. Sur ce point même, les bolcheviks ne sont pas disposés à céder. Mais à la vérité, ils feront ce qu'ils pourront.

Séance de clôture du Congrès. — Trotzky prononce un grand discours sur l'organisation de l'armée rouge. Discours plein de vigueur, d'enthousiasme, d'un beau souffle révolutionnaire. C'est du meilleur Trotzky. Il explique les causes de la décomposition de l'ancienne armée. Il les aperçoit dans les fatigues, dans l'abîme qui séparait la Nation-armée, le Peuple, les Soldats, de la Caste hautaine, brutale, des officiers. Le Tzarisme utilisait la Nation-armée au seul profit de la monarchie.

Trotzky reconnaît les défauts d'une armée composée de volontaires. Il justifie l'application qu'il a faite de ce principe par l'urgence de la situation. Le but à atteindre, c'est le service general obligatoire. Tant que durera la guerre civile, cependant, les ouvriers et les paysans auront seuls le droit de porter les armes. La bourgeoisie sera employée dans les services annexes, pour les corvées, les écritures, etc...

L'expérience de la mobilisation de deux classes, à Moscou, a réussi. Celle des autres régions se heurte à la mauvaise organisation du mécanisme administratif militaire. On est en train de remédier à cet état de choses. Dans un délai très prochain, tout citoyen de 18 à 40 ans devra répondre au premier appel du pouvoir soviétiste. Trotzky demande aux délégués, et en particulier aux S.-R. de gauche d'organiser en province et même en Ukraine des bataillons et des régiments de l'armée ouvrière et paysanne.

Il aborde ensuite la question de l'organisation des commissariats militaires locaux, et fait un tableau schématique, plein d'idées intéressantes, de l'administration militaire fortement centralisée, qu'il rêve d'établir en Russie. A plusieurs reprises, il insiste sur la nécessité de cette centralisation aussi indispensable pour la constitution de l'armée que dans les autres domaines de l'activité nationale. Il rejette l'idée des détachements de partisans. Il fait vigoureusement appel au sentiment du devoir, à la discipline de tous, etc...

Il développe longuement l'idée que, quoi qu'en disent les adversaires, les révolutionnaires doivent s'efforcer de faire une armée politique. Toutes les armées et spécialement les armées révolutionnaires ont fait de la politique; il est indispensable qu'elles en fassent.

A ce point de vue, la question la plus délicate est celle du commandement. La jeune armée rouge ne possède pas de cadres propres. Elle est contrainte de faire appel aux spécialistes de l'ancien régime. La plupart d'entre eux sont évidemment des contre-révolutionnaires. Il ne faut pas, cependant, rejeter leur concours, mais les utiliser en les surveillant attentivement et en réprimant impitoyablement toutes leurs tentatives de sabotage. D'ailleurs, beaucoup d'entre eux servent honnêtement et doivent trouver un appui loyal dans les organisations des Soviets.

Dès maintenant, parmi les paysans et les ouvriers inscrits dans l'armée rouge, on choisit les sujets les plus intelligents, on les envoie dans des écoles d'instructeurs, on ouvre à ceux qui s'en montrent dignes les académies militaires.

Trotzky ne doute pas, qu'en quelques mois, l'armée rouge fatiguée, désorganisée actuellement par les luttes incessantes que doivent soutenir les détachements sur les divers fronts intérieurs, ne devienne une force puissante au service du pouvoir des Soviets.

Stiéklof fait un rapport sur le projet de constitution soviétiste, qui contient la déclaration des droits des travailleurs et fixe l'organisation du pouvoir soviétiste. Cette constitution est basée sur les principes du centralisme démocratique et du fédéralisme. Elle est adoptée à l'unanimité.

Le Congrès est levé au chant de l'*Internationale*.

M. ALBERT THOMAS, député (*Champigny-sur-Marne*).

Mon cher ami,

Les bolcheviks exagèrent quand ils clament le péril de guerre créé par le meurtre de Mirbach. A mon avis, l'Allemagne est trop lasse pour se fâcher et cet incident doit au contraire rapprocher les deux gouvernements. Les faits sont tenaces, comme l'a dit Lénine, et cette ténacité des faits oriente nécessairement vers l'Allemagne la Russie que les Alliés persistent à repousser

Pour redouter sérieusement une déclaration de guerre à la Russie, il faudrait admettre d'abord que nos ennemis sont en état d'entreprendre cette guerre; j'imagine qu'ils ne le sont plus et qu'ils ne prendraient pas, de gaieté de cœur, l'initiative d'une campagne que les circonstances ne leur imposent pas absolument.

Les difficultés auxquelles ils se heurtent dans une Ukraine pourtant désarmée et où ils sont soutenus par un gouvernement composé par leurs domestiques permettent de prévoir quelle résistance rencontreraient nos ennemis dans une Russie mal armée, mais armée cependant , et dont ils devraient d'abord opérer la pacification politique. Le pouvoir des Soviets a poussé des racines profondes dans le pays. Je l'ai dit souvent déjà : chasser les bolcheviks de Pétrograd et Moscou est une œuvre facile à accomplir par les Austro-Allemands. Mais le problème ne serait pas ainsi résolu. Ce Gouvernement, en fuite, constituerait toujours un Gouvernement, il demeurerait au moins une force d'opposition et d'agitation redoutable, tant qu'il ne serait pas tout à fait abattu. Les coups portés par l'Allemagne risqueraient, d'ailleurs, de le jeter un jour ou l'autre dans nos bras, si nos bras daignaient enfin s'ouvrir et si nous savions éviter le suprême crime, la suprême faute, après tant d'autres, qui consisterait à l'étouffer.

Même si par une collaboration inavouée, inavouable mais

effective, par un travail d'écrasement mené parallèlement et sournoisement par nous et par nos ennemis, nous nous aidions mutuellement dans cette besogne de renversement des ministres bolcheviks, le bolchevisme survivrait, moralement et nationalement affermi par tout le mal que lui aurait causé l'Etranger.

Les Alliés d'une part, les Allemands de l'autre, auraient donc d'abord à restaurer « l'ordre » économique et politique à coups de fusils et à coups de canons, dans cette Russie malheureuse, mais grandie par l'effort révolutionnaire qu'elle accomplit, et qui nous en voudrait longtemps de l'avoir violentée aussi brutalement qu'un pays nègre.

Nos ennemis emploient à effectuer ce beau travail en Ukraine 7 ou 8 corps d'armée. S'ils tentaient de l'accomplir en Grande Russie, ils devraient sans doute en immobiliser au moins le double. A ce million d'hommes, en chiffres ronds, ils devraient ajouter le corps expéditionnaire à diriger contre les Alliés anglo-franco-tchéco-slovaques et japonais, si ces derniers se décident à faire l'intervention européenne et de grand style, sur laquelle les Alliés ont sans doute d'excellentes raisons de compter, mais à laquelle je ne croirai pas avant que 2 ou 300.000 Japonais soient installés à proximité de la Volga.

Où l'Allemagne puiserait-elle les 1.500.000 hommes qui paraissent indispensables, pour atteindre, sur le front oriental, les deux objectifs : pacification de la Russie, résistance aux Alliés?

Comment supposer, d'autre part, qu'oubliant la leçon actuellement subie par elle en Ukraine, l'Allemagne renouvellerait en Grande Russie une erreur si chèrement payée déjà.

On peut penser, qu'incapable d'accomplir une tâche dont les pangermanistes les plus mégalomanes commencent à comprendre l'énormité et la sottise, l'Allemagne préférera adopter une attitude plus sage. On peut multiplier les hypothèses. Aucune ne peut être exacte. Du moins il est bon d'envisager les possibilités, afin de prévenir les événements. A mon avis, les Empires Centraux s'efforceront d'adopter une des deux attitudes suivantes, auxquelles on pourrait ajouter bien d'autres combinaisons intermédiaires ·

1° Ou bien les Empires Centraux observeront une neutralité

de plus en plus amicale à l'égard de la Russie, renonceront totalement à prendre l'initiative de la grande aventure, refuseront de se laisser aimanter par les Alliés vers la Mer Blanche et la Volga, et attendront sur les positions conquises l'offensive de l'Entente.

Avantages. — Obliger, d'une part, les Alliés à venir combattre sur les frontières occidentales de la Russie, c'est-à-dire pour les Anglos-Français à trois mille kilomètres de leurs bases de la Mer Blanche, pour les Japonais à près de dix mille kilomètres de Vladivostok.

Les contraindre ainsi d'entreprendre seuls cette œuvre difficile, ingrate, de pacification ou de remisé en ordre de la Russie qui les mettrait en opposition rapide, d'abord, avec l'Armée rouge (le triomphe serait sans doute assez aisé, s'il n'y avait pas d'autres adversaires à vaincre), puis bientôt avec le peuple russe tout entier qui ne tolérera pas plus qu'aucun autre peuple ne le tolérerait à sa place, de voir son territoire transformé, contre son gré, en champ de bataille et ses institutions politiques bouleversées par l'Etranger. '

Cette tactique aurait l'avantage de faire apparaître les Allemands, malgré le traité de Brest dont ils songent peut-être déjà à reviser certaines clauses territoriales au profit des vaincus, comme respectueux du droit de la Russie à disposer désormais d'elle-même. De sorte qu'au moment où ils se décideraient à marcher contre l'Entente, ils seraient considérés par les Russes non plus comme des envahisseurs, mais comme des libérateurs.

Inconvénients. — Les Empires Centraux, à partir du moment, sans doute fort éloigné, où les troupes de l'Entente auront recouvert, conquis la Russie et seront entrées en contact avec les forces ennemies, seront de nouveau bloqués à l'Orient. Ils devront donc renoncer à tout ravitaillement en blé, matières premières, pétrole, bois, fer, or, tissus, etc...

2° Ou bien les Empires Centraux feront une alliance formelle ou cachée avec les Soviets, en garantissant de respecter ce pouvoir, et marcheront parallèlement à eux ou conjointement avec eux contre les troupes de l'Entente.

Avantages. — Militairement, les Empires Centraux, dans cette hypothèse, n'auraient plus à se préoccuper d'une pacification exigeant l'occupation par des troupes nombreuses de l'immense territoire russe. Toutes leurs forces disponibles seraient employées à la besogne essentielle : la résistance aux Alliés. Ils n'enverraient donc, en Russie, que des troupes combattantes, les deux, trois ou quatre cent mille hommes qu'ils seraient capables de distraire momentanément des autres fronts et qui suffiraient, pendant longtemps sans doute, à empêcher la marche des Franco-Anglo-Japonais ne disposant pour manœuvrer que d'un réseau ferré élémentaire.

Politiquement, cette tactique assurerait à l'Allemagne, plus sûrement encore que celle que nous avons envisagée précédemment, la gratitude des masses démocratiques russes et celle de la bourgeoisie, cette dernière comprenant à merveille que cette assistance provisoire au bolchevisme est commandée par les circonstances, que les Allemands utiliseront l'appui matériel et surtout moral des Soviets pour résister à l'Entente sans avoir la préoccupation d'assurer leurs derrières, et qu'une fois la guerre terminée, tant bien que mal, l'Allemagne voulant la paix « au-dessus de tout », les troupes allemandes occupant le territoire russe serviront alors pour débarrasser la Russie de la maladie révolutionnaire.

D'autre part, cette attitude réconforterait singulièrement les démocrates austro-allemands, heureux de se réhabiliter à leurs propres yeux et aux yeux du monde, en aidant à sauvegarder la Révolution russe contre les efforts faits par l'Entente pour l'écraser.

Elle troublerait aussi bien des démocrates alliés, constatant que les gouvernements de l'Entente, protecteurs bienveillants du Tzar sanglant, auprès duquel ils ne sont jamais intervenus vigoureusement pour empêcher l'oppression abominable des classes travailleuses ou pour soutenir les tentatives faites par le peuple le plus misérable du monde pour conquérir un peu de bien-être et de dignité, n'ont, au contraire, rien fait pour sauver la Révolution russe, qu'ils ont tout fait pour l'enfoncer dans ses fautes et qu'ils n'hésitent pas à la faire périr, renonçant ainsi officiellement au rôle auquel ils prétendent si hautement : d'être les champions du progrès démocratique et du droit.

Inconvénients. — En soutenant, même provisoirement, la Révolution russe, si contagieuse, les Empires Centraux joueraient avec le feu, risqueraient l'incendie.

Mais nécessité ne connaît pas de loi, et on peut se deman-

der si la valeur de cette hypothèse d'apparence paradoxale,
ne sera pas vérifiée dans un avenir prochain.

Dans ce cas, les bolcheviks accepteraient-ils l'alliance avec
l'Allemagne ?

Autant que Guillaume II et Hindenburg, Lénine et Trotzky
répugnent à cet accouplement contre nature. Mais pour eux
comme pour les Austro-Allemands, nécessité ne connaît pas
de loi. L'exemple de Danton, l'action menée par notre grand
ministre révolutionnaire des Affaires étrangères, prouve que,
devant le péril de mort, des ententes aussi paradoxales peuvent être essayées. Pour réaliser, il faut vivre. Pour vivre, il
faut être fort. Or, les bolcheviks connaissent leur faiblesse.
Quand ils auront sous la gorge le couteau allié, qui pourrait
assurer qu'ils ne subiront pas la combinaison immorale mais
salvatrice, dangereuse pour l'avenir, mais précieuse immédiatement, qui leur sera offerte, qui leur est offerte déjà? Ne
verront-ils pas, d'ailleurs, dans cette alliance, par laquelle
les Allemands impérialistes espèrent parvenir indirectement
à abattre la Révolution russe, un moyen indirect de se rapprocher, à travers les Gouvernements austro-allemands, des
masses populaires de ces deux pays, et d'entamer, près d'elles,
une action révolutionnaire élargie ?

Ce que les Allemands feront peut-être demain, pourquoi
les Alliés ont-ils refusé de le faire hier, alors que l'entente
était facile à sceller, pourquoi ne le feraient-ils pas aujour-
d'hui, alors qu'elle est encore possible ?

Si l'intervention inter-alliée est, comme je le crois, résolue,
pourquoi l'engager sans entrer d'abord en négociations avec
les Soviets ? Pourquoi ne pas reprendre ces pourparlers engagés, sur mon initiative, au mois de mars, dont le principe
paraissait déjà admis par l'Angleterre, et qui semble bien avoir
été rompu par le fait personnel de M. Noulens ?

Pourquoi ne pas dire, comme je l'ai conseillé cent fois
à Lénine et à Trotzky : « Notre intervention est décidée. C'est
l'issue de la guerre, c'est l'existence de tous nos peuples qui
est en jeu. Dans quelques semaines, dans quelques mois, vous
verrez avancer, les unes contre les autres, sur votre territoire,
les armées des Empires Centraux et les nôtres. Peu à peu,
l'étreinte se resserrera. Vous serez conduits à choisir entre les
deux adversaires. Choisissez avant qu'il ne soit trop tard.
Résignez-vous à subir ce que vous n'avez pas la force d'em-

pêcher. Résignez-vous à l'accord avec les démocraties occidentales bourgeoises, que leurs aspirations générales et leur éloignement rendent moins dangereuses pour la Révolution russe que les autocraties voisines. La guerre finie, nous partirons. Les Allemands, eux, resteraient pour vous renverser. Venez avec nous. Facilitez nos transports, notre ravitaillement, combattez avec nous dans la mesure où vous pourrez combattre et seulement dans cette mesure. En échange de votre bonne volonté, nous vous garantissons le respect du pouvoir des Soviets, la neutralité la plus loyale. Nous ne ferons rien pour vous défendre politiquement. Nous ne ferons rien pour vous abattre. D'abord pour vous donner un témoignage éclatant de notre bonne foi, l'Entente s'engage à faire, avant toute intervention en Russie, une révision complète de ses buts de guerre d'après les formules défendues à Brest par la délégation russe et acceptées déjà par le président des Etats-Unis. »

Pourquoi les Alliés ne tiennent-ils pas ce langage, s'ils n'ont pas l'arrière-pensée d'écraser la Révolution russe ?

Et s'ils ont cette arrière-pensée, est-ce qu'ils n'aperçoivent pas les difficultés à peu près insurmontables, tout au moins épuisantes, inutilement coûteuses, qu'ils accumulent contre eux comme à plaisir ?

Est-ce qu'ils ne voient pas qu'ils vont recommencer en grand à leurs dépens la dure expérience que font les Allemands en Ukraine et dresser contre eux une nouvelle Ukraine plus vaste : la Russie ?

Est-ce qu'ils ne comprennent pas la haine légitime qu'ils vont développer contre l'Entente dans le cœur de tous les hommes libres de Russie, haine qui survivra à la guerre, qui empoisonnera nos rapports avec l'ex-alliée et qui surexcitera dans tous les pays les passions révolutionnaires des masses ?

Et sans même sortir du terrain des réalités raisonnables, sans vouloir flétrir le rôle indéfendable que s'apprêtent à jouer les nations occidentales en donnant au monde entier l'impression qu'elles s'efforcent de replonger dans l'esclavage, ce malheureux grand peuple qui, après une servitude millénaire, s'efforce maladroitement, brutalement, mais généreusement de briser ses chaînes et qui a consenti déjà à payer bien chèrement l'apprentissage de la liberté, n'a-t-on pas le droit de dire aux gouvernements imprévoyants : « Prenez garde !

Quelles excuses suffisantes inventerez-vous pour répondre aux accusations que lanceront demain vos socialistes, vos démocrates, tous les hommes libres de chez vous, dès qu'ils sauront qu'avant de tuer la Révolution russe, vous pouviez essayer de vous allier à elle, que vous avez refusé de tenter, de réaliser cette alliance possible qui honorerait l'Entente en manifestant sa bonne foi démocratique, qui assurerait plus certainement la défaite de l'impérialisme allemand, qui consacrerait le juste triomphe des idées révolutionnaires chères à tous les cœurs républicains, adaptées à la réalité par votre collaboration ? »

M. Albert THOMAS, député (*Champigny-sur-Marne*).

Mon cher ami,

Tout est prêt pour le retour en France de la Mission militaire. Le Général Lavergne l'escompte prochain. Je n'y crois guère. Toutefois, je me prépare à cesser la rédaction de ces notes quotidiennes commencées le 25/7 novembre 1917. Le moment me paraît venu de faire effort pour mesurer le chemin parcouru depuis cette date qui marque une phase nouvelle de la Révolution russe, jusque-là essentiellement politique et transformée brusquement par le coup d'Etat maximaliste en révolution économico-sociale.

Quand les bolcheviks renversèrent le Gouvernement provisoire, la situation de la Russie était désemparée. Tous les observateurs du grand drame constataient la décomposition irrémédiable de l'armée, la désagrégation complète de l'Etat, où chaque village était devenu en fait indépendant, la scandaleuse inexécution des ordres de l'autorité centrale, la chute vertigineuse de la production industrielle, la désorganisation mortelle du service des transports, les symptômes d'une banqueroute prochaine. Le rabelaisien Ludovic Naudeau définissait l'ancienne Russie: « Un pot de chambre plein de merde sur lequel est assis le tzar ». En renversant Nicolas, la Révolution a brisé le pot de chambre dont le contenu couvre, submerge et empoisonne le pays tout entier.

Tel était l'abîme de maux dans lequel Kerensky laissait la Russie. Aucune réforme vraiment révolutionnaire n'avait été ébauchée. Par instants, on montrait de loin au peuple l'égalité, la paix, la terre, mais bientôt on éloignait de lui ces biens mirifiques, par prudence. Prisonnier des Cadets, prisonnier des Alliés, esclave de sa propre timidité dans l'action, Kerensky n'avait pas osé rompre avec le passé. Il rapetassait sans cesse ses vieilles outres, que le vin de la Révolution faisait éclater.

La révolution de mars avait été par-dessus tout une protestation contre la guerre. Or, Kerensky ne sut contraindre les Alliés ni à participer à la Conférence Socialiste internationale de Stockholm, ni à reviser leurs buts de guerre sur les bases démocratiques proclamées par la Révolution russe et adoptées par Wilson. Bien plus, il eut la faiblesse de consentir la malheureuse offensive de juillet 1917, clôturée par la défaite de Tarnopol. Il portait ainsi le coup de grâce aux forces matérielles et morales de l'armée russe. L'aventure de Kornilov, dans laquelle il trempa, précipita son agonie.

La révolution de mars avait affirmé la volonté des ouvriers et des paysans de conquérir la souveraineté politique et économique, afin de créer une République démocratique et socialisante.

Prisonniers de la grande bourgeoisie industrielle, financière ou terrienne, Kerensky et ses collaborateurs ne firent rien pour préparer un changement du régime économique, rien pour arracher à l'esclavage du salariat les masses populaires. Las de voir les lois agraires sans cesse retardées, les paysans s'emparèrent eux-mêmes des grands domaines. Aussitôt, Kerensky envoya contre eux des baïonnettes. Il manquait à toutes ses promesses. Il décevait toutes les espérances. Dans les villes, la crise du chômage et la famine grandissaient.

Après huit mois d'expérience, les Ministères de coalition cadéto-social-révolutionnaires sombraient dans la plus lamentable faillite. « La Révolution se meurt ! La Révolution est morte ! », ce cri sortait de toutes les bouches. Cri de désespoir chez les uns, cri d'espérance chez les autres. Mais le peuple voulait que la Révolution vécût. Alors, les maximalistes prirent la direction des affaires.

Le gouvernement conservateur de Kerensky avait eu une préoccupation exclusive : durer. Il en fut incapable.

Le pouvoir révolutionnaire des Soviets dure depuis novembre, et jamais il n'a été aussi robuste. Cependant, à la lutte pour la vie, il a ajouté la tâche immense de détruire le vieux monde politique, international, économique et social, puis de créer l'État Communiste.

En se maintenant au pouvoir neuf mois déjà, contre l'avis de tous les prophètes annonçant, dès septembre 1917, que tout gouvernement serait fatalement balayé en quelques semaines, les soviétistes ont accompli un miracle. Qu'ils aient

en outre, dans un temps aussi court, abordé avec un tel
bonheur l'exécution de leur grandiose programme, ruiné à
jamais les plus solides institutions du régime tzaro-capita-
liste et tracé le plan détaillé d'une société communiste, qu'ils
aient déjà mené si avant la construction d'un nouveau monde,
cette œuvre colossale doit leur assurer, dès maintenant, la
reconnaissance et l'admiration des travailleurs du monde
entier.

Les annales de l'Histoire ne montrent pas, en effet, une
action révolutionnaire aussi profonde, aussi rapide, aussi
nettement populaire.

Pour ne considérer que la France qui fut, dans le passé,
le pays prédestiné des révolutions, nous voyons 1789 permettre un premier triomphe de la bourgeoisie sur le prolétariat. La Commune de 1871 faite, comme toute révolution,
par le peuple, est le seul exemple moderne d'une révolution
tentée au profit du peuple. Mais, enfermée dans Paris, éera-
sée sans peine par les Versaillais, en raison de la faiblesse
de ses cadres, de l'insuffisance de ses ressources, du défaut
d'éducation des masses et de la situation malheureuse de la
France, cette héroïque insurrection ne saurait être comparée
au mouvement immense et si prodigieusement fécond en
conséquences déclanché par les maximalistes.

Confier aux ouvriers et aux paysans tout le pouvoir politique, anéantir l'ancien Etat, c'est-à-dire l'instrument par
excellence de l'oppression des travailleurs, briser la machine
bureaucratique et militaire, organiser le prolétariat en classe
dominante, donner à la collectivité la propriété de tous les
moyens de production, telle est la tâche assumée par les
bolcheviks.

Qu'ont-ils réalisé jusqu'à ce jour ?

La devise fameuse : « Tout le pouvoir aux Soviets », c'est-
à-dire tout le pouvoir directement remis aux ouvriers et
aux paysans synthétise l'effort politique de la révolution de
novembre.

Des camarades de France, démocrates sincères, s'indignent
de la dissolution de l'Assemblée Constituante par le gouvernement des Soviets. Ils ignorent évidemment que les députés
à l'Assemblée Constituante avaient été élus en septembre
1917, quelques semaines avant le coup d'Etat maximaliste,
sur des listes composées de telle manière que les électeurs ne
savaient pas si leur candidat était pour ou contre l'attri-

bution aux Soviets de tout le pouvoir. Ils ignorent que, depuis
la révolution bolchevique et avant la réunion de la Constituante, les mêmes électeurs se sont prononcés par leur vote
contre l'Assemblée, pour les Soviets. Ils ignorent que, quoi
qu'en disent les pseudo-révolutionnaires — jouets conscients
ou inconscients de la bourgeoisie — chassés par le peuple
russe et réfugiés à Londres ou à Paris, le Pouvoir des Soviets
est actuellement soutenu par l'écrasante majorité des ouvriers
et des paysans.

Les bolcheviks n'ont pas voulu imposer à la Russie une
Constituante, copie malheureuse de nos vieux Parlements
bourgeois, véritables souverains collectifs, absolus et incon-
trôlables, menés par une poignée d'hommes trop souvent vendus à la grande industrie ou à la haute banque, dont l'insuffisance criante a jeté dans un antiparlementarisme anarchique tant de démocrates occidentaux.

Nos Parlements ne sont, on s'en doutait avant la guerre,
on en est certain aujourd'hui, qu'une caricature de représentation populaire. Les Soviets, au contraire, sont des institutions propres aux ouvriers et aux paysans, exclusivement
constituées par des travailleurs ennemis du régime capitaliste, résolus non pas à collaborer avec ce régime, mais à le
combattre et à l'abattre.

Si la nature des institutions politiques, bourgeoises et
soviétistes est très différente, les attributions respectives
des membres et des organismes ne le sont pas moins.

Le député français est maître absolu de son mandat. Pendant quatre années, il a toutes facultés pour défendre, abandonner ou trahir ses électeurs. Le député soviétiste est élu
pour quelques mois. Durant cette courte période, il est
soumis au contrôle de ses mandants qui ont, à tout moment,
le droit de le destituer et de le remplacer.

Le député français est condamné à se désintéresser de
l'application des lois qu'il vote. En effet, le travail réel de
l'État est accompli chez nous non pas par le Parlement,
mais par l'innombrable armée des fonctionnaires entretenus
par la bourgeoisie, et employés par elle à la violation, à l'é-
tranglement de toutes les lois démocratiques. Le député soviétiste est responsable des lois qu'il vote. Il veille à leur
exécution. Car les Soviets sont des institutions non seulement
législatives, mais encore exécutives, des organisations faites
non pas pour la parade ou la parole, mais pour le travail et

l'action, dans lesquelles chaque électeur (homme ou femme) fait son éducation politique et participe effectivement à la gestion des affaires publiques.

Les Russes ont compris très vite la supériorité des Assemblées soviétistes législatives, exécutives et travailleuses sur les corps parlementaires, sur nos parlottes d'ancien modèle. Beaucoup de paysans, certains ouvriers se plaignent des bolcheviks. Aucun paysan, aucun ouvrier qui ne soit passionnément attaché à la conservation des Soviets. Et sachant que le gouvernement qui succéderait aux bolcheviks, quel qu'il soit, supprimerait certainement les Soviets, ils sont tous prêts à défendre le pouvoir des Soviets. Personne ne peut nier cela. Et j'ai la conviction que les ouvriers et les paysans français, quand ils seront renseignés, prendront exemple sur leurs camarades russes et remplaceront sans remords leurs vénérables sénateurs et leurs brillants députés par des représentants sortis de leurs rangs, plus capables et plus dignes de servir leurs intérêts.

Sur le libre jeu des institutions soviétistes, le pouvoir réel est en bas. Il jaillit des couches profondes du peuple. Or, l'expérience prouve que ce pouvoir venu d'en bas est plus fort que le pouvoir d'en haut des monarchies et des républiques bourgeoises. Aucun gouvernement européen n'est actuellement aussi stable que le pouvoir des Soviets. Aucun n'aurait résisté aux terribles chocs qui l'ont frappé depuis neuf mois sans l'ébranler. Seule en effet la forme souple des Soviets a permis de réaliser et de faire accepter une dictature, c'est-à-dire un gouvernement de fer, implacable, terrifiant, mais absolument inévitable dans une crise révolutionnaire aussi aiguë.

La dictature des Soviets est, bien entendu, la dictature au profit des travailleurs. Elle ne donne droit de cité qu'aux individus créateurs de valeurs sociales, à ceux qui fournissent à la collectivité plus qu'ils ne reçoivent d'elle. La force de contrainte des dictateurs est donc utilisée par le peuple laborieux contre les classes parasites ci-devant dirigeantes qui tentent inlassablement par le sabotage, la violence ou la trahison, de recouvrer leurs privilèges. L'anarchie léguée par l'ancien régime et par Kerensky, est réduite peu à peu par la stricte subordination des Soviets de commune aux Soviets de canton, de ceux de canton à ceux de district, de ceux de district à ceux de gouvernement, et ceux de gouvernement au Congrès panrusse des Soviets de la République Fédérative socialiste. Entre le gouvernement et le centre fédératif, le pouvoir des Soviets a créé la Région. Cette « invention » de la Région assure, en contrepoids au principe d'unité, le principe d'autonomie. Ainsi est écarté, dans un Etat immense et varié comme la Russie, le péril d'une centralisation excessive. Par ses régions autonomes mais soumises à l'impulsion du centre, la Russie soviétiste a réalisé le difficile problème du fédéralisme.

Je ne veux pas revenir sur l'exposé que j'ai fait déjà de la constitution politique bolchevique. Je rappelle seulement que les Soviets locaux, gouvernementaux, régionaux, envoient des délégués au Congrès panrusse de la République Fédérative socialiste des Soviets qui se réunit au moins deux fois par an et auquel appartient tout le pouvoir exécutif et législatif. Le Congrès panrusse des Soviets nomme un Comité central exécutif de 200 membres, auquel il délègue ses pouvoirs et qui, dans l'intervalle des sessions du Congrès, siège en permanence et fait fonction de Parlement législatif et exécutif. Le Comité central exécutif désigne lui-même les membres du Conseil des Commissaires du Peuple (le Ministère) qui exerce le pouvoir exécutif sous la direction et le contrôle incessant du Comité central exécutif, du Congrès panrusse des Soviets et de toutes les organisations soviétistes.

Directement appuyés sur les masses ouvrières et paysannes et concourant avec elles à affermir à tous les degrés la dictature du prolétariat les Soviets brisent, jour par jour, la formidable machine bureaucratique qui réglementait jadis, sous les yeux du tzar, puis sous ceux de Kerensky, l'exploitation, par la bourgeoisie, des misérables travailleurs russes.

L'armée et l'administration s'emplissent de militants actifs et pleins de bonne volonté. Grâce aux conseils des techniciens et des spécialistes, ils s'instruisent rapidement, chassent les contre-révolutionnaires et s'efforcent de transformer les bureaux poussiéreux et ankylosés en services vivants mis à la disposition du peuple. Bien entendu, cette besogne complexe qui se heurte à tant d'obstacles, du fait de la résistance des anciens fonctionnaires et de l'inexpérience des nouveaux, progresse lentement. La bourgeoisie et l'aristocratie luttent désespérément contre ce bouleversement qui doit amener leur mort. De là des à-coups, des désordres, de là la terreur

blanche et la terreur rouge, les combats violents ou sournois, les effusions de sang qui souillent toute guerre, guerre
étrangère ou guerre civile. Mais on n'a pas le droit de faire
au soldat de la Patrie le reproche des coups qu'il donne pour
une juste cause. Et la cause défendue par le soldat de la
Révolution russe est la sainte cause du prolétariat universel.

Non certes, la formidable transformation commencée par
les bolcheviks ne s'opère pas sans accrocs, sans tâtonnements, sans erreurs, sans violences. Comment pourrait-il en
être autrement? Est-ce que l'anarchie, les excès, les crimes
dont débordent les grandes journées de la Révolution française nous empêchent d'admirer l'œuvre sublime créée par
nos ancêtres ?

Un témoin attentif, impartial, est stupéfait de la vigueur,
de la précision et de la rapidité avec lesquelles les bolcheviks
accumulent les résultats.

Pour organiser le prolétariat en classe dominante, confor
mément à la formule de Karl Marx, il ne suffit pas de détruire la vieille machine d'Etat et de la remplacer progressivement par des administrations fondées, contrôlées et dirigées par le peuple lui-même ; il ne suffit pas d'exproprier les
expropriateurs, les grands propriétaires fonciers et les capitalistes. Il faut encore remettre à la collectivité l'ensemble
des moyens de production, faire son éducation, créer et mettre au point le nouvel appareil social et économique.

Pour exécuter un tel programme de construction, pour
adapter peu à peu à la vie et aux mœurs les institutions et les
lois nouvelles, des mois et des années seront nécessaires.
J'ai eu l'occasion, depuis octobre, d'examiner les réformes
des Soviets à mesure qu'elles étaient votées. Je les ai analysées
dans mes notes. Je n'ai donc aujourd'hui qu'à résumer rapidement les étapes principales de cette marche vertigineuse
vers le socialisme.

La question de la terre est résolue. Le paysan est maître de
la terre. Les domaines du tzar, de la famille impériale, des
églises, des monastères, des grands propriétaires ont été remis à la collectivité. Les territoires énormes ainsi récupérés
ont été distribués aux paysans qui n'avaient pas de terre et
à ceux qui n'en avaient pas une quantité suffisante pour
vivre sur leurs récoltes. Chaque Soviet de commune, de dis-

trict ou de canton, constitué par les paysans du pays, détermine si les terres de la commune, du district et du canton seront cultivées collectivement ou individuellement. Les Comités agraires étudient les modes de réalisation pratique. Les pires ennemis des Soviets sont obligés d'avouer que les résultats obtenus, tant au point de vue des procédés de culture qu'à celui des récoltes, dépassent les prévisions les plus optimistes.

L'ouvrier est maître de l'usine.

Les grands industriels et les grands commerçants ont été tout d'abord placés sous le contrôle ouvrier. Les ouvriers de chaque usine, les employés de chaque magasin, sont chargés, concurremment avec les patrons, de l'administration générale de l'entreprise, de la surveillance des achats et des ventes, des règles et de l'application de la discipline, du contrôle et de la direction de la production, de la gestion des comptes et de la répartition des bénéfices.

Le contrôle ouvrier était un premier pas. Le mois dernier, de nombreuses branches d'industrie ont été nationalisées et confiées à l'administration du Conseil supérieur d'Economie nationale. Cet organe original, dépendant directement du Conseil des Commissaires du Peuple et composé de techniciens expérimentés, a pour tâche de réglementer pour toutes les industries la production, la répartition et la consommation. Il s'augmente continuellement de nouvelles sections, à mesure qu'une industrie nouvelle est nationalisée. Chaque section est liée au Comité central professionnel de l'industrie intéressée : « Centrosucre, Centrotextile, Centronaphte, etc... ». Ainsi est assurée la collaboration de l'Etat et de l'industrie à l'effet de déterminer l'importance des stocks, les besoins à prévoir, la production désirable, la répartition des commandes entre les centres producteurs...

La liaison entre le centre et la province est assurée par les Conseils d'Economie nationale établis auprès des Soviets de gouvernement et de région. L'importance de ces organismes proprement socialistes s'accroît sans cesse à mesure que la Russie avance dans la voie des réalisations communistes.

Les travailleurs sont maîtres des banques.

Elles ont été nationalisées. On sait le rôle néfaste joué dans tous les pays par les grands établissements financiers, véritables maîtres du monde, dominant le prolétariat, asservissant les Parlements et la presse, combinant, au gré de leurs appétits, les coûteuses expéditions coloniales et les sanglantes aventures guerrières. En monopolisant les banques russes, le pouvoir des Soviets a fait disparaître une des causes profondes des luttes impérialistes. Il a arraché aux capitalistes et remis entre les mains des travailleurs le levier incomparable qu'est le crédit moderne.

La journée de huit heures (six pour les employés de bureau), revendication chère entre toutes au prolétariat, a été accordée par le gouvernement des ouvriers et des paysans à tous les travailleurs russes. La durée maxima du travail est de 48 heures par semaine. La durée minima du repos hebdomadaire est de 42 heures.

Les salaires, conformément aux échelles établies par les Unions professionnelles ont été augmentées dans des proportions considérables. Les appointements des hauts fonctionnaires et des directeurs d'entreprises ont été raisonnablement abaissés. Ils peuvent être pourtant assez rémunérateurs pour attirer.

Les prolétaires sont garantis contre les accidents, contre la maladie, contre l'invalidité, contre la vieillesse. La multiplication des heures du travail est de nature à réduire le nombre des chômeurs.

M. Vautour est mort et enterré.

La question du logement a été solutionnée radicalement. Les travailleurs en quête de domicile ou confinés dans les taudis insalubres des faubourgs sont logés dans les appartements bourgeois à raison d'une personne par pièce.

La séparation des Eglises et de l'Etat est accomplie. On ne sait pas assez en France à quel point était effroyable l'oppression religieuse en Russie. Qu'on se souvienne seulement des abominables pogroms de Juifs, soupape de sûreté toujours prête et que le tzarisme ouvrait largement chaque fois qu'il voulait faire tomber sur d'autres la colère du peuple.

Le libre exercice des cultes religieux est garanti à tous les citoyens.

Le calendrier grégorien est adopté.

« Au peuple il faut deux choses: l'instruction et du pain. »

Les Allemands et les Alliés affament la Russie centrale en la coupant de ses greniers sibérien et ukrainien.

Mais l'effort accompli pour l'instruction publique est gigantesque. Le programme du Commissaire du Peuple Lounatcharsky embrassait l'instruction proprement dite et l'éduca-

tion ou formation générale. Le minimum poursuivi est que
tous les citoyens de la Russie sachent lire et écrire, l'idéal est
l'instruction la plus haute pour tous. Moyens principaux :
formation d'une armée d'instituteurs, ouverture d'écoles
techniques, de cours d'adultes, accessibilité de tous aux uni-
versités. Mais l'école n'est rien ; il faut que la classe ouvrière,
sans timidité, crée par son propre développement, en exerçant ses idées et ses sentiments, une culture nouvelle, littéraire, musicale, artistique. Pour cela, on a organisé dans
chaque Soviet une section de culture prolétarienne, le Commissariat, c'est-à-dire le Ministère, restant un simple organe
coordinateur.

Depuis novembre, le vaste chantier ouvert par le brillant
orateur, par le très érudit et très fin lettré, par l'homme de
foi profonde qu'est Lounatcharsky, fonctionne avec hardiesse
et prudence, lentement et fermement. Les travaux de déblaie-
ment ont consisté à réunir au Commissariat tous les établissements d'instruction dispersés jusqu'alors entre différents
ministères ou abandonnés à l'Eglise, à abolir les charges purement démocratiques et honorifiques qui encombraient l'enseignement. En même temps, on construisait : amélioration
du sort des instituteurs, création dans toutes les écoles d'un
Conseil pédagogique formé de représentants des maîtres, des
élèves des classes supérieures, des parents et du Soviet local,
fondation d'un musée central pédagogique, d'une école libre
des Beaux-Arts à Pétrograd, d'une Université à Nijni-Novgorod ; d'une multitude de cours pour adultes, écoles professionnelles de tous degrés, d'une Académie socialiste qui est
l'organe suprême de science, comme l'Institut de France, et
d'enseignement, comme le Collège de France.

Pour assouvir la soif de lumière du peuple russe, on a vu
se multiplier librement, sous l'impulsion du gouvernement,
les théâtres, les clubs d'usines ou d'unités de l'armée rouge.
Chaque quartier de grande ville, chaque petite ville provin-
ciale a son journal, ses salles de lecture, ses conférences,
concerts et représentations organisées par la Section d'Instruction de son Soviet.

Lounatcharsky a entrepris une édition populaire des classi-
ques russes. Une dizaine de volumes sont déjà vendus par
centaines de mille d'exemplaires à des prix extrêmement bas.

La vie littéraire interrompue pendant la première période
de la Révolution a repris. Les deux poètes les plus renommés

de la Russie contemporaine, A. Blox et Esenin, ont admirablement exprimé l'âme créatrice et titanesque du mouvement prolétarien. Des revues artistiques, littéraires, techniques et professionnelles naissent chaque jour. L'Académie des Sciences travaille, en contact étroit avec le gouvernement des Soviets, à une grande étude de forces productrices de la Russie. Elle obtient, pour cette œuvre, tous les subsides qu'elle demande.

Il n'est pas inutile de constater que le pouvoir bolchevik, ce prétendu monstre, satanique, cet antéchrist, destructeur de toute culture, a déjà fait incomparablement plus pour fournir aux besoins intellectuels et moraux du peuple qu'aucun gouvernement bourgeois du monde.

Au Commissariat de la Justice, les lois du 24 novembre 1917 et du 21 février 1918 suppriment les anciens tribunaux, le Sénat, les conseils de guerre, les juges d'instruction, les procureurs, les avocats et remplacent le vieil appareil judiciaire russe, compliqué et suranné, pourri de vices et de préjugés, par un système très simple :

1° Tribunaux locaux : un juge permanent et deux jurés, tous élus, compétence pour les affaires civiles jusqu'à 3.000 roubles, et pour les affaires criminelles jusqu'à deux ans de prison, sans appel, mais avec possibilité de cassation par le Congrès des juges locaux de district ;

2° Tribunaux de région avec membres élus par le Soviet local. Ces membres choisissent leur président et se divisent à leur gré en chambres ;

3° Tribunal national d'oblast élu par les membres permanents des tribunaux de région réunis en Congrès : le tribunal d'oblast fonctionne comme Cour de cassation ;

4° Enfin, à Pétrograd, est créée une Cour de contrôle judiciaire suprême chargée d'uniformiser la procédure et élue par les tribunaux d'oblast.

Tous les juges sont élus et peuvent être rappelés et remplacés d'un jour à l'autre par leurs électeurs.

La procédure est simplifiée. Il est prescrit de juger selon les lois des gouvernements déchus dans la mesure où elles ne sont pas contraires aux décrets du Comité central exécutif des Soviets et ne contredisent pas la conscience et l'équité révolutionnaire.

Des décrets ont institué d'autre part les commissions pour

le jugement des mineurs, l'arbitrage et enfin les tribunaux révolutionnaires ou de presse créés en raison de l'état de guerre civile. Les Commissions extraordinaires de Moscou et de Pétrograd sont chargées de dépister dans tous ses repaires la contre-révolution intérieure.

Les lois sur l'état civil enlèvent à l'église la tenue des registres, introduisent le mariage sur simple déclaration et le divorce par consentement mutuel.

Il semble que les réformes judiciaires et civiles, malgré leur caractère radical, aient passé dans la pratique sans encombre et qu'il n'y ait plus qu'à codifier, travail d'ailleurs amorcé par la publication de la Constitution. Le peuple russe acceptera toujours avec faveur un système qui, le libérant des formules et des règles mortes, fera confiance à son besoin de justice et de libre création.

C'est pourquoi l'énorme majorité des travailleurs, malgré leurs souffrances et leurs misères, soutiennent le gouvernement ouvrier et paysan qui a proclamé et s'efforce de réaliser le droit du travailleur à la vie, au pain quotidien, à la santé, à la lumière. Mais c'est aussi pourquoi les exploiteurs et les requins du capitalisme mondial ont suscité contre la République socialiste des Soviets la plus impie des croisades. Je reste confondu que devant cette tentative grandiose, tous les hommes intelligents et généreux n'applaudissent pas des deux mains, n'adhèrent pas de tout leur cœur.

Actuellement, qu'a-t-on fait ?

Que reste-t-il à faire ? Beaucoup plus encore.

Le problème qui se pose avant tout autre à ce gouvernement socialiste qui a conquis le pouvoir politique, qui a déjà plus qu'à moitié exproprié le capital expropriateur et abattu la résistance de la bourgeoisie, c'est d'organiser la production. Le problème est particulièrement difficile dans un pays disposant d'une organisation administrative et industrielle arriérée, composée d'ouvriers et de paysans souvent illettrés, sans éducation politique, abêtis par un servage séculaire, techniquement inférieurs à leurs camarades européens, épuisés au delà de toute expression par trois années de guerre et par seize mois de révolution.

Avec une ténacité, avec une foi extraordinaire, sous la conduite de Lénine, intelligence admirablement vivante, équilibrée et lucide, volonté souveraine, main de fer, les bolcheviks ont attaqué de front ce problème dont ils aperçoivent

l'importance capitale et dont ils connaissent les difficultés.
Pour rétablir l'ordre dans les usines, remettre en état les
forces productives, ils ont recours aux spécialistes et aux
techniciens bourgeois qui répondent déjà en grand nombre à
leur appel. Dans la capitale, dans les centres, partout, ils ont
créé des services chargés de dresser la statistique détaillée
des richesses naturelles, industrielles et commerciales du
pays, afin de préparer les éléments de contrôle d'Etat sur la
production et la répartition des produits

Sous la direction et la surveillance de ces services, chaque
commune russe doit tendre de plus en plus à devenir une
agglomération autonome à qui le pouvoir central accorde la
faculté d'appliquer elle-même, en les adaptant aux nécessités
locales, les lois soviétistes afin d'équilibrer, au mieux des
intérêts de ses habitants, la production et sa consommation.
Des conseils incessants sont donnés aux communes. Celles qui
obtiennent les meilleurs résultats sont qualifiées communes
modèles et la presse fait connaître dans toute la République
leurs succès et les raisons de ces succès.

Le but que doit poursuivre chaque agglomération dans
l'Etat transitoire qui, à la suite de la destruction de l'Etat
bourgeois, prépare la domination du prolétariat et la réalisation de la société communiste, c'est d'intensifier la production. Dans ce but, les bolcheviks s'efforcent d'élever l'instruction générale et professionnelle, de développer le sentiment de discipline chez tous les travailleurs, de faire appliquer les procédés scientifiques qui, comme le système Taylor,
conduisent l'ouvrier à produire davantage et plus vite avec
une fatigue diminuée.

Le gouvernement des Soviets souhaitait pouvoir se consacrer tout entier au travail de création pour lequel il n'avait
pas trop de toutes ses ressources et de toutes ses forces vives.
La paix était signée à Brest. La démobilisation, cette entreprise colossale que tous les experts déclaraient impossible,
s'était accomplie en quelque six semaines. Quel besoin avait-
on d'une armée ?

Les contre-révolutionnaires du monde entier en ont jugé
autrement. Leurs manœuvres ont obligé la Russie à créer, de
toutes pièces et à la hâte, une organisation militaire nouvelle.
Tâche herculéenne, après trois années de guerre, après une
révolution faite précisément contre la guerre. Mes lettres ont

donné, au jour le jour, l'histoire de la formation difficultueuse
de cette armée. Cette histoire est celle de la volonté d'un
homme. Comme Carnot a organisé les armées de la Révolution française, Trotzky est le père de l'armée rouge. Parti
du système des volontaires, il sut faire accepter rapidement le
grand principe du service obligatoire pour tous les travailleurs. Les chefs manquaient. Trotzky obligea les officiers de
l'armée tzariste à louer leurs services à l'armée de la Révolution sociale. Beaucoup trahirent. Trotzky l'avait prévu. Mais
il ne pouvait pas se passer d'abord de la collaboration de ces
ci-devant. Il ne fut ni étonné ni découragé par les trahisons.
Il sut faire disparaître les traîtres peu à peu et s'attacher les
officiers loyalistes. En même temps, il ouvrait, dans toute la
Russie, des écoles militaires où le prolétariat forme des chefs
sortis de ses rangs. La discipline à la prussienne qui régnait
dans l'ancienne armée, avait tué, par réaction, tout esprit de
discipline. Trotzky a travaillé, et maintenant vous rencon-
trez, dans les rues des villes, à Moscou, des compagnies de
l'Armée rouge qui manœuvrent très convenablement. Que
sont les insuccès d'aujourd'hui ? Cette armée apprend actuellement à vaincre, comme Pierre le Grand l'apprenait à Pol-
tava, et les victoires viendront.

Le formidable programme du parti communiste n'est plus
seulement un programme. Semaine par semaine, il est possible à un observateur scrupuleux de noter de nouvelles et
fécondes réalisations. Les bolcheviks savent que des mois,
des années s'écouleront avant que la machine socialiste fonctionne normalement.

Abattre la contre-révolution et rétablir l'ordre dans cette
Russie, qui fut toujours le pays du désordre et qui avait été
plongée, par la guerre et la révolution, dans une anarchie
totale, supprimer la corruption dans le pays des pots-de-vins,
vaincre la spéculation, organiser, éduquer le prolétariat le
plus arriéré de l'Europe, ces buts essentiels du gouvernement
des ouvriers et des paysans russes, paraissent bien haut, bien
loin, hors de la portée des courtes mains humaines.

Le peuple russe, maître souverain de ses destinées, a confiance. Je partage sa confiance. Je ne sais s'il ira jusqu'au
terme de son effort, mais je suis sûr qu'il ira loin, très loin,
plus loin que jamais n'est allé aucun peuple, parti avant
celui-ci à la conquête de l'idéal.

Quel que soit le jugement de chacun quant au succès de cet
effort, il semblerait que tout démocrate, tout homme digne de
ce nom, soit obligé de s'incliner avec respect devant l'œuvre
admirable entreprise par ce grand peuple idéaliste et mystique, ignorant et naïf, mais enthousiaste et avide de justice,
qu'on ne peut connaître sans aimer, dominant de toute son
infinie bonté les barbares cultivés qui le raillent et le mépri-
sent sottement, pour rejoindre et dépasser d'un coup le stade
de civilisation atteint par les nations les plus avancées, pour
créer avec son cerveau, avec ses bras, avec son sang, une ère
de fraternité. Il semblerait qu'aucun homme vraiment humain
ne puisse refuser son concours, l'appui de ses forces et de
son cœur, à ces bons ouvriers d'une humanité meilleure.

Pourtant que voyons-nous ? Tous les gouvernements du
monde, ceux de l'Entente, des Empires centraux, des pays
neutres calomnient, injurient, attaquent férocement la Révolution russe, c'est-à-dire le peuple russe. Ils paraissent ne
poursuivre qu'un but : abattre cette Révolution. Depuis neuf
mois, ils n'ont pas cessé de combattre les bolcheviks — de l'intérieur : en payant, en appuyant, en suscitant les mouvements
contre-révolutionnaires, le sabotage de la production, des
transports et du ravitaillement, en organisant l'anarchie ; —
de l'extérieur : en tentant d'écraser la naissante et fragile
Armée rouge, en assiégeant la Russie soviétiste, en la coupant
de ses greniers, en occupant ses régions productrices de blé,
de charbon, de naphte, de fer et ses principaux centres industriels, en aggravant par tous les moyens la ruine, le chômage
et la famine.

Si la grande expérience tentée par les ouvriers et les paysans de Russie échouait, l'échec serait moins imputable à
l'utopisme des chefs bolcheviks, à l'insuffisance culturelle et
technique des travailleurs russes, à la résistance de la bourgeoisie dépossédée, qu'à la lutte implacable menée contre le
pouvoir des Soviets par les puissants gouvernements capitalistes du monde.

Les paysans et les ouvriers de Russie peinent et souffrent
pour leurs frères, pour mettre fin dans le monde à l'exploitation de l'homme par l'homme. Unis à la bourgeoisie russe,
les gouvernements capitalistes, serviteurs fidèles des exploiteurs du prolétariat, veulent à tout prix maintenir la domination du capital sur les classes travailleuses. Et c'est pourquoi
ils ont juré de tuer la Révolution russe.

M. Albert THOMAS, député (*Champigny-sur-Marne*).

Mon cher ami,

Si la Révolution de Mars fût essentiellement une protestation contre la guerre, la Révolution de Novembre a été plus évidemment encore pour le peuple russe un moyen de manifester sa volonté de paix.

C'est à tort qu'on tente d'opposer, sur cette question de la guerre, les armées héroïques de la Révolution française. En 1793, la guerre jaillit de la révolution. En 1917, la révolution jaillit de la guerre. L'armée russe épuisée, saignée plus qu'aucune autre par une campagne poursuivie pendant trois années, sans armes, sans munitions, sans ravitaillement, trahie par des généraux germanophiles, décomposée par l'anarchie tzariste, bouleversée par la tourmente révolutionnaire, ne voulait plus et ne pouvait plus combattre.

Les gouvernements de l'Entente ne surent pas ou ne voulurent pas comprendre. Ignorant ou méprisant les faits, ils devaient commettre faute sur faute.

Ils refusèrent à leurs socialistes les passeports pour aller participer à la Conférence internationale de Stockholm, où les social-démocrates allemands auraient été mis en demeure, par une énorme majorité d'ententistes et de neutres, de choisir entre la lutte à mort contre leur kaiser et leurs pangermanistes ou l'exclusion de l'Internationale ouvrière.

Ils refusèrent de reviser leurs buts de guerre dont le caractère impérialiste, contraire aux vagues déclarations générales des chefs d'État de l'Entente, contraire aux déclarations précises de Wilson, fut catégoriquement révélé par le texte des traités secrets publiés par les bolcheviks.

Ils refusèrent de signer l'armistice en même temps que les Russes et les Allemands.

Ils refusèrent de participer aux négociations de Brest-Litovsk. Pourtant discuter la paix ne signifie pas signer la paix. Comment les Alliés ne comprirent-ils pas qu'en assistant à ces pourparlers, ils pourraient d'une part se révéler au monde, mal éclairé encore sur leurs intentions profondes, comme les véritables champions du droit et que, d'autre part, ils contraindraient les Empires centraux ou bien à proposer les conditions d'une paix juste et démocratique et à terminer ainsi l'horrible tuerie qui déshonore l'humanité, ou bien, et l'hypothèse était plus vraisemblable à cette époque, à démasquer enfin leurs appétits abominables et leur arrière-pensée d'hégémonie ?

Dans ce dernier cas, la guerre recommençait, menée par les armées alliées avec une force morale, avec un enthousiasme accru par la conviction qui les eût enfin animées de combattre pour l'indépendance personnelle et nationale, pour la liberté du monde, reprise, au contraire, par les troupes ennemies avec l'amère certitude qu'elles ne luttaient pas pour protéger leurs foyers contre l'invasion, mais pour annexer des territoires étrangers, pour fortifier le pouvoir et satisfaire l'orgueil de leurs hobereaux militaristes.

Dans cette guerre nouvelle, nous eussions vu la Russie à nos côtés. Il n'est plus nécessaire de réfuter les calomnies abjectes par lesquelles on a tenté de salir les deux grandes figures du bolchevisme : Lénine et Trotzky, hommes d'Etat exceptionnels, doués d'une culture, d'une clairvoyance, d'une probité politique et d'une foi idéaliste que je souhaiterais rencontrer chez nos politiques. Il est indéniable qu'après une épuration des buts de guerre alliés, après une rupture des pourparlers de Brest déterminée par les exigences inacceptables de l'Allemagne, la Russie soviétiste, qui n'a jamais voulu la paix à tout prix, aurait repris la lutte avec nous.

Les gouvernements de l'Entente refusèrent d'aller à Brest-Litovsk.

Bien plus, ils déclarèrent à la face du monde qu'ils ne fourniraient aucun secours au pouvoir des Soviets.

En décembre, en janvier, en février, vingt fois Lénine et Trotzky, atterrés par les menaces de l'ennemi, impuissants à reconstituer seuls l'armée russe en déliquescence, demandèrent, par mon intermédiaire, l'appui des missions alliées, des forces militaires de l'Entente. A cette collaboration ils posaient une seule condition : la garantie que les Alliés n'attenteraient pas à l'existence du gouvernement ouvrier et paysan..

A ces sollicitations désespérées les représentants de l'Entente opposèrent toujours un refus formel.

A la fin du mois de février, l'ambassadeur de France, sur ses instances, promit à Trotzky l'appui de la mission militaire francaise. Mais, engagé dès lors dans la contre-révolution, il ne voulut prendre aucun engagement quant à l'attitude des Alliés à l'égard du gouvernement russe. En fait, l'assistance de la mission française fut limitée à deux officiers. Incroyable, mais exact.

D'ailleurs, il était trop tard, les troupes allemandes marchaient sur Pétrograd. M. Noulens fuyait précipitamment en Finlande. La paix était désormais inévitable. Elle fut signée par les bolcheviks. Elle avait été imposée par les Alliés.

Objectera-t-on que les Alliés ne disposaient pas, en Russie ou ailleurs, des forces suffisantes pour répondre à l'appel des Soviets ? Plaisanterie, quand on sait la quantité d'or et d'hommes qui était prodiguée alors pour renverser le gouvernement révolutionnaire, pour aider et pousser contre le bolchevisme les bourgeois de Finlande, d'Ukraine, les catholiques de Pologne, les troupes contre-révolutionnaires d'Alexeieff et de Kalédine, les cosaques du Don, les bandes du Caucase, etc

Dira-t-on que l'Entente, sûre de la victoire sur le front occidental, pouvait se désintéresser de la paix de Brest ? Plaisanterie, quand on constate aujourd'hui les tentatives multipliées par les Alliés pour reconstituer un front oriental, pour plonger la Russie dans la guerre après l'avoir jetée dans la paix. Comment oserait-on soutenir que l'Entente avait le droit de se désintéresser d'une paix qui permettait aux Empires Centraux de lancer sur le front occidental cent divisions nouvelles, qui leur donnait des gages territoriaux et financiers considérables, qui leur abandonnait enfin un pays riche en céréales et en produits miniers? Quand bien même, ainsi que je l'espère et que je le crois, notre victoire serait obtenue sans la Russie, grâce à l'incomparable valeur du soldat français, grâce à la puissante et jeune armée américaine, est-ce que le résultat final excusera ceux qui, en renonçant volontairement à l'appui russe, auront retardé cette victoire et, par conséquent, l'auront rendue pour nous plus coûteuse et plus sanglante ?

Après la signature du désastreux traité de Brest, les bolcheviks avaient l'impression que cette paix n'était qu'une trêve, un répit, commencèrent l'organisation de l'armée rouge. Une fois de plus, après avoir paru admettre l'utilité d'une collaboration, les Alliés se dérobèrent.

Sur le terrain économique, même attitude. Le pouvoir des Soviets pour la réorganisation des chemins de fer, de la grande industrie, pour l'exploitation des richesses du sol et du sous-sol, demanda vainement le concours des Alliés. Pourtant il promettait des rétributions généreuses au capital, des traitements élevés aux spécialistes, des concessions de forêts, de mines et de voies ferrées.

Un peu plus tard, quand les Alliés proclamèrent qu'ils avaient élaboré un vaste plan de reconstitution du front oriental, les maximalistes, constatant que les Allemands, malgré la paix de Brest, continuaient progressivement l'envahissement du territoire, craignant d'être écrasés entre le marteau allié et l'enclume germanique, pouvaient être aisément amenés à contracter avec nous une alliance militaire. Des négociations furent engagées. Elles furent bientôt rompues par les Alliés. Au cours de ces pourparlers, des facilités nous avaient été accordées par les bolcheviks pour les aider à défendre Mourmansk et Arkhangelsk. Les Alliés en profitèrent pour préparer les opérations militaires et politiques contre les bolcheviks. A l'heure la plus critique, lorsque déjà les bolcheviks avaient compris que l'intervention alliée était essentiellement dirigée contre eux, ils s'engagèrent, sur ma prière, à diriger vers Arkhangelsk le corps tchécoslovaque immobilisé entre Omsk et Penza, à condition que les bateaux nécessaires à leur transport en France arrivassent à Arkhangelsk dans un délai de quelques semaines. La condition fut acceptée en principe. Elle ne fut jamais remplie. Des complications survinrent. On sait actuellement contre qui combattent les troupes tchéco-slovaques. Ce n'est pas contre les Allemands.

A l'intérieur de la Russie, nos manœuvres contre-révolutionnaires se multiplient avec un cynisme incroyable. Pas un garde-blanc fait prisonnier, pas un contre-révolutionnaire arrêté sur qui on ne découvre de l'or anglo-français ; des documents établissent sa connivence avec nos agents. Notre ambassadeur, par stupidité naturelle et par haine du socialisme, a toujours été un des ennemis les plus impitoyables et les plus perfides de la révolution russe. Il voit rouge quand on lui parle socialisme. Il se vante de vouloir établir en

Russie un gouvernement bourgeois, petit bourgeois, tel qu'en peut rêver ce politicien de comice agricole.

Trompés par les informations inexactes de représentants qui ne cessent d'affirmer depuis octobre que les bolcheviks vont tomber d'un jour à l'autre, et qu'il n'y a pas un Russe qui ne soit prêt à jeter bas le Pouvoir des Soviets, les Alliés proclament à coups de radios qu'ils viennent mettre l'ordre en Russie et organiser le ravitaillement. Or, pas un de leurs actes qui n'ait pour résultat sinon pour but d'aggraver l'anarchie et la famine.

C'est après avoir semé pendant neuf mois cette lutte sans merci contre la Russie soviétiste que nos gouvernements osent s'indigner de la méfiance et de l'hostilité des bolcheviks à l'égard de l'Entente. Ils flétrissent vertueusement « l'orientation allemande » imprimée à la Russie par les maximalistes. Quand bien même cette orientation allemande serait certaine, les Alliés n'en seraient-ils pas plus que tous autres responsables ? De même qu'en refusant tout secours aux bolcheviks, ils les ont livrés pieds et poings liés au pangermanisme, de même en affamant, en sabotant la Russie; en injuriant, en attaquant les bolcheviks, ils les poussent dans les bras de l'Allemagne. Ils veulent les y jeter. Des représentants alliés, Machiavels au petit pied, avouent cyniquement la joie qu'ils éprouveraient si leurs combinaisons obligeaient les maximalistes à signer avec l'Allemagne une alliance qui déconsidérerait les socialistes russes aux yeux des socialistes occidentaux.

Mais l'orientation allemande du bolchevisme est une fable inventée après tant d'autres. Il suffit, pour s'en convaincre, de considérer les faits et de réfléchir.

Quels hommes ont résisté et résistent encore aux Allemands, en Finlande, en Crimée, sur le Don, au Caucase, partout et toujours ? Les bolcheviks et eux seuls.

Quels hommes ont résisté et résistent encore aux Allemands en Ukraine ? Les bolcheviks. Ce sont les paysans soviétistes d'Ukraine, aidés moralement et matériellement par les bolcheviks de Russie, dont les révoltes incessantes empêchent le ravitaillement en blé des Empires Centraux. C'est la fière attitude des bolcheviks d'Ukraine qui oblige les Austro-Allemands à maintenir dans ce pays 4 ou 500.000 hommes de troupe d'occupation. Et quels hommes, sinon bolcheviks ukrainiens, préparant la grande insurrection socialiste qui, dans quelques mois, libérera à coup sûr l'U-kraine du joug germanique.

Quels sont, au contraire, dans tous ces pays, en Ukraine, en Finlande, au Caucase, en Géorgie, sur le Don, en Russie Centrale, les promoteurs de l'orientation allemande, les valets de l'Allemagne ? Ce sont les hommes que nous avons payés, que nous avons aidés, que nous avons poussés contre les bolcheviks, ce sont nos « bons amis », « les éléments sains », nos « fidèles alliés » bourgeois et aristocrates, monarchistes, cadets et socialistes-radicaux de droite.

Jamais je n'ai regretté aussi profondément de ne pas être en France, près de nos camarades et de tous les braves gens que n'aveugle pas une haine imbécile du socialisme.

Comme il serait facile de leur ouvrir les yeux, d'accumuler fait sur fait, chiffre sur chiffre, de dissiper les mensonges par lesquels on les berne, de les amener à comprendre la révolution russe, à soutenir son effort sublime et à crier avec moi : « Vive la République des Soviets ! ».

M. Albert THOMAS, député (*Champigny-sur-Marne*).

Mon cher ami,

« Vive la République des Soviets ! », criai-je, hier, en terminant mon pensum quotidien.

« A mort la République des Soviets ! », répond l'écho allié. J'ai fermé trop longtemps les yeux à l'évidence. C'est bien contre la Révolution et contre elle seule que les Alliés ont dirigé leurs coups depuis neuf mois.

Avant la signature du traité de Brest-Litovsk, c'est contre les troupes bolcheviques et point contre les troupes allemandes que l'on a vu marcher les régiments formés ou contenus par eux sur tous les points du territoire russe ; ainsi les Polonais, ainsi les Ukrainiens, ainsi l'armée d'Alexeieff, ainsi les cosaques de Kalédine.

Après la signature de la paix, c'est contre les forces politiques, économiques et militaires de la République révolutionnaire qu'ont été concentrés tous les efforts de destruction des gouvernements de l'Entente.

Comment douter que l'intervention interalliée, en Russie, soit purement et simplement contre-révolutionnaire ? Je ne saurais trop répéter que cette hasardeuse opération militaire doit nécessairement aggraver le désordre, la famine, la lutte fratricide des partis, la guerre civile, enfin qu'elle développera fatalement au profit de l'Allemagne une haine vivace contre nous. Toutes les classes sociales, tous les partis politiques comprennent, en effet, que les avantages de l'intervention seront pour la Russie de plus en plus minces et les inconvénients de plus en plus graves. Aussi, n'est-elle plus souhaitée par aucun parti digne de ce nom. Seuls la sollicitent encore des cercles politiques qui ont perdu toute influence. Les peuples de l'Entente sont aveuglés par les déclamations égoïstes des Russes réfugiés en Occident, de tous ces monarchistes cadets et socialistes timorés, déchets lamentables de l'ancien régime et de la Révolution.

« La Russie c'est moi » clament, tour à tour, le tzariste Isvolsky, le cadet Maklakoff, le .travailliste Kerensky, le coopérateur Tchaïkovsky. Ils se trompent et ils vous trompent, camarades français. Ce n'est pas la Révolution russe qui parle par leur bouche. Ces braves gens ne représentent pas plus la Russie de 1918 que les émigrés de Coblentz ne représentaient la France de 1792. Comme nos ci-devants, les ci-devants Russes .exaspérés par leur défaite, préparent le crime suprême contre la Patrie et la Révolution. Ils s'apprêtent à rentrer en Russie dans les fourgons de l'étranger. Ecoutez leurs cris de désespoir. Compatissez à leurs souffrances. Mais ne répondez pas à leur appel avant d'avoir entendu la seule voix qui compte, la voix du peuple russe.

Le gouvernement des ouvriers et des paysans affirme que l'intervention des Alliés en Russie est dirigée contre la Révolution russe.

Il a raison.

D'avril à juin, on pouvait admettre la nécessité de reconstituer un front oriental contre les Empires Centraux, la possibilité d'aimanter un certain nombre de divisions allemandes vers les armées alliées débouchant, au Nord, par Arkhangelsk et Mourmansk, à l'Est, par le transsibérien et la Volga, et de décongestionner ainsi le front occidental. A cette époque, en effet, du golfe de Finlande à la Mer Noire, l'ennemi poursuivait son avance méthodique sur le territoire russe, et les Alliés avaient le droit d'« espérer » qu'il la continuerait.

Aujourd'hui, les Allemands n'avancent plus. Sur quelques points déjà ils se préparent à reculer volontairement. Les renseignements les plus sérieux permettent de prévoir que leur marche rétrograde s'étendra finalement à toute l'Ukraine. Les premiers coups frappés par nos armes sur le front occidental concourent puissamment à produire cet effet. Les bolcheviks le reconnaissent et font des vœux sincères pour l'extension de nos succès. D'autre part, la dure leçon d'Ukraine a été comprise à Berlin. Les Allemands ont une indigestion d'annexions. Gravement incommodés, ils vomissent déjà quelques-unes des régions qu'ils avaient englouties. Ils devront bientôt en vomir d'autres. Ils ne sont plus en état de disperser leurs forces et seront de plus contraints de les concentrer.

Il est donc vraisemblable de supposer qu'ils accepteraient

un combat offert sur la Dvina du Nord ou sur la Volga. Si
l'intervention alliée est vigoureuse, si (mais je ne le croirai
pas avant d'avoir vu 300.000 japonais sur la Volga), les
troupes du Mikado déferlent en vagues abondantes sur les
frontières de la Russie d'Europe, les Empires Centraux pro-
poseront sans doute au Pouvoir des Soviets l'appui de quelques divisions, probablement suffisantes pour arrêter l'envahisseur allié jusqu'au printemps. Mais ils ne commettront
pas la faute de s'engager à fond en Russie, et établiront sans
doute leurs forces de résistance sur une ligne qu'on peut tra-
cer approximativement entre Riga et Odessa. Aidés par la
nature russe, par le rude général Hiver, par l'immensité du
territoire, par les difficultés du ravitaillement, ils abandonneront sans regret à l'Entente la tâche accablante de conquérir
la Russie, d'y éparpiller 7 à 800.000 hommes de troupes
d'occupation avant de pouvoir lancer d'autres forces combattantes sur le nouveau front oriental, à 3.000 kilomètres
des bases d'opérations anglo-françaises de la Mer Blanche,
à 10.000 kilomètres des bases japonaises du Pacifique. Qu'importe aux Allemands l'installation d'armées alliées sur la Volga ou même plus loin, tant que leur zone d'occupation ne
sera pas menacée ? En tout cas, la nécessité d'employer des
troupes d'occupation considérables pour « pacifier » la
Russie, pour y établir « l'ordre » à coups de fusil et à coups
de canon, pour assurer la sécurité de leurs transports et de
leur ravitaillement, obligera les Alliés à immobiliser deux
ou trois fois plus d'hommes pour aller attaquer les Allemands, que ceux-ci ne devront en accumuler pour se défendre.

Quel gaspillage de tonnage, d'argent et de soldats ! Et pour
quel résultat problématique !

Ces raisons admises, il est invraisemblable de supposer
que les Alliés engagent cette campagne épuisante et commettent une faute identique à celle que sauront éviter nos ennemis. Ainsi les armées de l'Entente risquent d'accomplir un
long, difficile et coûteux voyage sans apercevoir aucun uni-
forme allemand.

J'ai cru longtemps que les Alliés pouvaient avoir l'intention
de limiter leurs opérations à une domination provisoire sur
les rades de la Mer Blanche et de la Sibérie Orientale, afin de
posséder, à l'ouverture du Congrès de Paix, des gages russes,
qu'ils opposeraient utilement aux gages russes conquis par

l'Allemagne, et de tenir dans leurs mains une précieuse matière d'échange. Mais nos représentants qui sont évidemment
bien informés, m'ont affirmé avec une honnêteté chaleureuse que l'Entente n'avait jamais envisagé la possibilité d'un
tel marché.

Il faut, par conséquent, chercher ailleurs les raisons profondes de notre intervention, car je suppose encore que nous
n'intervenons pas sans raisons, et que toutes ces questions
graves ont été préalablement étudiées et résolues par nos
Etats-Majors. Si pourtant les Alliés, convaincus d'emporter la
victoire décisive sur le front occidental, certains de ne pas
pouvoir attirer les armées allemandes en Russie, repoussent
l'idée de saisir des gages russes, précipitent leurs débarquements sur la Mer Blanche et à Vladivostok, que viennent-ils
donc combattre, sinon la Révolution russe ?

Et pourquoi combattraient-ils la Révolution russe, diront
les naïfs ?

Parce qu'ils ont peur de la Révolution qui vient.

Officiellement, les gouvernements européens calomnient,
tournent en ridicule, écrasent sous leur mépris les révolutionnaires russes. Leur presse de mensonge dénonce l'anarchie russe et la tyrannie maximaliste, prophétise, après tant
de démentis infligés par les faits, la chute immédiate des
bolcheviks, la faillite honteuse de la République des Soviets.

Mais ce que la presse n'indique pas et ce que les gouvernements aperçoivent à travers le travail de destruction, fatalement violent et chaotique des formes de l'ancien régime,
c'est l'effort créateur admirable du Gouvernement des ouvriers et des paysans de Russie, la confiance de plus en plus
grande des masses populaires en ces institutions soviétistes,
où elles reconnaissent leur propre pouvoir, c'est la consolidation de plus en plus évidente de la Révolution.

Si les gouvernements capitalistes des Empires Centraux et
de l'Entente étaient certains, comme ils l'affirment, de l'écroulement prochain du Pouvoir Révolutionnaire, ils le laisseraient paisiblement mourir de sa belle mort, ils le considéreraient avec indifférence et peut-être même avec sympathie. Mais ils sentent bien vivante cette révolution abominable. Ils ont peur et ils ont résolu de la tuer.

Je n'ai pas encore rencontré un seul représentant allié
qui n'ait la haine et la crainte morbide du socialisme. Si les
nations étaient séparées par des cloisons étanches, on auto

riserait peut-être Lénine, Trotzky et leurs camarades à poursuivre jusqu'au bout l'expérience communiste. Mais les idées, hélas ! survolent les frontières, se moquant des censures et des contrôles postaux. Elles vont germer et grandir dans toutes les cervelles, et les idées socialistes sont spécialement contagieuses et séduisantes. Le Gouvernement des paysans et des ouvriers triomphant en Russie, c'est bientôt le Gouvernement des paysans et des ouvriers installé en Allemagne, en Autriche, en France, en Angleterre, partout. C'est dans le monde entier l'avènement d'une ère fraternelle. Mais c'est aussi la fin du régime capitaliste, de l'oisiveté luxueuse des classes parasites, la fin des gros profits, la fin d'une domination intolérable aux opprimés et très douce aux dominateurs. Et c'est parce que nos dirigeants, tyrans du travail et valets du capital, sentent leur existence menacée par la Révolution russe, que tous, sans exception, Gouvernements des Empires Centraux et Gouvernements de l'Entente, n'ont pas cessé, depuis neuf mois, avec une âpreté et un cynisme incroyable, d'essayer par tous les moyens, par l'injure, par la corruption, par la contre-révolution, par les armes, de déconsidérer puis d'abattre le Pouvoir des Soviets. Malgré les règles internationales élémentaires qui imposent aux Etats civilisés le devoir de ne pas intervenir dans les affaires intérieures d'un pays étranger, les Alliés et nos ennemis ont appuyé et appuient inlassablement tous les partis bourgeois qu'ils supposent capables de renverser le Pouvoir que les ouvriers et les paysans russes ont librement choisi. Pour établir « l'ordre », c'est-à-dire le régime capitaliste et la libre exploitation de l'homme par l'homme, les gouvernements allemand et français, par hasard, sont alliés.

Oubliant les crises innombrables commises par les uns et par les autres depuis 1914, les massacres de prolétaires en Irlande, les massacres d'ouvriers par les Allemands en Finlande, les massacres de paysans par les Allemands en Ukraine, les récents massacres de soviétistes par les Anglais dans la région de Mourmansk, par les Tchéco-Slovaques en Sibérie, les gouvernements capitalistes feignent de s'indigner, dès que les bolcheviks exercent les plus légitimes représailles contre les bourgeois saboteurs, contre les gardes-blancs massacreurs.

Impuissants à vaincre la Révolution russe par l'intérieur, ils recourent aujourd'hui à l'intervention armée. Ils comptaient sur l'Allemagne pour accomplir ce beau travail. Mais, si grande que soit son envie d'écraser la Révolution, l'Allemagne n'en peut plus. Incapable d'abattre à la fois ses deux adversaires, elle renonce à renverser les maximalistes et concentre ses forces sur le front occidental.

Les capitalistes alliés ne peuvent plus compter sur les capilistes allemands. Ils doivent opérer eux-mêmes. Et pour réaliser leur dessein, pour remettre la chaîne au cou des révolutionnaires paysans et ouvriers de Russie, ils utilisent les travailleurs opprimés de France et d'Angleterre.

Il n'est pas possible que les ouvriers et les paysans français consentent à devenir les assassins de leurs malheureux frères russes.

En 1789, les peuples de l'Europe avaient pris parti pour la Révolution française contre leurs gouvernements. En 1918, les prolétaires de France sauront défendre contre les coups de l'impérialisme et du capitalisme mondial, la Révolution russe dont l'effort prodigieux hâte pour les travailleurs du monde l'heure bénie de l'affranchissement.

Les camarades parlementaires, majoritaires et minoritaires à qui j'envoie ces lignes me connaissent. Je ne suis ni un énergumène, ni un fou, ni un traître. Certains louaient jadis une modération essentiellement basée sur le sens des réalités, d'autres me reprochaient un opportunisme trop tenace. Les uns et les autres avaient peut-être raison. En tout cas, la nature de mon esprit n'a pas changé depuis mon arrivée en Russie.

Mais le monde a changé autour de moi, et je m'en suis rendu compte. Il faut que tous s'en rendent compte.

Ma modération et mon opportunisme m'imposent précisément d'écrire ce que j'écris. Que mes amis relisent les notes quotidiennes expédiées de Pétrograd et de Moscou, depuis neuf mois; ils découvriront dans les tableaux fidèles et sincères que j'ai tracés des événements l'explication, je ne veux pas dire la justification, d'une évolution progressive, nécessairement commandée par le développement des faits à toute raison raisonnable.

Actuellement, il ne suffit plus d'opposer aux espoirs et aux réalisations bolcheviques les vieilles formules officielles du temps de paix étrangère et du temps de paix civile. La guerre mondiale et la Révolution russe ont modifié profondément les valeurs. Tous les citoyens ont le devoir de méditer ces grandes expériences et d'y puiser les leçons d'avenir. Tous les socialistes fidèles au matérialisme historique ont le devoir de reviser, de mettre au point, des méthodes qui pouvaient être excellentes hier, mais qui sont aujourd'hui périmées.

Pour l'Internationale Ouvrière, l'heure n'a jamais été aussi grave. Tous nos camarades le pressentent. Bientôt chacun devra prendre ses responsabilités devant lui-même et devant les masses populaires. Si les chefs de notre parti socialiste sont véritablement dignes de demeurer à sa tête, qu'ils sachent échapper au sort — malheureux et de conséquence si déplorable pour la révolution sociale — des leaders de la démocratie russe, qu'ils évitent les erreurs grossières où sont tombés les Kerensky, les Tseretelli, les Tchernoff.

Trop d'entre eux en sont encore au point où en étaient les social-démocrates et les S.-R. moscovites au début de 1917. Qu'ils n'oublient pas qu'ils n'atteindront le but visé par tous les peuples et spécialement par le noble peuple de France, qu'en rectifiant leur tir. Qu'ils le rectifient donc d'eux-mêmes et avant qu'il soit trop tard. Sinon la bataille engagée sans eux sera livrée et gagnée contre eux.

Mais la question est trop vaste pour être traitée ici. Me bornant aujourd'hui à l'intervention en Russie, objet principal de cette lettre, je supplie les camarades auxquels je m'adresse de considérer les faits, de réfléchir, de comprendre leur devoir, d'éclairer les militants, de les grouper dans une protestation véhémente contre toute opération militaire dirigée non point contre l'Allemagne mais contre la Révolution russe.

L'écrasement du Gouvernement des Ouvriers et Paysans de Moscou par les ouvriers et les paysans de France, serait une faute colossale et une honte ineffaçable dans l'histoire du prolétariat européen.

Moscou, le 1ᵉʳ septembre 1918.

M. ALBERT THOMAS, député (*Champigny-sur-Marne*).

Mon cher ami,

Le 5 août, à la suite du bombardement d'Arkhangelsk par les Anglais, des officiers français furent arrêtés à Moscou.

A l'heure même où je négociais leur libération avec Tehit-chérine, une perquisition était faite dans les bureaux de l'attaché militaire. Cette opération étant prévue depuis longtemps, le commissaire bolchevik ne saisit que des documents sans importance et une copie des notes quotidiennes que je vous ai adressées depuis la Révolution d'octobre.

Dès mon retour à la Mission, où je devais être arrêté quelques instants plus tard, je constatai la disparition de mes notes et je prévins le général Lavergne. Il avait assisté à la perquisition. Il ne pouvait donc s'en prendre qu'à lui-même de l'enlèvement de ces lettres que j'avais transportées à la Mission, sur ses instructions, afin précisément de les soustraire au danger d'une perquisition à mon domicile. Bien entendu, ce jour-là, le général ne songea à m'adresser aucune remontrance. Il se borna à regretter, comme moi-même, une découverte qui risquait d'être suivie de quelque publication désagréable. Quinze jours après, en effet, les *Isvestia* faisaient paraître une des lettres saisies, envoyée par moi à Romain Rolland, le 14 juillet, et dans laquelle je soulignais les dangers d'une intervention interalliée accomplie en Russie, moins contre l'Allemagne que contre le pouvoir des Soviets. Ma lettre fut commentée par les journaux maximalistes.

Cette publication effraya le général Lavergne. Soucieux avant tout, de dégager sa responsabilité (vous connaissez la formule), il vient d'expédier à Paris un rapport rendant hommage à ma loyauté, aux services importants que j'ai rendus à la France, etc., etc..., mais m'accusant d'avoir manqué gravement à mes devoirs d'officier en écrivant ces notes. Ai-je besoin de vous dire que je n'accepte à aucun degré cette accusation parfaitement absurde, injuste et perfide? On ne peut m'accuser ni d'avoir écrit et envoyé ces pages — je n'étais pas venu en Russie pour autre chose — ni de les avoir laissé saisir — le général était à la Mission pour empêcher la saisie.

Envoyé en Russie sur la demande du ministre de l'Armement pour y faire de l'information politique, je ne suis parti qu'après avoir reçu d'Albert Thomas et de Loucheur l'assùrance formelle de pouvoir exprimer mon opinion en toute franchise à mes chefs en Russie et à mes amis en France. Ma volonté de faire de l'information honnête et libre fut fortifiée quand je constatai l'inaptitude à comprendre, la haine de la Révolution, le parti pris de plaire à Paris plus que de le renseigner, le désir de servir sa carrière plus que les intérêts de la France qui viciaient profondément les indications fournies au gouvernement par la plupart de nos représentants diplomatiques et militaires à Pétrograd.

Je décidai donc d'informer et j'informai, sans ménager rien ni personne, en n'obéissant qu'à une seule préoccupation : écrire ce que je croyais être la vérité.

En novembre, l'ambassadeur ayant connu la substance de mes rapports, m'invita, « dans mon intérêt », à ne pas persévérer dans une « politique » nettement hostile à la sienne. Je répondis à M. Noulens qu'il avait le droit de me faire rappeler en France, mais non celui de m'obliger à mentir. Cet incident, clos à mon avantage, ne se renouvela jamais. Jamais je n'ai reçu aucun reproche et, bien au contraire, les témoignages de gratitude se sont multipliés. Mes notes, confiées aux courriers officiels, soumises à la censure, ne provoquèrent aucune observation des ministres de la Guerre et des Affaires étrangères. Bien plus, j'appris, au mois de mars, que M. Pichon avait télégraphié à M. Noulens en le priant de câbler au quai d'Orsay mes appréciations sous ma signature. Cette dépêche fut d'ailleurs étouffée par M. Noulens.

Ce que j'écrivais à Paris, je le répétais à nos représentants. Le chef d'état-major, beaucoup d'officiers de la Mission ont lu ces notes. Le général Lavergne a pris connaissance de celles qu'il voulut parcourir et notamment de la lettre à Romain Rolland, occasion du conflit actuel, et que, lorsqu'il l'a lue devant moi, il ne songea pas à discuter.

Souvent, les uns et les autres avouèrent que j'avais raison sur bien des points. Mais lorsque je les pressais de faire leur devoir, d'appuyer mes informations du poids de leur autorité officielle, ils se dérobaient, se retranchant derrière le prétexte facile de la servitude militaire, de l'obéissance passive, etc..., qui couvrent toutes les reculades et qui ne sauraient, à mon sens, être sérieusement invoquées par des agents dont la fonction essentielle est d'informer exactement leurs chefs, qui ne le sont pas, sur le sens et la portée d'événements chaotiques qui se déroulent à 3.000 kilomètres de Paris.

Je suis donc stupéfait et indigné qu'on découvre subitement aujourd'hui, après dix mois de réflexions et de sourires, que j'ai manqué gravement à mes devoirs d'officier.

Le général a tenté, d'autre part, de me faire prendre l'engagement de n'ajouter aucun commentaire oral à mes notes lors de ma rentrée en France. J'ai refusé, bien entendu, de capituler aussi lâchement malgré les menaces de conseil de guerre, de répression, etc... par lesquelles on s'est efforcé de m'intimider.

Du moins, j'ai consenti à m'engager à ne plus envoyer de nouvelles notes en France. Mais je continue à rédiger ces notes que je confie à un ami qui ne risque pas d'être inquiété, afin qu'elles soient communiquées par lui aux intéressés au cas où je viendrais à disparaître. J'ai été prévenu, en effet — grâce à d'honnêtes gens écœurés par les malpropretés multiples commises ici — que de prévoyants Anglo-Français songent à m'exécuter. Mon retour en France troublerait, parait-il, bien des quiétudes. On sait que les notes saisies ne contiennent guère que des renseignements puisés aux sources bolcheviques et des réflexions personnelles basées sur ces informations. Mais on n'ignore pas que mes notes secrètes et ma mémoire renferment sur l'action néfaste accomplie par les représentants alliés en Russie des indications nombreuses dont la révélation provoquerait, sans doute, un pénible scandale aux dépens de ces messieurs. J'ai assisté à trop de vilaines manœuvres depuis quelques mois pour supposer qu'on reculerait devant un crime aussi mince que la suppression de mon humble personne si on était tout à fait sûr de n'être pas découvert. Sans être exagérément inquiet, je prends donc certaines précautions et je tiens à prévenir qui de droit, en sorte qu'on sache, le cas échéant, où chercher les coupables.

Fidèle à ma promesse, si imprudemment donnée, je n'ajouterai à ces lignes aucun renseignement de fait sur la situa-

tion présente, et pourtant, que de choses il y aurait à dire
qui sont évidemment inconnues à Paris !

Je puis vous assurer que l'attentat commis contre Lénine
est de nature à fortifier plus qu'à abattre la Révolution russe.
Les Soviets n'ont jamais été aussi solides qu'actuellement.

J'ai toujours admiré très vivement l'étonnante force révolutionnaire des maximalistes et pensé que leur mouvement,
même s'il avortait, constituerait un exemple sans précé-
dent, une expérience féconde dont le socialisme international tirerait largement profit. A ce titre seul, Lénine et
Trotzky auraient droit à notre reconnaissance et leur période devrait être considérée par l'Histoire comme la grande
période de la Révolution russe.

Mais vous savez avec quelles réserves j'exposais leur tactique, avec quel scepticisme j'appréciais les conséquences du
grandiose bouleversement entrepris par eux à l'effet, non
seulement de renverser, mais de détruire la vieille machine
étatique, bureaucratique et militaire, d'organiser le prolétariat en classe dominante, d'abattre un parlementarisme purement oratoire et stérile et de le remplacer par des institutions représentatives populaires et travailleuses, d'arracher
au capitalisme et de remettre à la collectivité l'ensemble des
moyens de production, en un mot de supprimer le régime de
la disposition des personnes et de mettre à sa place celui de
l'administration des choses. J'en arrive aujourd'hui à penser
que Lénine et Trotzky ont vu plus clair que nous, socialistes
opportunistes et conciliateurs, qu'ils ont été plus réalistes,
qu'ils sont plus que nous les disciples attentifs et les vrais
applicateurs du marxisme.

Les faits tenaces semblent déjà leur donner raison.

Sur les ruines effroyables, accumulées par dix mois de destruction systématique des formes sociales bourgeoises, commencent à apparaître vraiment les germes puissants d'une
organisation nouvelle qui doit mettre des années encore avant
de produire tous ses fruits. Mais déjà dans tous les domaines,
administratif, militaire, économique, le travail créateur accompli est immense. Il serait malhonnête et insensé de le nier.

Si le pouvoir des Soviets n'était pas encerclé aussi impitoyablement par les forces de l'impérialisme germano-franco-
anglo-japonais, au Nord, à l'Est, au Sud et à l'Ouest, s'il n'était
pas coupé de ses greniers, de ses centres industriels, de ses
mines de fer et de charbon, de ses puits de naphte, s'il n'était

pas ruiné, affamé, ensanglanté par l'étranger, s'il avait seulement à lutter contre la bourgeoisie russe, contre le sabotage
politique et économique organisé par la contre-révolution,
qui sait si, d'ores et déjà, il n'aurait pas franchi victorieu·
sement les premières étapes d'une organisation communiste?

Les splendides victoires remportées par nos admirables
poilus sur le front occidental ont indiscutablement facilité
le commencement d'exécution du programme bolchevik en
diminuant la pression allemande, l'obstacle le plus immédiat
à la réalisation de ce programme.

A mesure que nos victoires s'étendront, la socialisation de
la Russie deviendra plus profonde, la répression, puis la révolte des masses populaires ennemies se fera plus menaçante,
les nations européennes lèveront les yeux vers un idéal
démocratique plus pur et plus fraternel. Ainsi la dure leçon
aurait profité à tous. Comme nous le criions en 1914, la
guerre aurait tué la guerre et avec elle l'impérialisme et les
forces de réaction capitalistes. Ainsi l'humanité finirait en
beau rêve le cauchemar sanglant qui l'angoisse depuis quatre
longues années.

La chimère d'hier serait-elle réalité demain ? Je commence
à l'espérer. Ainsi soit-il !

Votre cordialement dévoué.

Monsieur Jean LONGUET,

Député.

Directeur du Populaire, *Paris.*

Mon cher ami,

Je suis cloué au lit depuis plus de trois semaines par une sorte de typhus. Je suis abattu, épuisé, vidé. Je veux pourtant profiter du départ d'une partie de la Mission militaire française et d'une délégation de trois camarades soviétistes qui vont négocier en France le retour des troupes russes, pour essayer de vous adresser quelques mots. A l'avance, je vous prie d'excuser le caractère décousu des lignes que vous allez lire. Elles sont dictées par un malade.

Une question personnelle d'abord.

La plupart des officiers de la Mission qui rentrent en France viennent de passer trois mois dans les prisons de Moscou où ils se trouvaient en prévention d'espionnage, très légitimement d'ailleurs. Eux-mêmes avaient reconnu bien souvent avoir mérité cent fois le poteau d'exécution. Ils ont fait, en effet, ici la plus vile besogne de basse police, de sabotage, de provocation, de contre-révolution. Ce sont presque tous des réactionnaires militants qui ont la haine non seulement de la Révolution, mais de la démocratie.

Tous ces gens-là savent que quand je reviendrai en France, si le malheur des temps veut que je rentre sous un ministère socialisant ou même révolutionnaire, les révélations que je ferai sur leur action en Russie détermineront un scandale qui doit être extrèmement dangereux pour eux. Ils ont décidé de m'empêcher de rentrer par tous les moyens. On a essayé d'abord de m'exécuter. Mais j'ai été prévenu à temps et on a dû renoncer à l'assassinat qui aurait provoqué des représailles désagréables.

On songe maintenant à l'assassinat légal, c'est-à-dire au jugement. On cuisine contre moi je ne sais quelles sales intrigues.

On pourrait justement m'accuser d'avoir fait ici de l'action révolutionnaire, de l'internationalisme, voire même de l'agitation bolchevique. Je ne songerais pas à me défendre contre de telles imputations. Mais, pour mieux discréditer les idées, ces messieurs, suivant une vieille formule, s'emploient d'abord à noyer l'homme sous les calomnies. Des amis m'informent qu'on chercherait à me représenter en France comme ayant mis à profit mes relations soviétistes pour jouer de vilains tours à mes camarades. Déjà la machination serait au point et, dès mon arrivée en France, je serais proprement et discrètement nettoyé.

C'est contre une telle campagne qu'en mon absence, je vous prie de prendre ma défense. Vous pouvez la prendre hardiment. Je suis inattaquable sur ce terrain. Mes chefs interrogés ne songeraient pas à nier les services importants que, de leurs aveux maintes fois renouvelés, j'ai rendus à la France.

A Paris même, dix témoins se lèveront à votre premier appel pour dire les services que je n'ai cessé de rendre ici à mes camarades et à mes compatriotes. Malgré le mépris et le dégoût que j'éprouve à l'égard de ces officiers contre-révolutionnaires, hôtes de la Russie et traîtres à la Russie, je n'ai jamais rien fait contre eux et je les ai sauvés plusieurs fois.

Au reste, ils ne l'ignorent pas. Ils savent parfaitement que c'est moi, et moi seul, qui ai fait retarder pendant plus d'un mois leur emprisonnement, qui ai fait ajourner plus longtemps encore leur mise en jugement, c'est-à-dire leur condamnation et leur exécution, que c'est moi, enfin, qui ai conseillé récemment à mes amis du Commissariat des Affaires étrangères de les libérer et de les laisser partir en France pour qu'ils aillent s'y faire pendre.

Pouvez-vous, avec Merrheim et Cachin, à qui j'envoie cette même lettre, ou le Parti peut-il, par une action officielle, obtenir du gouvernement que je puisse rentrer en France sans être inquiété et me faire donner dans ce sens une assurance formelle radiotélégraphiée ?... Je serais heureux d'être fixé au plus tôt.

La réponse d'ailleurs intéresse quelques camarades de la Mission, compromis comme moi par leurs relations amicales avec les Soviets. Pouvez-vous, par cette même voie radio-télégraphique, me faire donner des nouvelles de ma femme et de mes enfants dont je n'ai pas entendu parler depuis le mois de mai ?

Excusez-moi de vous avoir entretenu aussi longtemps d'une question personnelle et permettez-moi maintenant de vous donner quelques renseignements nouveaux sur les événements et la situation politique en Russie.

N'étant pas en France pour y travailler avec nos camarades, je tiens du moins, en ces heures décisives, à continuer (quand j'ai l'exceptionnelle occasion de faire passer une lettre) mon rôle d'informateur de nos compagnons de lutte français, si mal éclairés encore sur ce qui se passe ici. Et pourtant quel intérêt il y aurait pour notre classe ouvrière à être, depuis bientôt quinze mois, renseignée exactement sur l'expérience de construction socialiste poursuivie par les communistes russes et pour laquelle les prolétaires du monde entier leur doivent une reconnaissance éternelle. Mais je ne veux pas revenir aujourd'hui sur les résultats extraordinaires obtenus par l'habileté, par la tenacité, par la foi bolchevique dans l'énorme travail de transformation sociale entrepris en octobre 1917 et si brillamment poursuivi depuis cette époque. Je vous ai tenu au courant au jour le jour de cette besogne de destruction de l'ancien régime et de création d'une société nouvelle, œuvre gigantesque réalisée par des géants.

Je veux me contenter cette fois de vous citer quelques faits pris au hasard, faits récents, précis, certains, qui illustrent le cynisme incroyable de la politique menée par l'Entente contre la Révolution et qui justifient les cris d'alarme que j'ai poussés depuis bien longtemps à nos camarades trop naïfs, trompés par l'hypocrisie des déclarations officielles de nos gouvernements soi-disant démocrates.

Dans la Mer Baltique, l'amiral anglais commandant l'escadre alliée vient de publier l'ordre du jour suivant :

« 1° Couler sans avertissement tout bâtiment allemand naviguant sous drapeau rouge ;

« 2° Couler purement et simplement les bâtiments commandés non par des officiers, mais par des matelots élus ;

« 3° Fusiller les équipages parmi lesquels on trouvera un seul bolchevik. »

A Riga, des navires de guerre alliés lancent leurs obus sur les quartiers ouvriers et sur les casernes des tirailleurs lettons, coupables de s'être révoltés contre le gouvernement bourgeois installé dans le pays par les Allemands. Cela n'a d'ailleurs pas empêché l'armée rouge de s'emparer de la ville quelques jours après.

Les gouvernements de l'Entente favorisent tous les attentats contre le bolchevisme. Les ministres pseudo-socialistes, qui gouvernent actuellement la Pologne, sont leurs domestiques. Or, ces ministres viennent de commettre un crime inouï en faisant fusiller quatre membres de la délégation de la Croix-Rouge russe munis de tous documents et sauf-conduits et placés sous la sauvegarde du Danemark. Ce crime n'a pu être commis qu'à l'instigation ou avec la complicité de l'Entente.

Contre le bolchevisme encore, les Alliés viennent d'inventer une nouvelle arme. Foch impose à l'Allemagne une Commission de contrôle qui sera chargée (sans qu'aucun accord ait été passé avec le gouvernement russe) de la protection (?) et du rapatriement des prisonniers russes. Il faudrait avoir beaucoup de naïveté pour admettre que Foch et Clemenceau, débordant d'amour pour le peuple russe, ont été déterminés à poser cette condition nouvelle d'armistice par des mobiles philanthropiques. La vérité, la honteuse vérité est différente. Cette Commission de contrôle est chargée d'enquêter sur les prisonniers russes et de les diviser en deux catégories : les méchants, c'est-à-dire les bolcheviks ou bolchevisants, qui seront isolés, brimés et retenus en Allemagne; les bons, c'est-à-dire les antibolcheviks, qui seront dirigés vers la Pologne, puis enrôlés bon gré mal gré dans les légions polonaises ou dans les unités de gardes blancs, payés, armés, ravitaillés par les Alliés et sont destinés à la grande offensive contre le bolchevisme.

Mais on ne se contente pas de dresser les Russes les uns contre les autres. Il y a quelques jours, à la suite des révélations du *Spartacus,* la Commission allemande d'armistice était obligée d'avouer que, depuis deux semaines, Foch faisait pression sur l'Allemagne pour l'obliger à déclarer la guerre à la Russie, mais que l'Allemagne venait de répondre à la France qu'elle ne serait pas en état de conduire cette nouvelle guerre, même si elle le voulait. Contraindre les deux Révolutions à s'entre-détruire, les affaiblir en tous cas l'une et l'autre, le plan était machiavélique et s'il avait réussi, quelle joie pour la bourgeoisie capitaliste européenne! Or

les a mises du moins en défiance l'une contre l'autre, ce qui
est déjà un résultat appréciable. Comment le prolétariat fran
çais n'exerce-t-il pas une action médiatrice pour faciliter le
rapprochement des deux grands peuples? Quelle force aurait
la Révolution allemande, appuyée sur la Révolution russe et
réciproquement! Militairement, économiquement surtout, les
deux pays sont absolument nécessaires l'un à l'autre. Et politiquement, malgré les profondes divergences de tactique qui
les séparent actuellement, leur union, indispensable au salut
de l'un et de l'autre est possible.

Avant de lancer l'Allemagne contre la Russie, l'Entente
avait déjà envoyé l'ordre aux troupes allemandes d'Ukraine,
de Lithuanie, de Russie Blanche, de Courlande et d'Esthonie,
de n'évacuer à aucun prix les territoires occupés : façon nouvelle de libérer les peuples opprimés.

Voilà quelques-uns des faits les plus récents qui nous
frappent et nous indignent en Russie. Je ne sais dans quelle
mesure on les connaît en France. Je pense qu'on y est informé
davantage de la politique de brutalité inouïe suivie à l'égard
de l'Allemagne et qui, du reste, doit être représentée chez
nous comme le fruit glorieux de la victoire. Comme à l'égard
de la Russie, le mot d'ordre est : « Tout contre la Révolution », le peuple français, en acceptant d'être complice de
cette tactique de « væ victis », s'imposerait une honte éternelle s'il ne dégageait pas au plus tôt sa responsabilité. Je ne
comprends pas comment le Parti socialiste et la Confédéra-
tion générale du Travail peuvent assister à un tel déchaî-
nement de violences barbares, à un tel oubli de principes, à
l'abdication si ignominieuse d'un peuple devant les manifestations sadiques de sa méprisable caste chauvine et militariste, sans réagir et sans agir. Les bribes de protestations que
j'ai lues dans les journaux russes sont trop timides pour être
efficaces. Admissibles par temps calmé, elles semblent ridicules dans la grande tourmente qui bouleverse le monde.
Pour protéger contre l'impérialisme allié la Révolution russe,
la Révolution allemande et la démocratie mondiale, il vaudrait mieux que ces manifestations platoniques, grouper, dans
un vaste mouvement d'énergique protestation, la classe
ouvrière organisée et le Parti socialiste, et ce mouvement
devrait sans hésiter descendre dans la rue. Est-ce possible
que la France soit encore grisée à ce point par la victoire et
incapable d'apprécier plus justement le prix de ses lauriers ?

Comment surtout le Parti socialiste et les organisations syndicalistes n'ont-elles pas mieux compris et accompli leur devoir ? Je reviens ici sur ce que je disais tout à l'heure. C'est par votre intervention que doit être réalisé l'accord des Révolutions russe et allemande. Mais vous auriez pu faire davantage et agir efficacement sur l'évolution même du mou-vement allemand. Si les prolétariats occidentaux et spécia-lement le prolétariat français avaient exercé une pression vigoureuse :

1° Sur leurs gouvernements pour empêcher l'odieuse humi-liation de la Révolution allemande qui ne devait profiter qu'aux partis de contre-révolution, et ces violations du droit du peuple allemand à disposer de lui-même aussi abominables que la suppression des soviets dans les territoires occupés par les Alliés et que les menaces adressées à la nation alle-mande pour le cas où elle oserait se donner des institutions socialistes ;

2° Sur la Révolution allemande pour la rapprocher de la Révolution russe.

Il est vraisemblable que les masses populaires allemandes, actuellement terrorisées par les gouvernements alliés et non soutenues par la sympathie agissante des masses popu-laires de l'Entente, seraient allées beaucoup plus rapidement et plus franchement vers la gauche. Au lieu d'avoir le minis-tère quasi bourgeois et contre-révolutionnaire de Scheide-mann, une coalition des indépendants et des spartaciens aurait sans doute pris le pouvoir.

En ce qui concerne la Russie, la politique des Alliés ne s'est pas modifiée. Le but poursuivi, malgré les assurances hypo-crites de neutralité politique, est toujours de renverser les bolcheviks et de détruire ce dangereux exemple de Répu-blique socialiste.

Le moyen le plus simple paraissait être l'intervention mili-taire ; mais les bolcheviks ont résisté depuis six mois et ils résisteront de mieux en mieux aux troupes de l'Entente qu'ils bousculent un peu partout. L'armée rouge, d'abord ridicule par la quantité et la qualité, devient une force puissante, bien encadrée, bien disciplinée, bien armée, renfermant près d'un million d'hommes instruits. Elle en comptera deux millions au printemps.

Où les Alliés trouveraient-ils les nombreux corps d'armée indispensables pour abattre cette armée rouge ? Comment croire sérieusement qu'après plus de quatre années de guerre, après la propagande que nous avons faite, des ouvriers et des paysans de France et d'Angleterre consentiront, la guerre finie, à recommencer une guerre nouvelle sans intérêt pour eux ni pour la Patrie, uniquement entreprise pour assurer la quiétude de la bourgeoisie occidentale, qui ne digérera pas en paix tant que la Révolution russe subsistante constituera une menace de Révolution européenne.

Déjà les protestations vigoureuses du prolétariat français contre la tentative d'étranglement de la Révolution russe ont fait reculer Clemenceau et l'ont obligé à prendre des voies plus détournées et moins sûres. Les bolcheviks, ai-je besoin de le dire, sont pleins de gratitude pour les camarades qui, comme vous, ont assuré ce succès si aisément acquis et qui montre tout ce que vous obtiendrez lorsque vous oserez conduire le prolétariat sur la voie révolutionnaire sans attendre que l'heure propice soit passée.

L'intervention militaire alliée n'étant plus possible sous sa forme brutale, nous avons eu, fin décembre, les déclarations Pichon. Notre ministre des Affaires étrangères s'est moqué cyniquement de la Chambre des députés. Quoi qu'il en ait dit, en effet, l'intervention armée continue. Une escadre alliée bloque le golfe de Finlande, une autre la mer Blanche, une troisième la mer Noire. Des combats navals ont eu lieu. De même, à la date où j'écris, sur terre, la lutte continue entre régiments bolcheviks et alliés. Pas un des soldats français se trouvant en Russie qui ait été ramené en France. En ces dernières semaines, au contraire, il semble bien que les troupes de l'armée d'Orient aient été dirigées sur Odessa, où l'on signale des arrivées de coloniaux.

Mais à côté de cette intervention directe, à laquelle on sera pourtant contraint de renoncer bientôt, plus sournoise, plus dangereuse qu'elle, il y a l'intervention indirecte, l'action menée par persuasion, par menace auprès des Etats limitrophes de la Russie, afin qu'ils entrent en guerre contre celle-ci. J'ai dit ce qu'on venait d'essayer de faire avec l'Allemagne. D'autres puissances sont plus faciles à manier.

L'Entente ameute contre la République des Soviets tous les peuples incapables de résister à sa volonté. Elle presse la Pologne de s'unir pour créer au plus tôt une armée et marcher sus aux bolcheviks. Ceux-ci n'ont échappé jusqu'ici à ce nouveau danger qu'en raison de l'impuissance générique des Polonais à s'entendre et à mettre fin à l'anarchie qui les rend et les rendra longtemps encore désagréables et gênants, mais inoffensifs pour leurs voisins. L'Entente fait de même pression à Prague pour empêcher la conclusion de l'accord proposé par Tchitchérine pour assurer le retour en Bohème des Tchèques de Sibérie. Elle veut forcer les Tchèques à former une armée contre les bolcheviks. Elle a arraché à la Finlande une déclaration de guerre à la République Soviétiste esthonienne, déclaration dont on ne peut comprendre la raison ni le prétexte. Elle s'efforce de jeter également les Etats scandinaves dans une action militaire. Dès maintenant, elle leur interdit de continuer les relations commerciales avec la Russie et pour être plus sûre de leur obéissance elle les oblige à rappeler de Moscou leurs représentants diplomatiques, comme elle avait contraint précédemment la Suisse à expulser la légation bolchevique et la Hollande à refuser les représentants soviétistes qu'elle avait d'abord agréés.

Il faut noter en passant la vaste campagne d'encerclement économique, le blocus impitoyable établi contre la Russie. Si l'Entente est obligée de renoncer à toute intervention armée, directe ou indirecte, elle espère du moins vaincre le bolchevisme par la ruine industrielle et la famine. Tenant entre ses mains les greniers de blé de Sibérie, elle affame déjà ce malheureux pays et déjà elle a condamné à mort des centaines de milliers d'innocents.

Mais le siège est une méthode trop lente, car le temps presse. Chaque mois qui passe consolide la situation du pouvoir des Soviets et aggrave les symptômes de révolution dans les pays d'Occident. C'est pourquoi l'Entente ne se résigne pas à abandonner les opérations militaires. Elle soutient directement par son argent et par ses munitions, aux quatre points cardinaux, tous les ennemis de la République soviétiste. En Ukraine, c'était Skoropadsky, hetman dictateur installé par Guillaume, qui avait trouvé moyen de renchérir sur l'ancien régime. En Crimée et dans l'ouest du Caucase, c'est l'armée volontaire de Denikine, dont le noyau est composé d'officiers partisans de la monarchie absolue. Sur le Don, c'est Krasnof, général d'ancien régime, vendu tour à tour aux Alliés. En Sibérie, c'est le dictateur Koltchak, contre lequel les socialistes révolutionnaires de droite et les cadets eux-mêmes viennent de lever l'étendard de la révolte.

Au nord, au sud, à l'est, partout des monarchistes. Ce sont les seuls protégés des Alliés.

Ce bref tableau suffit à faire comprendre que le but des gouvernements de l'Entente n'est pas du tout l'établissement en Russie d'un système démocratique, mais la restauration de la monarchie. C'est incroyable, mais c'est ainsi. Tous les hommes qu'elle soutient veulent le retour à l'ancien régime.

Skoropadsky est tombé ridiculement huit jours après avoir été reconnu solennellement par les diplomates alliés et avoir reçu leurs pompeuses promesses de secours. Il laisse ces diplomates tout désorientés et ne sachant plus qui appuyer.

Contre les bolcheviks, évidemment, tout est bon. Mais comment s'entendre avec un démocrate et peut-être même un socialiste comme Petlura ?... Aussi les pourparlers engagés ont-ils été rompus et, il y a une dizaine de jours, Petlura lui-même envoyait une note aux Alliés les invitant à retirer leurs troupes d'Ukraine. Le pauvre Petlura est, de son côté, fort embarrassé, pris entre les Alliés, qu'il doit ménager, le Soviet tout récemment élu à Kiev, qui compte 90 0/0 de bolcheviks, et les troupes soviétistes paysannes qui battent ses propres troupes et se dirigent vers la capitale où elles comptent proclamer la réintégration de l'Ukraine dans les cadres de la République panrusse des Soviets.

L'exemple de la Sibérie est aussi significatif. Il y avait là, à Oufa, à Tcheliabinsk, à Samara, enfin à Omsk, un « gouvernement de la Constituante » composé de socialistes révolutionnaires comme Tchernoff et Avksentief, l'ami de Kerensky. Les Alliés se sont servis, tant qu'ils l'ont jugé utile, de ces pauvres naïfs, mais ils ne les ont jamais eus en grande sympathie. A la première occasion, ils ont favorisé, suscité un coup d'Etat. Les socialistes révolutionnaires amis de l'Entente sont en fuite ou en prison et Koltchak règne maintenant à Omsk. Son activité contre-révolutionnaire doit donner pleine satisfaction au général français Janin, qui travaille à ses côtés, à Omsk, et qui peut se croire revenu à la cour de Nicolas II, où l'on disait le plus grand bien de son élégance discrète.

Les gouvernements de l'Entente assurent encore que rien ne leur tient plus à cœur que le rétablissement de la Russie, une et indivisible, avec ses frontières d'avant-guerre. Mensonge ! S'il est une force capable de refaire l'unité de la Russie, une unité d'ailleurs raisonnable et n'opprimant per-

sonne, c'est le pouvoir des Soviets, en aidant les peuples es_
thonien, letton, blanc-russien, lithuanien, ukranien, à se libérer de leurs oppresseurs, en leur rendant Narva, Minsk, Riga,
Vilna, etc... En s'entourant de Républiques soviétistes alliées,
il recrée vraiment la Russie une et fédérative. Au contraire,
l'Entente, depuis un an, soutient en fait et fait naître au
besoin les tendances séparatistes. Sa politique n'a pas changé.
Par rancune, par dépit et par calcul, elle vise au démembrement de la Russie.

J'en arrive à la situation intérieure. Les Alliés veulent détruire la Révolution et l'Etat russe. Le dessein est tellement
évident que tous les Russes l'ont compris et se rapprochent
les uns des autres pour faire face au péril. Beaucoup de patriotes russes qui ne sont ni bolcheviks, ni même socialistes,
entrent dans l'armée rouge pour défendre la Russie menacée
par l'étranger.

Quant aux divers socialistes, en voyant que non seulement
le bolchevisme, mais toutes les conquêtes de la Révolution
sont menacées par la bourgeoisie alliée, ils se sont unis autour des bolcheviks contre l'ennemi commun. Cette alliance,
dont les conséquences politiques intérieures sont d'ores et
déjà considérables, aurait semblé impossible il y a six mois.
On se souvient du splendide isolement des bolcheviks, qui le
supportaient d'ailleurs admirablement. Il a fallu la haine des
Alliés pour accomplir ce recollage miraculeux qui aidera
certainement au salut de la Révolution. Certes, cette union
paraît laisser intactes les différences de programme. Elle a
été réalisée avant tout pour créer un bloc compact contre
l'envahisseur. Mais elle crée en outre une habitude de travail
en commun qui doit nécessairement rapprocher les anti-
soviétistes des soviétistes et, en fait, les amène à faire presque
toutes les concessions. Sur la nécessité de l'alliance avec les
bolcheviks, je pense que sont parvenues en France, en leur
temps, les déclarations sensationnelles des social-démocrates
internationalistes, des mencheviks, des anarchistes, des anciens socialistes révolutionnaires de droite. Seuls, bien entendu, se sont abstenus les partisans de l'ancien régime, les
hommes de droite et les cadets, c'est-à-dire les monarchistes
honteux. Et, il ne s'agit pas ici de manifestations indivi-
duelles, mais de manifestations solennelles des comités centraux des organisations et des partis.

En ce moment est en train de se conclure, à Oufa, une

alliance contre le grand ami de l'Entente, le dictateur tzariste Koltchak, entre l'armée rouge soviétiste et l'armée nationale des constituants

Les intellectuels se groupent de plus en plus nombreux autour du pouvoir des Soviets. Maxime Gorki s'est rallié sans réserve à la tête de professeurs, d'artistes, de poètes et d'écrivains célèbres ; il travaille activement dans les organisations bolcheviques. Depuis de longs mois déjà, la plupart des institutions officielles scientifiques, notamment l'académie des Sciences, collaborent, dans le domaine de leur activité habituelle, avec le gouvernement, qui leur propose des programmes grandioses de statistique, de prospection et de mise en état des énormes richesses productives de la Russie. Ce travail formidable est déjà très avancé. Il doit être extrêmement bienfaisant pour l'avenir du pays. D'autre part, le pouvoir des Soviets accorde sans compter tous les crédits qui lui sont demandés par les savants, qui ne se sont jamais vus à pareille fête et qui, toute politique mise à part, bénissent le ciel d'avoir confié les destinées de la Russie à ces ministres intelligents. De même, par milliers, des ingénieurs, des chimistes, des inventeurs se consacrent soit aux questions techniques militaires, soit aux questions de réorganisation économique. Le souhait formulé par Lénine et Trotzky, dès octobre 1917, se réalise : aux bras qui ont fait la Révolution s'ajoutent maintenant les cerveaux qui doivent assurer ses conquêtes.

En un mot, comme je le prévoyais dès juin 1916, c'est toute la Russie, exception faite de quelques milliers de fossiles, que l'Entente trouvera devant elle, si elle ose entamer la lutte.

Elle se heurtera à une Russie organisée, au moins militairement. L'armée rouge a récemment perdu Perm par surprise, mais elle y rentrera bientôt et elle venait de reconquérir brillamment tout le bassin de la Volga. Elle s'est avancée au delà d'Oufa. Elle est en train de rétablir, par Orenbourg, la liaison avec le Turkestan. Elle tient sérieusement sur le Don. Les troupes soviétistes nationales d'Ukraine menacent déjà, d'une part, Kiev par la reprise de Tchernigov ; de l'autre, tout le bassin houiller du Donetz par celle de Slaviansk. A l'ouest, les armées soviétistes sont attendues à l'avance et reçues avec joie, sauf par la bourgeoisie exploiteuse, dans toutes les villes où elles entrent. Partout, dès que l'envahisseur allié, allemand ou contre-révolutionnaire a disparu, les soviets jaillissent spontanément. Et ceci suffit à montrer aux ignorants et aux incrédules à quel point le régime soviétiste est populaire et quelles racines profondes il a poussées dans tout le pays.

En trois mois, l'armée rouge a presque doublé le territoire de la République par ses conquêtes, facilitées d'ailleurs par les bonnes dispositions des populations et par le mauvais état moral des troupes opposées qui passent en grand nombre du côté des Soviets. Le mot conquête paraît impropre alors qu'il s'agit seulement de la constitution d'une Russie fédé-rative socialiste où n'entreront que les nations qui le voudront bien. Est-il besoin de dire que la politique des bolcheviks n'est nullement souillée d'impérialisme? Le pouvoir des Soviets, fidèle aux principes, ne violera jamais le droit des masses travailleuses à disposer librement d'elles-mêmes qu'il a proclamé à son avènement. Ce sont d'ailleurs des armées nationales qui, partout, avec la collaboration sollicitée par elles des forces russes, libèrent progressivement leur territoire.

Les contre-révolutionnaires et les Alliés sont atterrés par la spontanéité et par la puissance de ces mouvements populaires. Dans leur impuissance militaire, ils ne savent qu'imaginer pour enrayer ces brillants succès qui fortifient le gouvernement bolchevik et réduisent à leur juste valeur, c'est-à-dire à néant, les gouvernements régionaux « inventés » par l'Entente un peu partout et qui ne se sont maintenus au pouvoir jusqu'ici que par la grâce de l'or et des baïonnettes alliées. .

Le travail intérieur d'organisation se poursuit. Les difficultés sont énormes. L'étreinte des Alliés et des contre-révolutionnaires autour de la Russie soviétiste ne s'est pas encore suffisamment desserrée pour que le bolchevisme ait à sa disposition les denrées alimentaires, le combustible et les matières premières qui lui sont nécessaires. Mais l'effort se continue avec une ténacité prodigieuse. Le succès paraît certain, il serait acquis rapidement si la France, l'Angleterre et les Etats-Unis, renonçant enfin à forcer la politique russe par leur immixtion incessante dans les affaires intérieures du pays, apportaient à la Russie le secours alimentaire et économique dont elle a besoin et qu'ils promettent hypocritement. Mais ces assassins ne songent qu'à tuer la Révolution.

Je ne sais pas encore si je pourrai vous adresser par ce

courrier la traduction du Code de travail élaboré par le Comité central exécutif. C'est un pur chef-d'œuvre.

La socialisation de la répartition, après celle de la production, va son train. La marche des entreprises industrielles, hélas ! est loin d'être ce qu'elle devrait être. Manque de combustibles, manque de matières premières (les mines, les centres de production principaux se trouvent hors des mains soviétistes), manque de discipline ouvrière. Mais il ne faut pas oublier surtout que l'industrie russe créée par le capital et la technique étrangère ne vivait qu'appuyée sur les spécialistes d'Occident, directeurs, ingénieurs, contremaîtres, etc. Et il n'y avait pas une entreprise industrielle russe de quelque importance qui ne fût dirigée effectivement par des Anglais, des Français et surtout des Allemands. La brusque disparition de ces spécialistes étrangers (dispersés par la guerre et par la Révolution) a jeté l'industrie russe dans un état de désorganisation auquel ne suffit pas à porter remède la bonne volonté des spécialistes russes. Je parle, bien entendu, de ceux qui ne sabotent pas. Mais il faut reconnaître que les saboteurs sont de plus en plus rares et que la bourgeoisie, comme l'intelligence, se résigne peu à peu à servir un régime dont elle commence à comprendre la stabilité.

A défaut des spécialistes étrangers bourgeois, il faut que viennent ici, au plus tôt, des camarades français et allemands pour remettre en train la machine économique qui ne peut pas marcher sans eux, quel que soit le gouvernement au pouvoir, et qui ne pourra pas se passer d'eux avant que soient formés de nouveaux cadres de spécialistes russes vraiment capables de diriger et d'administrer, c'est-à-dire avant de longues années.

Un autre danger qui menace le régime soviétiste est la création d'une bureaucratie de plus en plus coûteuse et compliquée. Le péril est aperçu et signalé. Il est redoutable, mais il doit être vaincu. Des dispositions sont prises dès maintenant et commencent à produire quelques résultats.

Pour se consacrer tout entier à son œuvre de construction et de création, pour rétablir la situation économique du pays, pour améliorer d'abord la situation alimentaire qui est telle qu'à Pétrograd et à Moscou les ouvriers affaiblis par suite d'une nourriture insuffisante ne peuvent pas produire plus d'un tiers du rendement normal, le pouvoir des Soviets devrait vivre tranquille dans des frontières élargies. Il voudrait la paix. Il faut que le peuple français sache que le gouvernement russe a fait aux Etats alliés de multiples avances en ces trois derniers mois. Le Commissaire du Peuple aux Affaires étrangères le répétait encore le 12 janvier, dans une note adressée à Lansing : « Nous sommes prêts à supprimer tous les obstacles qui peuvent empêcher la reprise des relations normales entre l'Amérique et la Russie. »

Je rappelle que, le 24 octobre, il avait déjà fait la même déclaration par l'intermédiaire du ministre de Norvège, déclaration renouvelée lors du départ de ce ministre. Le 3 novembre, tous les représentants neutres furent priés de transmettre aux gouvernements de l'Entente une proposition d'ouverture de pourparlers de paix. Le 8 novembre, le Congrès des Soviets déclara à la face du monde que la Russie ne souhaitait que la paix. Le 23 décembre, Litvinoff porta à la connaissance des ministres de l'Entente, à Stockholm, le désir du gouvernement russe de résoudre pacifiquement et au plus tôt toutes les questions litigieuses.

Je n'ignore pas qu'un hautain radio de Lyon a répondu à ces avances en proclamant que jamais le gouvernement français ne traiterait avec un pouvoir ne représentant pas la volonté du peuple russe. Mais cette réponse brutale ne peut pas être définitive. Le prétexte invoqué est d'ailleurs mensonger. Les dernières élections ont prouvé que 70 p. 100 au moins des électeurs (hommes et femmes) sont soviétistes, et ceci devrait suffire à assurer au pouvoir des Soviets le droit d'être reconnu comme représentant le peuple russe. Il faut ajouter que, depuis un mois, la plupart des éléments d'opposition se sont rapprochés du pouvoir des Soviets. Aujourd'hui, le gouvernement est certainement soutenu par plus des trois quarts du corps électoral et, dans ces conditions, c'est pure hypocrisie de continuer à refuser la conversation avec ce gouvernement, qui représente beaucoup plus et beaucoup mieux les masses travailleuses que les démocraties bourgeoises d'aucun autre pays du monde.

Si les soldats français souffrent dans les régions polaires et risquent de recevoir des balles alors que la guerre est terminée et qu'ils devraient avoir regagné leurs foyers, la faute n'en est donc pas au gouvernement des Soviets. Je sais que dans son désir d'avoir la paix coûte que coûte, Tchitchérine a proposé (j'avais eu sur ce sujet des conversations nombreuses avec tous les leaders soviétistes et spécialement avec

Lénine) au gouvernement français de rapporter le décret sur l'annulation des emprunts d'Etat et de régler de la façon la plus satisfaisante cette question qui intéresse tant de petits porteurs français. Bien entendu, aucune réponse n'est venue à cette proposition si gênante pour des gens qui ne veulent la paix à aucun prix. Clemenceau a décidé de rétablir la monarchie en Russie.

Je crois même que le gouvernement français montre plus d'acharnement contre la Russie que l'Angleterre elle-même. C'est ainsi que celle-ci avait proposé récemment au pouvoir des Soviets de s'entendre avec lui pour lui assurer une place au Congrès de la Paix, à côté des représentants des divers Etats contre-révolutionnaires de la Russie. Bien mince concession ! Pourtant Pichon n'a même pas voulu cela. Il a protesté et l'Angleterre a renoncé à son projet.

Cet acharnement, cette haine inplacable, manifestés contre la Révolution russe est une honte pour la France soi-disant républicaine et démocratique, qui nie et renie ainsi tout son passé. Mais pouvait-on, en vérité, escompter une autre attitude d'un gouvernement présidé par Clemenceau, qui reste, dans son extrême vieillesse, l'anti-socialiste incompréhensif qu'il fut toujours? Et je frémis quand je pense que ce sont des imbéciles de mauvaise foi comme Noulens qui renseignent encore notre Parlement sur l'évolution des événements russes. Ce pauvre homme qui n'a rien vu, rien compris, qui, poussé par sa phobie du socialisme, a commis toutes les erreurs et tous les crimes contre la Russie et contre la France (la collection de ses dépêches au quai d'Orsay et le témoignage des gens qui l'ont vu à l'œuvre la démontreront), tente de se sauver aujourd'hui en accumulant mensonges sur mensonges pour excuser sa folie politique qui croule de toutes parts.

Je suis très fatigué par ce long effort de dictée, trop prolongé évidemment pour un fiévreux. Vous vous en apercevrez vous-même plus que moi en lisant ces lignes confuses où j'ai jeté au hasard un peu de ce que j'aurais voulu vous écrire.

Que de choses je pourrais vous dire de vive voix ! Hâtez donc mon retour en France.

Je termine. Une fois de plus, je répète que l'honneur, l'indépendance, l'intérêt le plus élémentaire du prolétariat français exigent qu'il agisse d'urgence pour obtenir par tous les moyens et, s'il le faut, par les moyens révolutionnaires :

1° La non-immixtion de l'Entente dans les affaires intérieures russes ;

2° Le retrait immédiat de toutes les troupes alliées se trouvant actuellement en Russie d'Europe ou d'Asie ;

3° La cessation de toute politique d'intervention, directe
ou indirecte, par appui matériel ou moral donné soit aux
contre-révolutionnaires russes, soit aux États limitrophes de
la Russie ;

4° Des explications sur les accords déjà passés dans le
but d'intervenir ou de faire intervenir soit les contre-révolutionnaires, soit les voisins de l'Etat russe et la dénonciation
de ces accords ;

5° La reconnaissance du pouvoir des Soviets, plus solide
et plus populaire que jamais, après quinze mois d'existence ;

6° La reprise des relations diplomatiques comportant l'envoi d'un représentant français (socialiste) en Russie et l'acceptation d'un représentant russe en France ;

7° L'envoi en Russie d'une délégation de socialistes, de
syndicalistes et de techniciens chargés de faire une enquête
sur la situation créée par le pouvoir communiste ;

8° L'admission au Congrès de la Paix des délégués du gouvernement bolchevik comme représentants et seuls représentants du peuple russe. Une paix européenne discutée et
conclue en dehors de la Russie ne serait qu'une paix précaire. Il serait, d'autre part, odieux et ridicule d'admettre,
comme représentants de tout ou partie de la Russie, à l'exclusion des bolcheviks ou même à côté des bolcheviks, les
pantins composant les divers gouvernements régionaux artificiellement créés par les Alliés et ne vivant que par leur
appui, qui représentent à peine quelques ambitions personnelles et quelques intérêts particuliers;

9° La cessation du blocus économique qui, à brève
échéance, acculerait la Russie à la ruine industrielle et à la
famine ;

10° La reprise des échanges commerciaux et la signature
d'une entente économique qui pourrait contenir des clauses
extrêmement avantageuses pour la France (blé, lin, bois,
pêcheries, mines, chemins de fer, etc...). Je me fais fort personnellement d'obtenir, en cas d'accord économique, des
avantages intéressants ;

11° L'envoi en Russie de quelques centaines, ou mieux de
quelques milliers (je suis sûr qu'actuellement surtout un tel

prélèvement soulagerait plus qu'il ne gênerait l'industrie française) d'administrateurs, d'ingénieurs, de contremaîtres et d'ouvriers qualifiés, plus spécialement des métallurgistes, qui apporteraient une aide décisive aux travaux industriels de la jeune République socialiste, notamment en ce qui concerne la tâche la plus urgente, la réparation du matériel roulant de chemins de fer et l'organisation des transports.

Mais la besogne, dans toutes les branches de l'industrie, est formidable. On pourrait y employer des dizaines de milliers de techniciens français. Ils seront admirablement reçus, très grassement payés et bien nourris à titre exceptionnel. D'ailleurs, la famine se fait surtout sentir à Moscou et à Pétrograd. La plupart des centres provinciaux sont suffisamment alimentés. D'autre part, quoi qu'en écrivent les journaux occidentaux, la vie en Russie ne présente aucun danger. L'ordre public est parfaitement assuré. Les rues de Moscou sont plus tranquilles et plus sûres que les rues parisiennes. Les contrats pourraient être d'assez courte durée.

Inutile d'insister sur les avantages moraux qui résulteraient de cette croisade industrielle entreprise par le prolétariat français en Russie. Les camarades noueraient très rapidement des relations affectueuses durables avec ce peuple hospitalier et doux, grossier encore et naïf, mais si digne d'être aimé et si supérieur à nos populations trop policées, trop méfiantes, trop égoïstes, trop sceptiques d'Occident, par sa spontanéité, par sa générosité, par sa bonté simple et profonde, par cet idéalisme vrai qui lui a permis de se placer si soudainement en quelques mois à l'avant-garde du monde civilisé.

Et, d'autre part, nos camarades ne séjourneraient pas en vain dans ce vaste laboratoire du socialisme qu'est la Russie. L'exemple vaut mieux que toutes les leçons. Certes, tout ne va pas pour le mieux dans le meilleur des mondes. Le passage du capitalisme au socialisme n'est pas une entreprise facile. Il exigera encore des mois et, sans doute, des années d'expérience, de tâtonnements et de mise au point. Il ne pourra évidemment être réalisé de façon complète que lorsque le prolétariat d'un ou deux grands pays européens, ayant enfin compris les leçons de cette Révolution, sera venu joindre ses efforts à ceux du prolétariat russe. D'autre part, comme le dit Lénine, quand meurt la vieille société, on ne peut pas clouer son cadavre dans la bière et le mettre au tombeau. Ce cadavre se décompose au milieu de nous. Il pourrit, il nous infecte nous-mêmes. Nous sommes obligés de lutter pour la création et le développement des germes de la société nouvelle dans une atmosphère viciée par les miasmes de la bourgeoisie en putréfaction. Il ne peut pas en être autrement. Ce sera toujours dans un état capitaliste en décomposition et au milieu de combats incessants menés contre l'infection qu'une société quelconque devra passer du régime capitaliste au régime socialiste.

Mais malgré les difficultés effroyables, les réalisations maximalistes sont stupéfiantes et dignes de toute notre admiration. Les travailleurs qui les auront examinées de près emporteront un tel souvenir qu'ils s'efforceront certainement, une fois rentrés chez eux, de tenter une pareille transformation sociale en l'adaptant, bien entendu, aux formes sociales nationales. Les militants qui reviendraient en France après un séjour de quelques mois dans la République communiste russe seraient riches d'expériences sociologiques et prêts aux besognes d'avenir.

Je me suis attaché à ne vous parler que de la situation en Russie. Nous ne savons ici à peu près rien de la situation en France. J'espère cependant que la Révolution inévitable et nécessaire est en marche.

Votre affectueusement dévoué,

Capitaine JACQUES SADOUL,
Membre de la Mission militaire française
en Russie (Moscou).

CE LIVRE A ÉTÉ IMPRIMÉ EN OCTOBRE 1919 SUR
LES PRESSES DE "L'UNION TYPOGRAPHIQUE",
A VILLENEUVE-SAINT-GEORGES. ON EN A TIRÉ
DIX-HUIT EXEMPLAIRES SUR PAPIER VÉLIN,
NUMÉROTÉS A LA MAIN DE 1 A 18. N°

CPSIA information can be obtained
at www.ICGtesting.com
Printed in the USA
BVHW04s1224060418
512678BV00015B/505/P